장르 작가를 위한 과학 가이드

장르작가를 위한 과학가이드

PUTTING THE SCIENCE IN FICTION

댄 코볼트 엮음
정세윤 옮김

과학적 진실성을 갖춘 SF, 판타지, 기타
장르소설을 쓸 수 있게 해 주는 전문가들의 조언

구픽

S.T.E.M 분야에서 일하거나 가르치는 사람들에게

S.T.E.M : Science, Technology, Engineering, and Mathematics

서문 척 웬디그 011

들어가는 말 댄 코볼트 017

제1부 실험실, 병원, 그리고 죽음을 맞는 최악의 방법

1장 전문가에게 질문하는 방법 에릭 프림(엔지니어) 022

2장 연구자를 미치게 하는 것들 가브리엘 비드린(미생물학자) 029

3장 적절한 실험 방법 레베카 엔조(핵물리학자) 034

4장 기관 형성을 입체적으로 표현하기 메건 카트라이트 차드리(독물학자) 040

5장 의학적 오해 1 카린 노튼(간호사) 045

6장 의학적 오해 2 스테파니 소비네(간호사) 053

7장 독극물과 중독의 과학 메건 카트라이트 차드리(독물학자) 060

8장 죽음의 다양한 얼굴 비앙카 노그래디(과학 전문기자) 066

제2부 게놈 공학: 해피엔딩은 없다

9장 인간 게놈의 파란만장한 여정 댄 코볼트(유전학자) 072

10장 육안에 기반한 부자관계 판별과 기타 인간 유전 관련 미신들 댄 코볼트(유전학자) 078

11장 인간 유전공학의 근미래 댄 코볼트(유전학자) 086

12장 쥬라기 공원의 과학 마이크 헤이스(미생물학자) 094

13장 좀비 미생물학 입문 마이크 헤이스(미생물학자) 101

14장 바이러스와 병원체 훔치기 리 A. 에버렛(미생물학자) 110

15장 전염병과 유행병 가브리엘 비드린(미생물학자) 118

CONTENTS

제3부 뇌는 하늘보다 넓다

16장	**소설에서 정신 건강에 관해 쓰기**	캐슬린 S. 앨런(정신과 간호사)	126
17장	**조울증**	조너선 피플스(정신과 의사)	135
18장	**조현병**	조너선 피플스(정신과 의사)	142
19장	**기억에 관한 오해**	앤 M. 립튼(행동신경학자)	149
20장	**치매 미신 1**	앤 M. 립튼(행동신경학자)	156
21장	**치매 미신 2**	앤 M. 립튼(행동신경학자)	162
22장	**행동, 감정, 사회성에 문제가 있는 아동**	레이철 힙스-페이지(교사)	169
23장	**성격 이상을 넘어서는 캐릭터의 발달**	마리아 그레이스(교육심리학자)	176
24장	**신경과학의 지평**	폴 레지어(뇌과학자)	184

제4부 0부터 60까지 (다리란 그런 것이다)

25장	**야생동물의 생물학**	레베카 모리(야생동물 생물학자)	192
26장	**인간이라는 상자 밖을 쓰기**	브리 패독(생물학 교수)	201
27장	**곤충에 관한 곤혹스런 오해들**	로빈 와이스(곤충학자)	207
28장	**늑대를 공정하고 정확하게 묘사하기**	윌리엄 허긴스(환경운동가)	214
29장	**동물의 성별 결정**	로빈 와이스(곤충학자)	222
30장	**밖은 춥다:** 극지방의 동물들	브리 패독(생물학 교수)	229
31장	**촉수:** 문어부터 에이리언까지	다나 스타프(해양생물학자)	236

제5부 스카이넷이 지배할 때를 대비해 알아두어야 할 것들

32장 컴퓨터와 인터넷에 대한 미신 걷어내기 — 맷 퍼킨스(프로그래머) 244

33장 여러분의 SF에 나오는 휴대폰은 그다지 멋지지 않다 — 에피 사이버그(기술 컨설턴트) 251

34장 CGI는 컴퓨터가 만들지 않는다 — 애비 골드스미스(비디오게임 개발자) 258

35장 사이보그와 사이버네틱스로 할 수 있는 것들 — 벤저민 C. 킨니(뇌과학자) 266

36장 그럴듯한 나노 기술 — 댄 앨런(물리학자) 274

37장 홀로그램 만들기 — 주디 L. 모어(엔지니어) 283

38장 정보 이론: 할HAL 구축에 관한 깊은 생각 — A. R. 루카스(의사결정학자) 288

제6부 지구와 다른 행성. 그렇다. 명왕성은 중요하다

39장 인간과 지구를 위한 근미래 시나리오 — 비앙카 노그래디(과학 전문기자) 298

40장 에너지의 미래 — K. E. 래닝(지구물리학자) 305

41장 지진: 사실 대 허구 — 에이미 밀스(구조공학자) 311

42장 기후 변화 상상하기 — K. E. 래닝(지구물리학자) 319

43장 바다는 어떻게 여러분을 죽이는가 — 다나 스타프(해양생물학자) 323

44장 거주 가능한 대기 — 린 포레스트(대기과학자) 329

45장 노화의 특성 — 그웬 C. 카츠(화학자) 336

46장 중력 입문 — 댄 앨런(물리학자) 342

제7부 가끔은 그것이 진짜 로켓 과학이다

47장	현실의 천문학	토니 베네딕트(천문학자)	350
48장	먼 거리를 넘어서는 이미징	주디 L. 모어(엔지니어)	358
49장	상대성과 시공간	댄 앨런(물리학자)	364
50장	우주에 관한 오해들	제이미 크라코버(항공우주공학자)	374
51장	사실적인 우주 비행	실비아 스프럭 리글리 (파일럿, 항공저널리스트)	382
52장	폐기물 관리	개러스 D. 존스(환경학자)	389
53장	폐쇄형 생태계와 생명 유지 시스템	필립 A. 크레이머(생체의학자)	396

제8부 스타워즈와 먼 미래

54장	초광속 여행	짐 고타스(물리학자)	406
55장	냉동 보존	테리 뉴먼(연구 생물학자)	413
56장	〈스타워즈〉의 무기들	주디 L. 모어(엔지니어)	421
57장	실용적인 우주선의 설계 방법	에릭 프림(엔지니어)	428
58장	외계 행성과 거주 가능성	짐 고타스(물리학자)	435
59장	먼 미래를 프린트하기	제이미 크라코버(항공우주공학자)	442

전문가 약력 447

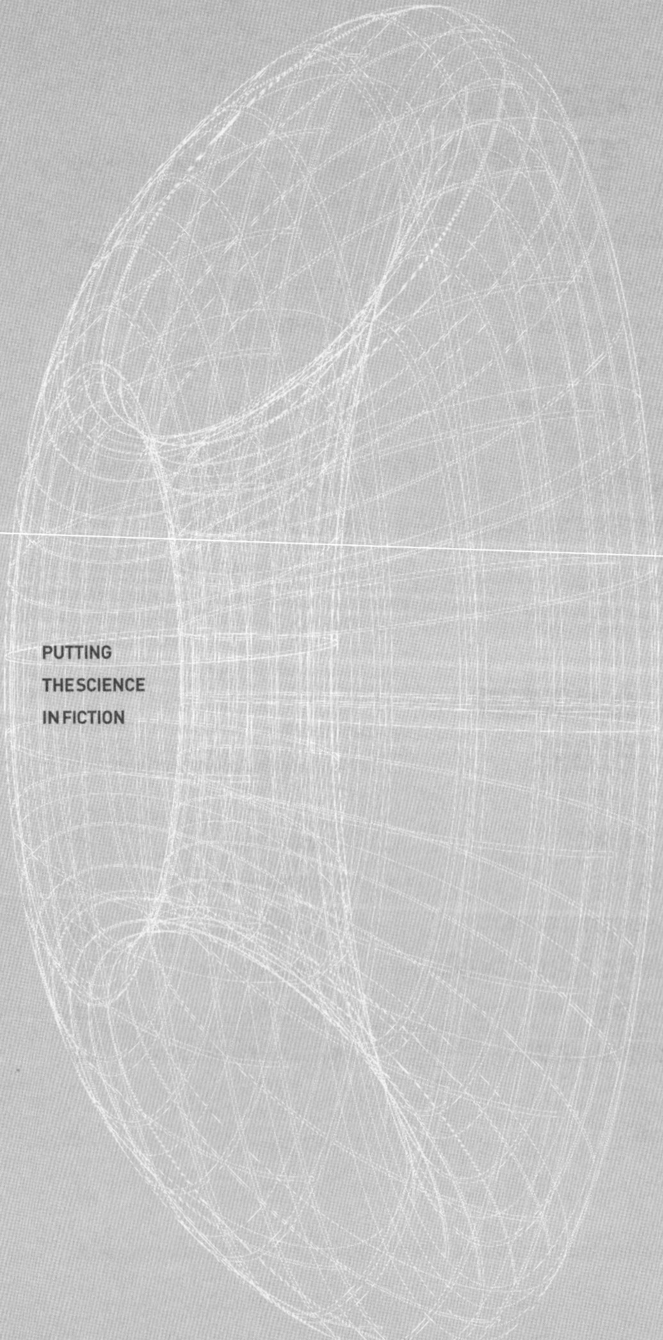

PUTTING
THE SCIENCE
IN FICTION

서문

척 웬디그

우리 같은 작가들이 자주 듣는 충고 중에 이런 게 있다. "아는 것을 써라."

좋은 충고다. 하지만 한계가 있다.

이 말은 "사사로운 감정은 배제하라"부터 "이야기의 일관성을 유지하라", "부사를 쓰지 마라, 핵심을 놓치기 때문이다"까지, 글쓰기에 관한 이른바 신성불가침의 충고에 모두 적용된다. 작품을 쓰기 시작할 때는 좋은 참고가 되지만, 마무리할 때에도 늘 그렇다고는 볼 수 없다. 지침으로서는 훌륭하지만, 작가가 엄격히 지켜야 할 신조와는 거리가 한참 멀다.

"아는 것을 써라(아는 것 쓰기)"에 너무 많은 권위를 부여하고, 가상의 원칙에 지나치게 중점을 둔다면, 정말로 재미있는 글은 절대로 쓰지 못하게 될 위험이 있다. 작가인 우리가 '아는 것'은 극히 제한적인 경우가 많기 때문이다. 우리 작가들 다수는 SF부터 판타지, 호러에 이르기까지 장르라는 공간 안에서 글을 쓰는데, '아는 것 쓰기'를 문자 그대로 해석하면 그 장르로부터 자동으로 점점 더 멀어진다. 나는 드래곤을 타 본 적이 없다. 그렇다면 절대로 드래곤을 타는 것에 대해 써서는 안 된다. 나는 인류 저항군의 지도자가 될 아이의 엄마를 죽이려고 미래에서 파견된 로봇이 아니다. 그렇다면 대체 뭘 쓸 수 있는가? 복면을 한 살인자가 피에 젖은 마체테(날이 넓고 무거운 칼-옮긴이)를 들고 숲 속에서 나를 쫓아온 적이 있는가? 다행히 아니다. 그렇다면 나는 그런 이야기를 쓸 수 없나? 내가 쓸 수 있는 이야기라고는….

작가가 되는 것?

아니면 더 나쁘지만, 글 쓰는 방법에 대해 쓰는 작가가 되는 것?

맙소사. 퍽도 재미있겠군.

1페이지: 작가는 쓴다. 이것저것 쓴다.

300페이지: 작가는 작가가 쓰는 주제에 관한 걸작을 마무리하기 직전이다. 글을 쓴다는 것에 대해 쭉 써 내려온 작가 이야기다.

우웩.

하지만 허를 찔러 보자. '아는 것 쓰기'를 어떤 법칙이 아니라 일종의 가능성으로 본다면, 기회가 생기지 않을까?

먼저, '아는 것만 쓰기'는 작품과 씨름할 때, 우리 자신의 삶으로 시선을 돌려, 거기서 우리가 사실로 알고 있는 것들을 찾아볼 수 있게 해 준다. 나는 드래곤을 타 본 적은 없다. 하지만 달리는 리무진에서 선루프를 열고 일어서 본 적은 있다. 수상 모터사이클을 타 본 적도 있다. 등대, 마천루, 그 밖에 높은 건물 위에 서서 눈물이 날 정도로 거세게 몰아치는 바람을 느껴 본 적이 있다. 이런 경험에서 얻은 게 있다. 그걸 붙잡아야 한다. 작품을 쓸 때 이런 경험과 느낌을 이용해야 한다.

두 번째로, '아는 것 쓰기'는 '감정적 진실'이라는 렌즈를 통해 세상을 볼 수 있는 기회를 준다. 물론 나는 아주 세부적인 사항에 대해서는 '아는' 게 많지 않다. 하지만 나에게 주는 느낌은 알고 있다. 기쁘다는 것, 두렵다는 것, 사랑에 빠진다는 것, 누군가를 병으로 잃는다는 것이 어떤 느낌인지 안다. 나는 감정적 진실을 많이 가지고 있으며, 소설은 내가 선택한 문맥이 드래곤이든 로봇이든 몬스터이든 관계없이 이러한 진실들을 말할 수 있는 기회이다.

세 번째, 이제 핵심을 제대로 파악한 이상, '아는 것만 쓰기'는 비난이나 한계라기보다는 초대장이라고 할 수 있다.

특히, 사물에 대해 더 많이 알아야 한다는 초대장이다.

배워야 한다는 초대장이다.

이 책이 다루고 있는 내용이 바로 그것이다.

·

잠시 생각을 바꿔 보자.

나는 일종의 중독자다. 일종의 또라이이고 약간 괴짜다. 어떤 대상에 너무 몰입해서 사람들은 그게 내 '진짜' 직업이라고 생각할 정도였다. 해커, 유전자 변형된 살인 개미, 우주 마법사에 관한 이야기를 쓰는 데 너무 몰두하는 바람에 제대로 된 직업을 얻을 수 없을 정도였다. 이 모든 이야기의 바닥이 무너져 내린다면, 나는 수렁에서 빠져나올 가망이 없다(게다가 작가로서의 경력 때문에 사태는 더 걷잡을 수 없게 되었다고 생각했다. 좁은 방에서 이틀을 보내며 온몸은 파리 떼로 뒤덮인 모습을 상상했다. 패스트푸드 포장지를 옷처럼 두르고 쓰레기를 태운 불에 시리얼 바를 요리하는 걸 상상했다. 복사기만이 내 친구였다. 복사기에 아라곤이라는 이름을 붙이고 함께 모험을 떠날 것이다. 잠깐. 내가 해고당했다고?).

무엇을 시작하기에 너무 늦은 때라는 건 없다고 생각한다. 하지만 지금 내가 정말 과학자가 될 수 있을까? 셰프는? 형사는? 드래곤 훈련사는? 시간 여행을 하는 우주의 닥터는?

더 중요한 사실이 있다. 저렇게 될 수 있다고 해도 정말 그걸 원하는가? 그 이상의 것을? 작가의 시야에는 한계가 없다. 상상력의 제한을 받지 않는 한, 무엇이든 탐구할 수 있다.

하지만 사실 상상력만으로는 부족하다.

해킹에 대해 얘기해 보자. 도끼를 휘두르는 것 말고(hack의 원래 뜻은 '난도질하다'임–옮긴이) 컴퓨터 시스템에 침입하는 기술을 말하는 것이다. 나는 해킹하는 방법을 모른다. 해 본 적도 없다. 왜냐하면 (스포일러 주의) 나는 해커가 아니기 때문이다. 이제 여러분이 해커를 다룬 대중 매체를 시청할 때 똑같은 것을 되풀이해서 보게 된다. 컴퓨터 화면이 있고, 해킹이 진행 중임을 나타내는 바가 100퍼센트를 향해 천천히 움직인다. 그 사이에 밖에서는 기관포가 달린 헬리콥터가 벽이 누더기가 될 정도로 총탄을 퍼붓고 있지만 해커는 해킹이 끝나기만을 기다린다. 그러고는 벽이 날아가고 헬리콥터가 하강하는 순간, 해킹 상태 바가 100퍼센트를 알리는 소리를 내고….

콰콰쾅! 헬리콥터가 폭발한다.

헬리콥터가 해킹당한 것이다.

해커(검은색 후드를 쓴, 초조해 보이는 백인)가 다시 승리했다.

물론 터무니없는 얘기다. 심지어 해킹 방법에 대해서는 코빼기만큼도 나와 있지 않다. 그래서 나는 『Zer0es』를 집필할 때, 이와는 정반대로 하려고 했다. 다양한 배경과 문화를 가진 일련의 해커들이 다양한 동기를 가지고, 최소한 어느 정도까지는 실제 해킹처럼 보이는 행동을 묘사하려고 했다('실제 해킹'은 실제 문장을 쓸 때는 좀 지루해 보일 수 있으니 여러분이 알아서 양념을 조금 쳐야 한다).

나는 컴퓨터를 해킹하는 방법을 모른다.

말했듯이 나는 완전 또라이다. 일상생활에는 거의 부적합하다!

하지만 시스템 관리자와 해커들은 내가 제대로 된 지식을 풍부하게 가지고 있다고 한다.

어떻게 그렇게 되었을까?

비결은 이것이다. 전문가와 대화했다. 그리고 책을 읽었다.

그렇다. 그게 비결이다. 사실은 전혀 비결도 아니다. 그리고 이 책에서 말하는 비결 아닌 비결도 바로 그것이다. 이 책은 a) 여러분 앞에 전문가를 대령해 준다. b) 여러분이 다양한 분야의 영리하고 과학 냄새가 나는 책들을 읽게 해 준다.

그리고 이 책은 단일한 주제—유전학이나 기후 변화 또는 우주여행—에 관해 넓고 깊게 가르쳐 준다기보다는, 시작하는 방법, 질문하는 방법, 다루고 있는 주제에 관한 추가 정보를 찾는 방법을 알려 준다. 물고기를 주기보다는 물고기 낚는 법을 알려 줌으로써 낡은 상투성에서 벗어나게 해 준다.

(제발 글자 그대로 받아들이지 말기 바란다. 이 책은 여러분에게 낚시를 가르쳐 주지는 않는다. '정보를 낚는 법'에 대한 은유다. 내가 말하는 의미를 알아들었겠지?)

그러므로 시작하자. 아는 것을 쓰자. 하지만 지금 다루고 있는 주제에 대해 아는 게 충분하지 않은가? 그렇다면 더 많은 지식을 습득하자.

그리고 이 책은 바로 그렇게 하기 위한 출발점이다.

댄 코볼트

과학, 의학, 기술은 SF뿐만 아니라 다양한 장르에서 주인공으로 활약한다. 하지만 불행하게도 문학, 영화, TV에서 나오는 과학적 주제에 대한 묘사는 순수한 픽션이다. 사실 그리 놀라운 일도 아니다. 대부분의 작가들은 첨단 기술 관련 지식이나, 실험실에서 연구한 경력이 없기 때문이다. 게다가 과학과 기술 개념에 관한 대중적인 미신이 수십 년에 걸쳐 대중 매체에 퍼져 왔다.

내 전공인 유전학 분야에서는 특히 대중적인 오해가 만연해 있다. 비전문가들은 1촌간에는 눈, 코, 머리카락이 같다고 할 정도까지 유전의 개념을 단순화시키는 경우가 잦다. 사람의 미래는 전적으로 유전 암호(단백질의 합성 과정에서 DNA나 RNA의 염기 서열을 아미노산 염기 서열로 바꿔 주는 규칙-옮긴이)에 달려 있다고 하는 개념도 일반적이다(예컨대 1999년작 SF 스릴러 〈가타카〉). 사실 유전학은 대부분의 사람들이 생각하는 것보다 훨씬 복잡하며, 우리가 모르는 부분이 너무나도 많다. 과학자이자 SF 작가인 나는, 다른 작가들이 작품에서 이러한 위험을 피할 수 있도록 도와줘야겠다는 의무감을 느꼈다.

그래서 〈아펙스 매거진Apex Magazine〉이라는 잡지에 "육안에 기반한 부자 관계 판별과 기타 인간 유전 관련 미신들"이라는 글을 썼다. 이 기사에서 최악의 미신들 일부(단순 유전, '좋은' 돌연변이 등)를 드러냈다. 반응은 폭발적이었다. 나는 다른 분야의 과학자들에게 전문 지식을 공유해 달라고 부탁하기 시작했다. 사이언스 인 사이파이(Science in Sci-fi) 블로그는 그렇게 태어났다. 관련 분야 전문가들의 도움을 얻어 매주 SF에 나오는 과학, 의학, 기술 부분을 논했다. 몇 년 되지 않아 자료가 풍부하게 쌓였고, 그중 다수는 여러분이 지금 보게 된다.

이 책에는 약 40명의 과학, 의학, 기술 전문가들이 참여했다. 이들이 해당 분야에서 받은 대학원 수준의 교육 기간을 합하면 총 100년 이상이므로, 여러분은 따로 연구할 필요가 없다. 이들은 최신 과학 이론에 관한 밀도 있는 논문으로 여러분을 지루하게 하지 않는다. 대신에 각 주제의 기본 개념을 다루고, 일반적인 오해를 제시하며, 세부 사항을 바르게 파악하기 위한 팁을 제공한다. 달리 말하면 위험에 빠지지 않을 정도로만 가르쳐 준다.

이 책의 목적은 장르 소설 작가들에게 참고가 되려는 것이다. 여러분의 작품이 모든 과학적 사실을 엄밀하게 다룰 필요는 없다. 결국 소설은 허구니까. 생물학, 물리학, 공학, 의학에 대한 기본적인 이해를 갖추면, 가장 까다로운 독자들까지도 만족시킬 수 있는 더욱 사실적인 이야기를 창작할 수 있게 된다. 기술적 부분을 사실적이고 설득력 있게 쓸 수 있게(그리고 일반적인 위험을 피할 수 있게) 해줄 뿐만 아니라, 현재의 첨단 기술을 선보임으로써 새로운 이야기의 단초도 제공받을 수 있다. 『장르 작가를 위한 과학 가이드』는 주제가 돌연변이 괴물, 악성 바이러스, 거대한 우주선, 심지어는 살인이나 첩보 활동이든 관계없이, 여러분이 더 좋은 작품을 쓰는 데 도움이 되는 내용을 담고 있다.

PUTTING THE SCIENCE IN FICTION

1부

실험실, 병원, 그리고 죽음을 맞는 최악의 방법

1장 PUTTING THE SCIENCE IN FICTION

전문가에게 질문하는 방법

에릭 프림(엔지니어)

이야기의 세계관을 구축할 때는 너무 많은 것과 너무 적은 것 사이에서 절묘하게 균형을 잡아야 한다. 작가는 설정에 관해 독자보다 더 많이 알고 있어야 하지만, 이야기에는 독자가 그것을 사실이라고 믿게 하는 데 필수적인 정보만이 필요하다. 작가는 이야기의 신뢰성을 높이는 데 필요한 주제(대상)를 연구하고, 연구하고, 또 연구해야 한다. 연구하는 방법 중의 하나는 전문가에게 문의하는 것이다. 다음의 팁은 질문을 좀 더 효과적으로 하는 데 도움이 될 것이다.

준비

정보를 찾을 때는 올바른 전문가에게 질문해야 한다. 기술이 날로 발전함에 따라 직업은 점점 더 전문화된다. 예컨대 공학자들은 다른 분야에 대해 일반적인 지식밖에 없다. 따라서 항공 공학자에게 화학 공학 관련 질문을 해 봐야 소용없다. 차 엔진에서 소음이 나는 이유를 의사에게 묻지 않고, 정비사에게 독감 예방 주사를 맞으러 가지 않는 것과 마찬가지다. 전문성의 문제이다. 따라서 관련 분야에 경험과 지식이 있는 전문가를 찾아야 한다. 여러분이 아는 전문가가 도움이 되지 못하는 경우, 다른 전문가를 소개해 달라고 정중하게 요청할 수는 있다. 하지만 작가는 전문가가 그 요청을 거부할 권리가 있다는 것을 존중해야 한다. 정확한 출처를 찾는 것은 정보 그 자체를 찾는 것만큼 중요하다. 어떤 질문들에는 전문가가 대학원 수준의 지식이 없어도 기본적인 내용을 설명할 수 있다. 하지만 작가는 해당 주제에 관해 기본 내용과 복잡성을 모두 이해하고 있는 전문가에게 추가 확인해야 한다. 예컨대, 의사가 브레이크 시스템의 작동 원리를 설명할 수도 있다. 하지만 그 정보를 확실히 알고 있는 정비사에게 확인하는 것이 최선이다. 정밀 작업에는 정교한 도구가 필요하듯, 똑똑한 작가는 올바른 전문가가 필요하다.

질문하는 방법은 여러분이 찾는 정보만큼이나 중요하다. 필요 사항 분석은 프로젝트 계획의 한 단계이다. 이는 정말 필요한 것이 무엇인가를 명료하게 하려는 시도이다. 예컨대 "전력망이 없는 대재앙 이후의 세계에서는 수도, 전화선, 기타 공공 설비가 기능할까?"라는 질문에서, 필요 사항은 공공 설비의 작동 원리에 관한 정보이다. 공공 설비에 관한 다른 정보나 전력망의 정의는 이 상황에서 굳이 필요하지 않다. 보다 일반적인 질문—예컨대 "대재앙 이후의 세계에서 공공 설비와 전력망은 어떻게 기능할까?" ― 을 해도 필요한 정보를 얻을 수는 있다. 하지만 이는 시간과 전문가의 전문 지식을 효과적으로 활용하지 못하는 것이다. 정말 필요한 것이 무엇인지를 이해하면, 전문가의 적절한 답변을 받을 수 있는 간결한 질문을 할 수 있다. 최소한의 요건만을 충족하면 질문이 장황해지고, 처리해야 할 정보도 많아진다.

배경 보충

모호한 답변을 피하려면, 전문가에게 다소의 배경 정보를 제공해야 한다. 세부 내용을 알려 주면 전문가에게서 이야기에 가장 잘 맞는 대답을 이끌어 낼 수 있다. 앞서 예를 든 질문에서 필요 사항을 정의해 보자. 공공 설비의 기능이다. 하지만 공공 설비가 작동하지 못하게 만드는 고장 원인은 너무나 다양하다. 따라서 질문이 이렇다면, 유용한 답변을 이끌어 내기에는 알지 못하는 내용이 너무 많다. 나쁜 질문이라고는 할 수 없다. 비전문가가 전문가와 대화할 때 자주 볼 수 있는 사례일 뿐이다. 공공 설비의 기능 원리가 필요 사항이라면 "전력망이 없는 대재앙 이후의 세계"라는 문장은 모호하기 때문에, 공공 설비가 작동할 수 있는지의 여부를 판단하려면 설명이 필요하다. 달리 말하면, 원인에 따라 답변이 달라진다. 예제를 보라. 질문에 따라 이야기는 크게 달라진다.

1. "주요 전력망이 없다"는 것은 무슨 의미인가? 발전소가 더 이상 가동되지 않는다는 뜻인가? 아니면 발전소는 가동되지만 '망' 자체

—전선과 변압기—가 파괴되었다는 얘기인가?

2. 전력망 붕괴의 원인은 무엇인가? 해커가 발전소를 폐쇄한(무력화한) 경우라면 전자기 펄스(EMP)로 인해 대재앙이 발생한 것과는 다른 물리적 결과가 유발된다. 해커는 전기 생성을 차단할 수 있는 반면, EMP는 모든 전자 기기의 비차폐 회로를 태워 버린다. 거대한 토네이도가 발전소를 지나가면서 전선을 유실시킬수도 있다.

작품 플롯의 개요가 있어야 좋은 답변을 얻을 수 있는 것은 아니다. 한두 개의 문장만으로 충분하다. 전문가는 테러리스트가 왜 좀비 바이러스를 세상에 퍼뜨렸는지 이해하기 위해 그 테러리스트가 CIA에 의해 LSD(마약의 일종)에 중독되었던 시기를 알 필요가 없다. 하지만 감염되지 않은 발전소 직원들이 자신들의 일을 하는 대신, 코스트코에 숨어 사태를 피하기로 결심했기 때문에 발전소가 가동되지 않았다는 사실은 반드시 알아야 한다(이 시나리오에서 발전소는 결국 폐쇄되고, 공공 설비에 사용되는 전기는 일정 시점에 정지된다. 하지만 망에는 영향이 없고, 코스트코 내부의 전선은 손상되지 않았다. 따라서 발전기 몇 개만 있으면 코스트코에 있던 최후의 인간은 1999년의 프린스처럼 파티를 열 수 있다). 플롯 세부 사항을 지나치게 많이 제공하지 않게 주의해야 한다. 곁가지가 지나치게 많으면 이야기에는 좋게 작용할 수 있지만, 조사에는 도움이 되지 않기 때문이다.

답변

이야기에 녹여 낼 수 있는 것보다 많은 정보를 받게 되리라는 것을 예상하자. 전문가는 괜히 전문가가 아니다. 자신이 택한 분야에 시간과 노력을 투입한 사람이다. 제공된 정보는 세계관 구축에 중요한 내용을 포함하지만, 이야기에는 필요하지 않을 수도 있다. 여러분은 독자보다 더 많은 것을 알아야 한다는 점을 기억하자. 적절한 부분과 부적절한 부분을 파악하는 것이 여러분의 역할이다. 필요하다면 특정 부분이 이야기를 뒷받침하는 데 필수적이라고 보는지 전문가에게 문의해야 한다. 예컨대 전력망 문제의 경우, 패러데이 새장(외부 정전기 차단을 위해 기계 장치 주위에 두르는 금속판-옮긴이)이 있다면 EMP 폭발에서 전기 설비를 차폐할 수 있는지 확인할 수 있다. 이 점이 정말 중요한가? 여러분이 이 내용을 어떻게 사용하는가에 따라 그럴 수 있다. 결국 이야기에 녹여 낼 내용을 결정하는 것은 작가지만, 정보가 많을수록 더 현실적이고 좋은 선택을 할 수 있다.

한 방에 해결되기를 기대해서는 안 된다. 전문가에게 문의하는 것은 구글 검색처럼 쉽지 않다. 하지만 웹페이지를 읽는 것보다는 더 전체론적인 지식을 얻을 수 있는 기회다. 제대로 된 답변을 얻기 위해 추가로 질문해야 할 수도 있다. 이런 경우, 양쪽 모두 참을성이 핵심이다. 필요하다면 설명을 요구하자. 설명을 듣고 추가 질문을 할 수 있다. 전문가에게 질문하면 주제에 관해 더 깊게 알 수 있다.

전문가는 필요한 정보의 양에 따라 다양한 자료를 제시해 줄 수 있다. 전문가라고 모든 것을 아는 것은 아니며, 자료를 통해 지식을 보강한다. 전문가가 된다는 것은 정확한 정보를 어떻게 어디서 찾는지를 배우는 것이기도 하다. 전문가가 참조하는 책, 기사, 웹사이트 등을 물어보면 도움이 된다. 그러면 전문가는 특정 질문을 설명해 줄 수 있는 정보가 담긴 자료를 알려줄 것이다. 전문가가 참조하는 것과 동일한 자료를 이용하면 더 효과적이고 특정된 질문을 할 수 있게 된다.

전문가의 답변이 질문에 대한 정답이 아니라면, 여러분이 의도와는 다른 질문을 했기 때문일 수 있다. 이런 경우는 여러분이 자신의 필요 사항을 완전히 이해하지 못했을 가능성이 있다. 전문가에게 그런 답변을 한 이유를 물어보면, 전문가는 그렇게 된 과정을 알려 준다. 따라서 다음번에는 전문가가 답변할 수 있을 정도로 명료한 질문을 할 수 있게 된다.

개선된 예제

이 모든 조언을 고려해 보면, 앞서 말한 예제는 다음과 같이 볼 수 있다. "핵폭발로 세계에 종말이 닥쳐 주요 전력망이 파괴되었다면 공공 설비는 작동하는가? 벨기에와 코스타리카 사이에 발발했던 전쟁이 세계 대전으로 번졌다. 핵보유국들이 지구 표면을 EMP로 뒤덮을 정도의 핵무기를 발사했다. 휴대폰은 작동할까? 집의 수도꼭지에서는 물이 나올까?" 이런 예제도 있을 수 있다. "토네이도가 캔자스를 강타하면서 오폴리스와 위치타 발전소 사이의 전선이 유실되었다. 모든 전선이 파괴되었다면 공공 설비는 작동할까?"

대답은 이렇다. 공공 설비에는 전기가 필요하다. 따라서 전기가 나가면 파이프에 압력이 남아 있는 한도에서만 수도가 작동한다. 펌프에 전기가 들어오지 않기 때문이다. 결국 배전반과 서버 팜(정보[데이터]를 편리하게 관리하기 위해 컴퓨팅 서버와 운영 시설을 모아 놓은 곳-옮긴이)에 필요한 전기가 바닥나고, 휴대폰은 무용지물이 된다(EMP 시나리오의 경우, 자성 폭발로 인해 모든 회로가 타 버리면서 휴대폰이 작동하지 않는다). 어떤 경우든, 전기가 흐르지 않거나 전기가 이동하는 경로가 손상되면 결과는 동일하다.

전문가에게 문의하는 것은 작가가 보유한 강력한 대화형 조사 방법이다. 허구의 세계관을 빠르게 구축하는 데 도움이 된다. 자기 자신에 대해 말하는 것은 인간의 보편적인 특성이며, 전문가도 다르지 않다. 대부분의 전문가들은 자신들이 정통한 지식을 알리는 것을 좋아하고, 기꺼이 다른 사람들에게 가르쳐 주려고 한다. 소설의 경우, 전문가의 지식이 가진 최고의 가치는 작가로 하여금 이야기에 관해 깊게 생각하게 하는 데 있다. 결국 작가의 세계가 치밀할수록 이야기의 질은 높아지기 때문이다.

연구자를 미치게 하는 것들

가브리엘 비드린(미생물학자)

미친 과학자, 이상한 과학, 무서운 실험에 관한 이야기는 다들 읽어 보았을 것이다. 첨단 연구소에서 순식간에 기적을 만들어 내는 영웅적 과학자의 얘기일 수도 있다. 과학에 대한 이러한 두 가지 묘사는 모두 오해다. 연구는 그런 식으로 이루어지지 않는다. 과학과 연구에 관한 일반적인 미신 몇 가지를 들어 보자.

미신 1: 실험은 금방 이루어진다

우리는 〈CSI: 과학수사대〉에 익숙하다(내가 보기에는 책이 TV 프로그램보다 낫다. 맥스 앨런 콜린스와 제프 마리오테는 뛰어난 작가다). 대원들은 범죄 현장에서 표본을 수집해서 실험실로 보낸다. 그리고 몇 페이지(또는 몇 분) 안에 결과를 얻는다. 물론 독자가 흥미를 잃으면 안 되기 때문에, 작가로서는 닉과 그렉, 사라가 실험실에서 밀린 일을 처리하고 자신들의 표본을 작업할 때까지 다른 사건을 수사하면서 6개월이나 기다려야 한다고 쓸 수는 없을 것이다. 하지만 이것이 현실이다.

과학에는 시간이 소요된다. 아주 간단한 실험조차도 며칠이 걸린다. 유전자 염기 서열 분석? 최첨단 설비를 갖춘 실험실에서도 몇 시간이 소요될 수 있다. 밀려 있는 작업까지 포함하면 몇 달까지도 걸릴 수 있다.

미신 2: 과학자들은 도덕성이라곤 없고 탐욕스럽다

나는 이 미신을 개인적인 모욕으로 받아들인다. 과학자들은 탐욕스럽고 부도덕한 또라이이며, 돈만 벌 수 있다면 어떤 실험이라도 하는 것처럼 묘사하는 책들은 수없이 많다. 부주의하거나 미친 과학자가 치명적인 바이러스를 풀어놓는 바람에 닥치는 대재앙을 다룬 책도 엄청나게 많다.

이걸 알아야 한다. 과학자들도 보통 사람들과 똑같다. 출근해서 일하고 월급을 받는다. 우리 대부분은 명성(웃음만 나온다)이나 돈(그저 웃자), 또는 인류를 파멸시킬 힘을 위해 일하는 게 아니다. 과학을 위해 일한다. 뉴스 하나. 과학자들은 (보통) 그렇게 돈을 많이 벌지도 못한다.

미신 3: 과학자들은 재미 삼아 우스꽝스러운 엉터리 실험을 한다

과학자들이 왜 인간 유전자를 식물과 동물에 이식하는지 궁금해해 본 적이 있는가? 재미 삼아 하는 것도, 과학자들이 부도덕하거나 비정상이거나 사악해서 그러는 것도 아니다. 그 이유는 해당 유전자가 무엇인가에 따라 다르지만, 예컨대 암의 원인을 파악한다든가, 식량 공급을 개선하기 위해서라든가 같은 논리적인 근거가 대부분 존재한다. '프랑켄애니멀'이나 '프랑켄푸드'는 '부분적 인간'이나 '부분적 동물'이 아니다. 물론 일부 생쥐가 '인간'처럼 간주되기는 한다(일부 세포에서 인간과 비슷한 유전자 표시가 나타나기 때문이다).

여러분이 지금 먹고 있는 딸기가 부분적으로는 생선이라는 얘기가 아니다. DNA는 DNA일 뿐이다. "물고기 유전자에서는 기본적으로 생선 냄새가 난다"는 얘기는 당신의 유전자가 기본적으로 '인간적'이라는 말과도 같다. '보존 서열'이라고 하는 다수의 유전자 서열이 있는데, 이 서열은 수많은 종(種)들 사이에서 놀라울 정도로 유사하다. 따라서 DNA 자체는 인간도 동물도 아니다.

그러므로 생선에서 보통 발견되는 단백질이 딸기에서 나타난다고 해서 딸기가 '부분적 생선'인 것은 아니다. 따라서 동물이나 식물에서 발견되지 않는 어떤 유전자를 이식하는 것이 어처구니없는 일은 아니다. 그 '물고기 유전자'는 딸기를 치명적인 서리에서 보호할 뿐이고, '생선이 되는 것'과는 아무 관계가 없다. 과학자들은 터무니없는 실험을 하지 않는다. 그럴 돈도 없다.

나는 킴 해리슨의 『데드 위치 워킹Dead Witch Walking』을 읽다가 작가가 묘사한 대재앙의 원인이 살인 토마토였다는 걸 알고는 책을 던져 버리고 싶었다. 동물과 인간의 유전자가 식물이나 박테리아(그리고 때로는 생쥐나 토끼 같은 동물)에 사용되는 것은 맞지만, 토마토에 이식된 인간 바이러스가 인류의 대다수를 죽일 수 있다는 이야기는 사실이 아니다.

바이러스에서 나오는 단백질은 토마토나 기타 식물에서도 나타날 수 있으며, 그러한 사례도 실제로 있었다. 하지만 토마토에 인간 바이러스를 완전하게 배양시킬 수 있다는 과학적으로 유효한 근거는 없다. 바이러스를 위해 설계된 인간 세포계(생체조직 세포를 추출, 분산시켜 배양기에 옮긴 후 직접 배양하여 증식된 세포의 집단-옮긴이)가 있다. 이를 체외 배양이라고 하며 플라스크에서 이루어지는데, 토마토 같은 유기체에서 하는 것보다 훨씬 간단하다.

소설에 나오는 연구 바로잡기

1. 과학—그리고 과학자—이 터무니없어서는 안 된다

과학자처럼 생각해야 한다! 실험을 하는 데는 이유가 필요하다. "내 작품의 나쁜 놈이 과학자야. 그러니 사람의 눈알을 토마토에 이식하는 것 같은 역겨운 일을 해야 해" 같은 이유밖에 생각할 수 없다면 플롯을 다시 생각해 봐야 한다. 여러분의 악당은 어쨌든 입체적인 인물이어야 한다. 그리고 일반적으로 과학자들은 세계 지배를 꿈꾸는 사악한 천재가 아니다.

2. 과학은 (다소) 지루해야 한다

그렇다. 재미없을 수는 있지만 훨씬 사실적이다. 여러분의 캐릭터가 화장실에 가거나 점심을 먹는 것 같은 시간들을 생각해 보

자. 독자들은 그런 일이 있다는 것을 알고 있지만, 작품에서 자세하게 나올 필요는 없다(아예 안 나와도 된다). 중요한 발견을 하는 데 소요된 시간(몇 시간이 아니라 몇 년이다)이 포함되도록 플롯을 짜야 한다. 이로 인해 이야기의 속도감이 처진다면, 작품을 시작하기 전에 캐릭터가 이미 그 연구에 착수했던 것이 되도록 시간대를 재배열해야 한다. 과학 관련 부분의 속도를 조절해서 작품을 흥미진진하게 만들 수 있는 방법도 있다. 하지만 그렇게 되려면 수많은 시간과 연구가 필요하다는 점을 분명히 해야 한다.

3. 과학자에게 문의하거나 직접 연구한다

과학적 방법이라는 것이 무엇인지, 과학에서 그것이 왜 중요한지 알아보아야 한다. 과학자들은 (보통) 연구 방법에 관한 지식을 기꺼이 나누려고 하므로, 연락해 질문해야 한다. 오늘날 인터넷은 세상에서 가장 강력한 조사 도구이다. 위키피디아나 구글 자체는 용도가 제한적일 수 있지만, 구글 스콜라를 이용하면 출판된 수많은 연구 논문에 접속할 수 있다. 접속 허가가 필요한 경우도 있지만(지역의 대학 도서관에 문의), 대부분은 무료로 이용할 수 있다.

펍메드 센트럴(PubMed Central)의 모든 논문은 무료이며 누구나 이용할 수 있다. 여러분이 쓰려는 주제와 비슷한 연구를 누군가 했다고 생각한다면, 기꺼이 확인해야 한다. 훨씬 사실적인 작품을 쓸 수 있을 것이다(그리고 과학자들이 여러분의 책을 던져 버리는 일도 없을 것이다)!

3장 PUTTING THE SCIENCE IN FICTION

적절한 실험 방법

레베카 엔조(핵물리학자)

고등학교에서의 첫 번째 화학 수업이든, 대학에서의 실험 과목이든, 직장에서의 첫 근무일이든, 모든 실험은 적절한 실험 방법과 안전에 관한 교육부터 시작한다. 여러분의 캐릭터 중에 실험실에서 일하는 사람이 있다면, 그 캐릭터는 적어도 세 개의 실험 안전 교육을 이수했다.

내가 일하는 환경 검사 연구소는, 일주일 내내 이어지는 안전 교육을 이수한 후에야 실험실에 들어갈 수 있다. 내가 하는 일은 물, 토양, 세포 표본을 검사해서 방사능, 농약, 폴리염화바이페닐(PCB)이 있는지 확인하는 것이다. 이 과정에는—자칫하면 크게 위험할 수 있는—수많은 단계가 있으며, 우리는 법정에서 방어할 수 있는(가끔은 우리 고객이 필요로 할 수 있는) 데이터를 가지고 있어야 한다. 따라서 매우 신중을 기해 일해야 한다. 그렇기 때문에 책이나 영화에서 과학자들이 장비를 제멋대로 다루는 것을 보면 짜증이 난다.

실험실 작업에 관한 글을 쓸 때 명심해야 할 내용으로는 어떤 것들이 있을까? 적절한 개인용 보호 장비(PPE)부터 시작하자.

적절한 개인용 보호 장비(PPE) Proper Protective Equipment

대부분의 책과 영화에서는 최소한 기본적인 PPE는 제대로 그리고 있다. 어쨌든 과학자들은 흰색 실험 가운과 큰 보안경을 쓰고 있지 않은가? 그리고 장갑도 있다. 장갑을 끼지 않고 실험실에 있는 물건을 만질 정도로 무모한 과학자는 없기 때문이다.

하지만 어떤 실험실에서는 테니스화를 신을 수 없다는 사실을 알고 있는가? 내가 일하는 실험실에서는 발등에 가죽을 댄 신발을 신어야 하며, 신발 위에 뭔가를 흘렸을 때 빠르게 벗을 수 있도록 슬립온(끈이 없고 쉽게 벗을 수 있는 신발-옮긴이)이 권장된다. 뜨거운 산(acid)이 신발 위에 흘렀는데 끈을 풀고 싶지는 않을 것이다. 신발 끈은 관두더라도, 뜨거운 산이 여러분이 신발을 벗는 속도보다 더 빠르게 옷에 스며들게 된다는 사실은 말할 것도 없다. 그러므로 뜨거운 산을 옷에 흘렸을 때는, 무엇보다 최대한 빠르게 그 옷을 벗어야 한다.

캐릭터가 머리를 기르고 있는가? 포니테일로 묶어야 한다. 긴 목걸이? 집에다 둬야 한다. 깊게 파인 브이넥 셔츠? 다른 옷을 입어야 한다. 최대한 피부 노출을 줄여야 한다. 피부 노출을 최소화해야 한다는 점에 대해 얘기해 보자. 실험실에서는 절대로 끈팬티를 입으면 안 된다. 바지에 뭔가를 흘려서 벗어야 하는 경우, 사람들 앞에서 엉덩이를 까는 꼴이 되기 때문이다.

적어도 이 말만은 믿어 주기 바란다.

실험 장비

일단 적절한 복장을 하면 실험을 할 수 있다. 하지만 실험 내용에 따라 특수 장비가 필요한 경우가 있다. 화학 물질을 다루는가? 훈증된 덮개가 필요하다(라듐-228을 분리시키는 경우는 예외이다. 라듐-228은 덮개를 씌우지 않고도 실험대 위에 놓을 수 있다. 시큼한 산 때문에 두통이 생기기는 하겠지만).

흄 후드(내부의 유해 공기를 위쪽 배기구로 내보내어 안쪽 공기가 밖으로 새어나가지 않게 하는 장비-옮긴이)로 작업할 때 명심해야 할 가장 중요한 점은, 그 안에 머리를 가까이 대서는 안 된다는 것이다. 흄 후드의 목적은 위험한 공기를 전부 가두는 것이다. 그러므로 흄 후드 안에 머리를 가까이 대면 후드 대신에 코가 공기를 흡입하게 된다. 흄 후드에는 보통 유리나 플라스틱으로 된 '문'이 달려 있는데, 가능한 한 닫아 두어야 한다. 공기가 빠져나오는 것을 방지할 뿐만 아니라, 여러분이 작업하는 위험한 화학 물질을 막아 주기 때문이다. 어떤 화학 물질을 다른 화학 물질에 첨가하는 경우, 이 화학 물질은 종종 튀게 되며, 폭발하는 경우도 있다. 화학 물질이 여러분 쪽으로 폭발하는 것을 막으려면 차폐물이 필요하다.

그 외에 필요한 장비로는 다음과 같은 것들이 있다.

· **산 디스펜서**(acid dispenser): 1.5리터 산 용기(acid container) 위에

있는 펌프이며, 각 펌프에서 동일한 양(한 번에 1~10밀리리터)의 산을 분출시키는 데 사용된다. 반드시 차폐물이 있는 후드 안에 사용해야 한다. 대부분의 산 용기는 유리라서 떨어뜨리면 산이 사방으로 뿌려진다(플루오린화수소산은 예외이다. 유리를 부식시키기 때문에 플라스틱 용기에 저장된다).

· **원심분리기**: 이 회전 기기는 원심력을 이용해 시험관 아래에 있는 침전물을 끌어내 액체에서 분리하는 데 사용된다. 반드시 원심분리기를 정지시킨 후에 손을 집어넣어야 한다.

· **주사기**: 설명하지 않아도 알 것이다. 주사기 바늘로 본인(또는 타인)을 찌르면 안 된다.

· **유리 제품**: 비커, 플라스크, 눈금 실린더 등이 있다. 모두 깨지기 쉽고 베일 위험이 있다. 유리 제품에 산, 방사능 오염물, 기타 위험 물질이 들어 있는 경우, 베인 상처가 감염될 위험이 있다. 여러분의 캐릭터가 만사에 진절머리가 나서 이 유리 제품들을 바닥에 던져 버리면 엄청난 소음도 발생한다.

· **진공 플라스크**: 이 원뿔형 유리 플라스크는 두 개의 액체 층을 분리하거나 원심분리기에 넣기에는 너무 큰 침전물에서 액체층을 분리하는 데 사용된다. 진공 플라스크가 폭발하면 엄청난 소음과 함께 큰 소동이 벌어진다! 산과 염기를 절대로 진공 플라스크 안에서 혼합하면 안 되고, 진공 플라스크를 사용하기 전에 흐름이 원활한지 확인해야 한다. 흐름이 원활한지는 소리로 확인할 수 있다. 막힌 부분이 있으면 보통 때보다 높은 소리가 난다. 아쉽게도 경험을 통해서만 배울 수 있는 것들이 있다.

이제 피펫(pipette) 이야기를 하자. 내가 적절한 실험 방법에 대해 쓴 이유는 전적으로 피펫 때문이다.

에펜도르프 피펫의 잘못된 사용법

여러분은 대부분 제임스 카메론의 〈아바타〉를 직접 봤거나 들어보기라도 했을 것이다(영화와는 반대로, 〈아바타〉 TV판[미국 애니메이션, 영화와는 다른 이야기이며 제목만 같음-옮긴이]에서는 캐릭터들이 원소를 제어할 수 있다). 이 영화는 2009년—지금부터 10여 년 전—에 나왔는데, 지금까지 나를 짜증나게 하는 장면이 하나 있다. 시고니 위버가 피펫을 사용한다. 피펫은 실험실에서 특별히 측정된 양의 액체를 하나의 용기에서 다른 용기로 옮기는 데 사용되는 도구이다.

피펫을 수직으로 잡고 플런저(피스톤처럼 유체를 압축하거나 내보내기 위해 왕복 운동을 하는 기기-옮긴이)를 내리눌러, 옮기려고 하는 액체에 집어넣은 다음 플런저를 놓는다. 피펫이 매번 정확하게 동일한 양의 액체를 위로 빨아올린다(실험실에서는 매번 정확한 양의 액체를 빨아올리도록 매일 피펫을 조정한다). 그런 다음, 액체를 넣으려고 하는 용기 위에 피펫 끝을 놓고 다시 플런저를 내리누르면 액체가 모두 배출된다. 각 표본마다 정확히 동일한 양의 액체를 얻을 수 있는 아주 쉽고 확실한 방법이다. 주사기로도 동일하게 할 수 있지만, 인간의 오류가 많이 발생하고 시간이 훨씬 더 소요된다.

그래서 시고니 위버는 피펫을 사용했다. 적절한 양의 액체를 얻은 후 피펫을 거꾸로 들었다. 맙소사. 나도 실수로 똑같은 행동을 한 적이 있다. 액체가 가득 찬 피펫을 거꾸로 들면 어떤 일이 생길까? 액체가 피펫의 기계적인 부분에 흘러들어가고 그 피펫은 더 이상 사용할 수 없게 된다. 오염되었기 때문이다. 액체 일부가 분출될 수도 있는데, 피펫으로 방사능 물질이나 산을 옮기던 경우에는 매우 위험하다. 인정하기 싫지만 나도 몇 차례 이런 적이 있다. 게다가 피펫은 매우 비싸다. 상사는 나를 싫어했을 것이다.

이 사실을 알아차린 게 나 혼자만은 아니었다. 구글에서 "시고니 위버, 피펫, 아바타"를 검색하면 제일 처음 나오는 것은 "에펜도르프 피펫의 잘못된 사용법"이란 제목의 유튜브 영상이다. 그다음에는 시고니 위버가 피펫을 잘못 사용하는 것에 몸서리치며 말을 잇지 못하는 나 같은 과학자들의 페이지가 계속 이어진다. 오랜 세월 동안 SF/판타지 영화를 본 후에도 아직 몸서리가 쳐진다는 게 웃기기는 하다. 그만큼 이 장면은 분명하게 인상에 남았다.

과학에 대한 존중

실험실에서 일하는 과학자에 대해 마지막으로 알아야 할 게 있다. 우리는 우리가 하는 일에 신경을 쓴다. 우리와 주변 사람들이 안전한지 끊임없이 점검한다. 모든 단계를 정확하게 이행했는지 확인한다. 잘못 이행하면 데이터가 부실해지거나… 폭발이 일어날 수 있기 때문이다. 그러므로 무슨 일이 있어도 절대로 이 문장은 쓰면 안 된다. "과학자들은 뜬구름 잡는 말만 할 뿐이고, 주변을 제대로 살피지 않는다."

이 문장이 나오면 나는 책을 집어던질 테니까.

기관 형성을 입체적으로 표현하기

메건 카트라이트 차드리(독물학자)

통에서 배양된 인공 살—고기로 먹거나 기관으로 이식되거나에 관계없이— 는 내가 SF에서 좋아하는 비유 중 하나이다. 도축장이 없어도 맛있는 스테이크를 먹을 수 있고, 배가 터지도록 먹은 후에는 콜레스테롤로 막힌 심장을 교체할 수 있는데 환영하지 않을 이유가 있을까?

하지만 과학자가 되어 페트리 접시(세균 배양 따위에 쓰이는 둥글넓적한 작은 접시-옮긴이)에서 세포를 배양해 보니, 그렇게나 많은 캐릭터들이 심장, 손, 신경계를 식은 죽 먹기로 만들어 내는 것을 회의적으로 보게 되었다. 너무 쉽게 만들어 내기 때문이 아니다. 통에서 배양된 기관을 가지고 놀랍고 중요하며, 재미있는 내용으로 가득 찬 훨씬 재미있는 이야기를 만들 수 있는 기회를 놓치기 때문이다.

나는 기관 형성—세포가 기관으로 성장하는 복잡한 과정—에 관해 일반적인 SF 뒤에 숨은 오해를 파헤칠 것이다. 그런 다음, 통에서 배양된 인공 살에 관한 이야기를 더욱 신뢰성 있게 만들 수 있는 몇 가지 팁을 제공할 생각이다.

통념 #1: 기관은 통에서 성장한다

통에서 배양된 인공 살 이야기를 계속해 보자. 통 배양이라고 하면 닭고기 육수 한 양동이와 줄기세포만 있으면 될 것처럼 들린다(사상 최악의 수프가 될 것이다). 수십 억 개의 다양하고 전문화된 세포에서 기관처럼 크고 복잡한 것을 배양하려면, 여러분의 캐릭터는 적어도 여섯 개가 필요하다. 세포, 세포 골격(cell scaffold), 영양액, 지극, 올바른 장소, 그리고 돈.

1. **세포**: 여러분의 작품에서 기관은 아마 분열되어 다양한 유형으로 전문화(특정)될 수 있는 독특한 세포(예컨대 줄기세포나 만능세포) 몇 개에서 시작할 것이다. (태아에서 나온) 배아세포인지, 아니면 (성인에서 나온) 만능 세포인지 여부에 관계없이, 줄기세포는 수용체와 호환될 수 있게 하기 위한 몇 가지 유전적 변형이 필요하다. 수용체 자신의 골수에서 추출한 간(幹)세포(progenitor cell)도 세포 공급원이 될 수 있다.

2. **세포 골격**: 이제 여러분에게 세포가 생겼다. 이것을 무엇인가의 위에서 성장시켜야 한다! 기관처럼 크고 복잡한 경우, 세포가 자립할 때까지 받쳐줄 임시 골격이나 영구적인 '뼈대'가 필요하

다. 이 뼈대는 연골 같은 천연물이나 합성 고분자로 만든 틀일 수 있다. 임시 골격의 경우, 세포는 하이드로젤(물을 분산 매체로 하는 젤-옮긴이) 같은 부드러운 젤라틴 같은 물질에서도 자랄 수 있다.

3. **영양액(매질)**: 성장하는 기관은 산소와 영양분을 전달하고, 이산화탄소와 노폐물을 배출하며, 세포의 환경을 올바른 산성으로 유지하게 해 주는 액체에 담가야 한다. 하지만 성장하는 기관 전체로 매질을 순환시키는 혈관(또는 이와 유사한 것)이 없다면, 세포는 불과 몇 밀리미터 이상으로는 성장하지 못한다.

4. **자극**: 성장하는 기관은 그 성장을 지시하고 형성하는 생화학적 및 기계적 신호를 계속해서 주고받는다. 기관은 올바른 신호 혼합(특히 성장 인자라고 하는 그룹)과 기계적 신호가 필요하다. 그렇지 않으면 세포는 식별 불가능하고 비체계적인 덩어리가 된다. 내부 장기의 경우, 이러한 신호에는 인접 기관에 몰려드는 것처럼 보이게 만드는 압력이 포함될 수 있다. 근육 같은 다른 기관의 경우, 이러한 신호에는 팽창과 이완이 포함될 수 있다. 현재 과학자들은 광(光)민감성 하이드로젤(빛에 노출되면 세포를 경화 및 팽창시켰다가 빛이 꺼지면 이완시키는 골격)에서 세포를 성장시키는 방법으로 이들 신호를 시뮬레이션한다.

5. **적합한 장소**: 박테리아, 곰팡이, 바이러스는 모두 매질이나 세포에서 자라는 것을 좋아한다! 이들이 배양 조직을 오염시키는 것을 막기 위해 과학자들은 살균 조건에서 일한다. 예컨대 침입하려는 박테리아를 날려 버리기 위해 기압을 정압(대기압보다 높은 압)으로 한 전용 배양실이 그것이다. 그리고 배양 접시가 세포 배양

후드 안에 있을 때만 열어 본다.

6. **돈:** 이들 기관을 성장 및 이식하기 위한 장비, 인력, 화학 물질에는 상당한 비용이 소요된다. 참고로 당뇨병성 족부 궤양을 위한 피부 이식 조각 기성품 가격은 1400달러(소형)에서 1만 1800달러(대형)에 이른다. 간단히 말하자면 피부와 유사한 기성품 세포 가격이 이렇다!

통념 2: 대체 기관은 훌륭하게 작동한다

성장하는 기관이 충분히 단단하지 않은 것과 마찬가지로, 캐릭터들은 번쩍이는 새 기관을 이식받은 후에 몇 가지 문제에 직면하게 된다.

· **면역 거부:** 기관이 기증자의 세포에서 자란 경우, 수용자의 면역 체계가 이를 거부하고 공격할 수 있다. 오늘날 이식에서 발생하는 문제이다. 또는 면역 체계가 기관의 인공 골격을 공격해 붕괴시킨다.

· **암:** 불행히도 캐릭터의 새 기관은 암의 발생 원인이 될 수 있다. 기관의 세포에 유전적 변형이 있는 경우, 게놈을 수정하는 데 사용된 기술 때문에 생긴 의도치 않은 돌연변이를 운반할 수 있다. 이러한 돌연변이는 암으로 이어질 수 있다. 그리고 여전히 배아줄기세포를 품고 있는 기관을 이식받은 경우, 이 줄기세포는 테라토마라고 하는 종양으로 자랄 수 있다.

· **기능 부족:** 다시 강조한다. 기관은 극히 복잡하며, 다양한 형

태와 구조로 전문화되는 수십억 개의 상이한 세포로 이루어져 있다. 이 새 기관에는 중요한 구조 몇 가지가 없을 수 있다. 예컨대 현재 대장암 연구를 위해 실험실에서 배양되는 '미니 소화관'은 식품 영양소와 약물을 소화하는 데 중요한, 촉수 비슷한 융모 구조가 없다. 자연 기관과 비교해 볼 때, 실험실에서 배양된 기관은 몇 가지 간단한 기능만 할 수 있을 뿐이다. 캐릭터가 새 신장을 완전하게 사용하려면 여전히 가끔 투석 치료를 받거나, 융모가 없는 인공 소화관을 가로질러 퍼뜨릴 수 있는 고농축 보충액을 사용해야 한다는 의미이다.

바로잡기

캐릭터에게 기관을 배양하고 이식할 때는 다음과 같은 몇 가지 문제를 고려해야 '인공 살'을 더 그럴듯하게 만들 수 있다.

- 기관의 크기와 복잡성은 어느 정도인가? 단순히 몇 개의 외피층으로 이루어져 있는가? 아니면 간처럼 거대하고 복잡한가?
- 어디서 나온 세포인가?
- 세포는 어디서 성장했는가? 부드러운 하이드로젤로 만든 임시 골격에서인가? 아니면 연골 같은 것으로 만들어진 영구적 뼈대에서인가?
- 기관은 얼마나 잘 작동하는가?
- 캐릭터의 장기가 계속 작동하게 하기 위한, 또는 생명을 유지하기 위한 어떤 조치(면역 억제, 추가 영양소, 투석 등)가 필요한가?

의학적 오해 1

카린 노튼(간호사)

지난 10년 동안은 병원 장면이 나오는 드라마를 볼 엄두가 나지 않았다. 그리고 책에 나오는 의학적 오해는 민망할 정도였다. 이런 오류들을 무시할 수 있었으면 좋겠지만, 그럴 수 없었다. 영어 교사가 틀린 문법을 그냥 둘 수 없는 것과 마찬가지다. 의학을 전공하지 않은 작가들이 의학 장면을 쓸 때 빠질 수 있는 일반적인 오류들을 피하는 데 도움이 되길 바란다.

오해 #1: CPR은 살아 있는 환자를 위한 것이다

심폐소생술(CPR) 장면을 엉터리로 묘사하는 작가들을 본 게 한두 번이 아니다. 기초소생술 수업 시간에서 처음 가르치는 내용 중 하나는, CPR은 실패할 수 없다는 것이다. 환자는 이미 사망한 상태이기 때문이다. 심폐소생술의 목표는 사람을 다시 살려내는 것이다. 하지만 환자가 말을 하거나, 움직이거나, 숨을 쉬고 있다면 절대로 CPR을 해서는 안 된다.

실제 CPR 교육

의학 교육을 받은 캐릭터라면 의식불명인 사람에게 이런 방식을 취할 것이다.

1. 의식불명인 사람이 깨어 있는지 확인하기 위해 살살 흔들면서 이름을 부른다(또는 무엇인가 외친다).
2. 주위 사람들에게 도움을 청하거나 911에 연락한다. 자동심장충격기(AED)를 요청할 수도 있다.
3. 가끔씩 (특히 아동의 경우) 호흡을 확인한다. ABC라고 가르치는 내용이다(기도[airway], 호흡[breathing], 순환[circulation]). 하지만 낯선 사람의 경우에는 구강 인공호흡은 더 이상 권장되지 않으며, 최근의 연구에서는 순환을 최우선으로 처리해야 한다고 보고 있다. 혈액에는 인공호흡 없이도 순환시킬 수 있는 산소가 풍부하기 때문이다. 아동은 일반적으로 심장이 튼튼하기 때문에, 의식을 잃었다면 질식했거나 물에 빠졌기 때문일 가능성이 많다.
4. 대부분 즉시 목이나 손목에서 맥박을 확인한다. 맥박이 없다면 흉부 압박을 시작한다. 실제 흉부 압박의 모습은 끔찍하다. 끔찍하게 보이지 않는다면 세게 누르지 않고 있는 것이다. 갈비뼈가 부러진다.

5. AED가 있는 경우, 이를 이용해 심장에 충격을 주어 생존 리듬을 찾게 한다. AED에는 설명서가 첨부되어 있지만, AED 자체도 음성을 통해 사용 단계를 설명해준다. AED를 자신 있게 사용하면 생명을 구할 수 있다. 따라서 겁내지 말고 그 작동 방법을 자세히 읽어 보길 바란다.

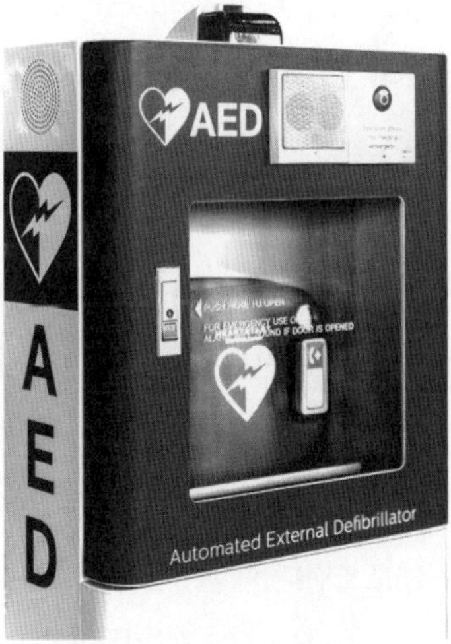

자동심장충격기

신생아를 살리기 위한 방법은 이것과는 다르다는 점을 명심해야 한다. 신생아 구조를 정확하게 묘사하려면, 신생아 소생 프로그램(NRP) 지침을 참조하기 바란다.

병원에서의 CPR

병원에서 환자가 CPR이 필요한 경우 같은 단계를 따르면 된다. 병원에서는 도움이 필요한 경우에 벽에 있는 비상 버튼을 누르면 의료진에게 호출이 가고, 의료진은 비상 카트를 가지고 병실로 오게 된다는 점이 다를 뿐이다. 이 장면은 혼돈처럼 묘사되는 경우가 잦지만, 대형 병원의 경우라면 아주 난해한 춤에 가깝다.

처음 환자를 발견한 사람이 흉부 압박을 하는 게 보통이다. 다음에 온 사람은 산소마스크와 산소 백을 사용해 산소 공급을 시작한다. 이미 IV(전해질 · 약제 · 영양을 점적하는 장치)가 없는 경우라면 누군가가 시작한다. 다른 사람은 비상 카트를 준비하고 환자에게 EKG 모니터를 연결한다. 또 다른 사람은 이미 취해진 조치와 시간을 기록해 나중에 차트에 전부 작성할 수 있게 한다. 보통 1분 안에, 또는 그보다 빨리 5~10명이 병실로 들어온다.

마취의가 도착하면, 기도를 담당하던 사람은 마취의가 환자에게 삽관하는 작업을 보조한다(이 과정 동안 압박은 일시 중지한다). 환자의 주치의는 통상 이러한 조치들을 전부 주시하면서 지시를 내린다. 병실에 있는 다른 사람들은 다른 아이디어나 놓쳤을 수도 있는 과정에 대해 고민한다.

한 번에 많은 일이 벌어져도 절대 어수선하지 않다. 병원 응급팀은 어떠한 응급 상황에도 대처할 수 있는 교육을 받았고, 병원 규모에 따라 하루에도 몇 번씩 일어나는 일이기 때문이다.

오해 #2: 아기는 힘 한번만 주면 쑥 나온다

내 전공이 바로 산부인과이기 때문에, 이 부분에 대해 만족하기는 극히 어렵다. 책에서 출산 장면이 나오면 그 부분을 건너뛰면서 보곤 한다. 그러지 않으면 책을 영원히 덮어 버릴 테니까. 여러분의 개인적인 출산 경험은 자신에게 한해야 하고, 캐릭터의 것이 되어서는 안 된다. 병원에 도착하자마자 아기를 순산했다고 하더라도 그게 일반적인 사례는 아니라는 점을 깨달아야 한다. 질병 통제 및 예방 센터의 전국 인구 동태 통계(한 국가 내의 신생아 수 및 사망자 수를 나타낸 수치-옮긴이)에 따르면, 2015년의 경우 산모의 23.8퍼센트가 유도분만을 했다. 이런 유도분만에는 며칠이 걸린다. 그러므로 여러분의 캐릭터는 시간에 맞춰 병원에 도착했을 가능성이 매우 높다. 심지어 분만실까지도 여유 있게 갈 수 있기 때문에, 응급실에서 정신없는 상태로 극적인 분만을 하지 않아도 된다. 응급실에서는 임신한 환자는 가능한 한 받지 않으려고 한다. 심지어 산모가 발가락이 부러져서 와도 산부인과로 보낸다.

다른 32퍼센트(유도분만과 겹치는 부분이 있다)는 제왕절개를 한다. 그렇다. 여러분의 캐릭터는 제왕절개를 할 수 있다. 심지어 계획에 따른 제왕절개도 가능하다. 경막외(外) 마취제도 있다. 캐릭터가 현재 미국에 살고 있다면 경막외 마취제를 맞았을 게 분명하다. 미국에서는 산모의 90퍼센트가 맞기 때문이다. 여러분의 캐릭터는 분명 출산의 극심한 고통을 견딜 수 있는 강한 여성일 것이다. 하지만 경막외 마취제 주사 여부와는 아무 관계가 없다. 경막외 마취제를 맞지 않으면? 그런 산모가 전부 끔찍한 비명을 지르는 것은 아니다. 아예 비명도 지르지 못하는 산모들도 있으니까.

오해 #3: 정맥주사는 바늘이다

이 오류는 빠르게 바로잡혔지만, 아직도 종종 보이고 있어서 언급해둔다. IV 카테터를 삽입할 때는 바늘이 사용되지만 즉시 제거되고 플라스틱 카테터만 남는다. 이 오해는 환자들 사이에서도 널리 퍼져 있다(특히 투덜이 환자들). 캐릭터가 팔에 바늘이 남아 있다는 사실을 깨닫거나 따끔하다고 불평하는 장면을 넣지 말기 바란다. 캐릭터가 그렇게 하면, 간호사가 바로잡게 하자. 그러면 나 같은 독자들도 미소를 지을 수 있을 것이다.

오해 #4: 약은 환자들의 입을 다물게 하는 데 쓰인다

이것은 심각한 불법행위다. 그리고 작가들은 무슨 이유에서인지 자신의 캐릭터들에게 정신을 잃게 하는 약을 먹이는 것을 좋아한다. “팔꿈치에 찰과상을 입으셨나요? 그럼 IV를 시작하죠. 아주 강한 진정제를 놓을 거예요. 우연히 내 주머니에 들어온 거라 처방전은 아마 없을 테지만. 이제 환자분은 혼란에 빠진 상태로 잠이 들 거고, 독자들은 페이지를 넘겨 버리고 싶겠죠.”

이런 장면을 보는 내 심정이 그렇다. 병원에서는 약을 주려면 전문의의 지시가 있어야 한다. 심지어 산소를 주입할 때도 지시가 필요하다. 응급 상황에서는 거의 대부분 의사가 자리를 지키며 이런 지시를 내린다. 하지만 진정제를 마술사처럼 바로 모자에서 꺼

낼 수 있는 건 아니다. 진정제(그리고 대부분의 약)는 약 분배기에 보관되어 있고, 분배기에 접근하려면 지문과 비밀번호가 필요하다.

투약을 하려면 환자의 동의도 받아야 한다. 환자가 히스테리 반응을 보여서 어떤 식으로든 진정시켜야 하는 경우, 대부분의 병원에서는 물리적 억제 또는 투약(동시에 사용할 수는 없다)이 필요하다는 전문의 두 명의 동의가 있어야 한다는 규정이 있다. 그리고 이러한 상황이 발생하는 경우는 극히 드물다.

거짓말을 할 생각은 없다. 사람들의 입을 다물게 하기 위해 약이 사용되기는 한다. 하지만 간호사가 환자에게 투약 요청이 필요하다는 것을 강력하게 권유하는 경우에 이루어지는 것이 대부분이다. 간호사 자격증은 따기가 극히 어렵다. 바보 같은 진정제와 짜증나는 환자들 때문에 그 자격증을 잃을 위험을 감수하지는 않는다.

오해 #5: 미성년자는 부모의 동의 없이도 치료를 받을 수 있다

부모가 없는 상황에서 젊은 캐릭터가 치료를 받는 장면을 쓸 때는 주의해야 한다. 응급 상황에서는 생명을 구하기 위해 미성년자를 치료할 수 있다. 하지만 우는 애한테 전부 진통제를 줄 수는 없다. 낙태의 경우에는 언제나 부모의 동의가 필요한 것은 아니다. 하지만 임신 6개월에서 9개월 사이의 미성년자가 병원에 와서 경막외 마취제를 원하는 경우, 부모가 서명해야 한다. 이 문제는 주마다 다르므로 확인해야 한다. 예컨대 애리조나 주의 경우, 임신한 10대는 성년으로 간주되므로 단독으로 산부인과 치료를 받을 수 있다. 출산한 후에는 아이의 치료에 관해서는 산모가 동의할 수 있지만, 산모 자신의 치료에 관해서는 다시 산모 부모의 동의를 받아야 한다.

의학 장면을 올바르게 묘사하는 방법

지금까지 의학적 오해들을 겉핥기로나마 살펴보았다. 종양의학과나 심장외과 의사들은 이와는 아주 다른 문제들을 지적할 수도 있다. 몇몇 의료 기준은 지역마다 다르며, 특정 병원의 정책에 따라서도 달라질 수 있다. 그러면 작가는 무엇을 해야 하는가? 의료계에 친구를 하나 만들기 바란다. 둘, 아니면 수십 명도 좋다. 솔직히 말하는데, 우리는 매우 우호적인 사람들이고 우리 일에 대해 얘기하는 걸 좋아한다. 원하는 것보다 더 많은 얘기를 들을 수 있고, 밥 먹는 것도 잊을 정도로 귀를 기울이게 될 것이다.

의학적 오해 2

스테파니 소비네(간호사)

인기 의학 드라마에는 손수건을 적시게 하는 극적인 장면들이 가득하다. 예컨대 사랑받는 주인공의 '심전도가 수평이 되거나', 불쌍한 아이가 이물질에 찔리는 것 등이다. 이러한 시나리오들은 시청자들의 감정이입을 극대화하기 위해 종종 지나치게 과장되었다. 의료계에 종사하는 우리들은 불행히도 이런 드라마에서 반복되는 중대한 과학적, 의학적 오류들을 지나칠 수 없다. 살아 있는 환자들에게 이런 오류가 생기면 극히 위험하고 치명적이기 때문이다.

제작진이나 작가가 의학 자문을 요청하기는 하는지, 아니면 (과학적 정확성을 희생해서라도) 그저 드라마적 효과를 극대화하는 것만이 목적인지 의문이 들 때가 있다. '현실에서' 이런 시나리오를 접한 사람이라면 이런 순간들에는 이미 평생 봐도 모자랄 드라마가

들어 있다고 장담할 수 있다. 실제 사람의 목숨이 경각에 달린 상황에서는 드라마를 집어넣을 아무런 이유가 없다. 이미 토르의 망치가 여러분의 흉부를 내리치고 있다. 주인공이 사망하거나 기능부전을 겪지 않게 하려면, 다음 내용을 준수하기 바란다.

오해 #1: 심장충격기 미신

심전도에 충격을 가하기

전기 신호는 심장 박동의 조력자다. 전기 신호는 친숙한 "똑딱" 소리를 내면서 순환한다. 전기 펄스는 심장에 특유한 것이며, 특수 세포로 이루어진 세 개의 중요한 꾸러미에서 만들어진다. 자동차 엔진에 있는 피스톤과 비슷하게, 심장의 일부는 특정한 리듬으로 맥동해야 전신에 혈액을 효과적으로 공급할 수 있고, 산소화(oxygenation)라고 하는 과정을 통해 기관과 세포에 산소를 제공할 수 있다. 심전도 모니터는 환자의 심장이 따라가는 리듬을 표시하는 데 사용된다. '리듬'은 다르게 말하자면 하나의 꾸러미에서 다른 꾸러미로 이어지는 현재의 흐름 상태이다.

심장충격기의 용도는 심장의 리듬을 방해해서(충격을 가함) 이를 '리셋'하는 것이다. PC의 CTRL+ALT+DEL, 빨간 과일 이름을 딴 컴퓨터의 COMMAND+OPTION+ESCAPE를 생각해보면 된다. 리듬이 몸의 나머지 부분에 혈액을 순환시키는 데 적합하지 않은 경우에 충격을 가하면, 꾸러미들이 조직화된 패턴으로 서로 통신하도록 강제하여 리듬이 정상(효과적)으로 '리부팅'된다.

심전도 수평('심장 무[無]수축'이라고도 한다)이 발생하면 심장에 전류가 흐르지 않는다. 심전도 수평이 발생하는 상황과 매우 비슷한 무맥성(無脈性) 전기활동(PEA)의 경우, 심장에 아주 작은 진동이 일어나고 있을 가능성이 있다. 통상 이 진동은 심장을 수축시키기에는 부족하기 때문에 환자는 펄스가 없다. 이러한 경우에는 심장에 충격을 가해도 아무 효과가 없다. 충격은 전류의 리듬만을 리셋할 뿐이며 심장 내의 전류를 추가하거나 생성하지 않는다는 점을 기억하자.

그러면 심장에 어떻게 전류를 추가할 것인가? 배터리를 생각해 보자! 배터리에서 전류를 생성하는 것은 무엇인가? 화학반응이다! 각 전해액은 특정한 전하를 가지고 있으며, 신체 내의 다양한 세포들 사이를 움직이면서 전하를 생성한다. 에피네프린 같은 약을 투여하는 이유가 이것이다. 이런 약들은 신체 내의 전해액에 영향을 미쳐, 이들 전해액들이 전류를 생성하고 심장에 '점프 시동(자동차 배터리가 방전됐을 때 외부 배터리를 연결해 거는 시동-옮긴이)'을 거는 중에 세포 안으로 강제로 들어가게 하거나 나가게 한다.

심전도 수평 또는 PEA가 중단되고 심장 내의 흐름을 파악하게 된 후에만 심장이 올바른 리듬으로 박동하고 있는지를 우려하기 시작한다. (심장 모니터가 출력한) 리듬이 올바르지 않은 경우, 심장 충격기를 사용할 수 있다.

심장충격기의 패들(paddle) 문지르기

심장충격기는 환자의 몸에 부착하는 패들이나 패드를 사용한다. 심장충격기 패들을 사용하는 경우, 전도성 젤(conductive gel)을 바르는 것이 보통이다. 전도(conduction)를 돕고 환자가 흉부에 심각한 화상을 입는 것을 예방하기 위해서이다. 드라마에서는 패들을 서로 문지르는 장면이 더해지는데, 완전히 불필요한 행동이다. 일단 패들이 환자의 흉부에 놓이면 젤은 퍼지기 때문이다.

최신 심폐소생술(CPR) 지침에서는 패들보다 접착 패드를 권장한다. 접착 패드를 환자의 흉부 위에 놓고, 심정지(또는 심장 발작)가 계속되는 동안 그대로 남겨둔다. 패드는 CPR을 일시 정지하고, 환자의 몸에 손을 대고 있는 사람들이 '비키고'(또는 '물러서고'), 환자에게 충격을 가하고, CPR을 재개하는 사이의 시간 지연을 최소화하는 데 도움이 된다.

접착 패드는 심장이 박동하게 하는 역할도 한다. 환자에게 충격이 가해지고 난 후에는, 심장의 리듬이 너무 느려서 환자의 기관 모두에 혈액을 적절하게 흘러 들어가게 할 수 없을 가능성이 있다. 이 경우 심장충격기를 심박 조율기로 설정하여, 심박수가 보다 빠른 범위 안에 있도록 심장을 움직이는 데 필요한 만큼의 전기를 띤 추가 충격을 가할 수 있다.

충격이 가해지면 환자의 몸이 수술대 위에서 들썩인다

근육의 수축과 운동은 신체의 '처리 센터', 즉 뇌에서 나오는 입력에 따라 발생한다. 그렇기 때문에 어떤 발작이 일어나는 동안에는 환자의 몸이 경련한다. 뇌가 제대로 작동하지 않아서 근육이 제멋대로 움직이고 극심한 발작이 일어나는 것이다.

환자의 몸이 표면에서 완전히 떠오르려면 다양한 근육군(群)이 동시에 수축해야 한다. 심장은 흉부의 중앙에 자리 잡고 있으며, 그 끝부분은 약간 왼쪽에 있다. 따라서 심장충격기 패드/패들 중 하나는 오른쪽 가슴 위에, 다른 하나는 왼쪽 가슴 아래쪽에 비스듬히 놓아야 한다. 이렇게 배치하는 목적은, 전류가 보통 심장에서 흐르는 방향을 따라서 충격이 오른쪽에서 왼쪽으로, 위에서 아래로 전달되게 하려는 데 있다.

전류는 일단 왼쪽 패드/패들에 도달하면 즉시 사라진다. 전류가 신체의 이 부분으로 국한되기 때문에(따라서 제한된 근육군에만 작용되기 때문에), 환자의 몸이 수술대 위에서 크게 들썩이는 것은 물리적으로 불가능하다.

오해 2: 약을 심장에 직접 주사한다

아주 극적이지만, 동시에 매우 치명적이다!

심장은 매우 취약한 기관이며, 바로 위에 있는 복장뼈로 보호되고 있다. 이러한 생물학적 구성을 보면, 직접 주사 방법으로 심장에 접근하는 것은 좋은 생각이 아니라는 힌트를 얻을 수 있다. 신체의 중심 펌프에 구멍을 내면 출혈로 인해 즉시 사망하게 된다!

중요한 심장 수술 이외에 바늘로 심장을 찌르는 경우는 심낭천자술뿐이다. 심장은 심막이라고 하는 이중의 막으로 둘러싸여 있다. 이 막에는 심장이 박동할 때 움직이는 부분을 윤활해 주는 액체가 소량 포함되어 있다. 특정한 질병을 앓고 있는 경우, 심막에는 가끔 너무 많은 액체가 차면서 심낭 삼출이 일어나게 된다. 심낭 삼출이 심각한 경우, 심장눌림증으로 악화될 수 있다. 이 잉여 액체가 심장을 효과적으로 박동할 수 없을 정도로 누르면 생명이 위험하다. 심장천자술을 하는 중에 의사는 초음파 기기를 보면서 바늘을 사용해 삼출액 일부를 배출하여 심장 주위의 압력을 완화시킨다.

현재로서는 전문 의료진이 IV를 통해 구급약을 투약하는 것이 최선이다. 병원이 아닌 경우에는 IV가 없을 것이다. 이러한 경우, 주삿바늘을 사용해 말초혈관으로 약을 주사할 수 있다. 채혈하는 경우와 마찬가지로, 압박대를 사용해 혈관을 찾은 다음 혈관에 주삿바늘을 꽂아 혈류 속으로 바로 투약할 수 있다.

응급 상황에서 IV를 사용할 수 없는 경우, 골내(骨內) 접근(IO)을 통해서도 투약할 수 있다. 이러한 유형의 바늘은 혈관이 많은 특정한 골수에 삽입되는데, 이렇게 하면 IV 접근과 유사한 방법으로 약이 흡수된다. 심막에 접근하는 것은 매우 위험하다. 바로 뒤에 심장이 자리하고 있기 때문이다. IO 접근에 사용되는 다른 뼈로는 윗팔뼈 맨 윗부분(어깨 부분) 또는 몸 중심에서 가깝거나 먼 정강뼈(무릎 바로 아래와 발목 위)가 있다.

펄스가 없는 사람에게 약을 투여한 경우, CPR도 반드시 실시해야 한다는 점을 기억해야 한다. 흉부 압박은 생명을 유지하는 것 외에 약을 전신에 순환시키는 데도 도움이 된다.

오해 3: 이물질 빼내기

소설의 캐릭터들은 분노에 가득 차거나 또는 용기를 내서 이물질을 몸에서 빼낸다. 대형 화면(소형 화면에서도)에서 보면 이런 장면은 끝내준다. 하지만 이러한 행동은 세상을 구하는 영웅에게 의도하지 않은 결말을 안겨줄 수 있다! 화살/봉/칼이나 기타 이물질이 절단된 동맥을 압박하면서 출혈을 늦추고 있을 가능성이 있다. 이물질을 제거하는 순간, 영웅은 출혈로 사망할 수 있다!

이러한 상황에서는 이물질을 가능한 한 고정시키는 것이 최선의 조치다. 움직이게 되면 득보다 실이 많다는 점을 명심해야 한다. 이렇게 한 다음, 전문 의료진을 찾아 이물질을 안전하게 제거해야 한다(여기에는 보통 외과 수술이 포함된다).

의학적 사실 바로잡기

SNS는 여러분의 친구이다. 관련 지식을 잘 알고 있는 사람과 대화할 수 있는 통로가 수없이 많다. 나를 포함해 의료계에 종사하고 있는 대부분의 사람들은 우리가 하는 일에 대해 얘기하는 걸 좋아한다. 우리는 책이나 드라마에서 잘못된 의료 행위가 전파되거나 극적 재미를 위해 왜곡된 의학적 사실(사실이라는 게 있는지도 모르겠지만)을 보느니 차라리 눈이 머는 쪽을 택할 것이다. 우리 의료인들과 대화를 하기 바란다. 주변에 문의하자. 펜을 들거나 키보드를 두드리기 전에 조사를 하자.

7장 PUTTING THE SCIENCE IN FICTION

독극물과 중독의 과학

메건 카트라이트 차드리(독물학자)

조지 R.R. 마틴의 『얼음과 불의 노래: 검의 폭풍』에서 가장 극적인 장면 중 하나는 (스포일러 주의: 아직 이 작품을 읽지 않았다면 이 페이지를 건너뛰기 바란다) 사이코 왕 조프리의 끔찍한 죽음이다. 혼인 잔치에서 망나니짓을 하던 조프리가 와인을 마시더니 숨이 막혀 헐떡이기 시작한다. 목이 붓고, 구토를 시작한다. 하객들은 비명을 지르고, 조프리는 숨을 쉬려 안간힘을 쓴다. 얼굴은 흙빛이 된다. 조프리가 마침내 쓰러져 죽자, 독자인 나는 환호를 보내고 싶었다. 하지만 독물학자로서의 나는 한탄이 나왔다. 음식에 섞은 독 때문에 즉사하는 장면을 또 쓰다니.

작가가 독을 가지고 할 수 있는 일은 훨씬 많다. 다음에 캐릭터(사이코패스건 아니건)를 괴롭히기 위해 독을 사용할 때는, 더 훌륭하고 재미있는 중독 방법을 사용하기 바란다. 그러면 다음과 같은 흔한 비유와 오류를 피할 수 있다.

통념 #1: 모든 독은 치명적이다

비소든, 식용 소금이든, 물이든, 모든 화학 물질은 짧은 시간 내에 과다 섭취하면 치명적일 수 있다. 청산가리나 『검의 폭풍』에 나오는 '질식제(strangler)'는 너무나 강력하기 때문에 극소량만 복용해도 사망에 이른다. 하지만 대부분의 화학 물질은 신체에 더 많이 들어갈수록 악화되는 효과 변화도를 가진다. 이러한 효과를 유발하는 화학 물질의 양은 사람마다 다르며, 나이가 젊거나 예컨대 신부전으로 인해 혈액에서 화학 물질을 걸러내지 못하는 경우에는 특히 취약하다.

독물학자들이 용량 반응이라고 부르는 이러한 효과 변화도를 이용해 많은 것을 할 수 있다. 캐릭터가 창자를 게워낼 정도로 토하거나, 종양으로 음낭에 구멍을 내거나, 외눈박이 아이를 낳게 할 수 있는데 굳이 즉사시켜야 할 이유가 있을까? 실제 독물과 그 변화도에 따라 나타나는 다양한 효과의 예로는 다음과 같은 것들이 있다.

· **신경독**: 많은 동물 독과 곤충 독은 살충제와 마찬가지로 신경 전달 물질—신경 세포 사이에서 신호를 전달하는 화학 물질—을 방해하여 신경계를 중독시킨다. 치명적인 경우도 있고, 침 흘리기, 설사, 경련, 마비 같은 당혹스럽고 고통스러운 효과도 유발할 수 있다.

· **암**: 독은 과다 복용하면 즉사하는 경우가 많다. 하지만 소량을 장기간에 걸쳐 복용한 경우(예컨대 식수에 있거나 작업장에서 노출되는 경우)에 무서운 질병을 유발하는 경우도 많다. 비소가 대표적인 경우다. 방글라데시에서 식수가 소량의 비소에 오염되자 피부암과 심장병이 발생했다. 또 다른 예로는 그을음에 함유된 벤조피렌이 있는데, 산업혁명 시기에 굴뚝 청소부들에게 음낭암을 유발시켰다.

· **생식독**: 다수의 화학 물질은 건강한 성인에게는 별다른 영향을 미치지 못하지만, 발육 중인 태아에게는 심각한 피해를 입힐 수 있다. 악명 높은 것으로는 사이클로파민을 들 수 있는데, 익시아(corn lily)라는 예쁜 꽃에 있는 독이다. 사이클로파민에 중독되면 아기는 한쪽 눈과 코, 혹은 입이 없는 상태로 태어나게 된다. 다른 예로는 메틸수은이 있다. 메틸수은은 태반 사이로 미끄러져 들어가 태아의 뇌 안에서 농축되면서 뇌를 파괴한다.

통념 #2: 독은 먹거나 마시면 작용한다

독은 신체의 취약한 부분과 상호작용할 때 일을 하게 된다. 『검의 폭풍』에 나오는 조프리의 경우, 목구멍이 '질식제'에 취약했던 게 분명하다. 하지만 다른 많은 독의 경우는 취약 기관들은 멀리 떨어진 곳에 있다. 독이 취약 기관에 도달하려면 혈류 안에 들어가야 한다는 뜻이다.

먹고 마시는 것—소화—은 독이 혈액으로 들어가기에는 극히 비효율적인 방법이다. 위가 음식으로 가득 찬 경우, 독은 더 느리게 위에서 나와 혈류로 들어가게 되며, 신체가 독을 제거할 수 있는 시간이 더 생긴다. 다수의 독(온도계나 장난감 안에 있는 수은 같은 금속의 경우는 특히)은 위에서 혈액으로 쉽게 이동하지도 못한다. 대부분은 독성 대변으로 배출된다는 의미이다.

소화 말고도 여러분이 캐릭터를 중독시킬 수 있는 다른 방법들이 있다.

· **주사**: 송곳니든, 독화살이든, 바늘이든, 이들을 통해서 독이 혈류로 직접 주입되면 취약 기관을 가장 빨리 찾게 된다.
· **흡입**: 유독 가스나 증기는 폐를 통해 놀라울 정도로 빠르게 혈액에 침투한다(마취제를 투여하는 경우만 생각해 봐도 알 수 있다). 하지만 폐를 통해 중독되는 특이한 경로가 또 하나 있다. 석면 섬유, 퀀텀닷(지름이 수십 나노미터[1나노미터는 10억분의 1미터] 이하인 반도체 결정물질로 특이한 전기적 · 광학적 성질을 지니는 입자-옮긴이), 탄소나노튜브(탄소 여섯 개로 이루어진 육각형들이 서로 연결되어 관 모양을 이루고 있는 신소재-옮긴이)처럼 극히 미세한 입자가 폐에 박히면서 연약한 세포를 계속해서 손상시킬 수 있다.
· **흡수(피부, 눈, 질, 항문)**: 어떤 독들은 피부에 달라붙을 뿐이고 아무 영향도 미치지 않는다. 지방유(脂肪油)에 용해된 특정 입자와 화학 물질 같은 다른 독은 천천히 체내로 침투해 혈류 안으로 들어간다. 피부 흡수를 통해 독이 혈류로 들어가는 속

도는 느린데, 피부가 연약하거나 뜨겁거나 손상된 경우에는 조금 빨라지기는 한다. 이와 비교할 때, 독을 눈에 떨어뜨리면 눈이 손상되고 혈액 안으로 좀 더 빠르게 이동할 수 있다. 질이나 항문 내부의 얇은 세포에 독이 침투하면 혈액 안으로 훨씬 빨리 들어간다(하지만 그 독을 집어넣는 방법에 대한 묘사는 작가에게 맡기겠다!).

바로잡기

질식제 같은 자신만의 독을 고안하든, 현실의 독 중에서 하나를 고르든, 여러분의 독을 최대한 특이하고 그럴듯하게 만들어 내려면 생각해 보아야 할 문제들이 몇 개 있다.

- 독의 양이 얼마나 필요한가? 청산가리처럼 알갱이 하나면 되는가? 아니면 납처럼 한 줌 가득 있어야 하는가?
- 다양한 투여량에 따른 독의 효과 변화도는 어떠한가?
- 독의 효과에 가장 민감한 사람은 누구인가?
- 신체에서 가장 취약한 부분이나 시스템은 무엇인가?
- 취약한 부분에 독을 어떻게 접촉시킬 것인가?
- 중독된 캐릭터가 살아남았다면, 몸에 남은 장기적인 영향은 무엇인가?

출처

- 『죽이는 화학: 애거서 크리스티의 추리 소설과 14가지 독약

이야기』, 캐스린 하쿠프, 이은영 역, 생각의 힘, 2016.

· 미국 유해물질 질병등록 보고서: 독성물질 검색 포털 www.atsdr.cdc.gov/toxfaqs/index.asp

· 미국 독극물 관리센터협회 www.aapcc.org

· 미국 의학 독성학 대학 공공 FAQ (www.acmt.net/Public_FAQs.html)

· 『Casarett & Doull's Toxicology: The Basic Science of Poisons』, Curtis D. Klaassen, McGraw-Hill Education, 2013

· 전 독물학에 대한 질문에 답하는 걸 좋아합니다! meganchaudhuri@gmail.com 이메일로 자유롭게 연락하세요. 바로 답신을 드리거나 다른 전문가에게 전달할게요.

8장 PUTTING THE SCIENCE IN FICTION

죽음의 다양한 얼굴

비앙카 노그래디(과학 전문 기자)

베트 미들러와 셜리 롱 주연의 1987년 영화 〈에스 포춘〉에는 멋진 장면이 나온다. 셜리 롱은 연기 수업에서 죽는 장면을 연기해 보라는 요청을 받는다.

연기 강사에게 잘 보이기 위해, 셜리 롱은 계속해서 과장되게 경련하고, 숨을 헐떡이고, 손짓하는 연기를 한다. 그리고 마침내, 불쌍하게도 죽는다. 강사에게 혹평을 들었지만, 나중에 복수를 한다(스포일러 주의!). 강사가 총을 쏘자, 죽는 연기를 실감나게 해 그를 속이고 살아남는다.

그 장면에서 죽는 연기는 좀 다르다. 경련도, 극적인 몸짓도 없다. 총소리가 나자 그대로 쓰러진다.

할리우드 영화 때문에, 죽는 모습에 대한 우리의 생각은 실제와는 크게 다른 모습으로 왜곡되었다. 조용히 눈을 감는 장면이든,

타란티노 감독의 영화처럼 화려할 정도로 유혈이 낭자한 장면이든 마찬가지다.

현실은 이런 장면들과는 거리가 한참 멀다. 생명의 마지막을 보는 것은 생명의 시작을 보는 것과 비슷하다. 때로는 조용하고 평화로우며, 심지어 아름답기까지 한 경험이다. 가끔은 끔찍한 피바다일 때도 있다. 대부분 이 두 가지가 조금씩 다 있다.

예상되는 상황

'전형적인' 죽음 같은 건 없지만, 병원, 호스피스 서비스, 기타 비슷한 환경에서 일하는 사람들이 하는 이야기들이 있다.

체인스톡(Cheyne-Stokes) 호흡은 죽음을 예고하는 전형적인 호흡 패턴이다. 고도가 아주 높은 곳에서 잠들 때도 겪을 수 있는 상황이다(침실에서 같이 자던 사람이 예상치 않게 놀랄 수도 있다!). 호흡이 깊어지지만—빨라지는 경우도 있다—갈수록 얕아지고, 그러다가 한 번에 멎는 것처럼 보인다…. 그러고는 재개된다.

'임종시의 가래 끓는 소리(death rattle)'는 적절한 이름이지만 썩 듣기 좋은 소리는 아니다. 그렇다고 해서 죽어가는 사람이 지금 불편한 상태라는 것을 반드시 암시하지는 않는다. 침이 목에 걸리면서 불쾌하거나, 가래가 끓거나, 뭔가 목에 걸리거나, 신음하는 듯한 소리가 나는 것일 수도 있다. 일반적으로는 손 쓸 방법이 거의 없다.

마지막으로 길게 숨을 내쉬면서 죽는 경우도 자주 있다. 하지만 많은 사람들은 사망자의 피부가 갑자기 급격하게 변한다고 말한다. 순환이 정지하면 피부는 매우 빠르게—1~2분 내에—왁스처럼 변한다. 혈액이 피부 사이로 이동하지 않기 때문이다.

예상치 못한 상황

마지막 숨을 내쉬고 분명히 죽은 것처럼 보였던 사람이 갑자기 질식한 듯 (가끔은 1~2분에 걸쳐) 숨을 헐떡이는 모습만큼 충격적인 장면은 거의 없을 것이다.

이른바 '심정지 호흡 혹은 고통스러운 헐떡임(Agonal gasps)'은 실제보다 (적어도 죽은 사람에게는) 훨씬 더 고통스럽게 들린다. 임종을 지키면서 슬퍼하기 시작한 사람들에게는 매우 당혹스러운 상황이다. 죽은 사람이 다시 살아난 게 아니다. 고통스러운 헐떡임은 뇌가 마지막으로 산소를 터뜨리는 최후의 반사작용인 동시에, 죽었다는 확실한 신호이기도 하다.

죽음 직전에 일어나는 일 중에 이만큼 놀랍지만 훨씬 반가운 현상으로는 임종시의 맑은 정신(terminal lucidity) 또는 '최후의 기력'이 있다. 치매, 알츠하이머병, 뇌종양을 앓던 사람들인 경우가 많다. 죽음이 임박하면 이들의 머릿속에 있던 안개가 걷히는 것처럼 보인다. 아주 짧은 순간이나마 자기의 본모습을 되찾는다. 수 년 동안 알아보지 못했던 사랑하는 사람들을 알아보거나, 제정신일 때 하곤 했던 농담을 던질 수도 있다.

하지만 이러한 순간들은 너무도 짧고, 죽음 직전에야 찾아온다. 우리는 이러한 현상이 왜, 어떻게 일어나는지 아직 모른다. 하지만 이를 경험한 사람들에게는 가장 원했던 큰 축복이다.

비슷한 현상으로는 임종 직전의 흥분(pre-terminal agitation)이 있다. 오랫동안 자리보전을 하며 의식이 없던 사람이 갑자기 박차고 일어나 걷거나, 춤을 추거나, 심지어 달리기까지 하는 것이다.

죽음을 둘러싼 현상 중에 가장 이상하지만 설명 가능한 것은 아마도 '나사로(성경에서 예수가 죽음에서 살려낸 사람-옮긴이) 반사작용'이다. 뇌사 환자의 인공호흡기를 제거하고 몇 분 후에 매우 가끔씩 나타난다. 팔을 허공으로 들어 올리고 가슴 위에서 교차시킨다. 아주 기본적이고 중요한 반사작용으로 간주되지만, 그 장면을 보았을 때의 충격을 가시게 할 설명은 없다.

설명 불가능한 상황

"호레이쇼, 천지간에는 자네의 철학으로 상상하는 것보다 많은 것들이 있다네." 아버지의 유령을 만나고 난 후 햄릿은 호레이쇼에게 이렇게 말했다.

과학자로서 나는 죽음을 연구하면서, 내 능력으로는 설명하기 어려운 일들과 수없이 마주쳤다. 다음의 현상들은 전부 뇌의 산소 부족, 완전한 우연, 우연의 일치, 또는 필사적으로 의미를 찾으려고 하는 행위가 원인이라고 치부할 수도 있다. 이러한 것들을 설명할 수 있는 것은 과학이 아니라 신앙뿐이다.

그러한 현상 중의 하나로는 임종 방문(Deathbed visitation)이 있다. 죽어가던 환자가 갑자기 보이지 않는 누군가와 신나게 대화를 하더라는 이야기를 하는 사람들이 많다. 그 대화 상대는 오래전에 죽은 사람(보통 배우자, 부모, 또는 친구)다.

이러한 현상을 과학으로 설명할 수 있는가는 아무 의미가 없다. 이 현상을 경험하는 사람에게는 주변의 다른 것들과 마찬가지로 현실이기 때문이다. 방문자의 유형은 문화의 영향을 받는다는 게 재미있다. 서양의 경우에는 사랑하던 사람이 방문자인 경우가 많다. 인도 같은 나라에서는 신일 가능성이 더 높다.

이 방문은 죽어가는 사람에게 종종 긍정적인 영향을 미쳐, 죽음을 맞는 태도와 말이 달라진다. 죽음을 맞는 환자와 그 주변 사람들에게 평온함을 주는 원천이 되는 게 보통이다.

죽음의 순간에 (반려)동물이 이상한 행동을 했다는 얘기가 많다. 주인이 죽었을 때 멀리 있던 개가 짖었다든가, 새들이 창턱에 모여들었다든가 하는 것들이다. 고양이는 특히 죽음과 밀접한 관련이 있었다. 요양원에 살던 오스카라는 고양이는 다음에 죽을 사람이 누구인지 알아내는 능력이 있다는 보고서가 〈뉴잉글랜드 의학 저널〉에 실리면서 세계적으로 유명해졌다.

그 밖에 죽음의 순간에 일어나는 설명 불가능한 현상으로, 갑자기 이상한 빛에 둘러싸이거나, 시계가 멈추거나(헨리 클레이 워크의 노래 '할아버지의 시계〔My Grandfather's Clock〕'를 생각해 보기 바란다. "할아버지가 돌아가시자 시계는 멈췄어. 그리고 다시는 움직이지 않았지."), 작업장에서 늘 만지던 기계가 고장 나거나 하는 것들이 있다.

죽음은 설명할 수 없을 정도로 여러 모습을 가진 순간이며, 작가의 상상력에 따라 다양하게 그려낼 수 있다.

2부

게놈 공학: 해피엔딩은 없다

9장 PUTTING THE SCIENCE IN FICTION

인간 게놈의 파란만장한 여정

댄 코볼트(유전학자)

인간 게놈은 우리 몸의 거의 모든 세포에서 나타나며 인간 존재를 구축하기 위한 전체 안내서를 포함하고 있다. 이 안내서—인간 게놈 프로젝트—를 판독하기 위한 최초의 노력은 2001년에 마무리되었다. 판독이 끝나긴 했어도 우리의 게놈이 거대하고 복잡하며 난해한 존재라는 사실은 명백했다. 17년이 지난 지금도, 우리는 그 수수께끼를 풀기 위해 애쓰고 있다. 지금까지 우리가 거쳐온 파란만장한 여정은 다음과 같다.

빅 픽처

인간 게놈은 32억 개의 염기쌍(base pair)으로 구성되어 있으며, 스물두 개의 상(常)염색체(성염색체 이외의 염색체-옮긴이)와 두 개의 성(性)염색체에 걸쳐 분포되어 있다. 상염색체는 일반적으로 크기

순으로 정렬된다. 1번 염색체가 가장 크고(약 2억 5000만 염기쌍), 21번과 22번 염색체가 가장 작다(각각 4800만, 5100만 염기쌍). 놀랍게도 성염색체는 크기가 엄청나게 차이난다. X염색체는 1억 5500만 염기쌍(7번 염색체와 거의 비슷하다)인 반면 Y염색체는 5900만 염기쌍에 지나지 않는다.

미토콘드리아에도 작은 염색체가 있다. 인간 세포에서 발견되는 에너지 생성 세포소(小)기관이다. 미토콘드리아 게놈은 크기가 극히 작지만(1만 6500 염기쌍), 하나의 세포는 그 게놈의 복제본을 2000개 가까이 가지고 있을 수도 있다. 상염색체와 성염색체와는 달리, 미토콘드리아 게놈은 그 모체로부터만 물려받는다. 그 미토콘드리아 게놈과 다수의 복제본 사이에서 일부 특이한 유전 양식이 발생할 수 있다. 하나의 미토콘드리아가 질병 유발 돌연변이가 된 경우, 일반적으로는 증상을 유발하지 않는다. 세포에는 수백 수천 개의 다른 미토콘드리아가 있기 때문이다. 하지만 시간이 지나면서 더 많은 미토콘드리아가 돌연변이를 겪게 된다. 세포는 특정 한계에 다다를 때까지 계속해서 작동하는데, 수년이 걸릴 수 있다. 그 결과, 미토콘드리아 돌연변이가 유발시킨 질병(예컨대 레베르 시각신경 위축[남성의 유전성 질환으로 급격한 시력 장애를 유발함-옮긴이])은 태어날 때부터 유전되지만 성인이 될 때까지는 증상이 나타나지 않는다.

염색체 구조

우리 대부분은 염색체를 고등학교 생물 시간에 유사(有絲) 분열을 배웠을 때처럼 X자 모양으로 생각한다. 유사 분열 중기에 광학 현미경으로 염색체를 보면, 두 개의 자매 염색분체(원본과 방금 새로 생긴 복제본)이 동원체(動原體, centromere)에서 함께 연결되는 모습을 보인다. 동원체는 고도의 DNA 반복 서열이 이루어지는 부분으로, 자매 염색분체를 떼어놓기 위해 단백질이 부착되는 곳이다.

DNA 복제 기계가 분자의 끝까지 전부 복제할 수 있는 것은 아니기 때문에, 염색체는 각 끝부분에 말단소립(telemere)이라고 하는 특수 구조도 가지고 있다. 이것은 계속해서 반복되는 여섯 글자 서열이다(인간의 경우 TTAGGG). 말단소립은 본질적으로 일회용이며, 그래야만 한다. DNA사(絲)는 세포가 분열할 때마다 계속해서 짧아지기 때문이다. 말단소립이 짧아지는 과정은 크기를 세는 방법을 통해 이루어지기 때문에 너무나도 균일해서, 세포 분열 횟수를 추정하는 것이 가능하다. 그리고 이를 통해 사람의 대략적인 연령을 추정할 수 있다.

유전자와 기능적 요소

우리의 게놈에는 단백질을 부호화하는(즉, 단백질로 옮겨지는 메신저 RNA를 만드는) 것으로 알려진 유전자가 2만 개 있다. 최종적으로 단백질 순서를 부호화하게 되는 염기의 부분은 너무나 작다(약 1.5퍼센트). 그렇기는 하지만, 게놈의 나머지 부분, 즉 비부호화 게놈(non-coding genome)에도 세포에서 일어나는 일을 조절하는 다른 유형의 요소들이 많이 있다. 기타 요소들의 다수—프로모터(유전자의 전사를 조절하는 DNA의 특정 부분-옮긴이), 비번역 부분(non-translated region, 단백질로 발현하지 않는 부분-옮긴이), 접합 위치, 엑손(exon, 조각난 유전자에서 마지막 RNA 생성물로 남는 위치의 유전자 부위-옮긴이), 인트론(intron, 유전정보를 가지고 있지 않아서 단백질을 만들지 못하는 DNA 영역-옮긴이)—는 전사(transcription, 메신저 RNA를 생성하는 것)와 번역(단백질을 만드는 것)을 통제하는 것을 돕는다. 하지만 단백질 형성의 시기와 방법을 조절하는 것을 보조하는 다른 종류의 비부호화 요소들이 많이 있다는 사실이 발견되었다.

· **전사 인자 부착 부위**는 짧고 특정된 염기 서열이며, 이 서열은 전사를 구동하는 단백질이 인식하고 부착한다. 예컨대 서열 TATAAA는 유전자 프로모터(유전자의 상류〔upstream〕)에서 보통 발견되며, RNA 중합효소 II(DNA에서 메신저 RNA를 만드는 효소)가 올바른 지점에서 시작하도록 위치를 정하는 데 도움을 주는 경우가 많다.
· **강화 인자**(enhancer)는 특정 유전자의 활동을 보조하는 비부호화 DNA의 거대한 확장체이다. 이 부분은 전사 인자와 기타 단백질의 접착 부위로 간주된다. 강화 인자는 종종 자신들이 활동을 강화시키는 유전자 주위에 있지만, 수천 개의 염기쌍을 지나간 곳에 위치할 수도 있다.
· **억제 인자**(repressor)는 강화 인자의 반대 역할을 하며 유전자가 전사되는 것을 방지한다. 보통 DNA에 부착되거나 화학적 변경을 일으키는 단백질을 빼내어 이들 단백질이 전사 기계에 접근하지 못하게 한다. 예컨대 여성은 X 염색체 복제본 두 개

를 가지고 태어나는데, 이 중 하나는 각 세포 내에서 억제(비활성화)된다. 이를 통해 세포가 X 염색체에 있는 유전자에서 '이중 부하(double dose)'가 되지 않게 된다.

· **비부호화 RNA 유전자**는 전이 RNA(tRNA, 아미노산을 특정 코돈〔유전 정보의 최소 단위-옮긴이〕에 일치시킴)나 리보솜 RNA(rRNA, 번역을 도움)처럼 다양한 유형의 기능적 RNA로 전사된다. 또한 마이크로 RNA를 부호화하는 약 800개의 유전자가 있다. 이 유전자들은 매우 짧은 서열(길이 18~24 뉴클레오티드〔DNA 사슬의 기본 구성단위-옮긴이〕)로, 메신저 RNA가 단백질로 전사되는 것을 차단할 수 있다. 이들은 목표 마이크로 RNA의 비번역된 부분에 보충 서열을 부착해 차단한다.

여러분이 지금까지 내가 설명한 모든 유전자의 염기와 다른 기능적 요소를 이해했다면, 32억 개를 멋지게 압축한 것이다. 이들 요소 전부를 완벽하게 파악했더라도(불가능한 일이지만), 여전히 의문은 남는다. 게놈의 나머지 부분은 대체 무엇을 하는가?

솔직히 우리도 모른다. 아무런 기능을 하지 않을 수도 있다. 우리가 알지 못하는 기능을 하고 있을 수도 있다.

게놈과 유전병

준비하시라. 이 주제를 사변 소설(과학 소설의 일종이나 과학에 얽매이지 않고 사고의 틀을 넓히는 데 중점을 두는 소설-옮긴이)과 관련시킬 테니까.

사람들이 '유전병'이란 단어를 들을 때 떠올리는 것은 용혈성 빈혈, 낭포성 섬유증, 헌팅턴병 같은 심각한 유전성 질환일 것이다. 이들 질병의 대부분은 유전자 부호화 부분의 희귀한 돌연변이 때문에 발생한다. 말이 되는 얘기다. 단백질 서열을 방해하거나 변경하는 돌연변이는 심각하고 즉각적인 효과를 당연히 발생시킬 수 있기 때문이다. 하지만 '유전 가능한'(즉 유전적 소인을 갖고 있는) 인간 특성의 절대다수는 그렇게 간단히 설명할 수 없다.

나를 포함해 많은 연구자들은 이들 유전병의 배후에 있는 유전 변이는 알려진 부호화 부분 외부에 있다고 생각한다. 생각해 보자. 조절 요소에 미묘한 변화가 생기면 인간 존재에 쉽게 영향을 미칠 수 있다. 이러한 가상의 연습문제를 위해, 저밀도 지방단백질 수용체(LDLR) 유전자를 사용해 보자. 이 유전자는 LDL(대부분의 콜레스테롤 운반체)을 혈액 밖으로 운반하는 단백질을 만들어 낸다. LDLR의 부호화 부분에서 심각한 돌연변이가 발생하면 심각한 지방질성 질환인 상염색체 우성 콜레스테롤 과잉혈을 유발한다. 대신에 LDLR 유전자 활동성에 영향을 미치는 조절 요소에 미묘한 변화가 있다고 가정해 보자. 이 경우, 심각하고 명백한 영향은 유발하지 않을지도 모른다. 하지만 극히 미세한 변화라도 인간의 평균 수명인 70여 년에 걸쳐 장기적인 영향을 미칠 수 있다.

이제 같은 시나리오에서 'LDL 운반체'를 '마법을 사용하지 못하게 하거나', '좀비가 되는 것을 막는 데' 쓸 수 있는 것으로 바꿔 보자. 여러분만의 SF/판타지가 될 것이다.

10장 PUTTING THE SCIENCE IN FICTION

육안에 기반한 부자관계 판별과 기타 인간 유전 관련 미신들

댄 코볼트(유전학자)

2001년에 과학자들은 놀라운 업적을 발표했다. 인간 게놈의 서열을 완성한 것이다. 인간이 되기 위한 전체 설명서는 24개의 염색체에 걸쳐 있으며, 길이는 32억 개의 글자로 되어 있다. 전부 모으면 「시간의 수레바퀴The Wheel of Time」 시리즈(로버트 조던의 판타지 소설-옮긴이) 첫 10권의 거의 1000배에 이르는 분량이다. 전체 배열에는 10년의 시간과 약 80억 달러가 소요되었다.

막대한 세금이 투입되었지만 과학자들은 멋진 약속을 했다. 세기적인 과학적 돌파구가 될 것이라고 장담했다. 게놈 서열을 손에 쥔 과학자들은, 질병의 예방, 진단, 치료에 획기적인 개선을 가져올 것이라고 약속했다. 인간 게놈의 완성은 인간 보건의 새로운 시대를 열 것이라고 주장했다.

거짓말이었다.

거짓말이라고만 말하면 불공평하다. 게놈을 완성한 것은 우리의 유전자가 어떻게 우리를 만들어 내는가를 이해하기 위한 긴 여정의 출발점이었다. 과학자들은 연구하면 할수록 인간 게놈은 극히 복잡하다는 사실을 발견했다. 나도 그중 하나였기 때문에 알고 있다. 당시 유명 아동 병원에서 유전학자로 일했다.

안타깝게도 유전학과 유전 중에서 간단한 것은 극히 드물다. 유전은 책, 영화, 기타 매체에서 종종 볼 수 있는 것만큼 간단한 게 절대 아니다. SF를 즐기는 과학자인 나는 종종 유전학에 대한 일반적인 오해와 마주치게 된다. 다음은 가장 일반적인(그리고 부정확한) 통념의 예이다.

통념 #1: 첫눈에 아버지를 알아볼 수 있다

캐릭터는 매번 눈 색깔, 이마의 V형 머리선, 땅콩 알레르기, 기타 물리적 특이점만으로 오래전에 잃어버렸던 부모나 형제를 알아본다는 데 돈을 걸어도 될 정도다. 물론 가까운 친척은 외모가 비슷하고, 분명한 가족적 특성을 많이 가지고 있는 경향이 있다. 하지만 이러한 특성이 친족 관계를 인정(또는 부인)하는 데 사용되어서는 안 된다. 그렇게 간단한 문제가 아니기 때문이다.

눈 색깔은 일반적으로 알려진 바와는 달리 매우 복잡한 유전적 특성이다. 푸른 눈은 열성이고 갈색 눈은 우성인 경향이 있다는 것은 사실이지만, 눈 색깔은 객관식 문제가 아니라 하나의 스펙트럼일 뿐이다. 홍채의 색깔은 그 안에 있는 멜라민의 양에 따라 결정되며, 열 개나 되는 다양한 유전자에 따라 영향을 받을 수 있다.

부모가 갈색 눈이라도 아이는 푸른 눈일 수 있으며, 반대의 경우 역시 가능하다. 또한 눈 색깔은 변할 수 있다. 신생아 때는 푸른 눈이었다가 유아기 초기에 갈색이나 녹색이 되는 경우가 많다.

친척을 구별할 때 제발 신체적 특성에 의지하지 말기 바란다. 이러한 특성의 유전은 언제나 예상 가능한 패턴을 따르는 것은 아니다. 실제 그러한 경우가 있다고 하더라도, 이러한 종류의 테스트는 모르는 게 차라리 나았을 비밀을 드러낼 수 있다.

우리는 가족에 대한 유전학적 연구를 할 때, 그 연구 품질을 관리하기 위해 예상되는 관련성을 확인한다. 한 번에 4퍼센트 정도는 불일치(가장 자주 있는 사례는, 호적상의 아버지가 생물학적 아버지가 아닌 경우이다)가 존재한다. 이는 다양한 인종 집단과 사회경제적 계층 전반에 걸쳐 사실로 확인되며, 수십 년에 걸쳐 수많은 연구자들이 계속해서 사례를 보고해 왔다.

우리는 일반적으로 이것을 "친부가 아닌 사례"라고 부르며, 연구 참여자에게 이 사실을 알리지 않는다.

통념 #2: 사람마다 서로 다른 유전자를 가지고 있다

사람들은 누가 어떤 특성이나 능력에 관한 '유전자'를 가지고 있다는 얘기를 하곤 한다. 또는 나이든 사람이 건강한 상태를 유지하고 있으면 "우수한 유전자 덕분"이라는 얘기도 자주 한다. 사실 우리는 2만 개의 동일한 유전자 세트를 가지고 있다. 극히 드물게 게놈의 많은 부분이 삭제(이로 인해 유전자가 제거)되는 경우가 있으며, 이는 매우 좋지 않은 일이다. 따라서 사람들이 "서로 다른 유전자"를 가지고 있다는 개념은 정확하지 않다. 기본적으로 우리 모두는 동일한 유전자 세트를 가지고 있다. 하지만 이러한 유전자에 있는 염기쌍은 사람마다 다를 수 있으며, 이로 인해 유전자가 언제, 그리고 어떻게 작동하는가에 관한 미세한 차이가 발생한다. 그 때문에 우리 모두는 서로 조금씩 다른 것이다.

그렇기는 해도, 나는 대부분의 사람들은 '유전자'라는 단어를 일상용어로 사용한다는 점을 인정한다. 사람들이 "연세가 아흔다섯이세요? 어르신 유전자와 그 주위에 정말 우수한 유전자 변이가 있는 게 분명하네요" 하고 말하리라고는 기대하지 않는다. 그래주면 기쁘기야 하겠지만.

이 주제를 얘기하면서, 나는 전통적으로 정의된 유전자—말하자면 단백질을 부호화하는 것들—은 인간 게놈의 1.5퍼센트만 차지하고 있다는 사실을 분명히 강조하고 싶다. 비부호화 서열이 나머지를 구성한다. 이들 중 일부는 특정 유전자가 작동하는 시기와 방법을 조절하거나, 세포 내 게놈을 조직화하는 데 도움을 줄 수도 있다. 예컨대 염색체의 말단소립(끝)을 구성하는 반복적 서열처럼 다른 목적에 사용되는 물리적 구조를 제공하는 경우도 있다.

하지만 게놈의 다수는 특정 기능을 갖고 있지 않거나, 우리가 아직 발견하지 못한 목적에 사용되고 있다.

통념 #3: 유전적 운명은 이미 정해져 있다

〈가타카〉는 유전학을 연구하기 오래전부터 좋아하던 영화 중 하나였다. 이 영화는 개인의 가치와 장래성이 태어날 때부터 유전학적 분석에 따라 결정되어 있는 근미래 디스토피아를 그린다. 그 결과, 대부분의 부모들은 태어나게 될 아이가 이상적인 유전자 조합을 가질 수 있도록 태아 상태에서 유전적 선택/강화를 이용한다. 이렇게 설계된 아이는 좋은 직업을 가지게 되는 반면, 이러한 개입 없이 태어난 아이들은 기본적으로 낙오자 취급을 받는다.

좋은 쪽으로 보면, 모든 사람의 게놈 서열을 태어날 때 결정한다는 아이디어는 빠르게 현실화되고 있다. 차세대 DNA 서열 결정 기술의 발전 덕분에, 우리는 이제 1000달러 정도의 비용만 있으면 일주일 만에 인간 게놈의 서열을 밝힐 수 있다. 이 정보를 이용해 어떤 사람의 혈통이나 특정 질병 등 많은 것과 외모까지도 추론할 수 있다. 하지만 심장병, 당뇨병, 정신질환처럼 일반적인 질병을 전 생애에 걸쳐 예측하기까지는 아직도 갈 길이 멀다.

이 결과의 대부분은 유전, 생활양식, 환경적 요소 사이의 복잡한 상호관계에서 기인한다. 질병의 위험과 관련된 유전적 변이의 절대다수는 극히 미미한 영향만 있으며, 위험을 단지 5퍼센트 증가시킬 뿐이다. 질병에는 이러한 유전인자가 수천 개 있을 수 있다. 따라서 우리가 게놈에 대해 모든 걸 알고 있더라도, 누군가의 건강 상태를 태어날 때 예측한다는 것은 극히 복잡한 문제이다.

〈가타카〉에서 나는 주인공의 유전적 미래가 “신경 질환 60퍼센트”, “주의력 결핍 장애 90퍼센트”, “심부전 89퍼센트”처럼 확률로 묘사되는 게 특히 마음에 들었다. 인간 유전자에서 확실성은 드물며, 이 영화는 그 점을 잘 인식하고 있었다.

통념 #4: 돌연변이는 끔찍하다

돌연변이 또는 후천적 변화는 유전학에서 가장 오해받고 있는 개념이다. 특히 SF에 돌연변이는 좋거나 유리한 것으로 취급되는 경우를 너무나 자주 봤다. 2002년작 〈레지던트 이블〉을 예로 들어 보자. 이 영화에서 레드 퀸(세상을 지배하는 사악한 인공지능)은 유전공학으로 만들어 낸 괴물들을 풀어 주인공들을 공격하게 한다. 레드 퀸의 말에 따르면 괴물이 사람을 죽인 뒤 먹으면 돌연변이를 일으켜 새로운 괴물이 된다. 아마도 더 강하고 끔찍한 괴물일 것이다.

돌연변이는 적어도 인간의 경우에는 예외적인 현상이다. 우리가 가지고 있는 유전적 변이의 대부분은 부모로부터 물려받은 것이다. 부모에게 없는 돌연변이가 아이에게 새로 일어나는 경우는 극히 드물다. 물려받은 유전적 변이가 300만에서 500만 개라면, 새로 생기는 유전적 변이는 게놈 전체에 걸쳐 40~50개 정도에 불과하다.

일반적으로 말하면, 새로운 돌연변이는 이롭지 않다. 인간 게놈은 수천 년에 걸친 자연 선택의 결과이다. 포뮬러 원(세계 최고의 자동차 경주 대회-옮긴이) 경주용 자동차를 생각해 보자. 돌연변이는 그 차에서 새 금속 나사를 무작위로 추가(또는 제거)하는 것과 마찬가지다. 이 나사는 차에 그 어떤 영향도 미치지 않을 게 거의 확실하다. 하지만 만일 영향을 미친다면, 좋은 쪽보다는 나쁜 쪽일 가능성이 높다.

인체의 세포도 오랜 세월에 거쳐 후천적 돌연변이를 겪는다. 가끔은 세포 분열 과정에서 우연히 일어나기도 하지만, 방사능이나 발암물질을 통해 유발된 DNA 손상이 원인이 되기도 한다. 손상적 돌연변이가 일어나면 대부분의 세포는 죽는다. 하지만 가끔 세포에는 감당하기 어렵게 성장하고 분열할 수 있게 해 주는 돌연변이 세트가 일어나기도 한다. 이러한 돌연변이가 발생하면 그 결과는 암이다.

통념 #5: 대부분의 유전적 특성은 불가피한 것이다

내 생각에 인간 유전에 관해 가장 일반적인 미신은, 대부분의 특성은 단순하거나 불가피한 방식으로 유전된다는 것이다. 이 미신은 부분적으로는 대부분의 고등학교 생물 시간에서 가르치는 유전학—열성, 우성, X-연관 유전 방식—탓이다. 멘델의 법칙과 푸넷 사각형(생물 시간에 유전적 교차를 설명하기 위해 사용되었던 이 사각형 표를 기억하겠지?)은 단일 유전자에서 돌연변이가 일어나는 극히 드문 유전적 조건에서만 의미가 있다. 예컨대 낭포성 섬유증과 용혈성 빈혈은 각각 CFTR과 HBB 유전자에서의 돌연변이가 유발하는 열성 질환이다.

멘델의 법칙은 유전에 입문하는 데 유용하지만, 이 법칙을 더 복잡한 특성에 적용하려고 하면 문제가 생긴다. 소설에서 캐릭터가 조부모나 부모를 죽였던 망령이나 질병에 시달리고 있는 경우를 많이 보았다. 캐릭터들도 필연적으로 그러한 운명을 맞게 될 것처럼 보인다.

예컨대 알코올 의존증은 "아빠가 알코올 의존증이라서 나도 그렇게 됐어"라고 간단히 치부되기에는 너무나 복잡한 질환이다.

이렇게 말해서 미안하지만, 캐릭터들을 흥미롭게 만드는 특성의 대부분—지성, 매력, 육체적/정신적 건강 등—은 단순한 유전 법칙을 따르지 않는다. 이러한 특성은 부모에서 자식에게 전달되거나 형제들 사이에 공유되지 않을 수 있다. 이러한 캐릭터의 기초를 이루는 유전자는 지극히 복잡한 것들이다.

바로 우리 자신이 그러한 것처럼.

인간 유전공학의 근미래

댄 코볼트(유전학자)

인간의 유전 암호를 변경하는 것은 오랫동안 SF의 주된 주제였고, 바이오 의학(생물 화학과 기능의 관계를 다루는 임상 의학-옮긴이)의 중요 목표로 묘사되었다. 최근까지 살아 있는 세포의 게놈에 표적 변경을 하는 것은 적어도 대규모로는 불가능했다. 게놈 편집에 사용할 수 있는 기술에는 맞춤형으로 제작된 단백질이 필요하며, 이러한 단백질을 만들어 내는 데는 인력과 시간이 소요된다. CRISPR/Cas9 시스템의 발전으로 상황이 달라졌다. 이 시스템은 살아 있는 세포에 표적화되고 정교한 변경을 할 수 있게 한다.

작용 원리

많은 DNA 조작 도구와 마찬가지로, 이 시스템도 박테리아에서 유래한다. 1987년에 대장균을 연구하던 과학자들이 박테리아의 유전자 끝부분 근처에서 이상한 패턴을 발견했다. 이 DNA 서열 뒤에는 거울 이미지(거꾸로 된 서열)가 곧바로 이어졌고, 그다음에는 비(非)반복성 염기가, 그리고 다시 회문성(回文性, madam이나 nurses run처럼 앞에서부터 읽으나 뒤에서부터 읽으나 동일한 단어나 구-옮긴이) 구조가 나타났다. 그 후 20년 동안 이 패턴—무리를 이루고, 일정 간격이 있으며 짧은 회문이 반복되는(clustered, regularly interspaced, short palindromic repeats), 줄여서 CRISPR이라고 하는—은 다른 많은 유형의 박테리아(모든 종의 40퍼센트 이상)에서 발견되었다.

CRISPR의 기능은 2005년까지는 수수께끼로 남아 있었다. 2005년에 세 개의 독립적인 연구팀이 회문성 반복 부분들 사이의 30개 염기로 된 '스페이서(spacer)'가 박테리오파지라는 특정한 박테리아 침입성 바이러스의 서열과 일치한다는 사실을 발견했다. CRISPR는 CRISPR 관련 (Cas) 단백질이라고 하는 DNA 절단 효소를 인도하는 데 도움이 되는 RNA 분자를 부호화한다. 이와 함께 일종의 적응성 면역 시스템을 형성한다. 박테리오파지가 침입하면 박테리아는 침입한 DNA의 작은 부분을 CRISPR 구조의 스페이서로 만들어 낸다. 전체 서열은 침입자의 DNA와 상호보완적인 리보핵산(RNA)의 가닥(strand)으로 '전사'된다. 이 RNA는 침입자의 게놈을 식별하고 파괴할 수 있게 파트너들을 Cas 효소까지 유도하는 역할을 한다.

이러한 효소 중 하나인 화농연쇄상구균의 Cas9 단백질은 합성적(인공적)으로 쌍을 이뤄 RNA를 인도해, DNA의 특정 연장부분을 찾아내고 절단할 수 있게 한다. 이 시스템의 위력은 그 단순성에 있다. 인도 RNA의 서열을 변경—단백질 구조를 변경하는 것에 비하면 식은 죽 먹기처럼 쉽다—하여, 살아 있는 세포의 게놈을 외과 수술처럼 정교하게 변경할 수 있다. 그리고 이러한 세포는 박테리아일 필요도 없다. CRISPR/Cas9는 식물과 동물에서도 동일하게 작용한다.

응용 가능 분야

CRISPR/Cas9를 사용한 간단하면서도 정교한 유전공학은 무한한 가능성의 세계를 열었다. 인간 질병의 동물 모델은 가장 좋은 출발점일 것이다. 모든 사람은 인간 게놈 기준에 비교해 보면 약 300만 개의 유전적 변이를 가지고 있다. 따라서 어느 변이가 질병의 원인인지를 식별하기가 어렵다. 이 시스템을 이용하면, 돌연변이 후보를 쥐 같은 실험 동물에게 인도해 이것이 유사한 질병으로 발전하는지 관찰할 수 있다. 일단 질병 유발 돌연변이를 식별하면, 이 실험 동물은 가능한 치료법을 테스트하는 최전방에 서게 된다. Cas9는 동시에 수많은 다양한 편집 '표적'에 주어질 수 있기 때문에, 심지어 한번에 복수의 유전적 변화를 인도해 당뇨병과 심장병 같은 복잡한 질병을 모델화할 수 있다.

개인적으로 대단히 관심을 가지고 있는 CRISPR/Cas9의 응용 분야는 살아 있는 세포에서의 유전적 변이 기능 검사다. 단순하게 말하자면, 우리는 인간 게놈에서 최대한 약 2만 개 유전자 위치와 서열을 알고는 있지만, 그들 중 다수가 어떤 일을 하는지는 모른다. 유전자의 기능을 연구하는 방법 중 하나는 세포주(細胞株, 균일한 조직에서 유래된 세포 집단, 동일한 유전적 특징을 가짐-옮긴이)나 모델 생물(과학 발전 또는 인간 질병 연구를 위한 실험에 사용되는 생물-옮긴이)의 서열을 방해하거나 변경하는 것이다. CRISPR/Cas9는 이러한 연구를 정교하게 할 수 있는 방법을 제시한다. 본질적으로 우리는 특정한 변화를 유도하고 그 변화가 세포에 미친 영향을 측정하여 유전자가 어떻게 작용하는지 알 수 있다.

잠재적인 응용 분야는 무한하다. 게놈 편집은 더 쉽게 수확량을 증가시키고 동물을 건강하게 할 수 있으며, 심지어 맞춤형 반려동물도 만들어 낼 수 있다(그렇다고 고양이가 여러분에게 더 관심을 보이게 할 수는 없다…. 너무나 깊게 뿌리박고 있어서 바꿀 수 없는 것들이 있다).

연구자들에게는 좋은 소식이다. 하지만 솔직히 말하자. 이 기술의 정말 흥미진진한 응용 분야는 인간 게놈 편집이다. 먼저 낭포성 심유증, 용혈성 빈혈, 헌팅턴병처럼 심각한 유전병에 있는 근본적인 결함을 치료하는 것이다. 이러한 질병은 보통 단일한 유전자에 있는 결함으로 인해 유발되는 것이기 때문에 설득력이 있다. 환자에게 있는 이러한 결함을 고치면 이 질병들을 영구적으로 치유할 수 있다.

CRISPR/Cas9가 인간 건강을 개선할 수 있는 다른 방법으로는 전염병 예방이 있다. 연구자들은 이미 CRISPR/Cas9가 C형 간염과 같은 바이러스의 감염에서 인간 세포를 지킬 수 있다는 것을 보여 주었다. 이는 CRISPR/Cas9를 위험한 병원균에 대한 면역력을 강화시키는 데 이용할 수 있다는 것을 암시한다. 아직까지 CRISPR/Cas9는 바이러스성 감염에 대한 즉각적인 치료제는 되지 못한다. 하지만 헤르페스바이러스(단순포진), HIV(에이즈), 대상포진 같은 만성 바이러스성 질환에 시달리는 환자들에게는 여전히 한 줄기 희망이 될 수 있을 것이다.

윤리, 도덕, 안전상의 우려

태어났을 때 우리의 몸은 수백만 개의 개별 세포로 구성되어 있으며, 각 세포는 자체적인 게놈 복제본을 가지고 있다. 이들 모두에 있는 유전적 결함을 바로잡는 것은 어렵고 비효율적인 방법이다. 하지만 CRISPR/Cas9 시스템이 다른 기술과 결합—체외 수정—한다면, 이론적으로는 생식 세포(정자와 난자)나 착상 전의 태아를 바꿀 수가 있다.

게놈 편집을 이용해 심각한 유전병을 앓는 환자의 근본적 결함을 치료하는 것은 좋은 일이라는 데 대부분 동의할 것이다. 하지만 인간 게놈에 대한 지식이 늘어남에 따라, 선을 넘을 가능성도 높아졌다. 현재 우리는 콜레스테롤을 낮추고, HIV 감염을 예방하며, 알츠하이머병 발병 가능성을 감소시키는 돌연변이에 대해 알고 있다. 머리카락과 눈 색깔에 영향을 미치는 돌연변이에 대해서도 알고 있다. 심지어 여러분을 세계 정상급의 육상 선수로 만들어 줄 수 있는 돌연변이도 가능하다. 건강상의 위험을 처리할 수만 있다면, 이러한 특성을 부여해도 문제가 없을까?

1997년작 SF 영화 〈가타카〉는 대부분의 부모들이 유전자 조작 기술을 이용해 가능한 한 최고의 유전적 특성을 보유한 아이를 가지려는 사회를 그리고 있다. 설계된 아이들은 자라서 좋은 직업을 전부 차지한다. 이 아이들은 거의 대부분의 분야에서 유전적으로 우월하기 때문이다. 이러한 조작을 거치지 않고 태어난 아이들은 열등한 것으로 간주되어 기본적으로 잡역부나 환경미화원으로 생계를 이어가게 된다. 〈가타카〉는 먼 미래의 비현실적인 사회를 그리고 있지만, 인간 태아의 유전자를 편집할 수 있는 기술이 발전하면서 이제는 가능성의 영역으로 들어오게 되었다.

CRISPR/Cas9로 할 수 있는 좋은 일들을 생각해 보면 인간 유전공학은 매력적이다. 하지만 그것이 가져올 수 있는 정기적인 위험의 가능성에 대해서는 아직 잘 모르고 있다. 과거에는 유전적 결함을 치료하기 위해 개발된 기술들은 표적 이탈 효과가 있었다. 예컨대 재조합 바이러스를 이용한 유전자 치료의 초기 임상시험은 참여자 일부가 백혈병에 걸리면서 중단되었다. 인간 태아에 가해진 변화는 아동에게로 이어질 수 있다. 미래 세대에 예상치 못한 영향을 줄 수 있다는 의미이다.

베타 헤모글로빈 유전자(HBB)는 유용한 사례이다. HBB에서의 심각한 돌연변이는 상염색체 열성 방식으로 용혈성 빈혈을 유발한다. 이 질병에 걸리려면 반드시 유전자의 돌연변이된 복제본 두 개가 유전되어야 한다는 뜻이다. 따라서 CRISPR/Cas9를 이용해 알려진 돌연변이 운반체의 생식 세포에 있는 파괴적 돌연변이를 반대로 뒤바꾸겠다는 생각이 들 수 있다. 하지만 단 하나의 HBB 복제본만을 가지고 있는 사람은 아프리카에서 질병과 사망을 유발하는 가장 큰 원인인 말라리아에 선천적으로 저항성이 있다. 이러한 '유리한 운반체'는 심각한 질병을 유발하는 돌연변이가 왜 아프리카인들에게는 예상보다 높은 빈도로 계속되는가를 설명하는 데 도움이 된다. CRISPR/Cas9를 사용해 HBB 돌연변이를 체계적으로 제거한다면, 용혈성 빈혈을 거의 확실하게 감소시키거나 퇴치할 수 있을 것이다…. 하지만 미래 세대는 말라리아에 훨씬 더 취약할 수 있다.

미래의 유전학

따라서 인간 유전공학을 완전히 파고들기 전에, 반드시 윤리와 안전을 모두 고려해야 한다. 전 세계의 과학자 집단에서는 인간 세포의 '유전자 수술'을 일시 중단하겠다고 선언했다. 하지만 자발적인 일시 중단 선언만으로는 특히 이 선언에 동의하지 않는 국가에서 유전자 수술에 대한 연구를 막기에 역부족이다. 중국 연구팀이 이 기술을 사용해 태아의 게놈을 변경한 사실만 보아도 이 점은 명백해졌다. 중국 연구팀은 인공 수정 전문 병원에서 받은 '생존 불가능한' 태아를 사용했고, CRISPR/Cas9를 이용해 심각한 혈액 질환인 베타 지중해 빈혈의 유전자를 변경하려고 했다. 연구 결과는 실망스러웠고 게재된 학술지도 무명이었지만, 이는 사소한 문제였다. 연구자들이 외부 기관의 감독 없이 인간 유전자 변경 연구를 하고 이를 발표할 수 있었다는 사실이 중요했다.

이 연구의 유일한 긍정적 결과는 의학 및 연구자 공동체에 경종을 울렸다는 것뿐이었다. 좋든 싫든 인간 유전 공학의 시대는 다가오고 있다. SF 작가로서는 흥미로운 일이다. 하지만 과학자로는 다소 섬뜩하다는 생각이 든다. 우리 자신의 유전 암호를 변경하는 것이 가지는 윤리적, 도덕적 문제에 대한 토론은 이제 시작되었을 뿐이다. "큰 힘에는 큰 책임이 따른다."(〈스파이더맨〉의 대사-옮긴이) 그리고 우리는 바로 지금 전례 없이 거대한 힘을 가지고 있다.

12장 PUTTING THE SCIENCE IN FICTION

쥬라기 공원의 과학

마이크 헤이스(미생물학자)

마이클 크라이튼의 『쥬라기 공원』(1990)을 출간 직후에 읽었다. 작은 프로콤프소그나투스가 코스타리카의 해변에 나타나는 장면에서 흥분해 의자에서 뛰어오르는 바람에 거실 전등에 머리를 부딪쳤다. 한 손에는 책을 쥐고, 다른 한 속으로는 찰과상을 입은 머리를 수건으로 누르면서 다시 의자에 앉은 다음, 정신없이 책에 빠져들었다. 공룡 복제와 그에 관련된 과학이 등장한 후에는 완전히 '책을 내려놓을 수도, 아내와 이야기를 할 수도 없는' 상태가 되었다.

훌륭한 SF의 위력은 이렇다. 그럴듯한 과학적 요소를 결합시켜 이야기의 세계관을 구축해, 독자가 그 세계에 쉽게 들어와 시간을 보낼 가치가 있다고 완전히 확신하게 만든다. 나는 아직도 5년마다 『쥬라기 공원』을 읽는데 여전히 매력적이다. 그 원천은 이 작품에서 선보이는 과학과 기술에 있다. 그리고 물론 공룡들에게도.

『쥬라기 공원』이 처음 출간됐을 때, 나는 풋내기 미생물학자였다. 전염병 연구를 위한 분자 클로닝(미수정란의 핵을 체세포의 핵으로 바꾸어 유전적으로 똑같은 생물을 얻는 기술-옮긴이) 기술과 혁신적인 중합효소 연쇄반응 신기술을 배우고 있었다. 『쥬라기 공원』에 나왔던 소설 속의 과학과 실제 과학이 기억난다. 과학자 커뮤니티에서 엄청난 논란이 있었고, 거대한 질문으로 이어졌다.

우리는 정말 공룡을 클로닝할 수 있는가?

과학자들은 이 문제를 생각했다.

과학자들은 이 문제로 논쟁했다.

과학자들은 이 문제에 대한 글을 썼다.

공룡의 클로닝, 시퀀싱(DNA를 구성하는 염기서열을 결정하는 실험-옮긴이), 발생학, 고생물학 이론에 관해서는 대해서는 많은 논쟁이 있었다. 이 논의에서 간과되었던 것은 『쥬라기 공원』이 SF 스릴러라는 사실이었다. 마이클 크라이튼이 구축한 세계관은 너무나 완벽해서 우리 모두는 그가 제시한 가능성에 빠져들 수밖에 없었다.

SF에서는 과학이 100퍼센트 정확할 필요는 없다. 과학은 작품의 세계관 안에서 설득력 있고 논리적이면 된다. 나는 크라이튼이 『쥬라기 공원』에서 이 작업을 탁월하게 해냈다고 생각한다. 코브라 독과 비슷한 거대한 단백질 독부터 게놈의 공간을 채우는 개구리의 DNA까지 과학적 세부 사항을 전부 열거한 다음, 이들을 대재앙까지 초읽기에 들어간 시한폭탄의 타이머처럼 조합해 냈다.

훌륭한 과학

다음은 『쥬라기 공원』에 나오는 과학 중 정확한 것들이다.

공룡!

마이클 크라이튼은 현재까지 발견된 가장 흥미로운 분자 신기술의 틀 안에서 생명의 발생학에 관한 최첨단 이론을 선보였다. 완전히 새로운 세대의 공룡 마니아를 창조해 냈다.

카오스 이론

『쥬라기 공원』에 나왔던 과학 중에서 카오스 이론을 이야기에 접목시킨 게 가장 인상 깊었다. 복잡한 시스템의 초기 조건이 조금 변경되면 그 결과가 엄청나게 달라진다는 게 카오스 이론이다.

나는 카오스 이론을 설명하는 훌륭하고 단순한 모델인 쌍(雙) 진자 시스템을 좋아한다. 진자 하나가 아름답고 정확하게 앞뒤로 흔들리는 모습이 보인다. 진자 하나가 앞뒤로 움직일 때 그 경로와 속도는 매우 안정적으로 유지된다. 앞으로 뒤로. 앞으로 뒤로. 예측 가능하고 정돈되어 있다.

쌍 진자 시스템에서는, 시스템에 작은 변화를 주기 위해 진자의 팔 중간에 경첩이 달려 있다. 두 진자가 움직이기 시작하면, 다섯 번 정도 왕복할 때까지는 상당히 질서 있게 흔들리는 패턴을 유지한다. 하지만 다섯 번 왕복한 후에는 질서가 붕괴되고 진자의 암은 뒤엉킨다. 이렇게 초기의 작은 변화가 나중에는 완전히 혼란스러운 패턴으로 나타난다.

이제 다시 『쥬라기 공원』을 생각해 보자. 처음으로 공원을 방문했을 때는 마치 우리의 진자 모델처럼 상대적으로 질서가 있었다. 그러고는 점차 시작 때부터 공원의 계획에 존재했던, 시스템에 내재된 작은 실수가 결합하면서 전체 공원 시스템에 인지되었던 질서가 흔들리기 시작한다.

쥬라기 공원의 모든 비전이 혼돈으로 빠져든다. 초기의 작은 변화가 전체 시스템에 엄청난 영향을 미친 것이다.

분자생물학

『쥬라기 공원』은 1980년대 후반에 기초한 초보적인 분자생물학 지식의 한계를 넓혔다. 크라이튼은 자신이 알고 있는 기술을 최대한 정확하게 전달하려고 최선을 다했다. 대표적으로 유전자 데이터베이스인 젠뱅크(GenBank) 장면에서 나왔던 서열 데이터베이스 정보 오류처럼 자신의 지식이 취약한 분야의 경우, 후속작인 『로스트 월드』(1995)에서 생물정보학 전문가를 자문으로 초빙했다.

과학의 확장

다음은 마이클 크라이튼이 과학적 정밀성은 부족하지만 상상력을 발휘한 부분이다.

게놈 인자

클로닝은 기본적으로 복제를 의미한다. 따라서 여러분이 현재 살고 있거나 한때 살았던 무엇인가를 클로닝하려면 우선 무엇이 가장 필요할까? 온전한 게놈이다.

하지만 고생물 표본에서 다수의 유전자를 생산하기 위한 청사진에 필요할 정도로 충분한 게놈 견본을 찾는 것은 대단히 어렵다. 고대 DNA의 품질과 분량은 표본 보존과 유전체 DNA의 자연적 열화에 따라 다르다. 생물의 발전과 기능을 위한 유전적 지시사항이 포함되어 있는 화학적 가닥(strand)인 DNA는 매우 안정적인 생물 분자이다. DNA는 생명이 자신의 과거, 현재, 미래를 맡길 정도로 안정적이다. 하지만 DNA는 시간이 가면서 분해된다. 오래된 DNA, 특히 『쥬라기 공원』에 등장하는 남아메리카 우림 지대에서 발견된 호박(amber)에 갇힌 곤충에게서 온전한 DNA를 찾아내기는 어렵다. 이러한 재료에서 추출한 청사진 DNA에서 생산된 유전 정보로는 무시무시한 발톱 하나를 클로닝하기에도 부족하다.

추출 기술의 발전, 표적 DNA의 강화, 게놈 및 전체 유기체 시퀀싱 과학의 놀라운 발달 덕분에 언젠가는 선사 시대 동물을 클로닝할 수 있을 것이라는 전망도 우세해졌다.

연구자들은 털북숭이 매머드(1만 년 전), 네안데르탈인(3만 8000년 전), 초기 호모 사피엔스에 속하는 데니소바인 여자—약 8만 년 전에 살았으며 네안데르탈인과 밀접한 관계가 있다—의 게놈을 성공적으로 시퀀싱했다고 발표했다(심지어 데니소바인은 갈색 눈, 머리카락, 피부였다고 보고했다!). 범위를 더 확장하자면, 70만 년 전에 멸종된 종의 말(horse)을 완전하게 유전적으로 시퀀싱했다는 연구가 〈네이처〉지에 게재되었다.

흥미롭게도 이 모든 고대 표본은 냉동 상태에서 발견되었다. 100만 년 넘게 냉동되어 있었지만, 이들 DNA는 호박에 갇힌 곤충처럼 열대우림 환경에서 발견된 것보다 보존 상태가 더 양호하다. 그 결과 유전적 견본 상태가 더 우수했고, 시퀀싱 또한 더 좋았다.

게놈 시퀀싱이 발달함에 따라, 과학자들은 거의 100만 년 전에 멸종된 유기체에서도 유전 정보를 모을 수 있게 되었다. 아직 공룡 시대까지는 도달하지 못했지만, 언젠가는 온전한 게놈을 포함하고 있는 6500만 년 전의 냉동된 공룡 표본을 발견할 수 있을지도 모른다.

배아의 이용 가능성

1991년 당시의 과학적 비판 중 하나는, 일단 클론이 완성된 후에는 배아가 발전할 가능성이 제한된다는 것이었다. 『쥬라기 공원』에 나오는 인공 알껍질(eggshell) 기술은 이 부분을 쉬운 것처럼 묘사하고 있지만, 현실에서 공룡 클론을 부화시킨다면 적용할 수 없는 방법이다. 공룡 배아 클로닝과 실제로 생존 가능한 공룡으로 부화시켜 키우는 것은 완전히 다른 문제이다.

줄기세포 기술과 유전자 편집을 통해 빈 세포를 새로운 DNA로 재프로그램할 수 있는 기술이 발전해서 기존의 파충류를 이용할 수 있는 방법을 알게 된다면, 이 장애도 넘어설 수 있을 것이다.

시간 잣대

과학자인 나는 누블라 섬에 비밀 테마파크를 발견, 개발(특히 공룡 클로닝에 소요되는 시간!), 건설하려면 적어도 10년은 족히 걸린다는 것을 장담한다. 연구 자금이 풍부한 과학자 군단, 최첨단 연구소, 크레이 슈퍼컴퓨터로 무장하더라도 오랜 시간이 소요되는 과정이다. 게다가 이 모든 기술과 장비를 어떻게 당국의 눈을 피해 반입할 것인가?

SF는 이래야 한다

마이클 크라이튼은 순수한 과학적 관점과 1980년대 후반의 과학기술을 기반으로, 유전학과 분자생물학을 『쥬라기 공원』에 멋지게 녹여 냈다. 이들 첨단 기술을 이용해 흥미진진하면서도 시사점이 많은 이야기의 세계관을 구축했다. 물론 한계는 있지만, 크라이튼의 세계관에서는 과학적 한계가 타당하고 논리적이었다.

게다가 마이클 크라이튼의 과학적 오류는 눈감아 줘도 되지 않을까? 크라이튼은 공룡을 복제했다! 과학과 기술의 상상력에 불을 붙였고, 실제로 일어날 수 있는 새롭고 환상적인 프로젝트로 향하는 장애물을 걷어 냈다. 젊은 과학자들이 미래를 발견할 수 있는 씨앗을 뿌렸다.

친구들이여. 이것이 바로 성공적인 SF다.

그리고 나는 그걸로 충분하다.

(스티븐 스필버그, 그리고 영화에서 그가 쥬라기 공원 방문자들에게 배경이 되는 과학을 설명하기 위해 사용한 만화 같은 DNA 애니메이션의 내레이션은 생각도 하기 싫다…. 맙소사)

내 낡디낡은 『쥬라기 공원』 책이 어딨더라? 다시 읽어야겠다.

13장 PUTTING THE SCIENCE IN FICTION

좀비 미생물학 입문

마이크 헤이스(미생물학자)

모두 좀비를 사랑한다. 그래, 모두는 아닐지도 모르지. 하지만 좀비는 오랫동안 공포 영화의 단골손님이었으며, 오늘날의 미디어 시장에서 역대 최고의 인기를 누리고 있다. 왜 우리는 그토록 좀비에 끌리는 것일까? 「워킹 데드」 만화의 원작자인 로버트 커크먼은 죽음에 대한 근원적인 공포가 그 원인이라고 보았다. 커크먼의 말에 따르면, 죽음과 마찬가지로 "아무리 도망치려고 해도 좀비는 쫓아온다."

「뉴스플레시Newsflesh」 시리즈의 작가인 미라 그랜트는 좀비가 전염병과 심각한 감염 때문에 자신의 정체성을 잃을지도 모른다는 인간의 공포 코드를 건드린다고 생각한다. 정답은 두 가지의 공포 이론 모두와 관련될지도 모른다. 하지만 나는 전염병에 대한 공포 쪽에 기울어져 있다. 다시 살아난 시체 무리가 내 뇌를 먹으려고 끈질기게, 그리고 끝없이 나를 쫓아온다는 이야기도 매력적이지만, 눈에 보이지 않는 좀비 바이러스가 경고도 없이 덮쳐 내 정체성을 잃을지도 모른다는 공포가 더 나를 사로잡는다.

좀비 묵시록

사람 살을 먹는 되살아난 시체가, 인간 뇌를 간식으로 먹으려고 전 세계를 덮치며 세상은 혼돈에 빠진다. 원인은 좀비 바이러스다. 좀비 바이러스는 오늘날 좀비물에서 인기 높은 병원체이다. 바이러스 때문에 생긴 좀비를 다룬 책, 영화, 드라마는 정말 많다. 하지만 과연 과학적으로 타당한가? 그럴 수도, 아닐 수도 있다. 좀비의 썩어가는 몸, 특유의 걸음걸이, 인간의 살에 대한 끝없는 탐욕에 대해 살펴보고, 좀비 요소의 잠재적 병원체를 탐구해 보자.

바이러스

좀비 요소의 세균 병원체 중 가장 인기 있는 것은 아마도 바이러스일 것이다. 바이러스가 원인이어야 논리적이다. 바이러스는 천연두, 독감, 에볼라, HIV, 광견병 같은 질병의 대량 발병과 비슷하게 공포 증상을 퍼뜨린다. 좀비 요소로 적격이지 않은가? 글쎄… 그렇지 않을 수도 있다. 급속도로 퍼지는 가장 위험한 바이러스는 보통 공기 접촉을 통해 전파된다. 감염된 동물이나 곤충에게 물리거나, 감염된 체액을 삼키거나 접촉하는 것은 바이러스가 빠르게 전파되는 방법이 아니며, 이에 따라 질병의 전파 속도는 느려진다.

좀비로 세상이 멸망하려면 바이러스가 빠르게 전파되어야 지성을 갖추고 항상 준비가 되어 있는 인류를 효과적으로 무너뜨릴 수 있다. 바이러스의 게놈 크기와 복잡성은 한정적이다. 바이러스는 세포를 감염시키고 세포 과정 일부를 탈취할 수 있지만, 인간에서 좀비로 대량 변형시킬 수 있는 유전자적 힘을 실제로 가지고 있다고는 보이지 않는다. 나는 바이러스가 좀비물의 기초가 되는 매혹적이고 간단한 병원체지만, 그것만으로는 좀비를 만들 힘이 없다고 생각한다.

박테리아

10년 전이라면 박테리아가 좀비의 병원체라는 얘기는 "말도 안 된다"고 했을 것이다. 내가 과학계에 발을 들여놓았던 초기에, 박테리아는 표적 세포에 부착되어 다양한 독을 전달하고 질병을 유발하는 게 전부였다. 오늘날 우리는 박테리아가 단순한 '독 전달자'보다 더 복잡한 존재라는 것을 발견했다. 박테리아는 숙주 세포에 들어가는 단백질을 분비하고 숙주 유전자 발현을 조절한다. 이것은 무슨 의미인가? 박테리아가 정상적인 세포 반응을 재프로그램할 수 있다는 뜻이다. 박테리아는 생존에 도움이 되는 숙주 중재 변화(host mediated change)를 만들어 낼 수 있다. 점점 흥미진진해지지 않는가? 특히 복잡성의 층을 더하고, 마이크로바이옴(microbiom)이라고 하는 바이러스의 전체 개체군이 미치는 영향을 고려해 보면 더욱 그렇다.

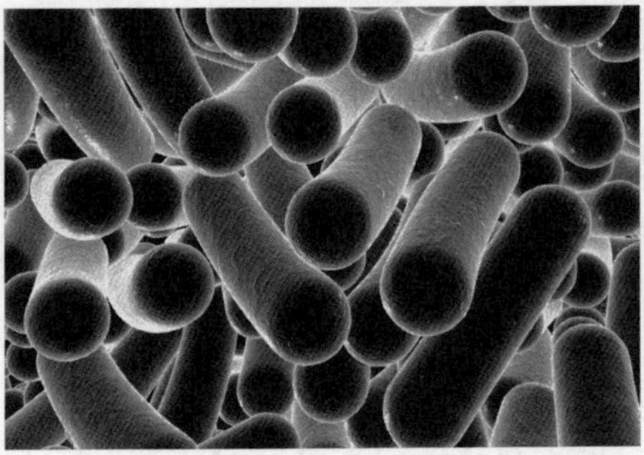

현미경으로 본 대장균

마이크로바이옴은 특정 환경에 존재하는 미생물 집단이다. 내가 일하는 실험실에서 연구하는 내용에는 장내 미생물군과 이들 미생물이 장(腸)의 병원체를 예방하기 위해 숙주 소화관과 하는 상호작용이 일부 포함되어 있다. 마이크로바이옴은 숙주와 장내 생물군에 있는 미생물들 모두에게 이익이 되도록 미생물이 장의 세포를 조절하는 복잡한 시스템이다. 솔직히 말해 인간을 사망하게 하는 마이크로바이옴(저자는 이를 '타나토마이크로바이옴'이라고 불렀다)을 설명한 논문을 보기기 전까지는 좀비와 마이크로바이옴을 연관지어 보지 못했다. 연구자들은 인간 세포에서 특징적이고 시간에 의존하며 사후적인, 대부분 유산소성(호기성〔好氣性〕) 박테리아 집단에서 시작해 무산소성(혐기성〔嫌氣性〕) 집단에 이르는 박테리아 이동이 있다고 발표했다.

박테리아 병원체 하나에는 좀비로 만드는 요소가 없을 수도 있다. 하지만 거의 사망한 인간 숙주를 워킹 데드 하나로 변형시킬 수 있는 특유한 좀비 마이크로바이옴 특성은 어떨까? 좀비에게 물리면 좀비 박테리아 마이크로바이옴이 침투해 인간숙주에 기생하다 숙주가 죽으면 좀비로 변형시키는 것이다. 멋지지 않은가?

기생충

기생충도 좀비 요소의 하나가 될 수 있다. 곰팡이, 이스트, 벌레에게는 모두 이러한 대량 변형을 유발할 수 있는 유전적 복잡성이 있다. 숙주의 행동에 영향을 미치는 기생충에 관한 문헌이 있으며, 이 발견들의 다수는 신경기생충학이라고 하는 상대적으로 새로운 분야에서 나타나고 있다. 쥐에서 발견되는 톡소포자충 감염은 쥐가 고양이를 덜 무서워하게 만들기 때문에 잡아먹힐 가능성이 역으로 더 높아진다. 기생충은 고양이의 몸에서 크게 번식하고 똥으로 배출된다.

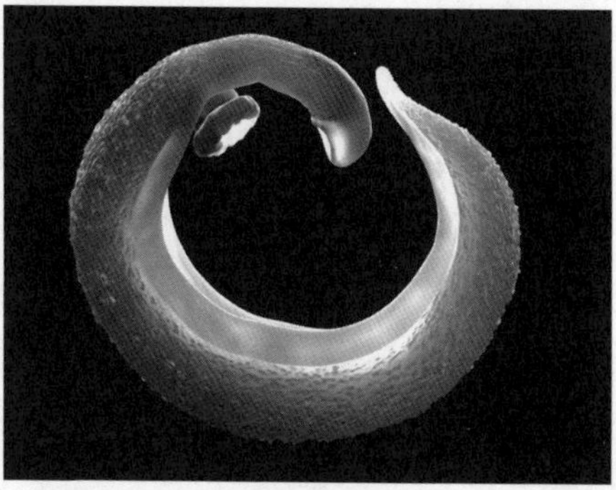

만손주혈흡충

유하플로키스 캘리포니엔시스(Euhaplorchis californiensis)라는 편형동물은 숙주인 물고기의 행동을 변화시켜, 재생산 숙주인 새에게 쉽게 잡아먹힐 수 있게 한다. 가장 흥미로운 사례는 좀비 곰팡이라고도 불리는 오피오코디셉스(ophiocordyceps) 곰팡이일 것이다. 곰팡이 포자가 왕개미의 특정 변종 위에 내려앉는다. 포자는 곰팡이가 자라게 될 개미의 몸으로 침투할 수 있게 하는 효소를 분비한다. 곰팡이는 화학 물질을 배출해 개미의 신경 제어를 탈취하고 개미가 완벽한 잎사귀를 찾을 때까지 떠돌게 만든다. 그런 다음 개미가 잎사귀를 깨물고 죽으면, 곰팡이는 죽은 개미의 머리에서 자라난다. 곰팡이는 생산을 위한 성체를 발사하고, 더 많은 개미를 감염시키는 포자를 추가로 배출한다. 좀비 개미인 것이다. 이와 같이 기생충이 실제로 좀비화와 관련되는 행동 변화의 원인이 될 수 있는 미생물을 드러내기 시작하면서 규정하기 힘든 '좀비 요소'의 후보가 되었다.

프리온

프리온도 또 다른 좀비 요소 후보이다. 이 전염성 단백질은 바이러스와 비슷한 입자지만 핵산(DNA나 RNA)이 없다. 일반적으로 이러한 프리온 단백질은 천연 숙주 단백질과 비슷해 보인다. 단, 약간의 입체적 변화가 있어 단백질이 자연스럽게 쌓여 결정체를 형성해 숙주 세포를 죽게 만든다는 점에서 다르다. 프리온 질병은 인간의 퇴행성 뇌질환, 크루이츠펠트-야콥병, 구루병, 소의 해면상뇌증(광우병), 사슴과 엘크의 만성 소모성 질환, 양의 스크래피

(양의 신경계에 영향을 미치는 심각한 질병-옮긴이)와 관련이 있다.

프리온 유발성 광우병으로 인한 퇴행성 신경증은 뇌의 기능에 영향을 미치고 좀비 같은 특성을 유발하게 할 수 있다. 운전 기술과 말이 불안정해지고 식이 장애가 온다. 프리온의 문제는 진행이 느리다는 것이다. 프리온 결정체가 뇌 질환을 유발할 정도로 쌓이기까지는 몇 년이 걸릴 수도 있다.

역학疫學

좀비 요소가 빠르게 이동하고, 전염성이 높고, (이게 제일 큰 문제일 것이다) 면역이나 백신의 개입 없이 전파된다면 살아 있는 건강한 인간의 뇌를 먹으려 게걸스럽게 몰려다니는 좀비 군단이 실제로 생겨날 수 있을까?

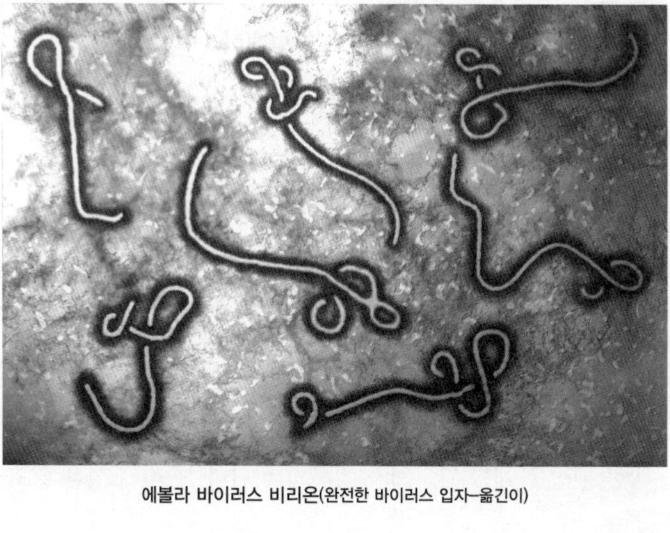

에볼라 바이러스 비리온(완전한 바이러스 입자-옮긴이)

글쎄, 그러려면 높은 재생산지수(R° 지수)를 가져야 한다. R° 지수는 한 명의 원 감염자에게서 얼마나 많은 사람들이 감염되었는가를 계산하기 위해 역학자들이 사용하는 계산법이다. 전염성이 높은 감염원(홍역의 R° 지수는 18)은 낮은 감염원(에볼라 바이러스의 R° 지수는 2)보다 R° 지수가 더 높을 것이다.

감염원이 공기를 통해 전파되는 경우도 전염성이 높다. 감염원이 빠르고 넓게 퍼지게 될 가능성이 크다. 좀비 요소는 좀비에게 물려서 전파되는 것보다는 더 빠르게 전파되어야 한다. 사람을 물어서 감염원을 전파시키는 것은 퍼지는 속도가 느리다. 예컨대 광견병(종종 좀비 바이러스와 관련되는 것으로 묘사됨)은 매우 드문 질병이며 R° 지수는 1을 겨우 넘는다. 구축된 공중 보건 시스템의 관리와 모니터링도 고려해야 할 점이다. 감염자를 신속하게 인지, 진단하고 적절히 격리하면 R° 지수를 거의 0에 가깝게 낮출 수 있다. 감염된 좀비 요소가 효과적으로 퍼지려면 이러한 감염자에 대한 예방 조치가 완료되기 전에 빠르게 전파되어야 한다.

좀비 요소

감염성 좀비 요소 후보가 될 수 있는 흥미로운 미생물이 있긴 하지만 이들은 전부 수명이 짧다. 좀비 군단이 세계를 집어삼킬 가능성은 없다. 여러분이 고전적인 부두교 좀비물(이 얘기를 하려면 독극물에 대한 별도의 글을 써야 한다!)의 팬이든, 죽음 또는 전염병에 대한 공포 때문에 뇌를 먹는 좀비물에 끌리건 관계없다. 좀비에 대한 팬심을 계속 강하게 유지하기 바란다. 좀비 소설을 읽고, 좀비 영화를 보고, 좀비물을 쓰기 바란다. 그리고 계속 이 멋진 좀비 이야기들이 등장하게 해 주기 바란다.

14장 PUTTING THE SCIENCE IN FICTION

바이러스와 병원체 훔치기

리 A. 에버렛(미생물학자)

최근에 친구가 인기 비디오 게임을 하는 걸 보았다. 친구의 캐릭터는 암살자였고, 미션 중 하나는 실험실에서 바이러스를 훔치는 것이었다. 상당히 익숙한 상황이지 않은가? 캐릭터는 힘들게 실험실에 잠입하고, 막아서는 과학자들을 뿌리치고 유리병을 잡은 다음, 옆문으로 나와 혼잡한 거리로 빠져나간다. 내게 가장 인상적이었던 것은 그 비현실성이었다.

우리는 생물학적 병원체를 훔치는 장면을 여러 매체에서 보았다(내가 병원체라고 할 때는 박테리아, 바이러스, 단백질, 외계인 기술, 흥미로운 혼합물을 말한다). 이런 이야기는 쓰는 것도, 읽는 것도 재미있다. 하지만 시나리오에서 흔한 두 가지는 이 병원체가 보관된 장소에 대한 무지, 그리고 이 병원체로부터 사람들과 환경을 안전하게 지키는 메커니즘에 대한 무지이다.

이 부분을 잘못 처리하면, 이 분야에 약간이라도 경험이 있는 사람은 책을 읽는 내내 여러분의 플롯이 가진 신뢰성에 의문을 가질 것이다. 하지만 우리는 소설을 쓸 때 이 부분에 주의하지 않는 게 보통이다.

여러분이 "많은 보탄족(영화 〈스타워즈〉에 나오는 개, 고양이, 말을 골고루 섞은 듯한 포유류 인간형 종족-옮긴이)이 죽었다"는 언급만 하고 병원체를 빼낸 방법을 얼버무릴 생각이 아니라면(〈스타워즈〉에서는 "데스 스타의 설계도를 빼오는 데 많은 보탄족이 희생되었다"는 언급만 있고 실제로 보탄족이 등장하지는 않음-옮긴이), 캐릭터가 실험실에 침입하고 탈출하는 장면을 그럴듯하게 그려내야 한다.

병원체의 모든 것

여러분의 '바이러스 도난' 소설에서 병원체에 관해 구상할 때 제일 먼저 고려해야 할 세 가지는 무엇일까?

1. 병원체는 어떤 역할을 하는가

병원체는 표적에 어떻게 영향을 미치는가? 인간에게만 전염되는가, 아니면 동물에게도 전염되는가? 가장 중요한 질문은 병원체가 어떻게 퍼지고 숙주 밖에서 얼마나 오래 생존할 수 있는가? 에어로졸화—(독감처럼) 공기를 통해 퍼지고 특히 숙주 밖에서 오래 생존할 수 있는—될 수 있는 병원체는 직접 접촉, 성적 접촉, 섭취를 통해서만 퍼질 수 있는 병원체보다 훨씬 위험하다. 여러분이 독감과 비슷한 병원체를 예방하는 방법은 에볼라 바이러스 같은 병원체를 억제하는 방법과는 달라야 하며, 역학적 영향도 다르다. 독감의 경우, 호흡기를 통한 전파를 막는 것이 핵심이다. 병원성(病原性) 독감을 다루는 사람들은 자신을 보호하기 위해 다양한 유형의 방독 마스크를 쓰고, 바이러스가 실험실 외부에 퍼지는 것을 막으려고 실험실 전용 복장을 착용한다. 하지만 에볼라 바이러스는 직접 접촉을 통해 전파되기 때문에, 연구자들은 더욱 강력한 보호 수단을 찾아야 한다. 외부에서 들어오는 공기를 차단하는 '우주복'과 비슷한 정압(대기압보다 높은 압-옮긴이) 슈트를 착용하여 연구자의 신체나 호흡하는 공기가 병원체와 접촉하지 않게 한다.

창의력을 발휘하자! 세상에는 병원성 독감이나 출혈성 질환보다 더 심하고 끔찍한 병원체가 많이 있다. 예컨대 프리온은 생명체도 아니지만—변형된 단백질이다—가장 파괴하기 힘든 병원체 중 하나이며, 전염성이 높고, 이로 인해 유발되는 질병은 치료 불가능하다(따라서 극히 치명적이다).

2. 병원체 배양과 보관

병원체의 작용과 안정성은 과학자들이 이를 배양하고 보관하는 방법에 영향을 미친다. 이에 더하여, 병원체가 얼마나 강한가에 따라 그 이동성, 그리고 특수 장비 없이 취급할 수 있는가를 결정한다. 병원체가 생존하려면 운반체 숙주에 접종해야 하는가? 아니면 병원체가 땅에 떨어졌을 때 십여 년 후에도 여전히 전염성이 유지되는가?

예컨대 한센병을 유발하는 마이크로박테리아는 살아 있는 세포 안에서만 자라지만, 클로스트리듐 같은 다른 박테리아는 숙주를 감염시키기 전에 수 년 동안 환경 속에서 생존할 수 있는 포자를 형성할 수 있다. 복제를 위해 숙주 세포를 탈취하는 바이러스는 방패처럼 바이러스성 유전 물질을 보호하는 캡시드를 가지고 있어, 캡시드를 가지고 있지 않은 바이러스보다 숙주 밖에서 오래 생존할 수 있게 해 준다. 일반적으로 바이러스와 박테리아는 '배양'할 수 (냉장고나 인큐베이터에 있는 영양액이나 매질에서 살아 있게 할 수) 있지만, 온도가 너무 높거나 낮으면 죽게 된다. 하지만 프리온을 억제하는 신체 세포는 영하 80°C에서 보관된 후에도 여전히 감염될 수 있다.

이론적으로 지구에서 생성된 병원체는 외계 병원체보다 많은 제약과 한계가 있을 수 있다. 외계 병원체는 지구에서 생긴 병원체가 노출된 적 없었던 온도의 급격한 변화와 방사능 수준에서도 생존할 가능성이 있으며, 억제하기 더 어려울 수 있다.

3. 생물 보안과 생화학적 봉쇄

여러분의 플롯에 가장 영향을 미칠 수 있을 부분이다. 캐릭터가 침입한 시설의 생물 보안과 생화학적 봉쇄를 어떻게 처리하는가? 이들은 발생할 수 있는 '바이러스 도난'을 (어쨌든 범죄적 개입 없이) 방지하기 위해 설계된 절차이다. 대부분의 시설은 제1차, 제2차 억제 수단을 보유하고 있다. 병원체로부터 사람과 환경을 보호하기 위한 방법이다.

봉쇄: 캐릭터의 주요 적수

질병 통제 및 예방 센터가 지정한 네 가지의 생물 안전 수준(BSL) 목표가 있다. 취급하는 병원체가 위험할수록 사람과 환경을 안전하게 보호하기 위한 시설/통제가 필요하며, 병원체는 높은 수준의 BSL 실험실에 보관해야 한다. BSL-1 시설은 일반적으로 (비전염성 대장균처럼) 인간 질병을 일으키지 않는 병원체를 보관한다. BSL-2에서는 (살모넬라균처럼) 사람에게 중간 정도의 위험이 되고 통상 일정 집단에서 발병하는 병원체를 보관한다. BSL-3에서는 (폐결핵처럼) 공기를 통해 전파되는 심각하고 치명적인 질병을 유발할 수 있는 병원균을 보관한다. BSL-3 시설에서 다루는 질병들은 (탄저병이나 페스트 같은) 생물학 테러의 병원체가 될 수 있기 때문에 보안과 출입 허가 수준이 강화된다. 극히 위험한 BSL-4(외계 바이러스처럼 취급시 정말 위험하고 사람에게 감염될 수 있지만 치료법이 없는 경우) 시설의 경우, 건물 내 보안이 극도로 삼엄해진다. 적합성 평가와 배경 조사를 거친 후에만 건물에 들어갈 수 있고, 여러 단계의 잠긴 문을 통과한 후에만 실험실에 도착할 수 있다. 열쇠, 카드키, 심지어 생체 스캔이 필요할 수 있다.

실험실에 침입하기

침입을 막기 위한 경비원과 감시카메라가 당연히 있다. 이미 출입 허가가 있는 사람을 협박하거나 조종하는 것은 가장 쉬운 침입 방법일 것이다. 또는 감시를 우회하는 기술을 이용할 수도 있다. 하지만 실험실에 들어가면 무슨 일이 일어날까?

몰래 또는 직원으로 가장해 들어가려면 먼저 로커룸으로 가서 옷을 전부 벗어야 한다. 치명적인 병원체를 보관하고 있는 실험실에 들어간 경우, 철저한 오염 제거 절차를 거치지 않고는 나올 수 없다. 병원체에는 사람도 포함된다.

개인용 보호 장비(PPE)

따라서 여러분은 옷을 완전히 벗은 다음 시설의 PPE를 착용해야 한다. 긴소매 실험복, 양말, 신발(아마도 크록스 상표), 헤어네트(머리에 쓰는 망-옮긴이), 사용 허가를 받은 특수 호흡기, 장갑 두 겹인 경우가 많다. 일을 마치고 실험실에서 나오려면 PPE를 제거하기 위한 신중한 절차가 있다. PPE는 화학 물질로 살균하고 오염을 제거하거나 폐기한다. 그런 후 샤워를 해야 로커룸으로 돌아갈 수 있다.

병원체를 훔치려는 사람은 그 병원체를 외부 세계에 노출시키는 데도 주저하지 않을 가능성이 크다. 그러니 샤워는 생략할 수 있다. 하지만 적절한 PPE를 착용하는 것이 최선의 잠입 방법이며, 직원이나 과학자들에게 발각될 가능성도 줄어든다.

로커룸을 나와 실험실로 향할 때 병원체에 감염되지 않으려면, BSL-3에서는 전기 공기 정화 호흡기가 달린 타이벡 섬유 슈트를 착용해야 한다. BSL-4 시설의 경우, 정압 환기된 우주복을 입고 공기가 나오는 벽에 붙어 있어야 한다. 이러한 공간의 목적은 여러분에게 청정한 공기를 불어넣고, 있을 수도 있는 오염 물질을 제거하는 것이다(이런 곳들은 불편하고 더우며 시끄럽다! 여러분의 캐릭터가 통신기를 끼고 있거나 폐소공포증이 있는 경우, 이런 문제도 처리해야 한다).

실험실 내 보관 수단

여러분은 이제 실험실 안에 들어왔고, PPE를 착용해서 병원균으로부터도 안전하다. 실험실 공간과 나머지 부분을 안전하게 유지시키는 것은 무엇일까? 병원체를 안전하게 보관해 실험실 자체를 깨끗하게 하는 게 이상적이다. 여러분이 적절한 절차를 따르는 경우(실험실 밖으로 가지고 나와서는 안 된다), 일종의 후드나 생물 안전 작업대에서 병원체를 다루어야 한다. 이들은 작업대 내부의 병원체와 외부의 오염물질을 가두기 위해 공기벽(wall of air)을 사용하는 특수 공간이며, 병원체를 통과하는 공기가 외부 또는 재순환되기 전에 헤파(HEPA) 필터로 여과되도록 환기한다.

BSL-4의 경우 완전 봉인된 캐비닛에 병원체를 보관하고, 유닛에 부착된 두껍고 불편한 장갑을 사용해야만 조작할 수 있다. 캐릭터가 병원체에 접근하려면 어떻게든 보관 캐비닛을 부수고 병원체를 꺼낸 다음, 로커룸에서 나올 때까지 자신을 병원체로부터 안전하게 지켜야 한다. 그전에 잡히지 않는 게 급선무겠지만.

실험실 폐쇄

시설로 역류하는 공기 흐름에 대해서도 할 얘기가 많다. 하지만 핵심만 말하자면, 중요한 공기 흐름이 뒤엉키거나 생물학적 유출이 있는 경우, 모든 직원은 즉시 대피하고 모든 상황이 정상으로 돌아올 때까지 실험실 전체를 폐쇄해야 한다. 이러한 혼돈을 유발하는 것은 바이러스 절도를 덮기에 이상적인 상황일 수 있다. 비상사태(정전, 자연재해)의 경우 즉시 실험실을 떠나야 하지만, 외부를 오염시키지 않는 방법으로 해야 한다. 이러한 방법으로는 비상 소집 장소(이런 장소는 건물 내 나머지 사람들이 모이는 곳과는 분리된다)로 향할 때 지금 입고 있는 옷 위에 깨끗한 PPE를 추가로 착용해 오염물질을 가두는 것이 있다.

종종 지역 소방 당국과 병원은 실험실에서 진행 중인 작업에 대해 계속 인지하고, 응급 상황에서 무엇을 하고 어디로 가야 하는지에 관한 추가 교육을 받는다. 비상사태가 발생했을 때 여러분의 캐릭터가 응급 구조 요원이나 소방관으로 가장하면 발각되지 않고 병원체를 빼낼 수 있다.

요약

이 모든 것들을 작품의 내러티브에 포함시키면 당연히 부피가 커진다. 하지만 작가인 나는 여러분이—적어도 세계관의 설정과 구축에서—이 모든 측면을 고려하는 게 중요하다고 생각한다. 그래야만 여러분의 캐릭터가 그럴듯한 방법으로 그것들을 뒤엎을 수 있기 때문이다. 캐릭터가 어떻게 생물 보안 수단을 처리하는가는—특히 일이 꼬이기 시작했을 때—정말로 플롯에 영향을 미칠 수 있다. 세계를 뒤흔들 정도로 치명적인 바이러스를 훔치는 일이 절대 쉬울 리 없기 때문이다. 그렇지 않은가?

15장 PUTTING THE SCIENCE IN FICTION

전염병과 유행병

가브리엘 비드린(미생물학자)

전염병은 SF에서 갈등 또는 플롯의 주요 원인이나 배경으로 사용된다. 그 범위는 마이클 크라이튼의 죽음의 녹색 줄(또는 안드로메다 스트레인)부터 조지 R.R. 마틴의 회색 비늘(『왕좌의 게임』에 나오는 전염병. 온몸에 회색 비늘이 돋다가 돌처럼 변함-옮긴이), J.K. 롤링이 재미있게 이름붙인 스패터그로이트(『해리 포터』의 질병으로 피부에 자주색 고름이 남-옮긴이)까지 다양하다. 그 증상도 실제 전염병처럼 끔찍하고 지독한 것부터 그저 짜증스러운 것까지 각양각색이다.

문제는 이런 전염병이 SF의 범위를 넘어 단순한 허구(즉, 과학적 근거가 없는)인 경우이다. 물론 마법 세계(그리고 외계) 전염병에도 나름대로의 규칙이 있을 것이다. 하지만 여러분의 SF가 단순한 허구를 넘어서려면 아래의 내용을 계속 읽어 주기 바란다.

미신 #1: 치명적인 전염병이 되려면 바이러스여야 한다

이 글을 쓰려고 소설 속 전염병 목록을 찾아보다 흥미로운 사실을 발견했다. 소설에 나오는 대부분의 전염병은 바이러스성이다. 과학이 아직 바이러스성 질병에 대한 완전한 치료법을 찾아내지 못한 건 사실이지만, 모든 치명적인 질병이 바이러스성은 아니다. 역사상 가장 치명적인 질병의 왕좌는 독감이 차지하겠지만, 가장 끔찍한 질병 중 하나로 손꼽히는 페스트는 낮은 단계의 박테리아인 페스트균(Yersinia pestis)이 유발한다. 에볼라(바이러스)도 심각하긴 하지만, 이로 인해 사망한 사람은 1만 5000명을 넘지 않는다.

페스트로 사망한 사람은 대략 2500만 명이다. 당시 유럽 인구의 거의 3분의 1에 가까운 엄청난 숫자이다. 여러분이 아는 사람들이 세 명에 한 명 꼴로, 치료법도 없는 무서운 전염병으로 쓰러지는 시대에 산다고 생각해 보기 바란다. 심지어 항생제가 보편화된 이 시내에도 페스트로—비록 그 원인은 치료 부족이긴 하지만—사망하는 사람들이 있다. 그리고 항생제에 대한 내성이 진행되면서, 박테리아는 무시할 수 없는 힘을 가지고 복귀할 준비를 하고 있다. 그러니 전염병의 원인으로 박테리아를 배제하지 말아야 한다

미신 #2: 전염병은 특정 집단만을 감염시키거나 사망에 이르게 한다

소설 속 전염병의 다수는 특정한 '위험 집단'만을 제거한다. 예컨대 짐 헨디의 『코돈 제로』(이 작품에는 다른 문제들도 있다)처럼 아랍인과 유대인만을 감염시키거나, 성인(카렐 차페의 『백색 질병

White Disease』) 또는 여자만을 죽인다(프랭크 허버트의 『백색 전염병White Plague』). 어떤 질병이 인류의 한 집단을 감염시킬 수 있다면, 인류 전체도 감염시킬 수 있다. 치사율의 차이는 (유전에 따른) 면역 또는 노출의 차이가 원인이지만 일반적으로 치명적인 바이러스는 누구라도 감염시키고 죽게 할 수 있다.

어떤 사람들이 선천적인 면역성을 갖고 있는 병도 있지만, 세대를 내려오면서 병에 노출되었거나 유사한 바이러스(예컨대 우두)에 노출되었거나, 모유를 통해 아이에게 면역성이 전달된 덕분이지, 바이러스의 마법 같은 능력 때문이 아니다. 박테리아도 감염 대상을 까다롭게 고르지 않는다.

특정 집단에만 영향을 미치는 질병들이 있지만, 이들은 유전적으로 연관되어 있는 것이지(예컨대 용혈성 빈혈, 베타 지중해 빈혈, 테이색스병 등 극소수) 바이러스성이나 박테리아성이 아니다. 게다가 여성이 남성보다 면역 체계가 강하다는 것은 공인된 사실이다(미안해요, 프랭크 허버트 작가님).

미신 #3: 과학자들은 언제나 유전공학으로 치명적 바이러스를 만들어 낸다

이 책 2장에서 얘기했듯, 무섭고 치명적인 질병들은 이미 많이 있기 때문에 더 이상 필요하지 않다. 비록 우리가 가지고 있는 바이러스와 박테리아를 무기화하기 위한 연구가 있기는 하지만, 과학자들이 치명적인 바이러스를 만들어 낼 이유는 거의 없다(러시아 과학자들이 천연두와 에볼라 바이러스를 혼합했다는 어떤 과학자의 주장을

들은 적이 있다. 하지만 그 진실성은 의문이다).

과학자들이 바이러스를 유전적으로 손본다면, (HIV와 비슷한) 렌티바이러스가 암 연구와 유전자 치료에 사용되는 경우처럼 바이러스를 잘 활용하기 위한 목적인 것이 보통이다. 바이러스에서 질병을 유발하는 부분은 제거 또는 비활성화되며, 국립보건원에서는 렌티바이러스 처리가 HIV와 비슷한 질병으로 발전하지 않도록 렌티바이러스 연구를 매우 주의 깊게 모니터하고 있다.

작품에서 전염병을 제대로 그려 내기

여러분의 작품에서 전염병과 유행병을 실감나게 그려 낼 수 있는 팁을 몇 가지 소개한다.

매개체와 전파

전염병을 원한다면 이것을 여러분의 집단에 퍼뜨릴 방법이 있어야 한다. 따라서 전파 수단이 필요하다. 박테리아와 바이러스(심지어 말라리아처럼 전파성 있는 전염병과 비슷한 질병을 유발하는 기생충도)는 숙주가 있으며 생명 주기를 이어가기 위해 타인을 감염시킬 방법이 있다. 이러한 질병이 전파되는 방법은 여러분이 다루고 있는 바이러스, 박테리아, 또는 기생충의 유형에 전적으로 달려 있다.

바이러스에는 종종 바이러스를 운반하는 감염원과 숙주가 있지만 이것 때문에 병에 걸리는 경우는 드물다. 바이러스가 인간에서 인간으로 전파되기 위해 감염원을 통과할 필요가 없기는 하지만, 감염원과 숙주는 다른 종과의 접촉을 통해 바이러스를 전파시킬 수 있다. 바이러스는 사실 매우 취약하며, 숙주나 감염원 외부에서는 오래 존재하지 못한다(며칠이 아니라 몇 분 또는 몇 시간 정도이다). 따라서 반드시 밀접한 접촉을 통해, 또는 공기 중에 잠깐 머무는 동안에 전파되어야 한다.

에볼라 바이러스의 발생 이후 사람들이 공기성 전파에 대해 우려하고 있으니 그 이야기를 하자. '공기성'은 질병을 가진 사람과 같은 공기를 호흡하기만 해도 전파될 수 있다는 의미이다. 환자가 입자를 공기 중에 호흡으로 배출하고 여러분이 그것을 흡입한다. 쾅! 여러분은 독감에 걸렸다. 에볼라는 공기성이 아니다. 하지만 에어로졸화될 수 있다. 누군가 기침을 하면 핏방울이나 침방울이 공기 중에 분사된다. 이들은 바이러스를 둘러싸고 있으며, 타인의 눈이나 코, 입으로 들어갈 수 있을 때까지 바이러스가 살아남을 수 있게 한다. 환자와 같은 공간에 있는 것만으로는 (환자가 기침을 하지 않는 한) 질병에 걸리지 않는다. 독감이나 폐결핵 같은 공기성 바이러스는 에어로졸화된 바이러스보다 쉽게 전파된다.

말라리아 같은 기생충이 인간에서 인간으로 전파되려면 모기 같은 중개자가 필요하다. 박테리아는 어디서든 살고 있으며, 표면에서 몇 시간 동안 행복하게 생존한다. 그리고 몇 시간보다 더 오래 살아남는 경우도 일부 있다. 어떤 박테리아 종은 내생포자를 형성할 수 있는데, 이런 내생포자는 수 세기 넘게 생존할 수 있다.

몇 시간 만에 죽이는 것은 질병에 도움이 안 된다

사람을 빠르게 죽이는 극히 치명적인 질병은 진화론적으로 볼 때 그다지 쓸모가 없다. 숙주를 너무 빨리 죽이는 기생충은 성공적인 기생충이 아니다. 전파되기도 전에 숙주를 죽이기 때문이다. 에볼라 바이러스가 치사율이 그렇게 높은데도 그다지 큰 문제가 되지 않는 이유 중 하나는 숙주를 죽이는 속도, 그리고 전파의 어려움이다. 천연두가 공포스러운 이유는 치사율은 낮지만 더 쉽게 전파되고, 숙주를 너무 빨리 죽이지 않기 때문이다.

일반적으로 바이러스는 배양하는 데 그렇게 오랜 시간이 걸리지 않는다. 바이러스가 세포 안에 들어가 세포 조직을 탈취하고, 더 많은 바이러스를 생산하고, 면역 시스템이 인지하고 방어를 시작할 정도로 충분한 바이러스 입자를 혈액에서 얻기까지는 시간이 소요된다. 몇 시간이 아니라 며칠이 걸리는 게 보통이다.

올바른 독 선택

바이러스를 창조할 때는 여러분이 지금까지 읽은 것을 명심해야 한다. 캐릭터들이 싸워야 할 전염병을 완전히 새롭게 창조하는 것은 문제가 없다. 하지만 (마법이나 외계 전염병이 아니라면) 그 전염병이 규칙을 따르게 해야 한다. 유기체의 유형에 적합한 전파 방법이 필요하다. 숙주를 몇 시간 만에 죽이게 해선 안 된다. 정말 무서운 전염병을 원한다면 우리가 가지고 있는 모든 항생제에 내성이 있는 박테리아처럼 다른 유형의 유기체도 고려해야 한다. 더 재미있으려면 곰팡이도 괜찮다(관심 있다면 계곡열〔캘리포니아주 산호아퀸 계곡에서 발생하는 풍토병-옮긴이〕을 찾아보기 바란다).

PUTTING THE SCIENCE IN FICTION

3부

뇌는 하늘보다 넓다

16장 PUTTING THE SCIENCE IN FICTION

소설에서 정신 건강에 관해 쓰기

캐슬린 S. 앨런(정신과 간호사, 간호학 박사)

나도 여러분과 마찬가지로 작가다. 정신 건강 전문가이기도 한데, 소설에서 묘사되는 정신질환을 볼 때면 종종 민망하다. 맞는 게 별로 없거나, 반만 맞거나, 아예 사실과 거리가 멀기 때문이다.

검색 엔진을 이용해 조사하는 것도 좋지만, 인터넷에는 잘못된 정보가 너무 많기 때문에 무엇이 맞고 틀리는지 구분하기 어려운 경우가 많다. 책에서 정신질환을 잘못 묘사한다면 그 병을 앓고 있는 독자에게 상처가 될 수 있다. 나는 심각한 정신질환에 관한 미신들을 걷어내려고 한다. 여러분이 쓴 정신질환 관련 내용이 독자들에게 힘이 되었으면 해서다.

나는 정신과 전문 임상 간호사(보통 의사가 하는 많은 일들을 할 수 있도록 훈련을 받은 간호사-옮긴이)로 일하면서 폐쇄형 정신병원에서 환자/고객들을 진단하고, 지시를 내리고, 입원 및 퇴원시켰으며,

약을 처방했고, 우울증, 불안증, 외상 후 스트레스 장애(PTSD), 조울증, 강박장애, 조현병을 앓고 있는 청소년과 성인들을 치료했다. 자살 시도를 했거나, 자살 충동을 느끼거나, 전기 경련 요법(ECT)을 받은 환자/고객들을 상대했다. 전기 경련 요법은 『뻐꾸기 둥지 위로 날아간 새』와 비슷하지 않다. 컴퓨터 재부팅 같은 것이라고 생각하면 된다.

질병으로 인한 정신질환에 시달리는 사람들도 보았다. 그렇기 때문에 특히 초기 증상의 정신병 환자의 경우 정신과 진단을 받기 전에 질병을 완치하는 것이 중요하다.

그러면 이러한 것들은 작가인 여러분에게 무슨 의미일까? 여러분이 정신 건강 전문가에게 질문하는 게 제일 좋다! 그렇지 않다면 정신 건강 전문가들이 환자/고객을 진단할 때 사용하는 지침서인 『정신질환 진단 및 통계 편람』(5판, DSM-5)을 참조하기 바란다. DSM-5의 각 카테고리에서는 특정 질환의 기준과 진단을 내리려면 이들 기준 중 몇 가지를 충족해야 하는지를 열거하고 있다.

정신질환 진단을 받은(또는 여러분의 작품에서 받게 될) 캐릭터를 그리는 것은 이 병의 낙인을 없애는 데 도움이 된다. 자신이 이용할 수 있는 수단을 모르는 사람들, 소득이 낮은(또는 없는) 사람들, 노숙자들(비록 모든 노숙자들이 정신질환이 있는 건 아니지만), 그리고 아동 보호 또는 치료를 위한 병원 이송을 이용할 수 없는 사람들을 포함해 많은 사람들이 정신질환에 대한 도움을 받지 않는 이유 중 하나가 바로 낙인 때문이다.

그러니 여러분의 이야기에서 정신질환을 앓고 있는 캐릭터를 쓰는 것부터 시작하자.

정신질환에 관한 사실들

우울증

우울증은 아동을 포함해 어느 연령대에서도 발병할 수 있다. 미국정신질환자협회(NAMI)에 따르면 아동 다섯 명당 한 명이 심각한 정신질환을 앓고 있거나 앓게 된다. 우울증에는 종종 불안 장애가 동반된다. 여기에는 일반 불안 장애, 사회 불안 장애, 그리고 (공황 발작을 수반한) 공황 장애가 포함된다.

가장 취약한 그룹은 청소년과 여성이다. 취약 집단으로는 괴롭힘을 당하는 청소년, 성 정체성이 LGBT인 청소년, 우울증 또는 자살 가족력이 있는 청소년, 폭력에 휩쓸린 청소년이다. 세계보건기구에 따르면, 자살은 15~19세 사이의 청소년에게는 세 번째, 15~29세 사이의 청소년과 성인에게는 두 번째로 많은 사망 원인이다.

증상

우울증을 앓는 캐릭터는 너무 많이 자거나, 수면이 부족하거나, 과식하거나, 너무 안 먹거나, 자살 충동을 느끼거나, 짜증이나 화를 내거나, 슬퍼하거나, 너무 많이 울거나, 감각이 무뎌진다. 전에 좋아하던 활동을 더 이상 즐기지 못한다. 우울증은 경증이거나, 보통이거나, 중증(일상생활을 이어나가지 못한다)일 수 있다. 심각한 우울증의 경우에는 정신증(정신적 능력, 감정적 반응, 의사소통 능력 등에 총체적 왜곡과 혼란이 나타나는 정신적, 행동적 장애-옮긴이)도 나타나고, 환각을 경험하거나 환청을 듣기도 한다. (보통 또는 중증) 우울증을 앓는 캐릭터는 자살 충동을 느낄 수도 있다.

치료

우울증 치료는 인지행동치료 또는 대인관계치료 교육을 받은 사회복지사 또는 심리학자와의 상담 치료, 그리고 뇌의 기분을 조절하는 신경전달물질의 균형을 잡는 데 도움이 되는 선택적 세로토닌 흡수억제제 같은 약물 조합으로 이루어진다.

캐릭터를 위한 약물에 관해 쓸 때는 캐릭터에게 잘못된 약물을 처방하느니 아예 약물 이름을 새로 만드는 것이 낫다.

캐릭터가 자살 충동을 느끼는 경우, 자살 계획과 의도가 있다면 입원해야 한다. 계획이나 의도가 없는 자살 충동을 느낀다면, 주변 사람들은 캐릭터가 자살을 생각하는지 알아챌 수 있을 정도로 주의를 기울여야 한다.

우울증에 관한 미신 깨기

캐릭터가 슬퍼하거나 우울해할 때 제발 "우울증을 앓는다"는 말을 쓰지 말길 바란다. 우울증을 앓는다는 것은 기분이 우울하다는 것과 동의어가 아니다. 캐릭터가 우울증을 앓고 있더라도 웃거나, 미소를 짓거나, 행복한 척하는 경우가 드물지 않다.

다른 사람에게 혹시 자살 충동을 느끼는지 물어보는 캐릭터는 그런 생각을 하려는 것이 아니다. 이미 그런 생각이 머리에 있는 것이다. 그리고 자살에 관해 묻는다고 해도 자살 계획이나 의도를 이미 가지고 있지 않는 한, 타인에게 자살을 강요하는 게 아니다.

캐릭터에게 자해한 상처(스트레스나 극단적인 감정적 불안을 완화하기 위한 자해)가 있더라도 자살 충동을 느낀다는 의미는 아니다. 그렇다고 자해한 상처가 있는 사람은 자살 충동을 느끼지 않는가? 아니, 당연히 아니다. 다시 말하지만 물어봐야 한다.

조울증

조울증을 앓는다는 것은 한 사람이 각기 다른 때에 우울함과 고양감을 모두 느낀다는 뜻이다. 조울증에는 다양한 스펙트럼이 있으며, 일부 예외는 있지만 모두가 감정의 급격한 기복을 경험하는 것은 아니다. 어떤 환자는 이 주기가 매우 짧다. 감정의 급격한 변화가 마치 며칠 또는 몇 주에 걸쳐 롤러코스터를 타는 것과 같다는 뜻이다. 일부는 조증을 겪기 전에 몇 달에 걸쳐 우울증을 앓을 수도 있다.

조울증 진단을 받는 캐릭터는 청소년일 수도, 아동일 수도 있다. 조울증을 앓는 직계 가족이 있는 사람은 조울증 진단을 받을 위험이 있다.

증상

조울증을 앓는 캐릭터는 잠을 자지 않아도 되거나, 에너지가 넘치거나, 식사량이 줄거나, 거창한 생각을 하거나, 말이 너무 빨라지거나, 말도 안 되는 얘기를 하는 것과 같은 조증의 신호를 보인다. 낭비나 기타 위험한 행동 같은 고위험 활동을 할 수도 있다. 조증 상태에 있지 않을 때는 자살 충동을 포함한 우울증 증상을 겪을 수도 있다. 정신증을 앓을 수도 있다.

치료

조울증은 기분안정제라는 약물과 상담으로 치료한다. 조울증 진단을 받은 사람은 감정의 극단적인 기복을 겪는다는 미신이 있다. 물론 그런 사람이 많기는 하지만 모두가 그렇지는 않다. 극적으로 고조된 기분을 살짝 느끼는 사람도 있고, 저하된 느낌을 경험하는 사람도 있다. 기준치에 따라 다르다. 그렇기 때문에 병력(病歷)이 중요하다.

조현병

조현병은 보통 18~25세 사이의 연령대에서 진단되는데, 이 시기에 '첫 발작(first break)'을 겪거나 정신증의 기미를 보이는 사람도 있다. 나이든 사람들이 첫 발작을 겪지 않는 건 아니지만, 일반적인 현상은 아니다.

이 정신질환의 특징은 청각적, 시각적 및(또는) 후각적 환각이다. 조현병 환자는 망상과 사고 장애가 있을 수도 있다.

치료

조현병은 항정신병 약물로 치료한다. 환자가 우울증도 있는 경우에는 항우울제 같은 다른 약도 사용할 수 있다. 조현병 자체는 치료법이 없지만, 약물을 올바르게 조합하면 증상을 최소화할 수 있다.

조현병에 관한 미신 깨기

조현병을 앓는 캐릭터는 밤새 환청을 듣거나 환각을 본다. 항정신병 약물이 작용하기까지는 몇 주가 걸리며, 올바른 약물 조합을 찾기까지 몇 달이 소요될 수도 있다. 망상은 없애기 힘들며 약물에 반응하지 않을 수 있다.

조현병을 앓는다 해서 일반인보다 더 폭력적인 것은 아니다. 치료를 받지 않으면 망상에 시달릴 수 있으며 논리적 설명을 잘 하지 못하지만, 조현병 환자가 아닌 사람보다 더 폭력적이진 않다.

외상 후 스트레스 장애(PTSD)

PTSD는 어떤 사람이 생명의 즉각적인 위험을 느끼는 충격적 사건을 겪은 후에 발병할 수 있다. 참전 군인은 PTSD를 진단받는 경우가 자주 있지만, 성폭행을 당할 뻔했거나, 비행기 충돌 같은 재난에서 살아남거나, 무장 강도를 당할 뻔한 경우와 같은 트라우마를 받은 때도 발병할 수 있다.

증상

PTSD를 앓는 캐릭터는 트라우마를 생생하게 회상하거나, 악몽에 시달리거나, 극도로 예민하거나, 쉽게 놀라거나, 불꽃놀이 같은 큰 소음을 기피하고, 식사 거부 또는 불면증 같은 우울증 증상을 보일 수도 있다. 차 사고를 당한 후에 차 타는 것을 피하는 것처럼, 트라우마가 생긴 지역이나 상황을 기피하는 경우도 있다.

치료

PTSD는 상담과 증상 치료 약물로 치료한다. PTSD는 트라우마 이후에 발생할 수 있다. 따라서 트라우마 직후에 정신과적 도움을 받는 것이 필수적이다. 증상은 개인별로 다양하지만, 트라우마를 겪은 사람이 모두 PTSD를 앓는 것은 아니다.

해리성 정체감 장애(DID)Dissociative Identity Disorder

DID 환자는 시간을 잊거나, 다른 장소에서 다른 복장을 하고 일어나거나, 기억상실 또는 기억의 공백을 겪거나, 유체이탈된 것 같은 느낌을 받는다. 둘 이상의 인격을 인지하는 경우도 있다. 정신과 전문의에 의한 광범위한 병력 진단이 반드시 필요하다. DID는 심리 요법으로 치료하며, 환자가 우울증이나 불안증을 겪는 경우에는 약물도 사용할 수 있지만, DID에 특별히 사용하는 약물은 없다.

정신질환은 실제로는 소설, TV, 영화에서 나온 것보다는 드물다. DID 환자가 자신의 핵심 인격 상태가 아니라고 해서 사람을 죽이는 것은 아니다. 달리 말하면, 캐릭터가 대체 인격 상태에서 사람을 죽인다면, 핵심 인격 상태에서도 사람을 죽인다. 사람을 죽인 후에 기억상실증을 겪는 것도 아니다. 따라서 놀라운 일도 아니고, 밝혀야 할 비밀이 있는 것도 아니다.

여러분에게 일반적인 정신질환이 있다면, 여러분의 캐릭터가 정신질환을 앓기를 바랄 수 있다. 가장 중요한 방법은 스스로 조사하는 것이다. 여기서 논하지 않은 다른 정신질환(예컨대 식이장애, 주의력 결핍 과잉행동장애, 불안장애)도 있다. 하지만 다시 강조한다. 이야기를 제대로 쓰려면 스스로 조사하고 정신 건강 전문가에게 문의해야 한다. 그러면 독자를 잃거나 해로운 고정관념을 영구화하는 일이 없을 것이다.

정신질환 관련 참고 자료

미국 정신질환자협회 www.nami.org

세계보건기구 www.who.int

국립정신건강연구소 www.nimhnih.gov

미시건 대학교 우울증 센터 www.depressioncenter.org

WebMD www.webmd.com

메이요 클리닉 www.mayoclinic.org

17장 PUTTING THE SCIENCE IN FICTION

조울증

조너선 피플스(정신과 의사)

정신과 의사인 나는 모든 유형의 정신질환을 치료한다. 정신질환이 어떤 모습인가에 대한 일반적인 오해가 많고, 무엇보다도 조울증에 관해서는 특히 혼란이 많은 것 같다. 나는 병원 응급실에서 일하는데, 환자의 절반은 자신이 과거에 조울증 진단을 받았다고 말한다. 하지만 대부분은 완전히 다른 병을 앓고 있다.

작품을 쓰기 시작하면서, 정신질환이 소설에서 어떻게 그려지는가에 대해 점점 더 관심을 가지게 되었다. 최근에 동네 서점에 가서 정신질환을 다룬 영어덜트 소설을 추천해 달라고 부탁했다. 직원은 레인보우 로웰의 『팬걸 Fangirl』을 추천했는데, 추수감사절 휴가를 보내기에 최고의 선택이었다. 아주 좋았다. 마치 엄마가 해 준 완두콩 캐서롤(냄비 요리의 일종-옮긴이)을 먹을 때처럼 자리에 앉아서 정신없이 읽었다. 주인공의 아버지는 조울증을 앓고 있었는데, 작가는 그 증상을 제대로 그려냈다. 조증 증상을 완벽하게 묘사했고, 조울증이 친구와 가족들에게 어떠한 영향을 미칠 수 있는지를 확실히 이해하고 있었다. 조울증에 걸린 캐릭터를 예상하지 못했다는 게 유일한 문제였다. 서점 직원은 주인공의 아버지가 강박장애를 앓고 있다고 했기 때문이다.

조울증에 대해 자세히 살펴보자.

조울증은 감정 기복과 같은 것인가?

아니다. 이게 가장 일반적인 오해 같다. 자신이 조울증을 앓고 있다고 말하는 환자들이 종종 있다. 감정이 시시각각 변하고 작은 일에도 폭발하기 때문이라는 것이다. 진정한 조울증의 범위에는 한 번에 며칠씩 계속되는 조증, 경조증(輕躁症), 우울증 에피소드(다음 절 참조)가 포함된다.

대부분의 환자들이 겪는 이러한 시시각각의 '감정 기복'은 사실은 성격 구조와 초기 방어기제와 연관된 감정 조절 곤란이다. 이러한 환자가 덜 아프다는 뜻은 아니지만, 정확한 진단이 있어야 치료가 가능하다. 조울증 환자는 언제나 증상을 통제하기 위한 약물 치료를 장기간에 걸쳐 받을 필요가 있으며, 앞서 말한 감정 조절 곤란을 겪는 환자는 심리 치료가 치료의 중심이다.

감정 조절 곤란의 경우 경계성 인격 장애와 같은 성격 장애에서 일반적으로 보이는 증상이기는 하지만 실제 진단은 아니다. 성격 구조에 관한 이론을 전부 논의하려면 몇 년이 걸리겠지만, 여기서는 성격 장애가 어떻게 발전하는지의 예를 들어본다.

폭력적인 가정에서 자라는 아이를 상상해 보자. 이 아이의 삶은 태어날 때부터 혼돈의 연속이다. 위협을 느끼면 자신을 보호하기 위해 맞서 싸우거나 비명을 지르거나 도망친다. 가끔은 이러한 초기 방어 기제가 제대로 작동하고, 행동은 강화된다. 성장한 후에는 결국 가출한다. 더 이상 폭력에 시달리지는 않지만, 일상생활에서의 스트레스에 맞닥뜨리면 어렸을 때부터 발전시켰던 것과 동일한 방어기제 말고는 다른 대처법을 모른다. 사소한 모욕에 소리를 지르고 맞서 싸우다 보면 성인이 된 이후의 인간관계가 전반적으로 불안정해지고, 우울하고 불만족한 감정을 더 느끼게 된다.

위에서 설명한 것과 비슷한 감정 기복을 겪는 캐릭터를 그리려면, 조울증이 아니라 경계성 인격 장애라고 불러야 한다.

조증, 경조증, 주요 우울증 에피소드

이제 핵심에 도달했다. 다음 에피소드의 요건을 충족하려면, 증상들이 앞서 말한 기능의 변화와 반드시 관련되어야 하고, 약물 사용 또는 기타 질병으로 인한 것이 아니어야 한다.

조증 에피소드

조증 에피소드가 되려면, 감정이 고양되거나, 과대망상이거나, 화를 잘 내야 한다. 그리고 목적 지향적 활동이나 에너지가 증가되어야 한다. 『팬걸』에는 이런 행동의 완벽한 사례가 있다. 아버지는 한밤중에 주인공을 부른다. 아버지는 잠도 안 자고 위층 욕실과 주인공의 침실을 연결하는 슬라이딩 폴(소방관이 출동할 때 위층에서 타고 내려오는 봉—옮긴이)을 설치할 계획을 짜고 있었다. 거대자신감, 다변증(떠벌림 증상—옮긴이), 수면 필요성 감소, 주의산만, 위험 행동에 가담 등의 증상을 겪을 수도 있다. 조증 에피소드는 반드시 적어도 7일 동안 지속되어야 한다. 단, 이를 겪는 사람이 정신증이 있거나 증상이 시작된 첫 주 동안에 입원이 필요한 경우는 예외이다.

경조증 에피소드

경조증 에피소드는 조증 에피소드와 비슷한 증상을 보이지만, 증상의 지속 기간이 4일이면 된다. 다른 사람들이 환자의 행동 변화를 인지하게 되기는 하지만, 조증 에피소드와는 달리 사회생활이나 직장생활에 중대한 지장을 초래할 정도로 심각하지는 않다.

주요 우울증 에피소드

주요 우울증 에피소드는 반드시 우울한 기분에 있어야 하고, 만사에 흥미와 즐거움을 잃는 상태가 연속해서 2주 이상 계속되어야 한다. 체중의 급격한 변화(주로 체중 감소), 불면증 또는 수면과다증, 피로, 죄책감, 쓸모없다는 느낌, 죽음에 대한 생각 등을 보일 수도 있다. 증상은 장애를 유발할 정도로 심각해야 한다.

조울증의 유형

조울증에는 몇 가지 변종이 있지만, I형 양극성 장애와 II형 양극성 장애 두 가지가 중요하다. I형 양극성 장애로 진단받으려면 반드시 조증 에피소드가 있어야 한다. II형 양극성 장애로 진단받으려면 조증 에피소드가 있어야 하는 것은 아니지만, 경조증 에피소드와 주요 우울증 에피소드 두 가지가 반드시 다 있어야 한다.

양극성 스펙트럼에 관한 다른 진단에는 순환성 장애 및 물질/약물 유도성 조울증 및 관련 장애가 포함된다. 조증과 경조증 에피소드는 코카인이나 필로폰 같은 불법 약물을 사용한 경우에도 비슷한 증상을 보일 수 있다. 때로는 스테로이드나 각성제 같은 처방약(예컨대 바이반스나 아데롤)도 조증 행동으로 이어질 수 있다.

어떤 사람이 조울증에 걸리는가?

조울증은 세계 인구의 약 1퍼센트에서만 나타나지만, 고소득 국가에는 더 일반적이며 남성에게 조금 더 빈도가 높게 발생한다. 또한 강한 유전적 요소가 있으며, 친척 중에 조현병이나 조울증이 있는 사람은 조울증에 걸릴 가능성이 높다.

I형 양극성 장애는 약 18세 때, II형 양극성 장애는 20대 중반에 시작된다. 조울증은 처음 발병한 후 몇 년이 지날 때까지 진단되지 않는 경우가 자주 있다. 주요 우울 장애나 기타 질병과 비슷해 보일 수 있기 때문이다. 대부분의 사람들은 조증 상태보다 우울 상태에서 더 많은 시간을 보내지만, 그 시간의 양은 사람마다 크게 다르다. 어떤 유형의 상태라고 정의할 수 없는 시기, 그리고 상대적으로 안정적인 시기도 있다. 불안 장애, 행동 장애, 물질 사용 장애 같은 정신질환이 동시에 발생하는 경우도 많다.

조울증 치료

조울증 치료 약물들은 많다. 의사는 종종 각 약물을 썼을 때의 위험과 효과에 대해 환자와 논의하고 상호 합의해야 한다.

조증에 효과가 좋은 두 가지 약물은 리튬과 발프로산이다. 이러한 약물의 혈액 수치를 정기적으로 검사하고, 환자에게 독성을 유발하지 않으면서 약을 충분히 복용할 수 있게 하는 것이 중요하다. 리튬은 항우울 효과도 있고, 특정 집단의 경우에는 자살경향성이 감소되는 현상을 보인다. 발프로산도 항우울 효과가 있지만, 이에 관한 데이터는 확고하지 않다.

항정신병 약물은 급성 조증 에피소드에 종종 사용되지만, 일부는 만성 조증이나 우울증에도 사용될 수 있다. 미국 식품의약국에서 조울증에 관해 승인한 세 가지 약물은 라투다, 세로퀄, 심백스이다. 라믹탈은 기분 안정제이지만 리튬이나 발프로산처럼 조증을 통제하지는 않는다. 하지만 조울증에 일반적으로 사용된다.

작품에 응용하는 방법

여러분이 조울증을 앓는 캐릭터를 만들려고 할 때 이 정보가 집필에 도움이 되길 바란다. 조울증에서 보이는 '감정 기복'은 고양되거나 우울한 기분이 시시각각 변하는 게 아니라 일정 기간 지속되는 의미라는 게 가장 중요하다. 캐릭터의 가족 중에는 조울증이나 조현병 같은 정신병 진단을 받은 사람이 있을 가능성이 있으며, 캐릭터는 보통 10대 후반이나 20대 초반에 이러한 질환이 발전될 것이다. 증상을 통제하는 데 약물이 도움이 될 수 있지만, 사람들은 부작용이나 '무기력감' 때문에 약물을 좋아하지 않는다. 많은 사람들은 약물이 없으면 불행히도 심부전을 겪게 된다.

『팬걸』이 끝을 향해 가면서, 나는 주인공이 아버지처럼 조울증에 걸리게 되지 않을까 걱정했다. 연령대도 맞았고, 가끔 수면이 필요하지 않다고 생각했고 목적 지향 활동이 증가했기 때문이다. 로웰이 의도적으로 이렇게 썼는지 모르지만, 내가 읽을 때 긴장감이 더해진 건 확실하다. 로웰은 정신질환을 정확하게 묘사하여 내가 그녀의 책에 거부감 없이 접근하고, 처음부터 끝까지 작품을 즐길 수 있게 해 주었다. 약간의 조사만 하면 여러분의 이야기를 훨씬 더 신뢰성 있게 만들 수 있다.

18장 PUTTING THE SCIENCE IN FICTION

조현병

조너선 피플스(정신과 의사)

조현병은 설명하기 가장 어려운 정신질환이다. 우리가 모르는 게 너무 많기 때문이다. 최근 몇 년간 상당한 진전이 있긴 했지만, 여전히 그 원인이 무엇인지, 왜 어떤 사람에게는 영향이 있는데 다른 사람에게는 그렇지 않은 이유를 모른다. 유전 연구에 따르면 우리가 조현병이라고 하는 것은 몇 가지 명확한 질병을 말하며, 이들 각각은 약물에 매우 상이하게 반응할 수 있는 자체 증상 세트를 가지고 있다. 수많은 불확실성뿐만 아니라 조현병 환자의 사고 과정을 작가가 정확하게 묘사하는 것 또한 극히 어렵다.

이 장에서 조현병의 모든 복잡성을 파악할 방법은 없다. 여러 연구의 결론은 종종 충돌하며, 주요 학자들도 발생 원인(예컨대 청소년기의 대마초 흡연)부터 치료 효과(예컨대 클로자핀은 다른 항정신병 약물과 정말로 통계적으로 구별되는가?)까지 의견이 다를 수 있다.

영화나 문학에서 묘사되는 조현병의 모습 때문에 더 혼란스러울 수 있다. 때로는 작품에서 어떤 사람이 조현병에 걸렸다고 명시적으로 언급하는 경우도 있지만(실비아 네이사의 『뷰티풀 마인드』), 독자들은 캐릭터가 일곱 개의 인격을 가진 사이코 살인자라면 언제나 조현병 환자라고 생각한다. 하지만 실제로는 그렇지 않다.

여기서는 불충분하게 이해되는 조현병의 생물학적 기초보다는 이 병이 어떻게 보일 수 있는지 설명하고자 한다. 내가 전달하고픈 가장 중요한 내용은, 내가 다룬 환자는 '조현병 환자'가 아니라는 것이다. 위대한 테니스 선수가 되고 싶어 하는 환자도, 하루 여덟 시간 동안 책을 쓰는 환자도 있었다. 사업주, 검소한 가게 점원, 대학생, 음악인, 햄버거 매장 관리인, 조각가도 있었다. 조현병은 힘든 질환이며, 이들은 전부 투사였다. 조현병을 플롯을 위한 싸구려 도구로 이용하지 말기를. 조현병 환자는 희망, 꿈, 목표, 욕망을 가진 복잡한 존재이다. 무엇을 하든 이 점을 잊어서는 안 된다.

조현병 환자는 다중 인격을 갖는가?

단언컨대 아니다. 많은 사람들이 혼용하기는 하지만, 이 둘은 완전히 다른 질병이다. '다중 인격'이라는 개념은 사람이 두 개 이상의 명백히 구별되는 인격 상태를 가지는 해리성 정체감 장애(DID)와 거의 비슷하다. DID는 조현병보다도 더 드물다.

정신증은 언제나 조현병인가?

아니다. '정신증'은 수많은 다양한 상황에서 볼 수 있다. 심각한 우울증이나 조증은 정신증적 특성을 가질 수 있다. 환각은 다양한 질병에서 나타난다. 갑자기 시작된 환각과 행동 변화는 중대한 정신질환이라기보다는 약물 사용 또는 의학적 문제(예컨대 섬망이나 뇌종양)일 가능성이 있다. 알코올 금단 현상이나 다양한 치매, 일부 약물 부작용의 경우에도 환각을 볼 수 있다. 조현병 진단을 내리기 전에 정신증의 의학적 원인을 배제하는 것이 중요하다.

성격 장애가 있는 사람들이 환각을 보는 사례가 자주 보고되며, 초기 대응기제의 징후일 수 있다. 장애 급여, 노숙을 피하기 위한 성급한 입원, '아픈 사람' 역할을 하고 싶어 하는 것처럼 조현병 진단을 받으려는 다양한 내부적, 외부적 동기도 있다. 미국에는 부정확한 진단으로 처방받은 항정신병 약물의 해로운 부작용으로 불필요하게 고생하는 사람이 종잡아 수십만 명은 될 것이다.

어떤 사람이 조현병에 걸리는가?

국가마다 조금씩 차이가 있기는 하지만, 일반적으로 인용되는 조현병의 유병률(전체 인구 중 특정 장애나 질병 또는 심리, 신체적 상태를 지니고 있는 사람들의 비율-옮긴이)은 1퍼센트이다. 차이가 나는 이유가 무엇인지는 명확하지 않지만, 일관성 없는 진단 과정과 위험 요소에 대한 상이한 노출이 그 원인의 일부일 것이다.

남성은 20대 초반, 여성은 20대 후반에 보통 발병한다. 늦게(40세 이상) 발병하는 경우는 남성보다 여성에 많다. 하지만 그 특성은 일반적인 조현병과는 다르며 생물학적 기초도 다를 수 있다.

조현병에는 분명한 유전적 연관성이 있지만, 조현병자의 다수는 가족력이 없다. 조현병 환자에게 일란성 쌍둥이가 있는 경우, 그 쌍둥이가 조현병에 걸릴 확률은 약 50퍼센트이다. 이를 보면 분명히 유전적 요소가 있지만, 다른 요소도 작용한다. 아버지가 되는 연령이 높아지는 것, 출생 중의 저산소증(산소 부족), 어린 나이에 대마초를 피운 것 등이 원인 요소인 것으로 여겨지고 있다.

조현병은 어떤 모습인가?

조현병은 망상, 환각, 비체계적 사고, 비체계적 운동 행동, 음성 증후(정상적으로 나타나야 할 행동이 나타나지 않는 증상-옮긴이) 같은 증상들의 집단에 기초해 한데 묶은 몇 가지 뚜렷한 질병을 보여 줄 가능성이 높다. 모든 조현병 환자가 이 증상을 모두 보이는 것은 아니지만, 조현병 진단을 받으려면 이들 중 일부가 있어야 한다.

망상

망상은 상반되는 증거를 제시해도 바꾸지 않는 고정된 믿음을 말한다. 망상의 유형은 많다. 어떤 범죄 조직이 자신을 죽이려 한다고 확신하는 환자를 만난 적이 있다. 어떤 환자는 수혈로 남자애에게 에이즈를 감염시켰다면서 극도로 우울해했다. 유명인과 사랑에 빠졌다고 믿는 환자도 있었다. 코타르 증후군이라고 하는 드문 사례도 두 번 보았다. 환자들은 조현병 환자가 아니었는데도 자신들이 죽었다고 믿었다(한 사람은 조울증, 다른 사람은 주요 우울 장애를 앓고 있었다).

환각

환각은 외부적 원인 없이 발생하는 인식에 유사한 경험이다. 앞서 언급했듯, 환각은 다양한 정신적, 신체적 질환에서 나타날 수 있다. 알코올 금단 현상, 약물 중독, 질병에서 보이는 환각은 시각적인 경우가 많지만, 조현병 같은 정신질환에서는 환청이 더 일반적이다. 시각적 환각과 환청이 가장 일반적인 유형이지만, 환각은 다른 감각적 양상으로도 발생할 수 있다(예컨대 촉각, 후각).

비체계적 사고

비체계적 사고는 진단 면접 중에 현실로 나타난다. 환자는 아무 명확한 연관성 없이 하나의 주제에서 다른 주제로 비약할 수 있다. 가끔은 말이 너무 두서가 없어서 제대로 논리 정연한 문장을 만들지도 못한다. 약물 사용 여부를 확인하는 것이 중요하다. 특정 약물에 중독된 사람도 이와 매우 비슷할 수 있기 때문이다.

비체계적 또는 비정상적 운동 행동

비정상적 운동 행동은 다양한 방식으로 나타나지만, 긴장증에 초점을 맞춰보자. 긴장증은 다수의 질병 및 조현병을 포함한 정신질환에서 볼 수 있다. 긴장증은 매우 다양하게 나타나지만, 강경증(뻣뻣하고 불편한 자세를 무리하게 유지), 납굴증(외부에서 자세를 변화시키려는 것에 대해 약간의 균일한 저항을 보임), 무언증(無言症), 가식, 반향어(다른 사람의 말을 그대로 반복함), 반향 동작(다른 사람의 행동을 따라함) 같은 것들을 볼 수 있다. 긴장증은 종종 운동 행동 부족으로 보이지만, 반복적이고 무의미한 움직임으로 과잉행동을 하는 상태일 수도 있다. 치료는 보통 벤조다이제핀을 이용하지만, 내성이 있는 경우에는 전기 경련 요법을 쓸 수도 있다. 근본적인 원인을 파악하는 것도 중요하다.

음성 증후

음성 증후는 조현병에서 특히 두드러지며, 다양한 방식으로 나타날 수 있다. 조현병 환자는 종종 얼굴에 감정 표현이 줄어드는데, '밋밋하거나' '무디게' 만드는 영향이라고 말할 수 있다. 동기도 부족해 보이고, 자기 주도적 활동에도 점점 덜 참여하는 모습을 보인다. 음성 증후에는 가장 치료하기 어려운 특성들이 있다.

조현병 스펙트럼의 연대표와 진단

조현병 스펙트럼에 해당되는 정신질환이 몇 있지만, 여기서는 일시적 정신질환, 조현형 장애, 조현병, 조현정동(情動)장애에 대해서만 논한다. 이러한 질환들은 다양한 연대표와 증상으로 체계화된다. 정신증의 연대표는 장기적 예후를 시사한다. 환자가 정신증을 앓는 기간이 길수록, 완전히 회복될 가능성은 줄어든다.

· **일시적 정신질환**은 앞서 말한 정신증 증상을 하루 이상 한 달 미만 보일 때 발생한다.
· **조현형 장애**는 앞서 말한 정신증 증상 중 둘(또는 그 이상)을 적어도 2개월 이상 6개월 미만 보일 때 진단된다. 환자가 망상

외에 다른 정신증 증상을 보이지 않는다면, 조현형 장애 대신 망상 장애로 진단될 수 있다.

- **조현병**은 조현형 장애와 비슷하지만, 증상이 적어도 6개월 이상 나타나야 한다. 모든 특성을 갖춘 정신병을 한 달 동안만 앓았지만 점진적 기능 감소가 6개월 이상 나타났다면 여전히 조현병으로 진단될 수 있다.
- **조현정동장애**는 조현병 기준을 충족하지만 주요한 기분 에피소드(예컨대 주요 우울 에피소드, 조증 에피소드)도 가지고 있는 경우에 진단된다. 망상이나 환각을 기분 에피소드에서 배제하는 게 중요하다. 그렇지 않으면 환자가 조현병이 아니라 심각한 우울증 또는 조증과 관련된 정신증적 특성을 겪을 수 있기 때문이다. 자신들이 '양극성 조현병'이 있다고 내내 주장하는 환자들도 본 적이 있다. 흔히 사용되는 용어지만 진단은 아니다. 올바른 용어는 양극성 조현정동장애이다.

요약

나는 무엇보다 작가들에게 정신병을 앓는 사람들을 존중하고, 진정한 희망과 꿈을 가진 진짜 캐릭터를 창조해 줄 것을 부탁한다. 조현병을 앓는 사람들은 외롭거나 아무도 자신들의 말에 귀를 기울이지 않는다고 느낄 때가 많다. 그리고 작가들은 어떤 방법으로라도 그들의 인간성을 지켜주어야 한다.

기억에 관한 오해

앤 M. 립튼(행동신경학자, 의학박사)

기억은 자아감에 결정적이며, 기억상실은 현실의 사람—또는 이야기의 캐릭터에—큰 충격이 될 수 있다. 따라서 기억과 망각은 플롯 포인트(예상치 못한 결론으로 이르기 위해 반드시 거치는 전환점-옮긴이)를 만들어 내고 수많은 비유를 발생시킨다. 그렇게 대중문화는 기억의 속성에 관한 우리의 인식에 영향을 미쳤지만, 항상 정확한 것은 아니다. 한편, 모든 사람이 완벽한 기억을 가지는 것도 아니다. 다른 한편으로는 자신의 삶을 완전히 잃을 가능성도 없다. 진실은 이들 두 극단 사이 어딘가에 있다. 작가들이 캐릭터와 스토리 라인에 확실성을 부여할 수 있도록, 이 장에서는 신경과학적 원리와 임상에 기초한 관점을 통해 기억에 관한 일반적인 오해들을 소개한다.

미신 #1: 기억=주의력(또는 언어나 시공간 능력 또는 이상의 모든 것)

기억은 정보를 부호화(처리), 저장, 소환(검색)하는 특정한 인지 과정이라고 볼 수 있다. 이러한 기능은 쓰고, 정리하고, 나중에 메시지를 읽는 것과 비슷하다.

신경과학은 정신적 처리과정을 인지로 본다. 기억 외에 인지의 다른 주요 영역은 주의력/집중력, 실행 기능, 언어, 시공간 능력이다. 실행 기능은 뇌의 전두엽이 담당하는 통찰, 판단, 계획, 조직과 같은 높은 수준의 사고이다.

사람들은 가끔 기억을 다른 인지 영역—또는 전부—과 융합시킨다. 예컨대 어떤 사람은 얼굴을 인식하는 데 어려움을 겪을 수 있다(안면인식장애). 이러한 유형의 인식 장애는 이름을 기억하는 데 문제가 있는 것으로 오해받을 수 있다. '기억'은 때로는 모든 인지 영역의 약칭으로 부정확하게 사용되기도 한다. 하지만 작품과 현실에서는 특정해 사용하는 것이 최선이다.

기억은 말로 테스트할 수 있는 서술(외현) 기억과, 자전거를 타거나 악기를 연주하는 것과 같은 비서술(암묵-절차적) 기억(지각과 운동 기능 포함)으로 나눌 수 있다. 에피소드 기억(사건 회상)과 의미 기억(학습한 사실에 대한 개인의 '백과사전적' 기억)은 서술 기억의 유형들이다.

해부학적으로 뇌의 서로 다른 영역은 기억의 각기 다른 부분을 중개한다. 이들 중 핵심은 뇌의 전두엽과 측두엽이다. 해마와 그에 연관된 내후각 피질은 외현 기억의 필수적 구조이다. 바닷물고기인 해마(seahorse)의 모습을 따라 이름을 붙인 해마(hippocampus)는 편도체를 포함하는 대뇌변연계의 일부인데, 기본적 욕구와 감정 아래 깔린 구조이다.

미신 #2: 기억은 고정적이고 독립된 기능이다

기억은 고립적으로 작동하지 않는다. 기억은 뇌에 대한 감각적 유입과 협력해 작동하며, 다른 인지 영역과 한데 얽힌다.

내가 'TV용 기억상실증'이라고 부르는 것의 예는 영화와 로버트 러들럼의 『본 아이덴티티』 같은 책에 무수히 나온다. 제이슨 본은 자신이 낯선 장소나 상황에 있는 것을 알게 되고 자기 이름조차 기억하지 못한다. 그 외에는 멀쩡하고 정신도 맑으며, 걷고, 뛰고, 싸움도 할 수 있다. 어떻게든 전화기, 보트, 여권 같은 것들의 이름(보통은 사람들이 자기 이름을 알고 한참 뒤에 배우게 되는 것)을 기억해 낸다. 새로운 정보를 학습할 수 있고, 운전하는 방법 등도 기억한다. 기억은 이런 식으로 작동하지 않는다.

사람들은 종종 기억이 이러한 다른 인지 과정과 독립적으로 작동한다고 보지만, 시스템은 상호 의존적이다. 언어와 기억은 우리 인간이 소통하고 기억하는 방법 면에서 너무나도 밀접하게 연관되어 있어서, 서술 기억과 비서술 기억으로 종종 분류된다.

시각 기억은 임상적으로 가장 흥미로운 유형의 비서술 기억이다. 하지만 다른 유형의 비서술 기억도 일상생활과 작품에서 이보다 더 중요하지는 않을지라도 그만큼 중요하다. 마르셀 프루스트의 『잃어버린 시간을 찾아서』에 나오는 마들렌은 미각(맛) 기억의 멋진 예이다.

"그때 별안간 추억이 나타났다. 이 맛, 이것은 콩브레에서 일요일 아침마다(왜냐하면 일요일에는 미사 시간 전에는 외출할 수 없었기 때문이다) 내가 레오니 고모 방으로 아침 인사를 하러 갔을 때, 고모가 곧잘 우러난 홍차나 보리수 차에 담가주던 작은 마들렌 조각의 맛이었다…."

기억에는 시간적 패턴도 있다. 대부분의 비전문가는 단기 기억과 장기 기억이라는 용어를 쓰지만, 신경과학자들은 일반적으로 작업 기억과 참조 기억 또는 즉시(단기), 최근(즉 현재 사건), 원격(장기) 기억이라고 부른다.

두부(頭部) 외상(또는 비슷한 손상)이 심각하면, 특히 의식 장애가 있는 경우 역행성 건망증(최근 사건에 대한 기억 상실)이 올 수 있다. 하지만 이것은 외상이 발생했던 시기와 가까운 사건에 대해 가장 극심할 것이다. 제이슨 본은 이러한 기억상실증일 수 있다. 하지만 이러한 기억상실이 보다 최근의 정보에는 적용되지 않으면서 다년간에 걸쳐 확립된 자신의 정체성에 대해서만 확장될 개연성은 낮다. 퇴행성 건망증에 관한 리보의 법칙(Ribot's law)은 최근의 기억을 옛날 기억보다 더 많이 잃는다는 일반적인 현상을 말한다.

외상성 뇌손상(TBI)을 입은 사람은 선행성 건망증(새 정보를 배우고 기억하는 데 어려움을 겪음)에도 걸릴 수 있다. 제이슨 본은 '새로운 학습'에는 문제가 없어 보인다. 이 또한 본의 선택적 기억 상실에 대한 신뢰성을 떨어뜨린다. 기억상실을 유발하는 외상이 심각할수록 선행성 건망증이 발생할 개연성이 높다. 어떤 사람의 기억을 제거할 수 있는 단일하거나 중앙집권적인 기억 센터는 존재하지 않는다. 하지만 양쪽 해마(뇌 양쪽에 있는 각각의 해마)를 파괴하면 심각한 선행성 건망증을 유발할 수 있다. 외상 후 또는 심폐정지와 같은 혈중 산소 감소(고갈) 사태가 발생하면 두 해마 모두 손상될 수 있다.

자신의 정체를 완전히 잊어버린 사람이 이를 되찾기 위한 여정을 떠나는 것은 멋진 이야기다. 그렇기 때문에 이러한 플롯 포인트가 개연성은 떨어져도 그토록 인기가 높은 것이다. 하지만 우리가 가진 가장 오래되고 가장 자주 사용하는 기억(예컨대 이름)을 전문가들은 과잉 학습된 정보, 비전문가는 고정 정보라고 부른다. 누군가의 이름, 기타 식별 특성, 인생에서 중요한 사람들을 갑자기 잊는 반면, 다른 기능은 정상인 경우는 두부 외상이나 기타 신경 손상으로는 쉽게 설명할 수 없다. 인지 과정은 상호 연관되어 있기 때문에, 급작스럽고 심각한 기억상실이 발생하는 것은 다른 의학적 문제와 연관되어 있을 개연성이 높다.

예컨대 TBI는 건망증을 동반한 뇌진탕을 유발할 수 있지만, 맥락상 부주의, 두통, 어지럼증 같은 문제가 수반된다는 의미다.

일과성 전체 건망증은 종종 혈관 질환 또는 편두통 같은 숨은 질병과 관련되는 질병이다. 기억상실은 전체적인 경우가 드물기 때문에 '전체'라는 단어는 과장이다. 증상은 보통 24시간 내에 치유된다.

약물도 기억상실을 유발할 수 있지만, 섬망이 되지 않는 한(섬망=급성 혼돈 상태) 자기 정체를 잊어버릴 가능성은 거의 없다.

자신의 정체는 잊었지만 다른 모든 영역은 정상적으로 기능한다는 것은 해부학 또는 기억의 시간적 패턴에 맞지 않으며, 심인성 건망증(정신질환 또는 정신과적 문제와 관련된 기억상실)일 가능성을 시사한다. 무지막지한 폭행이나 기타 벗어나고 싶은 상황과 같은 극심한 육체적, 정신적 외상 후에는 '해리성 둔주' 상태(예컨대 어떤 사람이 해변으로 밀려왔는데, 자기 이름은 기억하지 못하지만 피아노를 연주할 수 있고, 새로 만나는 사람의 이름은 배울 수 있다)가 될 수 있다. 이러한 환자는 일반적으로 중요한 기분이나 행동 증상을 보인다. 심인성 건망증은 '꾀병'(범죄 수사를 피하거나 기타 개인적 이득을 위해 필사적으로 기억상실이나 기타 질병을 가장하는 것)과는 완전히 다르다.

(점진적이기는 하지만) 기억상실이 현저하게 나타나는 알츠하이머병 같은 치매의 경우에도, 사람의 이름은 가장 끝까지 기억할 가능성이 높다.

미신 #3: 완벽한 기억

기억은 다소 불완전하다. 반드시 나쁘다고는 할 수 없다. 하지만 신뢰성 없기로 악명 높은 목격자의 증언에 어떤 사람의 운명이 달려 있다면 상황은 다를 수 있다. 완전한 기억이라는 것은 완벽한 살인, 또는 침몰하지 않는 전함(unsinkable ship)과 똑같은 말이다. 하지만 작가는 믿을 수 없는 캐릭터 또는 화자(narrator)를 이용해 멋진 모험을 할 수 있다.

기억은 한계가 있다. 기억은 시간이 지남에 따라 사라지거나 재조립된다. 극심한 감정적 충격과 관련된 사건(예컨대 부모의 죽음, 9·11 테러)은 우리의 의식 속에 기억을 새겨 넣는다. 신호를 사용해 기억을 소환하는 것(재인 기억[recognition memory])은 동시(또는 자유) 기억보다 쉽다. 반복은 기억을 더하거나 바꿀 수 있다. 패턴 인식에 관한 인간의 선호는 우리의 기억을 돕거나 편향되게 할 수 있다. 로스트, 로스트, 로스트, 로스트. 토스터에 무엇을 넣었을까(힌트: 토스트는 아니다)? 이것은 최초의 정보가 의사결정을 편향시킨다는 기준점 편향 또는 초점주의의 예이다.

물론 기억력이 더 좋은 사람이 있고, 연습을 통해 기억력을 향상시킬 수 있으며, (연상 기호 같은) 특정한 기법은 기억에 도움이 될 수 있다. 하지만 모든 것을 기억하는 사람은 일상생활에 어려움을 겪을 것이다(호르헤 루이스 보르헤스의 단편 「기억의 천재 푸네스」에 멋지게 묘사되어 있다). 게다가 결함 있는 캐릭터가 훨씬 더 흥미롭다. 결함이 있거나, 억눌리거나, 확고부동한 기억도 그렇다. 모든 슈퍼맨은 자신만의 크립토나이트가 있어야 한다.

20장 PUTTING THE SCIENCE IN FICTION

치매 미신 1

앤 M. 립튼(행동신경학자, 의학박사)

치매는 너무나도 자주 발생하는—그리고 너무 자주 오해받는—질환이다. 물론 작가는 신기한 뇌를 만들고, 새로운 병을 탄생시키고, 멋진 신경 기술을 발명할 수 있다. 하지만 치매라는 좁은 부분을 이해하면, 이러한 주제를 다루는 캐릭터나 시나리오를 더 신뢰성 있게 만들어 낼 수 있다. 이 장에서는 치매를 소개하고 과학적이고 임상적인 관점을 제시해, 소설과 현실 모두에서 끈질기게 계속되는 일반적인 몇 가지 오해를 없애고자 한다.

치매란 무엇인가?

치매는 퇴행성 질환 또는 진행성 뇌질환이다. (임상 용어에서 '진행성'은 '진행성 악화'와 같은 뜻이다). 하지만 치매는 특정 질환을 말한다기보다는 증상들을 모은 일반적인 또는 '상위의' 용어라고 할 수 있다. 치매에는 수많은 유형(그리고 하위 유형)과 다양한 병인론(病因論, 원인)이 있으며, 이는 사람마다 다르다. 치매는 주요 퇴행성 질환(예컨대 알츠하이머병)의 결과로 발생할 수 있다. 또는 뇌에 영향을 미치는 다른 질병 또는 외상(예컨대 뇌졸중)으로 인해 유발된 2차 질환인 경우도 있다.

치매는 임상적 진단으로 간주되며, 병리학적으로 확인될 수 있다. 치매 진단을 위한 임상적 기준을 충족하려면, 일상생활에 지장이 될 정도로 사람의 생각(인지)이나 행동에 악영향을 미쳐야 한다(인지에 관한 추가 정보는 19장 '기억에 대한 오해' 참조). 치매 진단은 개인이 경험한 증상과 임상 평가에서 발견된 징후에 기초한다. 하지만 치매 진단은 (병리학자나 신경 병리학자가 실시한) 뇌 해부에서 나온 특정한 결과에 의해 확실하게 증명되어야 한다.

미신 #1: 노쇠=치매

노쇠는 단순한 노령(늙은 나이)을 말한다. 따라서 '노인성 치매' ='노령으로 인한 치매'이다. 의학계에서는 일반적으로 '노령'을 65세 이상으로 정의하며, 이 집단을 말하는 임상적 용어로는 현재 '노인 의학'이 선호된다. 대화나 출판물에서는 기억력 문제가 있는 사람을 말할 때 '노쇠화'라는 구어(口語)가 빈번하게 잘못 사용된다. 모든 사람, 특히 작가는 단어의 힘을 이해하고 존중해야 마땅하다. 노쇠를 치매와 혼동하면 안 된다.

치매의 진행에서 가장 중요한 위험 요소 중 하나는 연령이다. 하지만 일상생활에 지장이 되는 기억력 문제는 일반적인 노화의 일부가 아니다. '노쇠'한 사람(65세 이상)이 반드시 치매인 것은 아니다. 반면에 65세 미만인 사람도 치매가 진행될 수 있다. 따라서 치매인 사람이 반드시 '노쇠'한 것은 아니며, 65세보다 훨씬 젊을 수 있다. 이러한 경우를 조기 발병 치매라고 한다. 조기 발병 치매와 초기 단계 치매는 다른 개념임을 이해하는 게 중요하다.

조기 발병 치매=65세 미만의 나이에서 발병하는 치매.

초기 단계 치매=치매 초기 단계(일반적으로 몇 년). 연령과 무관.

이러한 개념은 구별되지만 상호 배제적이지는 않다(조기 발병 치매를 앓는 사람이 초기 단계 치매를 겪을 수도 있다).

미신 #2: '치매 환자'는 정신질환자이다

치매에는 정신질환이 포함될 수 있지만, 두 단어가 같은 의미는 아니다. 정신질환은 실제 정신병을 말하며, 환각(감각적 오인), 망상(잘못된 믿음), 초조가 포함될 수 있다. 치매 환자는 정신질환이 진행될 수 있으며, 이는 치매와 관련이 있을 수도, 없을 수도 있다. 예컨대 정신질환은 급성 혼돈 상태인 섬망 이후에 발병할 수 있다. 섬망은 감염 및(또는) 약물을 포함한 다양한 요소들의 결과일 수 있다. 하지만 치매는 정신질환과는 완전히 다르며, 그 반대도 사실이다. 치매 환자는 (현실과의 접점을 잃고 환각 및[또는] 망상을 겪는) 정신질환 환자와는 달리 자신을 위한 결정을 내릴 수 있다.

정중하게 표현하려면—그리고 혼돈을 피하려면—, 어떤 사람이 "노망났다"라고 하기보다는 "치매 또는 치매성 질환을 앓고 있다"고 말하는 것이 최선이다. "미쳤다" 대신에 "정신질환을 앓고 있다"도 마찬가지다. 사람이 질병을 앓을 수는 있지만, 질병 자체는 아니다.

그러므로 적어도 현실에서는, 질병이 사람을 정의하게 해서는 안 된다. 소설에서는 질병이 내부 목표, 장애, 캐릭터와 이야기에 대한 풍부한 맥락을 제공해 줄 수 있다. 작가는 소설에서라도 이러한 단어의 용법을 염두에 두고, 필요한 경우 예민하거나 전문가인 독자를 고려해야 한다.

미신 #3: 알츠하이머병과 치매는 같다

모든 알츠하이머병은 치매지만 모든 치매가 알츠하이머병은 아니다. 알츠하이머병은 일반적이고 잘 알려진 유형의 치매다. 하지만 혈관성 치매, 혼합성 치매(특히 알츠하이머병과 혈관성 치매의 혼합), 파킨슨병 치매, 레비소체 치매(DLB), 전측두엽 치매(FTD)를 포함한(이에 한정되지 않음) 많은 유형의 치매가 있다. 각 유형의 치매는 징후와 증상(특히 발병), 질병의 과정과 지속성, 기타 관련 요소 면에서 다르다.

알츠하이머병의 경우, 기억이 최초이자 최악의 문제다. "기억은 길을 인도한다"는 말이 적용되는 것이다. 예컨대 알츠하이머병 환자는 최근의 사건을 기억하는 데 어려움을 겪는다. 하지만 기분, 이해력, 언어의 변화도 알츠하이머병의 전조가 될 수 있다.

혈관성 치매는 뇌졸중과 관련되며, 증상은 뇌졸중이 발생한 뇌의 위치에 따라 다르다. 초조, 무관심, 우울, 과민성과 같은 기분 변화가 일반적으로 나타난다. 하지만 혈관성 치매의 경우에는 일반적으로 알츠하이머병 정도의 기억 손상은 일어나지 않는다. 혈관성 치매의 진행은 단계적 경향을 보인다. 뇌졸중 이후에 악화되며, 다음 뇌졸중 발작이 일어나기까지 증상은 안정기를 유지한다. 따라서 발작 예방이 치료의 중심이다.

파킨슨병은 보통 수십 년 동안 계속되며, 치매 증상이 시작되기 전에 운동 증상(파킨슨증)이 오래 지속된다. 파킨슨병의 기본적인 운동 증상은 안정시 떨림(보통 몸 한쪽에서 시작), 동작 느려짐(서동증〔徐動症〕), 자세 불안정(특히 뒤로 움직일 때 넘어지는 경향), 경직이다. 항파킨슨성 약물에 대한 반응성이 좋으면 진단을 입증하는 데 도움이 된다.

레비소체 치매(DLB)의 특징은 인지에 기복이 있는 치매처럼 선명한 환각과 파킨슨증이 있으며, 이들 모두는 2~3년 내에 처음 발생한다. DLB 환자는 일반적으로 파킨슨병 환자와는 달리 항파킨슨성 약물에 반응하지 않는다.

전측두엽 치매(FTD)는 65세 미만의 사람들에게 영향을 미치며, 말투, 언어와 행동의 변화를 가져온다. FTD는 근위축성측색경화증(ALS 또는 루게릭병) 및(또는) 파킨슨증과 관련될 수 있다. FTD에 걸린 가족에게서 다수의 유전적 돌연변이가 확인되었다.

미신 #4: 치매는 기억상실과 함께 시작된다

앞에서 말했듯, 기억상실은 알츠하이머병에서 일반적으로 나타나는 증상이지만, 다른 유형의 치매에서는 그렇지 않다. 어떤 사람이 치매에 걸렸는데 초기 증상에 기억 문제가 없는 경우, 알츠하이머병 이외의 치매일 가능성이 있다.

미신 #5: 치매는 급속히 진행되는 과정이다

치매에 걸리면 몇 년, 심지어 수십 년 이상에 걸쳐 인지, 행동, 기능이 점진적으로 퇴화된다. 심지어 '급속히 진행되는 치매'도 보통 몇 달에서 몇 년에 걸쳐 발병한다.

『해리 포터와 아즈카반의 죄수』에서 J.K. 롤링은 사람의 뇌에서 기억(그리고 기타 인지 능력)을 빼앗아가는 악마 같은 마법 생물에게 '디멘터'라는 이름을 붙였다. '디멘터'라는 이름이 치매(dimentia)를 상기시키기는 하지만, 디멘터가 가하는 갑작스러운 기억상실과 기타 인지 상실은 서서히 발생하고 점진적으로 악화되는 치매에서는 일반적인 증상이 아니다.

때로 치매는 입원이나 기타 위기 상황(예컨대 길을 잃어서 경찰이 집으로 데려오는 경우)을 통해 갑자기 드러나는 것처럼 보인다. 하지만 양호한 병력(다음 장에서 설명) 때문에 전부터 있던 문제가 가려지는 경우도 자주 있다.

21장 PUTTING THE SCIENCE IN FICTION

치매 미신 2

앤 M. 립튼(행동신경학자, 의학박사)

이 장에서는 치매의 평가, 진단, 치료, 그리고 소설과 대중문화에 나오는 관련 오해들을 중점적으로 다룬다.

미신 #1: 치매는 빠르고 쉽게 진단될 수 있다

치매 진단은 받아들이기도, 내리기도 어렵고, 진단 자체가 힘든 일인 경우도 자주 있다. 치매를 적절하게 평가하려면 시간과 노력을 들여야 한다. 특히 환자의 발병 연령이 65세 미만이거나, 질병 초기에 행동 문제가 발생하는 것처럼 증상이 가벼운 경우 및(또는) 비정상적 특성을 보이는 경우에는 특히 그렇다. (의사 등의) 전문 의료인은 몇 가지 요소를 기초로 치매를 진단한다.

1. **병력**: 치매 환자는 기억 상실 또는 기타 인지 문제 때문에 필

요한 정보를 제공하지 못할 수 있다. 따라서 가족이나 기타 보호자를 통해 병력도 알아보아야 한다.

2. **현재 질병의 병력:** 여기에는 초기 증상(기억, 언어, 기분, 행동 관련 문제), 관련 증상(걸음걸이), 발병(증상이 언제 시작되었는가?), 지속(증상이 계속된 기간), 질병 과정/진행(점진적인지, 단계적인지, 빠른지, 변동이 있는지)이 포함된다. 이런 증상이 일상적 기능에 미치는 영향을 확인하는 것이 중요하다. 환자의 병력, 약물, 사회적 이력(알코올이나 약물 사용, 성생활 내력, 교육/직업)도 관련이 있을 수 있다.
3. **환자 진찰:** 여기에는 정신적 상태(기억, 언어, 시공간 능력, 실행 기능)가 포함된다. 진단을 위해 종일 걸리는 (철저한 인지 평가를 포함한) 신경심리검사가 필요할 수 있다. 병력과 진찰이면 치매 진단, 심지어 특정 임상 기준과 지침에 기초한 치매 유형까지 진단하기 충분할 수 있다. 의대에서는 의사는 마치 "환자의 진단을 받는 것처럼" 주의 깊게 귀를 기울여야 한다고 가르친다. 전문가는 치매 진단을 내리는 것은 결국 가족이라는 사실을 알게 된다.

미신 #2: 치매를 진단하는 최선의 방법은 혈액 검사다

치매는 임상적 진단이다. 일반적으로 치매 진단에는 다른 어떤 검사보다도 병력이 중요하다. 실험실과 기타 검사는 치매의 유형을 밝히는 데 도움이 될 수 있고, 치료 조건을 평가하는 데 유용하다. 하지만 개별적 검사나 의학적 절차만으로는 치매를 진단하기에 부족하다.

생체 지표는 질병의 객관적 잣대 역할을 하는 물질이며, 혈액이나 척수액에 있는 단백질이 그 예이다. 연구자들은 치매의 잠재적 생체 지표를 다수 확인했지만 결정적인 것은 없다. 실험실 검사, 뇌 스캔, 요추 천자(척추 천자) 및(또는) 기타 (최소한 현재 사용 가능한 기술을 이용한) 의학적 진단 절차만을 기초로 해서는 치매 진단을 내릴 수 없다. 하지만 혈액이나 소변검사는 가역적인 유형의 치매를 확인 또는 배제(제외)하는 데 도움이 될 수 있다. 앞으로는 단일 생체 지표보다는 단백질, 유전자, 기타 생체 지표를 결합해 치매를 진단할 가능성이 높다.

유전자 검사는 치매 연구의 중점 분야이다. 이 검사는 가족력, 조기 발병, 기타 요인에 기초하며, 특정 환자를 위한 진단에 영향을 미칠 수 있다. 특정 유형의 치매를 정확히 알아내는 데도 도움이 될 수 있다. 하지만 대다수의 치매 사례를 위한 유전자는 제대로 파악되지 않는다. 심장마비의 경우와 비슷하다. 심장병 병력이 있는 가족의 경우, 항상 특정 유전자 돌연변이와 연관되는 것은 아니고, 유전, 환경, 생활 양식적 요소의 혼합과 연관된다.

환자에게 치매와 관련된 특정한 유전자 혹은 유전적 돌연변이가 있다고 해서 반드시 치매라거나 무조건 치매에 걸리게 된다는 것은 아니며, 단지 그 위험이 증가한다는 사실로 참조될 뿐이다. 치매와 관련된 많은 사례에서, 유전자 검사는 별 이득도 없이 비용만 증가시킨다. 이러한 검사는 심지어 환자와 가족들에게 혼란을 유발하고, 예상치 못한 비용이나 보험이 필요하다고 암시할 수 있다.

미신 #3: "뇌 스캔에서 치매가 발견되었다."

뇌 스캔에서 치매 그 자체는 발견될 수 없지만, 치매와 관련된 특성은 드러날 수 있다. 현재의 임상 지침에서는 치매의 의학적 평가 방법으로 두부 컴퓨터 단층촬영법(CT)이나 자기공명영상(MRI)을 이용한 구조적 신경 촬영법을 권장하고 있다. 관련된 신경 촬영법에는 위축증(뇌 수축)과 뇌혈관질환(CVD)이 포함된다. 예컨대 위축증의 특징적 패턴이 특정 유형의 치매를 진단하는 데 도움이 될 수 있는 것이다.

CVD는 백질병변(소혈관 백질 질환) 또는 뇌졸중 흔적(경색 부분이나 죽은 뇌세포)과 같은 혈관 질환이다. CVD는 상당 정도 혈관성 치매를 암시하지만 항상은 아니다. 위축증 및(또는) CVD는 치매가 없는 사람에게도 발생할 수 있다. 이 경우 이 결론은 '특이성이 없거나', '우연'이라고 한다. 치매는 임상적 진단이라는 지침을 따르기 위해서는 스캔뿐만 아니라 환자를 관찰하는 것이 중요하다.

신경 촬영법의 또 다른 가능한 결론은 뇌수종(뇌실 안의 뇌척수액 증가)이다. 치매의 경우, 이것은 보통 무강수두증(위축증에 부차적으로 일어나는 뇌수종)이다. 자연은 진공을 싫어하기 때문에, 뇌세포가 죽은 부분을 채우기 위해 척수액으로 찬 뇌실이 확장된다. 하지만 다시 강조하는데, 이는 노화와 함께 일어날 수 있는 특이성 없는 결론이며 치매 진단에는 부족하다.

반면, 정상뇌압수두증(NPH)은 요실금, 치매, 걸음걸이 문제를 유발할 수 있는 유형의 뇌수종이며 단락(shunt)를 뇌신경학적으로 배치하여 치료할 수 있다. 이는 뇌 스캔을 하는 것이 왜 중요한지 분명히 보여 준다. '치매를 발견'하기 위해서가 아니라, NPH나 종양처럼 치매나 치매와 비슷한 증상을 유발할 수 있는 다른 치료 가능한 질환을 평가하기 위해서이다.

치매는 뇌 스캔만으로는 진단될 수 없다. 하지만 신경 촬영은 진단을 위한 보강 증거를 제공하거나, 진단을 배제하거나(예컨대 스캔에서 뇌종양이나 기타 환자의 증상을 설명할 수 있는 다른 것이 밝혀진 경우), 치매의 유형을 확인하는 데 도움이 될 수 있다.

기능적 신경 촬영에는 기능적 MRI(fMRI), 뇌 양전자 방사 단층 촬영(PET), 뇌 단일 광자 단층 촬영(SPECT)이 포함된다. fMRI는 주로 연구 목적으로 사용된다. PET 또는 SPECT 스캔에서 나오는 저하된 뇌물질대사(대사저하증)나 PET 스캔에 나오는 방사 리간드(방사능으로 분류된 탐색자)는 치매 유형을 분류하는 데 도움이 될 수 있다. 하지만 이러한 스캔은 고가인 데다 모든 환자에게 필요한 것도 아니다.

PET는 살아 있는 사람에게서 '치매를 발견할' 수 있는 가장 근접한 수단을 제시한다. 방사 리간드는 치매에 걸린 뇌에 비정상적으로 모이는 단백질 일부를 시각적으로 보여 줄 수 있다. PET 스캔은 주로 연구(예컨대 이러한 비정상적 단백질을 치료하는 약물을 조사하는 연구)나 특히 65세 이하의 환자에서 진단하기 어려운 임상 사례에서 사용된다.

미신 #4: "환자가 살아 있는 동안에는 알츠하이머병을 진단할 수 없다."

알츠하이머병을 포함한 치매는 살아 있는 동안에 진단될 수 있다. 적어도 알츠하이머병의 가능성과 개연성은 진단할 수 있다. 하지만 알츠하이머병을 확실하게 진단하려면 뇌 부검(신경병리학적 평가)을 통해 사후에 확인되어야 한다.

미신 #5: 치매는 치료할 수 없다

대부분의 치매는 일반적으로 치유하거나 되돌릴 수는 없어도 치료는 가능하다. 현재의 치매 약물은 매일 나타나는 증상을 치료하고, 인지, 행동, 기능의 쇠퇴를 늦출 수 있다. 이에 더하여, 행동 및 환경적 개입, 뇌 치료(성인을 위한 일일 프로그램), 계획, 연구 참여, 지원 그룹, 특정 진단과 예후를 이해하면 치매 환자와 가족을 위한 다른 세상을 열어 줄 수 있다.

어떤 치매는 가역적(즉 치료 가능)인 것으로 간주된다. 현실에서는 극히 드물지만, 소설에서는 플롯 포인트를 풍성하게 할 수 있다. 의사들이 가역성 치매를 기억하려고 사용하는 연상 기호(기억 프롬프트)는 다음과 같다.

DEMENTIA(치매)

Drug 약물, 특정 약물과 알코올 포함

Endocrine 내분비기관, 특정 갑상선 질환 또는 신진대사(예컨대 구리 과다 누적을 포함하는 윌슨병)

Mental illness 정신질환, 예컨대 심각한 우울증

Eye and ears declining 눈과 귀의 기능 퇴화

Normal pressure hydrocephalus or tumor or other 'space-occupying' brain lesion 정상뇌압수두증이나 종양, 기타 '공간을 차지하는' 뇌병변 장애

Toxins 독물, 예컨대 미성년자의 망간 과다 또는 비스무트(금속 원소) 남용

Infection 감염, 예컨대 신경매독

Anemia 빈혈, 비타민 B12 또는 엽산 부족

치매의 가역 가능한 원인을 확인할 때는 적절한 의학적 평가가 핵심이다. 이른바 가역적 치매의 경우에도 인지적, 행동적, 기능적 증상이 불가역적 지점까지 진행될 수 있다. 이것은 소설에서는 중요한 가속 장치(이른바 '초읽기에 들어간 시한폭탄')의 기능을 한다.

22장 PUTTING THE SCIENCE IN FICTION

행동, 감정, 사회성에 문제가 있는 아동

레이첼 힙스-페이지(교사)

K는 열한 살이고 항상 미소를 짓는다. 하지만 입술 주위에 온통 보이는 빨간색의 까진 자국은 불안감을 보여 준다. 피부는 항상 건조하고, 갈라졌고, 피가 난다. 거의 쉼 없이 입술을 핥는데 막을 방법이 없기 때문이다. 다른 아이들은 모른 척하려고 하지만, 대부분 누군가 쳐다보게 되고 K는 화를 낸다.

지정 보호자 자격으로 나는 K가 반응하지 않게 하고, 자신의 문제 때문에 학습에 지장이 없게 해야 했다. 그러면서 다른 아이들을 보호하고, K가 화를 내게 만드는 방아쇠가 당겨지는 것을 막을 임무가 있었다. 나는 K에게 의자에서 손을 빼게 하려고, 테이블 아래에서 가르쳤다. 불가능해 보이는 일을 통해 회유하고, K가 애써 씨름하고 있는 커다란 상실감을 헤쳐나갈 수 있게 도왔다. 그런 식으로 K가 읽는 법을 배우고, 수학을 공부하고, 프랑스어를 할 수 있게 했다.

2년이 지나자 우리는 꽤 친해졌다. 나는 K의 공부를 도와줄 전략과 자원이 있었다. 발작이나 눈물의 조짐이 보이는 신호를 깨달았다. K가 아침에 코트를 벗는 모습을 보면 그날이 나쁜 날이 될 것을 알 수 있었다. 그런 아침이면 K는 아주 조심스럽게 코트의 지퍼를 내린 다음 마루 가운데 놓았다. "나는 아프고 오늘은 고통스러울 거예요"라고 말하는 작고 악의 없는 몸짓이었다.

어느 나쁜 날에는 K가 내 지갑과 자동차 열쇠를 훔쳐갔다. K가 나에게 불분명한 욕을 내뱉고 울타리를 넘거나 지붕으로 올라가는 모습을 빗속에서 쳐다보았다. 어느 날엔가는 도망가는 K를 잡으려다 얼어붙은 땅에 넘어지면서 다리가 피투성이가 되는 바람에 병원 신세를 지기도 했다. 그때 입은 상처가 아직도 남아 있다.

K는 내가 교육자로 일하면서 만난, 행동, 감정, 사회성에 문제가 있는(behavioral, emotional and social difficulties, BESD) 많은 아이들 중 하나였다. 이 아이들은 그들에게 덧씌워진 용어에 대한 내 이해를 넓혀 주었고, 그들의 세계에 대한 내 시야를 깊게 해 주었다. 이 아이들이 가르쳐 준 교훈 중에 여러분이 BESD라고 불리거나 그런 성향이 있는 캐릭터를 쓸 때 도움이 될 만한 것들은 다음과 같다.

교훈 #1: BESD라고 꼭 극단적인 행동을 하는 것은 아니다

K는 극단적이었다. 하지만 다행히 6년 동안 교실에서 K 같은 아이를 만난 것은 딱 한 번뿐이었다. BESD를 겪는 아이들은 아주 심각한 문제가 있었지만, 그것을 과도하게 부정적인 행동으로 나

타내는 경우는 극히 드물었다.

함께 시간을 보내면서, K는 소중한 교훈을 가르쳐 주었다. BESD가 있는 아이들은 선택권이 있다는 것이다. K의 파괴적이고 본능적인 반응을 이해할 수는 있었지만 언제나 정당화되는 것은 아니었다. 자신을 통제할 수 없을 때가 있다고 해도 특히 심하게 폭력에 빠지는 경우는 더 많았는데, 남을 도발하려는 마음에 흥분하기 때문이다. 반면, 내가 한때 도움을 주었던 J는 상냥한 아이였는데, 심한 사회불안장애를 캐치프레이즈를 통해서만 내보일 뿐이다. "감자"라는 단어를 웅얼거렸는데, 자신이 강박적으로 즐겨보던 인기 코미디언이 하던 말을 따라한 것이었다. J는 그 코미디언을 보면서 안전하다고 느꼈다. 이것은 기껏해야 사소한 혼란일 뿐이었고, 아이의 병이 심하더라도 반드시 '전형적인' 반응이나 극단적인 반응을 보이는 것은 아니라는 사실을 알게 해 주었다.

BESD는 심각한 경우에만 진단된다. 하지만 여러분이 쓰게 될 캐릭터는 같은 질문에 직면하게 될 것이다. "상황이 힘들 때 어떻게 반응할 것인가?"

나는 단순히 눈썹을 찡그리는 것부터 자해와 폭력에 이르기까지 다양한 범위의 BESD 반응을 직접 보았다. '옳거나' 전형적인 반응 같은 건 없다. 그러니 캐릭터에게 구축한 성격을 유지하면서 캐릭터의 대응 전략을 발전시켜 나가야 한다.

교훈 #2: BESD와 학습 장애는 같지 않다

BESD는 아이가 분열성 행동, 또는 사회적 기술, 인간관계 기술, 정신 건강에서의 문제를 계속적으로 보이는 경우를 설명하기 위해 사용하는 상위 용어이다. 이러한 행동과 문제는 다운증후군 같은 발달 장애 또는 지적 장애가 원인일 수는 있지만, 그러한 경우에만 생기는 것은 아니다.

다른 문제가 있는 아이들이 학습에도 문제가 있을 가능성이 높다는 것은 사실이지만, 뛰어난 능력이 없어서 그런 것은 아니다. 많은 경우, BESD인 아이들은 학습에서 훨씬 많은 장애와 맞닥뜨리기 때문에 어려움을 겪게 된다. 고군분투하는 아이에게 올바른 수단으로 최선의 도움을 제공해 줄 수 있는 통찰력을 가진 교육자를 만나면, 그러한 장애는 극복할 수 있다. 안타깝게도 많은 아이들이 이러한 도움을 받을 기회를 놓친다. 못 보고 지나치거나, 진단을 받지 못하거나, 교사가 다른 책임들에 너무 짓눌려서 더 이상 손을 쓸 수 없기 때문이다. 그러므로 여러분의 캐릭터가 공부를 싫어하더라도 '천재'라는 칭호를 붙여 줘도 되고, 마침내 위대한 업적을 이루어내는 '고통 받는' 영혼이라고 불러도 된다.

교훈 #3: 모든 사례가 학대에서 시작하는 것은 아니다

비극과 트라우마가 BESD의 근본적 원인인 경우가 흔하지만, 그 전조는 아니다. 태어날 때부터 문제가 있을 수 있다. 아이의 대처 또는 학습 능력을 약화시키는 유전적 문제, 정신이나 육체의 완전한 발달을 방해하는 질병/질환은 그 예이다. 이러한 것들은 여러분의 캐릭터가 가진 문제의 핵심이 될 수 있고, BESD 뒤에 숨은 기여 요인과 진정한 원인일 수 있다. 살해당한 부모 또는 학대로 인한 고통과 마찬가지로 BESD의 정당한 이유이다.

이러한 질병을 진정한 장애로 생각해야 한다. 아이가 세상이나 주변 사람들에게 반항하거나 소통하지 못하게 만드는 무엇인가가 있다. 행동을 조절하는 데 애를 먹거나, 친구를 오해하게 만들거나, 자신을 제대로 또는 전혀 표현하지 못하게 하는 이유가 있다. 작가의 입장에서 여러분은 이것이 무엇인지 정할 수 있는 위치에 있다. 선택지는 무한대이며, 이러한 캐릭터를 창조하는 것은 여러분의 창의력에 대한 진정한 시험이다.

많은 작가들은 캐릭터의 핵심에 다가서려면 질문을 하라고 충고한다. 나는 이 경우에도 같은 충고를 하고 싶다. 여러분이 캐릭터가 BESD인 것으로 만들어야 한다면, BESD가 된 이유를 생각해 보라고 권하고 싶다. 캐릭터의 성격, 심리 장애 또는 중요한 요소, 혹은 발달 과정에서의 경험은 무엇인가? 캐릭터의 행동의 도화선에 불을 붙인 것은 무엇인가?

독자들에게 이것을 밝히지 않겠다고 결정할 수도 있다. 하지만 이러한 통찰은 여러분이 작품을 쓸 때 캐릭터를 이해하는 데 도움이 되고, 행동에 깊이를 더해 줄 것이다.

교훈 #4: BESD가 있는 캐릭터가 악당이나 피해자일 필요는 없다

이러한 경우에 적용하고 싶은 금언이 있다. "죄는 미워하되 사람은 미워하지 말라." 교사로서 나는 행동을 넘어 그 아이가 어떤 사람인지를 보라고 배웠다. 지독한 행동을 했더라도, 아이에게 공부하고 좋은 선택을 하라고 권유할 수 있다. 문제아를 다룰 때는 이 점이 특히 어렵다. 문제아의 행동은 그 안에 숨은 인격을 가리는 경우가 자주 있기 때문이다. 얌전한 아이들 중에도 평판이 나쁜 경우가 많았다. 예외적인 상황이라도 폭력적인 감정을 폭발시킨 것은 쉽게 잊히지 않고, 용서받기도 더 어렵기 때문이다.

BESD가 있는 아이를 보고, 성인이 된 후의 그 아이의 삶을 이 짧은 시간의 창을 통해 예측하려는 경향이 있다. 수업 중에 소변을 보려고 책상 위에 올라서는 아이에게서 원만한 결혼생활이나 성공적인 경력을 상상하기는 어렵다. 하지만 유년 시절은 우리 인생 여정의 일부일 뿐이며, 상처 받은 아이라도 성년기에 들어서면서 기능 장애에서 회복되거나, 적어도 제어할 수 있다.

여러분의 소설 속 세계에 나오는 상처 받은 아이가 모두 무기력한 노처녀나 잔인한 독재자로 성장할 필요는 없다. 작가는 전체 이야기를 만들어 낼 수 있는 특권이 있다. 그러므로 여러분의 상처 받은 캐릭터가 치유되거나 과거의 실수를 만회할 수 있는 기회를 주는 것을 고려해 보기 바란다.

교훈 #5: 모든 것을 정확하게 묘사할 필요는 없다

나는 교사로서 배운 것을 작가로서도 지키고 있다. 그리고 나는 내 개인적인 통찰 중 일부가 내가 만들어 낸 캐릭터에 영향을 미쳤다고 생각한다. 하지만 사실에 너무 얽매이지는 않으려고 한다.

기술적 정확성에 관해 염려할수록, 캐릭터는 점점(게다가 내 글도) 점점 무감동해진다는 사실을 알았다. 여러분이 전형적인

BESD 아이를 만들어 사례 연구를 할 생각이 아니라면, 캐릭터를 창조할 때 어떤 한계도 느끼지 말길 바란다.

마지막으로 하고 싶은 충고는 캐릭터에게 정신적인 깊이와 복잡성을 부여하는 것이 우선이고, 캐릭터의 행동이 '이론에 맞는지'에 대해서는 신경을 덜 써도 된다는 것이다. 캐릭터는 심각한 BESD일 수도 있다. 하지만 캐릭터를 반드시 단일한 정의에 끼워 맞추거나, 작품 속에서 BESD인 것을 증명하려고 너무 애쓸 필요는 없다. 캐릭터는 여러분이 경험하지 못한 문제와 씨름할 수도 있고, 남이 보기에 독특한 방법으로 반응할 수도 있다. 하지만 캐릭터가 '현실적'이라면—복잡하고 인간적이라면—그 캐릭터는 여전히 진정성이 있다.

성격 이상을 넘어서는 캐릭터의 발달

마리아 그레이스(교육심리학자)

어떤 이야기든 캐릭터는 기본이다. 그리고 캐릭터를 제대로 그려 내는 것에 관해 많은 논의가 있다. 우리는 인터뷰를 하고 자료를 검토하지만, 여전히 실패하는 경우가 많다. 캐릭터의 외모와 성격에만 집중하다 보면 중요한 요소를 놓친다. 바로 발달이다.

심리적 발달은 사람들과 캐릭터가 단순한 기질적 차이를 넘어 어떻게 서로 다른가에 관한 핵심 요소이다. 심리적 발달은 기본적으로 다른 사람들이 어떻게 자신들의 세계와 상호작용하는 일반적인 방법을 공유할 수 있는가, 그리고 많은 유사성을 가진 캐릭터들이 어떻게 크게 달라질 수 있는가를 설명해 줄 수 있다. 이에 더하여, 발달 문제는 동기를 제공하고, 설득력 있는 캐릭터가 성장하게 인도해 주는 현실적인 길을 열어 준다.

성장의 차원

발달은 신체적, 심리적, 인지적, 감정적/성격을 포함한 다수의 상호 관련된 축 위에서 일어난다. 신체적 측면은 가장 뚜렷하며, 가장 많이 인식하게 된다. 하지만 다른 축과 관련된 발달이 행동에 영향을 미칠 가능성이 더 크다.

요약하자면, 심리적 발달에는 어떤 개인이 생애에 걸쳐 다양한 사회적 기대를 다루는 방법에 따라 내면에서 일어나는 변화가 포함된다. 인지적 발달은 생애에 걸쳐 나타나는 정신적 과정의 변화를 말한다. 개인이 알고 있는 것이 얼마나 많이 변하는지에 대한 것뿐만 아니라, 그 정보를 어떻게 알게 되는가, 그리고 어떻게 사용하는가가 예측 가능한 발달 경로를 통해 발전하는지도 포함된다. 좀 더 일반적으로 말하면 자아 인식에 관한 개인의 발전, 그리고 이러한 인식이 타인을 보고 선택을 하는 방법에 어떻게 영향을 미치는가이다.

심리사회적 발달

심리사회적 발달은 한 개인이 자신의 사회/문화와 상호작용하는 방법과 그 안에서 하는 역할을 고려한다. 이러한 효과는 누적적이며, 초기의 경험은 이후의 발달이 일어나는 방법에 영향을 미친다. 성장의 이러한 측면은 다양한 문화에서 일반화되지만, 성(gender)은 발달적 도전이 직면하는 질서, 그리고 그 도전에 대한 원만한 해결이 어떤 모습일 수 있는가에 영향을 미칠 수 있다. 개인이 전 생애에 걸쳐 발전하면서 겪는 신체적 성숙과 사람들의 변화하는 사회적 기대는 모두 발달에 자극을 준다.

초기의 발달 장애를 성공적으로 헤쳐 나오지 못한 사람들은 생애의 초기 단계에서 '멈춘' 것처럼 보일 수 있다. 스트레스를 받으면, 상황에 대처하는 성인의 특징이 미성숙하고 심지어 어린애 같은 식으로 역행하여 실제보다 '어리게' 행동한다.

아동기는 몇 가지 뚜렷한 단계가 있기는 하지만, 이 단계들은 모두 중요한 기본적인 기술의 습득을 중심으로 한다. 문화에 따라 읽기와 쓰기일 수도, 수렵과 채집일 수도 있다. 성공적인 개인은 다음과 같은 능력을 가지고 유년기에 들어선다.

1. 타인과 건전한 애착 관계를 형성할 수 있는 능력
2. 자립심과 일을 스스로 하는 능력
3. 적절하게 위험을 감수하고 활동을 시작하려는 의지
4. 사회에 이바지하는 구성원이 될 수 있는 자신의 경쟁력과 능력에 대한 믿음

아동이 폭력적이거나 불안정한 보호자 밑에서 자라면 아동기의 발달적 도전이 성공적으로 해결되지 못할 가능성이 가장 높다. 이런 경우, 아동은 예컨대 새로운 일을 시도하거나 새로운 능력을 개발하는 것과 같은 주변 세계와의 상호작용을 할 수 없고, 자신이 스스로 선택하고 주변 세계에 영향을 미치는 활동을 시작하는 기회를 거부한다. 또는 연령과 문화에 적합한 능력의 훈련이 부족하다.

청소년기와 초기 성년기는 정체성, 그리고 종종 출산으로 이어지는 의미 있는 관계를 구축하는 것과 관련된다. 통상 이러한 이행의 특징은 2차 성징(性徵)의 발달이다. 어떤 문화에서는 복잡한 의식을 통해 아동기를 통과해 성년기가 되고 성적으로 성숙하는 것을 기념한다. 이러한 도전이 해결되는 질서에서 성(gender)이 역할을 하는 경우도 있다. 특히 여성은 자신들이 형성한 관계(예컨대 결혼)를 통해 자신의 정체성을 정의하는 경우도 있다.

정체성을 구축하려면 개인의 특별함에 대한 필요와 집단의 결속력 사이의 균형이 필요하다. 이는 종종 어떤 사람이 문화에서 허용되는 다양한 '특성' 또는 '정체성'을 '시도해 보는' 실험을 통해 이루어진다. 개인이 그에 맞는 자아감을 찾지 못하면, 그 결과 상황에 적응하지 못해 겉돌고, 무관심해지고, 목표가 없고, 책임감이 부족하며, 가치관도 형성하지 못한다.

상한 정체성이 없으면, 지속적인 관계를 형성하고 성인기의 다른 도전을 헤쳐 나가는 능력이 손상될 수 있다. 학교나 군대 같은 문화적인 기관은 정체성을 찾아가는 과정에서 안전한 발판이 될 수 있지만, 일부 문화에서는 매우 제한된 탐색만을 허용하고 정해진 기준에서 일탈하는 것을 거의 용납하지 않는다.

깊고 의미 있는 관계, 낭만적/애정/성적 관계, 플라토닉한 관계는 사회의 중요한 구조적 요소를 형성한다. 이러한 소속감을 만들고 유지할 수 있는 능력의 유무는 개인이 사회에서 맡게 될 역할(예컨대 부모나 멘토나 리더가 되는 것), 미래 세대에 어떻게 영향을 미치게 될 것인가에 영향이 있다. 성공적인 결혼과 출산은 이러한 도전에 대한 긍정적인 해결과 관련이 있을 수도, 없을 수도 있는데, 문화적 맥락에 따라 다르다. 어떤 경우든, 초기의 발달적 도전에 대한 해결은 개인이 이러한 발달기의 장애를 헤쳐 나가는 데 영향을 미친다.

초기 성년기의 발달은 소설에서는 중요하게 묘사되지만, 중기와 후기 성인기의 이행은 간과되는 경우가 잦다. 성년기 중기의 도전은 다른 세대—나이 든 세대(부모)와 어린 세대(자녀)—를 돌보는 것, 또는 이러한 책임을 회피하고 개인적인 필요와 욕구에 중심을 두는 것으로 나타난다. 이 둘 사이에서 균형을 이루는 것이 이상적이다.

소설에서는 많은 경우 전자의 책임은 잘 해결되고, 캐릭터는 플롯의 중심이 되는 갈등에 집중할 수 있다. 작가들은 캐릭터가 인생의 이 지점에서 직면할 수 있는 다면적인 도전을 다루는 것을 회피함으로써, 플롯과 캐릭터에 복잡성과 미묘한 차이를 만들어 낼 수 있는 기회를 무시한다.

생애의 이 시기에 있는 개인은 성장한 자녀들이 세상으로 나갈 준비를 해 주고, 나이 든 부모를 돌봐야 하는 과제에 더해, 사회적 리더의 단계에 들어서야 한다는 기대도 받는다. 좀 더 개인적인 수준에서는 장기적인 관계(부부 관계와 친구 관계 모두)를 유지해야 하는 문제가 커진다. 생애에 걸쳐 학습과 성장에 전념하는 것은 이 단계에서의 긍정적인 해결책으로 평가된다. 하지만 에비니저 스크루지(「크리스마스 캐럴」의 주인공인 매정하고 인색한 부자 노인-옮긴이)처럼 자기 자신과 안락에만 집착하는 것은 성공적이지 않은 해결책으로 평가된다.

인생이 종점에 가까워오면 성년기 후기의 문제가 등장한다. 개인은 만성 질환, 쌓이는 손상 같은 신체적 변화에 적응해야 한다. 이러한 변화는 개인의 일상적인 경험에서 더 크게 나타날 수 있다. 은퇴하거나 사회 참여가 줄어들 수 있지만, 모든 상황에서 그런 것은 아니다. 이 시기에는 노인에 대한 문화적 태도가 개인의 적응에 중요한 역할을 한다. 나이 든 구성원을 공경하는 사회는 시민의 책임에 대한 노인의 참여를 권장하는 반면, 젊은이를 중시하는 사회는 노인을 밀어낸다.

마침내 개인은 친구, 배우자, 지지자를 잃게 되고, 이로 인해 고립감이 커질 수 있다. 결국에는 죽음이 임박했다는 것도 현실로 받아들여야 한다. 이러한 이행을 성공적으로 받아들이는 사람은 자신이 과거부터 지금까지 사회와 미래 세대에게 이바지한 것의 가치를 인정한다. 우울해하고, 실망하고, 포기하는 것은 성공적이지 않은 이행으로 평가된다.

심리사회적 발달을 소설에서 활용하는 방법

인간이 성장하고 발달하는 전형적인 경로를 이해하면, 작가는 캐릭터에 깊이를 더하고, 외계의 존재와 문화에 대해서도 이러한 발달 개념을 자유롭게 응용할 수 있다. 높은 수준에 오르면 작가는 '지구의 규범'과는 다른 문화에서는 발달이란 것이 어떻게 보일까에 대해서도 생각하게 된다. 여기서는 신체적 발달이 큰 역할을 한다. 한 종족은 얼마나 빨리 또는 느리게 성숙할까? 발달은 계속적인 진보일까, 아니면 거대한 도약을 통해 이루어질까(곤충이 애벌레, 번데기, 성충의 단계로 발달하는 것을 생각해 보기 바란다)? 실패한 애벌레 단계는 어떻게 볼 수 있을까?

다음과 같은 점도 고려해야 한다. 성별 분화와 성적 성숙은 언제 일어날까? 젊은이는 사회에 전체적으로 통합될까, 아니면 한정적으로 통합될까? 후자라면 통합은 어떻게 이루어질까? 신체적 능력은 서서히 획득될까, 아니면 갑작스런 전이를 통해 얻어질까? 기술의 획득에서 멘토와 교사는 어떤 역할을 할까? 이러한 질문에 대한 대답은 초기 발달 경로를 위한 무대를 마련해 줄 것이다.

성별 또는 계층이나 계급에 따라 경로가 달라지는 것도 고려해 볼 수 있다. 올더스 헉슬리의 『멋진 신세계』에 나오는 '계급'을 생각해 보기 바란다. 알파 계급(작품 속의 최고 엘리트 계급-옮긴이)의 발달 경로는 입실론(고의로 지적 장애를 갖고 태어나게 만들어진 하층 계급-옮긴이)과 어떻게 다를까? 꿀벌 또는 개미들의 사회와 비슷하게 개인이 특정한 역할을 부여받는 문화에서는 발달 문제가 캐릭터와 플롯에 어떤 영향을 미칠까?

통과 의례는 종종 발달 시기 사이의 특정한 이행을 나타낸다. 외계 문화에서 통과 의례는 어떻게 보일까? 그리고 캐릭터의 발달과 자아감에 어떤 역할을 할까? 각각의 문화 사이에서 어떻게 옮겨질까? 예컨대 오슨 스콧 카드의 『사자의 대변인』을 생각해 보기 바란다.

완전한 외계 문화에서는 발달 과제가 완전히 다를 수 있다. 이 경우, 작가는 개인과 사회 사이의 상호작용, 그리고 그것이 작가가 상상한 생애를 통해 어떻게 변화할 수 있는가를 신중하게 고려해야 한다. 주요 이행은 극적 효과를 위해 활용할 수 있는 발달 이정표의 좋은 지표이다. 다음과 같은 점도 고려하면 흥미로울 것이다. 특정 발달 경로로 설정된 개인의 신체가 완전히 다르게 규정된 발달 경로에서 성장하게 된 경우, 그 개인에게는 어떤 일이 일어날까?

발달 과정에서의 성공과 고난은 캐릭터의 필수적인 배경 이야기를 만들 때 이상적인 구조를 제시하며, 캐릭터가 누구인지, 그리고 어떤 사람이 될 것인지에 영향을 미친다. 더하여, 캐릭터의 일관성, 서브플롯, 심지어 주 스토리 라인을 구축할 수 있는 강력한 틀을 제시해 준다.

24장 PUTTING THE SCIENCE IN FICTION

신경과학의 지평

폴 레지어(뇌과학자)

신경과학 연구는 뇌와 그 작동 원리의 이해에 관해 많은 발전을 이뤘다. 그렇지만 우리가 모르는 것이 여전히 많다. 블랙박스와 같은 수수께끼는 아이디어로 채워지곤 한다. 이러한 아이디어 중 일부는 가설로 검증되고, 수많은 증거가 수집된 후에는 과학적 이론이 될 수 있다. 그러나 불완전한 데이터나 입증되지 않은 증거에 의해 미신과 거짓으로 전락하는 경우도 자주 있다.

끊임없이 지속되는 미신 중 하나는 인간이 뇌의 10퍼센트만을 사용한다는 것이다. 근본적으로 이 아이디어는 인간이 뇌의 10퍼센트만을 사용한다면—그리고 그것으로 많은 일을 해낸다면—, 나머지 90퍼센트의 사용하지 않은 뇌의 잠재력은 아직 손이 닿지 않은 초능력이라는 의미가 될 수 있다. 픽션에서 특히 매력적인 미신이며, 영화, 책, 비디오 게임, 만화에 나오는 많은 이야기가 이

10퍼센트 오류를 기초로 하고 있다. 이야기에서는 약물, 과학, 훈련 같은 다양한 도구를 사용해 나머지 90퍼센트를 '해방'시키며, 그 결과 염력, 초고속 학습과 계획, 완벽한 기억력, 심지어 마법 같은 수많은 특수 능력을 이용할 수 있게 된다.

사실 뇌는 대부분의 시간 동안 전체가 활동한다. 이 책을 읽는 것 같은 비교적 단순한 과제를 생각해 보자. 개략적으로 말하면, 정보를 처리할 때 각 영역에서 발생하는 복잡성이 아니라 활동 영역이 중심이 된다. 이 영역은 기호 전체를 필요로 한다. 책을 읽는 동안 시각 정보가 눈으로 들어와, 광학 신경을 통해 시신경 교차(optic chiasm)로 전달되는데, 왼쪽 눈으로 본 시각 영역의 왼쪽에서 나온 정보는 오른쪽 반구(半球)로 건너가고, 오른쪽에서도 같은 일이 일어난다. 시신경 교차에 전달된 후, 시각 정보는 시삭(視索, optic tract)에 의해 외측슬상체(lateral geniculate nucleus)라고 하는 시상(視床, thalamus)에 전달되며, 이 시상은 시방선(視放線)을 통해 신호를 시각 피질에 전달한다. 수신된 시각 정보를 이해하기 위해, 신호는 시각 피질에 의해 처리되어 왼쪽 내부 두정엽의 각회에 전달한다. 이 영역은 정보를 베르니케 영역에 보내기 전에 고차원적 처리(예컨대 범주화, 개념화)를 실행한다. 베르니케 영역은 시각적 정보를 페이지에 있는 단어로 인식한다. 마지막으로, 여러분이 큰 소리로 책을 읽는다면, 브로카 영역과 운동 피질도 관여한다.

각 문장과 장(chapter)을 전체적으로 이해하려면, 여러분이 읽은 모든 것을 추적해야 한다. 기억은 해마와 전전두엽 피질(prefrontal cortex)과 같은 뇌의 영역이 제어한다. 다른 일부 피질 영역은 여러분이 이러한 단어들이 표시하는 정신적 및 육체적 묘사를 상상할 때 관여한다. 따라서 책을 읽는 것과 같은 기본적 행위의 결과는 시각, 단어 인식, 언어 이해, 기억, 실행 기능과 같은 뇌의 많은 부분을 활성화한다.

문장을 읽는 데 중요한 뇌의 영역은 의식적인 주목을 필요로 하는 더 활동적인 기능이지만, 어떤 활동을 지원하거나 그저 존재해야 할 필요가 있는 잠재의식적 과정들이 있다. 예컨대 여러분이 의자에 앉아서 책을 읽는다면, 소뇌와 운동 피질이 협력해 균형을 유지하고, 책을 손에 계속 잡고 있게 하기 위한 약간의 근육 운동을 조정한다. 여러분이 주목하지 않더라도, 귀는 계속 소리를 듣고 있으며, 이 소리는 청각 피질이 해석한다. 이 모든 것 위에 심장과 호흡, 기타 자율 활동이 있는데, 이러한 활동이 뇌줄기(뇌간)에 의해 제어되고 있다고는 거의 생각하지 못할 것이다.

놀랍다. 간단한 작업을 하는 것만으로, 뇌의 대부분—전부는 아니더라도—이 순식간에 활성화되어 의식과 잠재의식 모두에 중요한 특정 자극과 정보를 처리하는 것이다.

소설 속의 신경과학

10퍼센트 미신은 소설에서 특히 매력적이라는 것을 이미 언급했다. 그리고 미래에는 주인공에게 초능력이 생길 수 있다는 얘기도 이해가 된다. 하지만 10퍼센트 미신에 기초한 이야기는 가능한 미래를 보여 주지 않는다. 대신에 인간 뇌가 봉인된 힘을 가지고 있으며 그 봉인이 풀릴 날만을 기다리고 있는 대체 우주를 제시할 뿐이다. 이것은 소설이 아니다. 판타지다. 판타지라면 봉인이 풀리기를 기다리는 뇌가 있는 세계도 가능하다. 하지만 인간에 관한 소설에서는 극단적으로 판타지에 가까운 일이 발생하기 위한 변화에는 시간과 기술이 반드시 필요하다는 것을 보여 주어야 한다. 최소한 그 가능성이라도 언급해야 한다.

먼 미래까지 가지 않더라도, 신경과학 연구에서는 정상적인 뇌 구조에서 벗어날 경우 흥미롭고 이로운 비정상적 행동이 발생할 수 있다는 사실을 보여 주었다. 예를 들어, 알버트 아인슈타인은 평균인과 비교해 볼 때 더 두꺼운 뇌 들보(corpus callosum)을 가지고 있었다는 사실을 많은 증거가 시사하고 있다. 뇌 들보는 기본적으로 두 개의 뇌 반구(半球) 사이에 있는 정보 고속도로이며, 이것이 아인슈타인의 천재성에 일정 부분 기여했을 것이다. 최근에 과학자들은 어떤 사람들이 자신들의 생애에 일어났던 사건을 기억해 내는 놀라운 능력을 보인다는 것을 발견했다. 이러한 능력을 최상위 자전적(自傳的) 기억력(HSAM)이라고 한다. HSAM을 가진 사람들은 날짜만 제시하면 그날이 무슨 요일이었는지, 그날 무엇을 했는지 기억해 낼 수 있다. 이 능력은 다른 식으로도 작동할 수 있다. 예컨대 처음 노래를 들었던 날에 대해 물으면 정확한 날짜와 요일, 그리고 무엇을 했는지도 기억해 낼 수 있다. HSAM이 있는 사람들은 평균 87퍼센트의 정확성으로 이러한 유형의 개인적 기억을 떠올릴 수 있다. 이러한 놀라운 기억력은 10퍼센트 미신 뒤에 있는 아이디어와 비슷해 보이지만, 자전적 기억에 한정된 것으로 보인다. 초기 검사에서 HSAM이 있는 사람들은 평균인과 비교했을 때 인지 능력이나 (자전적 부분 이외의) 기억력이 더 뛰어나지는 않았기 때문이다. HSAM을 작동시키는 근본적인 신경생물학은 이제 막 이해되기 시작한 단계지만, 초기 증거는 뇌의 구조적 이상성을 가리키고 있다. 달리 말하면, HSAM 능력자의 뇌는 다르게 발달했을 가능성이 있으며, 이들의 뇌는 심지어 강박장애가 있는 사람들의 그것과 비슷할 수도 있다.

뇌의 일부를 비(非)침습적으로 자극하는 경두개(經頭蓋) 직류 자극법 같은 현재 기술은, HSM의 잠재적 발달 가능성에 관한 힌트를 제공한다. 이 능력의 뇌생물학적 토대를 분리할 수 있다면, 미래 기술에서는 이 능력을 가상으로 유도해 낼 수 있을 것이다. 한 단계 더 나아가면, HSAM을 만들어 낼 수 있는 가상의 기술이 뇌의 다른 부분에 응용되어 다른 유형의 기억, 인지, 심지어 시각까지 우수하게 처리하는 능력을 창조할 수도 있다. 기술은 뇌의 일부를 증가시킬 수 있는 길을 제시했다. 외장 하드디스크 또는 SD 카드가 뇌의 기억 중추에 연결되어 정보를 추가로 저장하고 더 빠르고 정확하게 검색할 수 있을지도 모른다. 앞서 언급한 경로의 디지털 버전과 같은 완전한 외장 시각 시스템을 통해 시야를 넓히고 시지각(visual perception)을 전반적으로 향상시킬 수도 있다.

반면, 뇌의 기능이나 구조를 잃으면서 행동 변화를 일으키는 사례도 무수히 많다. 동물 연구에 관한 문헌은 과학자들이 뇌 영역의 기능을 더 잘 파악하기 위해 뇌의 특정 부분을 비활성화한 사례들로 가득하다. 하지만 이러한 손상은 인간에게도 자연적으로 발생할 수 있다. 안타까운 사례 중 하나는 1800년대 초반의 철도 건설 현장 감독인 피네아스 게이지의 경우이다. 다짐봉으로 돌을 채워 넣는 중에, 불꽃이 튀면서 발파용 화약에 불이 붙어 다짐봉이 게이지의 머리를 관통했다. 뺨을 뚫고 들어가 왼쪽 눈을 망가뜨리고 뇌의 전두엽을 통과해 머리 위쪽으로 나가 몇 미터 떨어진 곳까지 날아갔다. 놀랍게도 게이지는 죽지 않았다. 사고 후에 진찰한 의사가 작성한 사고 보고서에 따르면, 게이지는 약간 피곤해 보이기는 했지만 의사에게 사고에 대해 얘기할 정도로 말이 많았다. 의사는 처음에는 믿지 않았지만, 게이지가 토하는 것을 보고 뇌의 이상을 알아챘다. 게이지는 그 후 12년이나 더 살았다. 어떤 사람들은 이 이야기를 10퍼센트 미신이 부분적으로는 사실이라는 증거로 사용할 수도 있다. 하지만 전두엽 일부가 상실되면서 게이지는 달라졌다. 어린애 같고, 충동적이고, 상스러워져서 친구와 지인들이 "더 이상 게이지가 아니다"라고 할 정도였다.

10퍼센트 미신은 사실이 아닐 수 있다. 하지만 신경과학 연구에는 뇌 손상, 다르게 발달한 뇌, 장애와 질병으로 유발된 뇌의 구조적, 기능적 변화처럼 뇌가 변화하면서 발생한 행동 편차의 사례가 수없이 많다. 과학적 연구에서 나온 결과는 이야기의 기초로 흥미로우며, 과학적 기초가 탄탄하면 SF는 훨씬 그럴듯한 허구의 세계를 만들 수 있다. 그리고 작가는 그러한 환경에서 살아가는 존재들에게 영향을 미치는 메커니즘을 파악할 수 있는 시간이 생긴다. 따라서 캐릭터의 신경 능력을 저해하든 향상시키든, 신경과학 문헌들에는 창작 과정에 도움이 될 만한 유용한 정보가 풍부하다.

PUTTING THE SCIENCE IN FICTION

4부

0부터 60까지
(다리란 그런 것이다)

야생동물의 생물학

레베카 모리(야생동물 생물학자)

야생동물 생물학자인 나는 책, 영화, TV에서 야생과 관련된 오류를 짜증날 정도로 수없이 보았다. 많은 경우 조사만 조금 했어도 이러한 오류는 없었을 것이다. 이런 예는 셀 수 없이 많지만 일단 생각나는 일반적인 몇 가지만 들어본다.

미신 #1: 선인장굴뚝새는 메인 주에 산다

이 말은 내가 좋아하는 영화 중 하나인 〈쇼생크 탈출〉에서 나왔다. 레드가 메인 주에 있는 돌담 아래에서 앤디의 돈을 찾아내는 장면을 기억하는가? 배경에서 지저귀고 있는 게 바로 선인장굴뚝새다. 선인장굴뚝새는 남서부에 산다. 선인장 근처에(메인 주는 미국의 가장 동북부에 있음—옮긴이).

잘 알려진 다른 예로는 북극곰이 황제펭귄과 함께 노는 코카콜라 광고가 있다. 동물학자라면 분명히 이 광고를 한 대 쥐어박고 싶을 것이다. 지구에서 가장 공격적인 육식동물이 날지 못하는 새들 가족 옆에 행복하게 앉아 있는 이미지는 신경 쓰지 말자(억지로 인정하자면, 카리스마 넘치는 거대 동물을 좀 귀엽게 의인화하긴 했다). 이런 일이 가능하다고 생각하는 사람이 없길 바란다. 나는 북극곰은 북극에서만, 펭귄은 남극에서만 산다는 사실을 코카콜라 회사가 무시했다는 것을 참을 수 없다. 재미있는 사실 하나. 북극(Arctic)의 어원인 'arctos'는 곰이라는 뜻이다.

여러분이 이야기에 등장시키기 전에 어떤 종의 서식지와 지리적 범위를 찾아보는 것은 그리 어려운 일이 아니다. 사람들은 동물을 사랑한다. 하지만 시민 과학(아마추어나 비전문가가 전적으로 또는 부분적으로 하는 과학 연구-옮긴이)과 스마트폰의 종 확인 앱이 생겨나면서(특히 탐조[bird-watching]), 독자들은 여러분이 생각하는 것보다 지식이 더 풍부해졌고, 여러분의 부실한 조사를 알아채고 비웃을 가능성도 커졌다.

더 헷갈리게도, 많은 동물들은 이동한다. 그러니 겨울에 몬태나 주에서 길을 잃은 주인공 주위에 터키 콘도르가 맴도는 장면은 쓰지 말기 바란다. 터키 콘도르는 여름에만 몬태나 주에서 살기 때문이다.

미신 #2: 종의 지리적 범위와 서식지는 절대로 변하지 않는다

역사소설을 쓴다면, 종의 범위, 서식지, 심지어 외형도 시간이 지남에 따라 변한다는 사실을 알고 있어야 한다. 예를 들면 다음과 같다.

- · 미국 붉은늑대/회색늑대가 미국 동부에서 멸종한 후에야, 이 지역에 코요테가 나타났다.
- · 몇 백 년 전까지는 애리조나, 뉴멕시코, 텍사스, 심지어 루이지애나 주 대부분에 재규어가 살았다.
- · 북아메리카에 말이 들어온 것은 1400년대지만, 사실은 1만 2000년 전부터 1만 년 전에 멸종되기 전까지는 이곳에서 진화했다.
- · 최근의 기후 변화로 인해 동물 행동에 모든 종류의 변화가 일어났다(계속 읽어 보시라!)

역사소설의 다른 부분과 마찬가지로, 당시의 야생동물은 어땠는가를 조사하는 것은 여러분 이야기의 뼈대가 된다. 북아메리카의 경우, 유럽인이 건너오면서(그리고 심지어 최초로 인간이 나타난 시기부터) 대부분의 서식지는 완전히 달라졌다. 수많은 사실들을 모른 척 넘어갈 수도 있다. 하지만 그러면 이야기의 신뢰성이 보장될 수 있을까?

미신 #3: 야생동물 생물학자는 전부 공원 순찰대원, 사육사, TV 프로그램 사회자다

친구들과 나는 대학에서 저런 소리를 듣는 데 지쳤다. 나는 〈웨스트윙〉에서 C.J. 크렉(드라마에서 백악관 대변인-옮긴이)이 공원 순찰

대원을 만나는 에피소드를 보고 있었다. 이 대원은 크렉의 비서에게 자신은 관목/다양성 생태계를 연구하고 있으며, 이것은 공원에도 좋은 일이라고 말한다. 달리 할 일이 없다는 게 이유였다. 아이고 머리야.

어린 시절에는 나도 이렇게 생각했다는 걸 인정한다. 스티브 어윈(명복을 빈다)은 영웅이었다(호주의 유명한 악어 사냥꾼. 호주의 악어 증식 문제를 해결하기 위해 악어잡이 활동을 시작한 후, 환경 보호론자, 자연 다큐멘터리 제작자로 세계적인 명성을 얻었음. 2002년 노랑가오리에 쏘여 사망함-옮긴이). 하지만 그때 나는 열일곱 살이었고, 야생동물 생물학이 멋진 학문이라는 것을 모르고 있었다. 물론 지금은 이 분야가 풍부하고 다양하며, 이 분야가 멋진 것은 단지 종의 다양성을 다루기 때문만은 아니라는 사실을 알고 있다. 작품에 우리가 등장하지 않는 것은 안타까운 일이다. 세상에는 야생동물 생물학자가 수없이 많은데!

야생동물 생물학자는 자연 지대를 안내하고, 밀렵꾼을 체포하며, TV에서 시청자를 가르친다. 하지만 희귀하고 알려지지 않은 종을 기록하기 위해 먼 정글을 탐험하기도 한다. 사냥 제한 수를 정하기 위해 사슴과 칠면조를 조사한다. 교수들은 야생동물의 행동, 진화, 서식지, 보존 위협을 연구한다. 각 주마다 야생동물 연구와 관리를 담당하는 전문 기관이 있으며, 연방에도 (어류 및 야생동물국, 산림청, 지질조사국처럼) 이러한 업무를 하는 기관이 있다. 시에라 클럽(Sierra Club), 자연보호협회(Nature Conservancy), 세계 야생동물 기금(World Wildlife Fund) 같은 비영리단체도 있다. 야생동물 생물학자는 이런 곳에서 일한다.

그리고 야생동물 생물학자라고 전부 나무를 껴안고 시리얼만 먹는 히피는 아니다. 어떤 생물학자는 게임 동물(토끼 등 포식자가 식용으로 먹는 야생동물—옮긴이)을 사랑하고 포식 동물(predator)을 미워한다. 포식 동물을 사랑하고 사냥꾼을 미워하는 생물학자도 있다. 모든 동물을 사랑하는 생물학자도 있다. 나무를 껴안고 시리얼만 먹는 히피 생물학자도 있다.

미신 #4: 야생동물 생물학자는 야생동물과 생태계에 대해 전부 알고 있다

우리는 여전히 배우고 있다. 계속해서.

예를 하나만 들자면, 과학자들은 계속해서 야생동물 종의 진화 역사를 밝혀내고 있다. 유전자 검사는 이것과 많이 관련된다. 그래서 분류학자(동물 분류를 연구하는 학자)는 대상의 학명을 계속 변경한다. 대학에서 이 학명들을 암기해야 했던 우리 같은 사람들에게는 고역이 아닐 수 없다.

특히 지난 세기 동안 세계가 항상 변화했다는 사실이 더 중요하다. 도시 팽창, 기후 변화, 기타 동시대의 문제 때문에, 야생동물 연구의 상당 부분은 이러한 거대한 변화가 동물과 그 서식지에 어떻게 영향을 미치는가에 중점을 두게 되었다.

새들은 번식과 이동 시기를 바꾸고 있다. 그리즐리곰과 북극곰은 더 자주 겨울잠을 잔다. 야생동물 억제는 식물과 야생동물이 진화해 온 자연발생적 산불의 주기를 막고 있다. 박쥐괴질white-nose syndrom(박쥐의 입과 코가 하얗게 변해 죽는 전염병-옮긴이)과 항아리곰팡이병(양서류에게서 발생하는 전염병-옮긴이) 같은 질병은 각각 박쥐와 양서류 전체를 멸종시키고 있다. 어류 남획은 먹이사슬 전체에 걸쳐 이어지는 영양종속을 유발할 수 있다. 먹이와 범고래의 부족으로 인한 바다표범과 바다사자의 감소는 이로 인한 해달의 감소까지 이어진다. 바다표범이 감소하면서 성게가 과도하게 늘어나 많은 해양생물의 중요한 서식지가 되는 켈프(해초의 일종-옮긴이) 숲이 손상된다. 이것은 몇 가지 예에 지나지 않는다. 심지어 산호초의 대량 유실 얘기는 꺼내지도 않았다.

우리는 이러한 문제가 얼마나 중요한지, 그리고 그 대책은 무엇인지에 대해 여전히 연구하고 있다.

미신 #5: 미래에는 동물이 사라질 것이다

우울하군! 그런 암담한 이야기가 나오는 건 유감이다. 다가오는 미래에 많은 종이 멸종할 가능성이 높은 건 사실이다. 하지만 지구에서 야생동물이 없어지는 것은 거의 불가능하다고 생각한다.

어떤 동물과 식물들은 열악한 상황에서도 살아남는다. 돌연변이와 진화가 보여 주는 아름다움의 일부이다. 극히 간단하게 얘기하긴 했지만, 6600만 년 전에 발생해 당시 지구를 지배했던 육지 척추동물인 공룡을 멸종시켰던 백악기 대멸종을 생각해 보기 바란다. 소형 포유동물의 다수는 극단적인 환경 조건에서도 살아남을 수 있었지만, 초대형 파충류는 그렇지 못했다. 이로 인해 포유동물의 분화가 촉발되어, (인간을 포함해) 다수의 포유동물은 현재의 형태로 진화할 수 있게 되었다.

인간은 멸종에 관해서는 가장 강력한 자연 파괴자일 수 있다. 하지만 인간이 지배하는 환경에서도 많은 종이 살아남는다는 사실을 잊어서는 안 된다. 비둘기, 들개, 쥐, 바퀴벌레가 떠오른다. 그 정도로 상투적이지는 않지만, 흰날개비둘기, 송골매, 붉은여우, 미국너구리, 코요테도 있다. 나는 캘리포니아 오렌지 카운티의 도심 관련 프로젝트에서 일한 적이 있다. 거기서 우리는 밥캣(북미산 야생 고양잇과 동물-옮긴이)과 코요테가 복합 상업 지구, 고속도로 아래 지하 배수로에서 편안히 지내거나 종종 주택 뒷마당에 굴을 파고 사는 것을 관찰했다. 확실히 가장 큰 사망 원인은 차에 치이는 것이지만, 가장 똑똑한 동물들이 살아남을 수 있다면 그것이 바로 진화다!

동물은 적응하며, 진화는 아직도 일어나고 있다. 미래에는 이것이 어떤 의미가 될지 정확히는 예측할 수 없을지도 모르지만, 창의성을 발휘해 볼 수 있는 좋은 계기다!

소설에서 야생동물 생물학을 어떻게 다룰 것인가

조사를 해야 한다

여러분이 이야기를 가능한 한 신뢰성 있게 만들고 싶다면, 생태계와 동물 군집을 적절하게 묘사해야 한다. 인터넷에는 자료가 넘쳐난다. 새의 경우 eBird.org, 전체적으로는 iNaturalist.org, 심지어 위키피디아만 참조해도 큰 도움이 된다. 프랭크 다라본트가 〈쇼생크 탈출〉을 감독할 때 eBird.com만 참조해도 좋았을 텐데!

충실한 조사를 바탕으로 재미를 희생하지 않고도 생물학적 정확성까지 갖춘 대표적인 소설을 찾는다면, 리처드 애덤스의 『워터십 다운의 열한 마리 토끼』를 추천한다.

즐기자!

우리는 항상 배우고 있기 때문에, 소설에서 야생동물을 활용할 수 있는 폭넓은 재량권이 있다. 그런 사례는 들어본 적 없지만, 예컨대 조지 R.R. 마틴은 소설 속의 세계에서 큰까마귀(raven)를 메신저로 사용했다. 까마귓과(큰까마귀, 까마귀〔crow〕, 어치〔jay, 까마귓과의 새〕, 까치가 포함되는 분류군)는 똑똑한 것으로 유명하다. 과학자들이 관찰한 바에 따르면 까마귀는 도구를 사용할 뿐만 아니라, 이를 순서에 따라 사용하며, 사고력도 보여 준다. 차를 도구로 이용해 견과류를 부수는 모습도 관찰되었다. 워싱턴에서는 과학자들이 까마귀가 사람의 얼굴을 인식할 수 있다는 것을 알아냈다.

항상 100퍼센트의 생태학적 정확성을 기대하지는 않는다. 하지만 적어도 세부 사항은 그럴듯했으면 한다. 『헝거 게임』에서 수잔 콜린스는 유전자 변형된 어치를 야생 앵무새와 교배해 모킹제이를 만들었다. 어치와 앵무새는 다른 과(科)로 분류되지만(따라서 이 종교배의 확률이 낮다), 야생동물의 행동을 미래의 이야기에 탁월하게 녹여 낸 멋진 예라고 생각한다. 종의 서식지, 진화, 행동을 조사하면 미래의 동물 군집에 대해 흥미진진한 예측을 해낼 수 있을 것이다.

궁금한 점은 야생동물 생물학자에게 질문하자

진담이다. 야생동물학자는 많다. 우리는 기꺼이 여러분을 도울 것이고, 여러분의 이야기에 넣을 수 있는 재미있는 아이디어까지 제공해 줄 수 있다. 좀비 사슴병 같은 만성 소모성 질환은 어떨까? 너무 이른가?

26장 PUTTING THE SCIENCE IN FICTION

인간이라는 상자 밖을 쓰기

브리 패독(생물학 교수)

우리는 인간들로 이루어진 사회, 의사소통, 기술에 둘러싸여 있기 때문에, 이 지구에 함께 살고 있는 다른 종에 내어줄 공간이 별로 없다. 레오나르도 다빈치가 인체의 구조적 비례를 아름답게 그린 '비트루리안 맨'은 우리가 얼마나 자기중심적인 존재인지를 보여 준다. 하지만 인간은 지구에 있는 약 900만 개의 종 중 하나일 뿐이다.

하지만 가상의 픽션에서는 일상적인 인간의 한계를 넘어 엘프, 드래곤, 뱀파이어 같은 판타지의 세계로 갈 수 있다. J.R.R 톨킨, 앤 맥카프리(『퍼언 연대기』 작가-옮긴이), 브램 스토커. 나는 이 작가들을 사랑한다. 하지만 여기까지다. 이런 초자연적 존재는 잊어버리고, 새로운 관점을 만들어 내고 기존의 비유를 비틀자. 자신만의 괴물과 외계인을 만들어 낼 수도 있다. 그들만의 형태, 행동, 동기, 생각, 특이성을 부여해 보자. 사실적으로 만들자.

파리의 진실

나는 초파리의 신경이 어떻게 작동하는지 보기 위해 전극을 삽입하는 연구를 여러 해 동안 했다. (무엇보다) 신경과학에 초점을 맞춘 이 연구로 박사 학위를 받았다. 초파리들이 우리보다도 바나나 냄새를 잘 맡는다는 정도는 여러분도 알고 있을 것이다. 하지만 초파리는 다음과 같은 행동도 한다.

· 서로 시시덕거린다.
· 시차로 고생할 수 있다.
· 자신들에게 일어난 일을 배우고 기억한다.

초파리를 여러분의 다음 외계인 또는 판타지 악당으로 하거나, 주인공의 플레이트 메일(중세 갑옷의 일종-옮긴이)에 초파리를 장착하라는 얘기가 아니다. 하지만 이 점은 생각해 보길 바란다. 우리의 뇌는 다른 동물들과 근본적으로 다르지 않다.

우리를 인간으로 만드는 것은 무엇일까?

대부분의 사람들은 파리가 인간 고유의 것이라고 생각했던 복잡한 행동들을 하는 것을 알고 충격을 받는다. 작가인 우리는 이러한 아이디어를 독자와 공감할 수 있는 글로 써냄으로써, 독자 자신의 인간성에 의문을 품고 평가하게 할 임무가 있다.

인간성은 다양한 방법으로 정의되며, 우리 대부분은 우리가 이 지구를 지배하는 종이라는 데서 상당한 안도감을 느낀다. 하지만 우리를 인간으로 만드는 중요한 것은 무엇인가? 도구 사용? 전쟁? 일부일처제? 사랑? 우울증? (제인 오스틴에게는 미안하지만) 사고방식이 비슷한 사람들로 이루어진 사교의 즐거움?

침팬지들이 서로 전쟁을 한다는 사실을 제인 구달이 밝혀 냈을 때, 많은 사람은 인간만의 것이라고 보았던 영역이 침범당했다는 생각에 충격에 빠졌다.

인간은 동물이다

나는 인간이 다르거나 특별하다는 미신을 없애고 싶다. 인간은 동물과 다르지 않다. 우리는 동물이다. 여러분이 쓰는 캐릭터는 동물이다. 인간성은 모호한 이상이며 인간이 아닌 캐릭터로도 표현할 수 있다.

그러니 여러분이 캐릭터를 설계할 때 인간이라는 상자에서 벗어날 수 있게 해 주는 핵심적인 과학적 개념부터 알아보자. 흥미롭고, 인간과는 다르지만 독자가 이해 가능하고 관련지을 수 있는 새 종을 어떻게 만들 수 있을까? 다른 점을 이야기하자.

동물적 감각

많은 동물들은 우리를 능가하는 감각(시각, 후각, 청각, 촉각)을 가지고 있다. 대부분의 사람들은 개가 우리보다 훨씬 뛰어난 후각을 가지고 있다는 개념에는 익숙하지만, 다양한 동물들이 우리를 까마득히 능가하는 감각 시스템을 가지고 있다는 사실은 깨닫지 못한다. 우리는 주변 세계의 극히 일부만을 감지할 뿐이다. 부모가 사용하는 단어의 이중적 의미를 아이들이 인지하지 못하는 경우와 비슷하다.

시각

대부분의 동물은 시각을 가지고 있다. 빛은 우리 몸에 들어오고 우리는 빛에 닿으면 변화하는 특수 세포와 조직을 가지고 있다. 이것은 바다에서 떠다니는 해파리부터 들판 위 하늘을 배회하면서 맛있는 쥐를 찾는 매까지 적용되는 모든 시각의 기초다.

빛은 에너지의 일종이다. 우리는 빛을 색깔과 밝기가 있는 것으로 받아들인다. 우리 눈에는 색을 볼 수 있게 하는 두 가지 유형의 세포가 있다. 간상체(rod)와 추상체(cone)다. 간상체는 낮은 수준의 빛에서 활성화된다. 따라서 어둠 속에서 볼 수 있게 한다. 추상체는 더 밝은 빛 수준에서 활성화되며, 색각(color vision)을 제공해 준다. 간상체와 추상체 안에 있는 옵신(opsin)이라는 특수 단백질은 다양한 색깔을 구별하는 것을 돕는다. 예컨대 적록 색맹인 사람은 이 두 색깔을 구별하는 옵신이 부족하다.

동물이 간상체에 다른 옵신을 가지고 있다면 어떻게 될까? 밤에 색깔을 볼 수 있을까? 동물이 또 다른 옵신을 가지고 있다면 어떨까? 우리가 볼 수 없는 색을 볼 수 있을까?

마지막 질문에 대한 대답은 "그렇다"이다. 새들에게는 인간이 누릴 수 있는 빛의 파장을 넘어서 볼 수 있게 해 주는 추가적인 옵신이 있다. 자외선을 볼 수 있는 다른 동물로는 나비, 벌, 연어, 순록이 있다.

청각

소리는 다른 영역이다. 상대적으로 소수의 동물만이 실제로 소리를 감지한다. 대부분의 사람들은 이 사실에 놀란다. 우리가 소리를 이용해 완전하고 지속적이며 세련되게 의사소통을 한다는 것도 이유의 일부일 것이다. 어째서일까?

우리가 땅 위에 산다는 것도 부분적인 이유가 된다.

시끄러운 해변이나 수영장에 가 본 사람은 수면 아래로 (귀와 함께) 머리를 내리면 음량이 확실히 줄어드는 경험을 했을 것이다. 음파는 물에서는 효과적으로 이동하지 않으며, 많은 동물들은 물 아래에서 산다. 어떤 물고기들은 등뼈를 따라 이어지는 뼈를 이용해 소리를 듣는데, 깊은 바다 속을 이동할 때는 소리가 너무 희미하게 전달된다.

기타 감각

상어와 가오리처럼 게걸스러운 해양 포식자 일부는 우리에게는 완전히 낯선 감각을 이용해 먹잇감을 사냥한다. 이들은 몸 아래쪽에 생체 전기를 감지할 수 있는 구멍이 있다. 먹잇감들은 모래 아래 완전히 몸을 감추고 꼼짝도 하지 않을 수 있다. 하지만 뇌의 작동이나 심장 박동은 막을 수 없다. 따라서 가오리와 상어는 이 약점을 공략한다.

상어는 그렇게 멋진 동물은 아니다. 통통한 몸으로 왔다 갔다 하며 가루받이(수분)를 하는 벌들도 전기 수용성을 이용한다. 두꺼운 카펫 위에서 발을 끄는 사람처럼, 벌은 날아다니면서 날개를 비비는 동안에 정전기를 축적한다. 그 전하의 일부는 벌이 꽃에 찾아갔을 때 전달된다. 벌은 최근에 다른 벌이 찾아간 꽃이 어떤 것인지 전기 수용성을 사용해 판단하기 때문에 시간과 에너지를 낭비하지 않는다.

상상력을 제한하지 말자

이 세상에는 우리가 보거나, 듣거나, 냄새 맡거나, 느낄 수 있는 것들이 더 있다. 하지만 우리의 캐릭터도 이와 비슷하게 제한되어야 한다는 뜻은 아니다.

모든 동물에서 진화는 실수나 유전자 암호의 일탈과 함께 시작한다. 이들 돌연변이의 대부분은 그 동물을 죽게 만든다. 하지만 강력한 일부는 지구에 끔찍한 오징어와 솜털 같은 토끼를 만들었다. 여러분이 괴물이나 외계인을 설계할 때는 실수를 하기 바란다. 그것도 수천 개를. 그런 다음, 어떤 것이 여러분 이야기의 자연선택에서 살아남는지 지켜보자.

곤충에 관한 곤혹스런 오해들

로빈 와이스(곤충학자)

절지동물(곤충, 거미, 지네)은 소설에서 주기적으로 등장한다. 나는 멋진 SF나 판타지를 좋아하지만, 책과 영화에서 묘사되는 절지동물 때문에 곤충학자로서 헛웃음이 나올 때가 자주 있다. 다음은 나를 '곤혹스럽게' 만드는 전형적인 묘사의 예이다.

거대 절지동물

절지동물의 크기를 버스만큼 키우면 확실히 훨씬 무시무시한 적수가 될 것이다(솔직히 말해 『반지의 제왕』에 나오는 실롭이 프로도가 발뒤꿈치로 밟아 죽일 수 있을 정도의 크기였다면, 그저 귀찮은 존재에 지나지 않았을 것이다). 하지만 여러분의 거대 곤충이 다른 물리 법칙과 중력 조건에 살고 있지 않는 한 불가능하다.

동물의 크기가 커지면, 그 표면은 길이의 제곱에 비례해 커지지만(표면은 2차원으로 측정되기 때문이다), 부피는 길이의 세제곱에 비례해 커진다(부피는 3차원으로 측정되기 때문이다). 따라서 절지동물의 크기가 커질수록, 표면에 대한 부피의 비율은 상승한다. 이 관계는 가상의 거대 절지동물의 행동에 대해 중요한 암시가 된다.

개미는 놀라울 정도로 힘이 세다. 근육이 그 단면적에 비해 매우 작은 질량을 움직이기 때문이다. 하지만 개미가 인간만큼 커지면, 근육의 단면적에 대한 질량 비율이 크게 상승한다. 따라서 인간 크기의 개미에게는 인간과 비슷한 물리적 힘만 있을 것이다.

좋다. 거대 절지동물은 초인적인 능력을 가지지 못할지도 모른다. 하지만 여전히 인상적이지 않을까?

우선, 곤충들은 그 정도로 크게 자라지 못한다.

절지동물은 외골격을 가지고 있다. 몸의 단단한 구조가 바깥에 위치하는 것이다. 몸이 작다면 외골격은 구조와 보호를 모두 제공해 주기 때문에 멋질 것이다. 안타깝게도, 외골격의 크기가 크면 몇 가지 중요한 약점이 있다.

외골격은 동물의 몸과 함께 자라지 않는다. 절지동물이 커지려면, 오래된 외골격을 벗겨내고 새 골격을 키워야 한다. 오래된 외골격은 제거되고, 새로 생긴 외골격은 부드럽고 유연하다. 새 외골격이 단단해지려면 시간이 걸린다. 작은 절지동물의 경우는 괜찮다. 중력이 작용하는 정도가 크지 않기 때문이다. 하지만 절지동물의 크기가 인간만큼 커지면, 새 외골격이 단단해지기 전에 자신의 무게 때문에 으스러질 것이다.

곤충은 악당이다

책과 영화는 곤충과 기타 절지동물을 악마화하길 좋아한다. 인류를 위협하는 것은 언제나 거미, 개미, 벌 등등이다. 하지만 사실 우리는 곤충 없이는 생존할 수 없다.

누구나 인간이나 농작물에 해를 끼치는 곤충들의 이름을 댈 수 있다. 우리는 이런 해충에 익숙하다. 해충들이 먹잇감으로 우리를 찾기 때문이다. 하지만 곤충 중에 해충은 1퍼센트 미만이며, 해충으로 간주되는 것들은 특정 시기와 장소에서만 문제가 될 뿐이다. 대부분의 곤충은 인간에게 이롭거나 중립적이다.

곤충은 야생동물의 먹이가 되고, 해충을 통제하며, 죽은 식물과 동물 사체를 분해한다. 과학 연구와 의학에도 활용된다. 세계에서 생산되는 곡물의 35퍼센트를 가루받이한다. 곤충이 없으면 커피도, 초콜릿도, 과일도, 채소도 없다. 곤충은 꿀, 밀랍, 명주실, 셸락(천연수지의 일종으로 인도와 타이에 많이 사는 락깍지벌레[Laccifer lacca]의 분비물에서 얻음-옮긴이), 식용 색소도 제공한다.

곤충은 최악의 적이 아니라 우리에게 필수적인 존재이다. 이따금은 곤충이 좋은 편으로 나오는 작품을 보고 싶다.

진실은 허구보다 이상하다

소설에서 묘사되는 곤충에 관해 가장 거슬리는 것은, 작가들이 곤충에 대해 잘 모르기 때문에 창작의 보물창고를 놓친다는 사실이다. 곤충에 관한 진실은 너무나도 충격적이어서 굳이 픽션화할 필요가 없다. 곤충 관련 실화 중 작품화되는 것을 보고 싶은 몇 가지를 소개한다.

화학전

곤충과 기타 절지동물은 화학 방어의 고수들이다. 일부 곤충은 자신들이 먹는 식물에서 독소를 수집한다. 자체 독 병기고를 만드는 곤충도 있다. 어떤 곤충들은 독침이나 송곳니로 독을 발사하지만, 많은 수는 몸의 다양한 부분에 있는 분비선에서 유독 화학 물질을 발산 또는 분사한다. 수천 종의 식초전갈, 바퀴벌레, 집게벌레, 대벌레, 딱정벌레 및 기타 절지동물들은 위협을 받으면 자극성 화학 물질을 놀랍도록 정확하게 넓은 범위에 발사한다. 이들 화학 물질 중 일부는 자연에서 발생되는 최고 농축도의 산(acid)이며, 곤충 자신이 이를 견딜 수 있다는 것이 놀랍다.

가뢰(곤충강 딱정벌레목에 속하는 가룃과 곤충의 총칭-옮긴이)는 화학 방어의 극단적인 예이다. 가뢰는 화학적 칸타리딘(피부자극제의 일종-옮긴이)을 몸 안에 가지고 있다. 칸타리딘은 과거에는 정력제로 간주되었는데, 남자가 먹으면 발기가 되었기 때문이다. 하지만 그 대가로 신장과 생식 시스템은 파괴된다. 가뢰 여섯 마리분의 칸타리딘이면 사람 하나를 죽일 수 있다.

일상과 가까운 예로는 정원사들과 학생들에게 사랑받은 친숙한 무당벌레가 있다. 하지만 무당벌레의 밝은 외형은 속임수다. 밝은 천연색은 자신들에게 독이 있다는 경고를 포식자에게 보내는 것이다. 무당벌레의 피는 독한 알칼로이드로 싸여 있다. 공격받은 무당벌레의 무릎 관절에서 흘러나온 피는 포식자의 입 가득 역겨운 느낌을 준다. 어떤 과학자들은 독개구리는 무당벌레를 먹을 수 있고, 무당벌레의 독을 훔쳐 자신의 보호에 이용한다고 추측한다.

파블로프의 벌

대부분의 곤충은 냄새에 극히 민감하다. 곤충의 더듬이에 있는 화학 수용체는 인간이 감지할 수 있는 것보다 훨씬 낮은 농도의 화학 물질도 감지할 수 있다.

연구자들은 이 능력을 활용했다. 꿀벌과 나방은 지뢰를 탐지하도록 훈련되었다. 기생벌은 폭발물, 불법 약물, 식물병, 암매장된 시체를 탐지하도록 훈련되었다. 연구자들은 곤충이 화학 물질을 먹이와 연관시킬 때까지 화학 물질을 가미한 먹이를 주는 방법으로 곤충을 훈련시켰다. 파블로프의 개와 다소 비슷하다.

기생벌

기생벌이 사용된 SF 영화 중 가장 유명한 것은 〈에이리언〉 시리즈이다. 기생벌은 다른 유기체 안에 알을 낳는다. 알이 부화하고, 새끼 기생벌은 안에서부터 숙주를 파먹어 가는데, 중요한 기관은 그대로 둠으로써 숙주가 계속 살아 있게 한다. 이러한 유형의 기생벌은 곤충 세계에서는 흔하다. 기생벌의 가장 극적인 예는 납작맵시벌속(屬)의 거대맵시벌이다. 납작맵시벌속의 몇몇 종은 4인치(약 10센티미터) 길이의 산란관(난자가 들어 있는 관)을 가지고 있다. 혈압에 의해 단단해진 산란관은 나무 안으로 파고들 수 있다. 산란관 끝에 있는 감지기는 나무 몸통 안에 사는 송곳벌 유충—맵

시벌의 먹이—를 감지할 수 있다.

공중 조종

판타지와 SF에는 종종 드래곤, 수많은 새 떼, 그리핀 등 장관을 이루며 나는 판타지 생물체가 등장한다. 하지만 공중에서의 민첩성을 겨룬다면, 곤충은 이러한 판타지 생물체를 늘 압도할 것이다. 곤충은 속도와 선회를 정확하게 제어할 수 있으며, 측면 또는 후진 비행도 가능하다. 활주로도 필요 없으며, 정지 상태에서 바로 비행을 시작하거나 중단할 수 있다. 잠자리, 길앞잡이(tiger beetle), 파리매 같은 일부 포식 곤충은 날고 있는 다른 곤충들을 잡아먹을 수 있다. 많은 나방은 사냥박쥐마저도 능가할 수 있다. 곤충의 비행은 중력과 물리학마저도 무시하는 것처럼 보이며, 과학자들은 곤충들이 공중 동작을 어떻게 제어하는지를 정확하게 알아내려 하고 있다.

성경 속의 곤충 떼

메뚜기 떼는 소설에서 종종 등장하지만, 그 놀라운 생명 작용과 생태는 거의 보기 힘들다.

떼를 형성한 메뚜기는 주로 먹이가 드문 건조 지대에 산다. 메뚜기는 대부분의 시간 동안 혼자 있다. 녹색이나 갈색 몸을 이용해 잘 위장하며, 다른 메뚜기들을 적극적으로 피한다. 메뚜기 수는 습기 동안 급격히 증가한다. 다시 건기가 되어 먹이가 부족해지면, 메뚜기는 남아 있는 먹이 조각 위에 모일 수밖에 없게 된다.

이렇게 모이면, 메뚜기는 대규모 이동을 시작한다. 복잡한 정보의 학습 및 처리와 관련된 메뚜기들의 뇌가 성장한다. 몸통은 몸을 숨기기에 알맞은 녹색과 갈색에서 밝은 오렌지색과 검은색으로 변한다. 순수한 채식성 식이에서 육식을 포함한 식이로 전환된다. 비행 근육이 성장한다. 적극적으로 다른 메뚜기를 찾고, 엄청난 수로 떼를 이루어 들판을 가로지른다. 근본적으로 완전히 다른 곤충으로 변모하는 것이며, 이 과정은 단 몇 주 만에 이루어진다.

곤충 전쟁

말라리아, 황열병, 뇌염 등과 같은 수많은 절지동물 매개성 질병으로 매년 수백만 명이 사망한다. 군대가 전쟁에서 이러한 질병들을 이용하려 한 것도 놀라운 일이 아니다. 이러한 시도가 가장 발달한 곳은 2차 세계 대전 중의 일본이었다. 일본군은 중국인 죄수를 실험 대상과 혈액원으로 이용해 전염병이 우글거리는 모기와 콜레라에 감염된 파리를 무기화한 다음, 중국에 이를 풀어놓아 수만 명의 사람들을 죽였다. 전쟁이 끝난 후 미군은 이 프로그램을 효과적으로 은폐했다. 곤충 전쟁 프로그램의 일본군 측 배후 조종자인 이시이 시로 장군을 불기소하는 대가로 데이터를 넘겨받는, 도덕적으로 의심스러운 거래의 결과였다.

이야기에 곤충을 등장시키고 싶은 작가에게는 여러분의 곤충 캐릭터의 실제 버전을 알아보라고 충고하고 싶다. 여러분의 생각과 다를 수 있지만, 훨씬 더 재미있을 것이다.

28장 PUTTING THE SCIENCE IN FICTION

늑대를 공정하고 정확하게 묘사하기

윌리엄 허긴스(환경운동가)

"증거를 요구하고, 비판적으로 생각하라."

– 닐 디그래스 타이슨

문학사에서 인간 이외의 동물 중 가장 많이 이용당하고, 학대당하고, 악용되고, 오해받고, 부당한 처우를 받고, 실제보다 형편없는 클리셰로 변한 존재로는 늑대(회색늑대)가 단연 첫손에 꼽힐 것이다. 이러한 형편없는 묘사는 문학의 세계와 실제 세계 모두에 영향을 미쳤다. 역사적으로 90퍼센트의 늑대가 몰살당했다는 점을 생각해 보기 바란다. 인간의 목초지에 도움이 아니라 위협이 될 뿐이라는 빈약한 스토리텔링에 기초한 문화적 내력 때문에, 핵심종(keystone species)이자 지구 생태계에 필수적인 늑대는 체계적으로 제거당했다. 이야기에서 엉터리로 묘사되면서, 늑대는 주로 경제적인 면에서 실제로 끼친 피해—소와 양을 잡아먹는 것—보다 더 많은 비난을 받았다. 사실 이러한 피해는 집에서 기르던 개가 들개가 되면서 끼친 경우가 더 자주 있었다.

인간 이외의 동물을 이야기에 등장시킨다는 것은, 작가이자 독자인 우리가 이 네발 동물이 실제로 어떻게 행동하는가를 정직하게 그려야 한다는 의미이다. 즉 우리가 쓰는 동물을 대변할 수 있을 만큼 과학적인 지식을 갖춰야 한다는 뜻이다. 아니면 S. K. 로비쉬가 말했듯, "주장의 틀을 만드는 데 사용된 모든 요소는 주장에 의해 선행적 및 소급적으로 영향을 받는다. 여기에는 생태학적 요소도 포함된다. 우리가 이야기 속에 늑대를 등장시키면, 이야기는 그 지점에서 반드시 늑대에 대한 책임을 져야 한다."

늑대의 악마화

대부분의 초기 종교 문헌에서 늑대는 그 순수한 자연적 성향 때문에 악마화되어 왔다. 세계의 주요 종교 대부분은 늑대를 특히 잔인한 눈빛을 가진 것으로 묘사했다. 〈길가메시 서사시〉(세계에서 가장 오래된 바빌로니아의 서사시-옮긴이) 제4서판(書板)에서, 이쉬타르는 자신을 향한 양치기의 사랑에 대한 보답으로, 양치기를 그 동안 양치기의 골칫거리였던 늑대로 변모시켜 준다. 〈카우쉬타키 우파니샤드〉(힌두교 성자들의 명상 서적인 우파니샤드 중 하나-옮긴이)에서 인드라(고대 인도 민간 신앙에 나오는 전쟁의 신-옮긴이)는 아룬무카스를 늑대로 만들어 버린다. 기독교 성경은 늑대에 대한 부정적인 함축적 의미로 가득한데, 마태복음 7장 15절의 "너희는 거짓 예언자들을 조심하여라. 그들은 양의 옷차림을 하고 너희에게 오지만 속은 게걸 든 늑대들이다"가 대표적이다. 늑대에 대한 언급이라면 코란도 빠질 수 없다. 12장에서 성 요셉의 죽음을 늑대 탓으로 돌리고 있다. 성 프란체스코와 구비오의 늑대 이야기는 늑대에게 관용을 베푼 극히 드문 예이다. 이것도 성 프란체스코가 늑대에게 홀로 마을을 떠나도 된다고 안심시켰기 때문이었다. 따라서 우리의 초기 문헌에서는 문명 대 야만이라는 단 하나의 이분법만이 나온다.

동화도 늑대에게 매정하기로는 다를 게 없다. 유일한 예외는 이솝 우화인데, 균형이 고르게 잘 잡혀 있다. 각 우화에 담긴 간결하고 함축적인 교훈을 통해 늑대를 악한 존재로만 보지 않고, 자연의 행위로 너그러운 관용을 베풀고 있다. 대부분의 동화에서 늑대는 남녀 주인공을 돋보이게 하기 위한 편리한 장치다. 「빨간 모자」, 「아기 돼지 삼형제」를 생각해 보면, 늑대는 편안한 문명을 위협하는 야생의 명백한 예이다. 첫인상은 중요하다. 아이들이 어린 나이에 편견이 생기기 때문이다.

중세의 동물 우화집에서는 종종 늑대를 교활하고 간교한 속임수로 양을 사냥하는 악마에 비유했다. 물론 사실이기는 하다. 유럽, 포르투갈, 스페인, 이탈리아에서 늑대 무리는 이러한 이야기 속에서만 살아남았다. 하지만 폴란드나 독일처럼 수백 년 전에 차지했던 지역으로 서서히 되돌아오고 있었다. 영국 제도(諸島)에서는 늑대가 완전히 사라졌다. 심지어 제프리 초서 같은 위대한 시인도 '수녀원 신부의 이야기'(『캔터베리 이야기』의 일부–옮긴이)와 거의 해독 불가능한 '목사의 이야기'에서 동물 우화집을 차용해 늑대를 부정적으로 언급했다.

불공정한 문화적 편견에 기초한 이러한 중세인의 생각은 대서양 너머 초기 미국의 유럽계 정착민들도 마찬가지로 가지고 있었다. 유럽에 있는 선조들보다 더 우수한 총과 탄약으로 무장한 미국과 캐나다의 정착민들은 늑대와의 불필요한 전쟁을 선포했다. 그 결과 북미 대륙에서 늑대를 거의 완전히 없애 버렸으며, 오늘날까지도 계속되고 있다.

최근의 영어덜트 소설에서는 이와 같은 경향이 다소 달라졌다. 늑대가 자연에서 맡고 있는 역할에 대한 과학적 이해가 높아졌거나, 늑대 보존 운동이 더 활발해졌기 때문일 것이다. 캐스린 래스키의 「저 너머의 늑대들Wolves of the Beyond」 시리즈나 미셸 파퍼의 「늑대 형제Wolf Brother」 시리즈는 모두 늑대를 공정하게 그리고 있다. 여기에서 늑대는 더 자연스러운 행동을 보이는데, 전체 무리가 각자의 역할을 하며 어린 새끼들을 헌신적으로 돌보고 있다. 이들 작품은 늑대를 과학적으로 묘사하지는 않지만, 적어도 젊은 독자들이 '거대한 악당 늑대' 외의 다른 캐릭터를 생각해 볼 기회는 주고 있다.

장르소설 속의 늑대

SF와 판타지는 늑대를 완전히 정확하게 묘사할 필요는 없다. 『반지의 제왕』은 중세적 접근을 충실하게 따라, 늑대를 어둠의 힘의 대리자로 바꾸어 놓았다. 휘틀리 스트리버는 『울펜The Wolfen』에서 늑대를 복수 전략을 영악하게 실행하는 캐릭터로 그렸지만,

이야기는 다소 정석을 벗어나고 있다. 이를 영화화한 〈늑대인간의 습격〉은 영화가 늑대의 자연스러운 행동을 그리는 면에서 책보다 나을 수 있다는 것을 보여 준 드문 경우 중 하나이다. 수많은 예가 있는데, 가장 최근의 것으로는 스타크 가문과 다이어울프(신생대에 살았던 늑대의 한 종류—옮긴이)의 관계를 그린 〈왕좌의 게임〉이 있다. 늑대를 훨씬 자연스럽게 그릴 수 있는 기회가 주어진 덕분에, 〈왕좌의 게임〉의 다이어울프도 애완동물 이상의 역할을 했다. 아리아(스타크 가문의 막내딸—옮긴이)가 니메리아를 놓아주긴 했지만, 다이어울프와 워깅(〈왕좌의 게임〉에서 늑대류에 빙의할 수 있는 능력—옮긴이)할 수 있는 능력 때문에 다이어울프의 잠재적 야생성 일부는 사라진 상태다. 놀랍도록 뛰어난 작가인 C. J. 체리도 『체르네보그Chernevog』에서 러시아 전통 우화인 '문 앞의 늑대(wolves at the door)'라는 상투성에 빠졌다. 이 우화는 과학적 근거가 없었는데도 러시아 민담에서는 널리 퍼졌고, 체리는 이것을 차용했다.

주목할 만한 긍정적인 예외(구전과 기록 두 가지 면에서 모두)가 있다. 미국 원주민 작가인 제임스 웰치의 『풀스 크로우Fools Crow』는 늑대가 자연 상태에서 존재할 수 있는 것으로 그리고 있다. 이 책에서 유일하게 나오는 늑대의 공격은 광견병이 원인이었는데, 과학적 근거가 있다. 제임스 페니모어 쿠퍼(『오크 오프닝Oak Opening』), 잭 런던(아무 작품이나 골라도 된다), 또는 니콜라스 에반스의 안이한 『루프The Loop』에 나오는 야생의 공격자와는 달리, 늑대는 인간 주위를 배회하는 것을 별로 좋아하지 않으며, 가능한 한 피하려고 한다. 웰치는 이 사실을 완벽하게 그려 냈다.

미국 원주민인 아니쉬나베 족 출신의 루이스 어드리크는 「터틀 산Turtle Mountain」 연작에서 늑대를 적절하게 그려냈는데, 그중의 최고는 『페인티드 드럼The Painted Drum』일 것이다. 이 작품에서 아니쉬나베 족 노인은 비록 '언어는 아니라도' 가까이에 있는 늑대가 하는 말을 실제로 듣고 늑대와 대화한다. 늑대와 노인은 공통의 트라우마를 통해 서로 연결되며, 늑대의 '대답'은 노인에게 살아가야 할 이유를 주었다. 어드리크의 늑대들은 큰까마귀와도 함께 논다. 이러한 이어짐은 자연 전체에 걸쳐 볼 수 있지만, 늑대가 나오는 부분은 그리 많지 않다.

원주민 혈통이 아닌 작가들은 원주민 작가들에게서 많은 것을 배울 수 있다. 단순한 기법만이 아니다. 소재는 물론이고 인간 외의 다른 동물들과 이어져 이야기 속에 사실적으로 그려 낼 수 있게 세상을 받아들이는 방법을 배울 수 있다. 아마도 이는 존 웨인 스타일의 서부영화 또는 1990년대 영화 〈늑대와 춤을〉 때문일 것이다. 원주민들은 문학과 영화에서 잘못 묘사되고 있는 부분을 알고 있다.

원주민 문학이 아니면서도 늑대를 제대로 묘사하고 있는 예도 있지만 흔치 않다. 이 문제의 대부분은 문화에서 기인한다. 유럽계 미국인은 늑대와 늑대가 자연에서 하고 있는 역할을 존중하는 것을 원주민만큼 배우지 못했다. 늑대는 파멸의 조짐, 초자연적 힘에 사로잡힌 야수, 또는 그저 가축을 훔치고 죽이는 해로운 존재로 보였다. 심지어 오늘날에도 늑대를 네발 달린 상어처럼 게걸스러운 존재로 생각한다. 실제로 늑대는 종종 먹지 않고도 며칠씩 버틴다. "포식자는 늑대의 일면일 뿐이다. 먹어야 살 수 있으며, 포식은 그 방법에 지나지 않는다." 그래서 릭 베이스(『바다는 어디에 있었는가Where the Sea Used to Be』), 르네 애스킨스(『그림자 산Shadow Mountain』), 세스 칸트너(『보통 늑대Ordinary Wolves』), 코맥 매카시(『국경을 넘어』)를 비롯한 많은 작가들은 늑대를 부정적으로 묘사하지 않고 균형을 잡으려고 노력했다. 하지만 아직 희망은 있다. BK 로렌의 데뷔작 『절도Theft』에서는 야생 늑대의 특성을 사실적으로 추론하고, 좋은 일이 생길 조짐으로 그리고 있다.

작가, 특히 인간 이외의 동물을 포함한 이질적인 존재의 사고를 잘 알고 재창조해야 하는 SF와 판타지 작가는 지금보다 더 잘 할 수 있고, 잘 해야 한다. 외계인에 대해 쓸 수 있다면 지구에 함께 살고 있는, 지능을 가진 다른 존재에 대해서도 쓸 수 있어야 한다. 늑대는 인간보다 수백만 년 먼저 나타났고, 우리와 똑같이 여기에 살 권리가 있다. 과학—특히 야생동물 생물학과 새로 떠오르는 분야인 동물행동학—은 적절히 관리된 자연 보호 구역에서 늑대가 가지는 생태학적 중요성을 보여 주었다(1994년에 늑대가 다시 나타난 옐로스톤 국립공원을 생각해 보기 바란다. 늑대가 다시 나타나면서 숲이 건강해지고 특히 생명이 다시 살게 되는 캐스케이드 효과[어떤 현상이 폭포처럼 순차적으로 증가되는 현상-옮긴이]가 생겼다). 이러한 세계에서는 과학을 보다 쉬운 글과 스토리텔링으로 옮겨야겠다는 생각을 할 수 있을 것이다.

늑대는 현실과 문학에서 더 나은 대접을 받을 자격이 있다. 작가들이 인간 이외의 캐릭터에 대해 정직해야 하고, 단순히 좋은 것을 넘어 진실한 이야기를 써야 할 때다. 늑대가 과거에서 되돌아오고, 완전히 사라졌던 자연에서 다시 살아나면서 이야기의 중요성이 커졌다. 인간이 지구를 파괴하고 잘못 관리한 상황을 돌이키려면, 과학, 그리고 인간 이외의 동물에 대한 우리의 이야기를 다시 쓰는 것이 꽤 좋은 출발점이 될 것이다. 생물 다양성이 계속적으로 감소하는 세계에서 우리의 말이 가진 힘을 깨달아야 한다. 안이한 글, 결함투성이 전설과 과학의 부재 때문에 늑대는 멸종 직전까지 몰렸다. 좋은 글과 과학은 늑대를 지켜, 바로 지금 여기, 문학과 현실에서 우리와 함께 살아가게 할 수 있다.

우리는 행동으로도, 문학으로도 늑대에 대해 책임을 다하지 못했다. 이제 달라져야 할 때다.

29장 PUTTING THE SCIENCE IN FICTION

동물의 성별 결정

로빈 와이스(곤충학자)

돌연변이 곤충 떼, 에이리언, 드래곤, 유니콘, 기타 픽션에서 나오는 기괴하고 놀라운 생물들은 모두 생식을 해야 한다. 그렇지 않으면 존재하지 못하겠지? 우리의 환상적 생물들의 생식 문제를 무시하고 싶다는 생각이 간절하다. 하지만 부화를 하든, 지구에 내려오든, 뭐든 해야 한다. 그 후에야 흥미진진한 일이 시작된다.

생식 생물학의 세계는 재미있는 사실들로 가득하며, 작가들이 이용할 수 있을 정도로 무르익었다. 예컨대 성별 문제를 보자. 많은 동물들에게 성별은 유전자에 의해 결정되는 비교적 단순한 문제다. 하지만 성별 문제가 훨씬 복잡한 동물들도 있다.

왜 두 가지 성별뿐인가?

각 동물들의 성별 결정은 여러 차례에 걸쳐 진화했다. 하지만 거의 언제나 두 가지로 수렴되었다. 왜 성별은 둘뿐인가? 셋이나 넷은 안 되는가? 이를 이해하려면 생식 세포(gamete) 진화 과정을 되돌아보아야 한다. 생식이 진화했을 때, 최초의 생식 세포는 크기가 전부 같았다. 정자나 난자는 없었다. 하지만 선택압(selective pressure)이 생식 세포에 두 방향으로 가해졌다. 작은 생식 세포는 주위를 맴돌다 수정시킬 다른 생식 세포를 발견하는 능력이 더 좋았다. 큰 생식 세포는 준비 상태로 있다가 수정된 후 배아로 발달되는 능력이 더 좋았다. 이러한 경쟁압(competing pressure)으로 인해 작고 이동성이 있는 정자(수컷이 이들을 생산하게 된다)와 크고 이동성이 없는 난자(암컷이 이들을 생산하게 된다)로 분화되었다.

뜨거운 것이 좋아

어떤 파충류는 온도가 성별을 결정한다. 배아가 암컷 혹은 수컷이 되는가는 난자의 부화 온도가 결정한다. 온혈동물인 새가 알 위에서 알을 덥히는 것과 달리, 파충류는 부화 단계에서 환경에 크게 좌우된다. 파충류는 일반적으로 한 번에 여러 개의 알을 낳고, 양지바른 곳의 모래나 흙에 묻은 다음, 최상의 결과를 바란다.

많은 거북이의 경우, 낮은 온도에서 부화된 알은 수컷으로 발달하고 높은 온도에서 부화된 알은 암컷이 된다. 미국악어의 경우, 극단적으로 높거나 낮은 온도에서는 암컷을, 중간 온도에서는 수컷을 낳는다. 이러한 성별 결정 시스템에서는, 전체 알이 하나의 성별로 태어날 수 있다. 폭풍으로 인해 알들이 모래나 흙 속으로 더 깊게 파묻히거나 태양에 더 직접적으로 노출되면 전체 알들의 성별이 바뀔 수 있다.

부화 온도에 영향을 받는 물고기도 있다. 극단적인 온도에서는 수컷이 더 많이 태어난다. 하지만 이러한 물고기는 성별을 결정하는 유전자 요소를 가지고 있으며, 온도는 극한적 조건에서만 성별에 영향을 미친다고 시사하는 연구들이 있다. 일부 곤충도 같다. 추운 온도에서는 염색체가 감수 분열 중에 다르게 행동하며, 이로 인해 수컷 자손이 더 많아진다.

마리 브래넌은 『바실리스크의 여행: 레이디 트렌트의 회상록 Voyage of the Basilisk: A Memoir by Lady Trent』에서 이 개념을 멋지게 사용했다. 어떤 국가가 국경 방어를 위해 드래곤을 부화시키려고 했다. 하지만 드래곤은 전부 작은 수컷으로 부화했기 때문에 방어에 쓸모가 없었다. 두려움을 모르는 박물학자 레이디 트렌트는 부화 조건이 잘못되었기 때문에 큰 암컷 드래곤이 태어나지 못했다고 추측했다.

양수겸장

어떤 물고기와 달팽이는 살아가는 내내 성별을 바꾼다. 성별 전환은 사회적 또는 환경적 신호에 의해 촉발된다. 클라운 흰동가리('니모'를 생각하면 된다)는 전부 수컷으로 생애를 시작한다. 무리 중에서 가장 큰 두 마리만이 성적으로 성숙해 하나는 암컷이, 다른 하나는 수컷이 된다. 그 집단의 우성 암컷이 죽으면, 우성 수컷이 암컷으로 변해 그 자리를 대신한다.

인도-태평양 청소놀래기의 경우는 이와 반대로 수컷 하나와 많은 작은 암컷들이 집단을 이룬다. 수컷이 죽으면 제일 큰 암컷이 수컷으로 변해 그 자리를 대신한다.

파랑비늘돔과 긴코가시고기는 두 성별 모두로 생을 시작하며, 살아가면서 내내 성별을 바꾼다.

〈니모를 찾아서〉가 이러한 사소한 생물학적 지식과 얼마나 크게 다른가를 생각해 보자. 니모의 엄마는 죽었고, 흰동가리라고는 니모와 아빠만 남았는데….

케이크를 가져가고 먹기도 하라

어떤 동물들은 정말로 성별이 구분되지 않는다. 각 개체가 수컷과 암컷의 생식 기관을 모두 가지고 있기 때문이다. 이러한 동물을 자웅동체(hermaphrodite)라고 하는데, 헤르메스와 아프로디테의 아들인 헤르마프로디투스(Hermaphroditus)의 이름을 딴 것이다. 헤르마프로디투스는 물의 요정과 결합한 뒤 남녀 양성을 한 몸에 갖게 되었다. 자웅동체성은 움직임이 느려서 다른 성별의 개체를 찾기 어려운 동물들에게 유용한 적응이다. 어떤 종의 모든 객체가 자웅동체라면, 어떤 개체라도 짝이 될 수 있다. 지렁이는 자웅동체 동물의 예이다. 모든 지렁이는 몸 아래쪽에 고환을, 머리 근처에 난소를 가지고 있다. 지렁이는 짝짓기 중에 머리부터 꼬리까지 눕는다. 그리고 각 지렁이는 암컷과 수컷으로 행동하여 다른 지렁이에게 정자를 전달한다. 많은 달팽이와 민달팽이 종도 자웅동체이며, 지렁이와 동일한 종류의 상호 수정을 한다.

멍게와 기타 피막(被膜)동물도 자웅동체다. 성체가 되면 이들 동물은 고착된다. 표면에 붙어 살기 때문에 짝을 찾으러 돌아다닐 수 없다. 수정을 하기 위해 정자 혹은 난자를 물에 배출한다. 이들 유기체 다수는 자가 불임(self-sterile)이다. 같은 개체에서 나온 정자와 난자가 서로 만나도 수정할 수 없다는 뜻이다.

익숙하게 들릴 수 있는 이야기다. 식물이 똑같은 일을 하기 때문이다. 대부분의 식물은 자웅동체다. 각각의 꽃 안에는 수컷 부분(꽃밥, 정자에 해당하는 생식 꽃가루)과 암컷 부분(씨방, 난소에 해당하는 밑씨)이 있다. 우리와 비슷하게 X와 Y염색체를 가진 유전 시스템에서 성별이 구별되는 식물은 드물다. 그중 한 예는 은행나무이다. 은행나무의 수나무는 도시의 조경에 중요하게 사용되지만, 암나무는 지독한 냄새의 열매 때문에 욕을 먹는다.

반은 남자, 반은 여자

많은 벌, 말벌, 개미 수컷은 미수정란에서 성장하고(반수체〔半數體〕, 어머니 쪽에서만 유전자를 받음). 암컷은 수정란에서 성장한다(이배체〔二倍體〕, 부모 양쪽에서 받은 유전자 세트). 일반적으로 성체인 암컷이 과정을 통제한다. 짝짓기로부터 받은 정자를 통제함으로써 수컷과 암컷을 낳을 시기를 선택한다. 일부 깍지진디에게서 볼 수 있듯, 가끔은 수정란에서 수컷이 나오기도 하는데, 이 경우 그 수정란은 성장 과정에서 아버지의 게놈이 파괴되어 반수체가 된다.

성별 강탈자의 습격

많은 곤충과 절지동물에서는 가장 이상한(그리고 픽션으로는 가장 흥미로울) 성별 결정의 발견된다.

엄청나게 다양한 곤충들이 암컷만을 낳거나 수컷을 극히 드물게 낳는다. 수컷이 발견된 적이 없는 곤충 종도 있다. 암컷은 간단하게 자기 복제를 하거나 미수정란을 낳는다.

수컷이 없어지는 원인은 거의 볼바키아(Wolbachia) 속(屬) 박테리아의 활동 때문이다. 이 박테리아는 절지동물과 일부 선충(線蟲)을 감염시키며, 생식 기생충으로 간주된다. 볼바키아와 숙주 사이의 관계는 기생부터 상호 공생까지 범위가 넓지만, 거의 언제나 성별과 생식을 변화시킨다.

감염된 암컷은 볼바키아를 자손에게 전달하지만 수컷은 그렇지 않다. 따라서 박테리아의 관심사는 수컷을 제거하는 것이다. 볼바키아는 여러 가지 방법으로 이 목적을 달성한다(숙주 내 볼바키아의 활동과는 다르다). 성숙하기 전의 수컷을 죽이고, 수컷이 암컷으로 성장하게 하고, 암컷 숙주에게 (수컷 없이) 단성 생식하는 능력을 주거나, 감염된 수컷과 감염되지 않은 암컷 사이의 세포질 비호환성을 유발함으로써 감염된 암컷만이 생식할 수 있게 한다.

볼바키아와 절지동물의 관계는 오래되었고, 숙주와 기생충 모두의 진화를 가져왔다. 몇몇 사례에서는 이 관계가 강요되었다. 숙주는 박테리아 없이는 생존도 생식도 전혀 불가능했다. 박테리아의 영향을 받은 일부 곤충 종은 단일 성별만을 가지도록 진화했고, 박테리아가 제거되더라도 암컷만이 생산되었다.

강제 여부에 관계없이, 볼바키아는 감염된 많은 곤충들에게 그렇지 않은 곤충보다 생식적인 이점을 주었다. 또한 병원균으로부터 숙주를 보호하고, 일부 경우에는 양분 흡수를 향상시켜 곤충에게 생존상의 이점도 주었다.

그러므로 박테리아 감염 덕분에 암컷으로만 이루어진 슈퍼 곤충 종이 탄생했다…. 이것이야말로 멋진 SF가 아닐까!

볼바키아는 단순히 성별을 바꾸는 것 말고도 많은 일을 하기 때문에, 우리 인간은 그 존재와 수많은 다양한 활동에 점점 더 흥미를 가지게 되었다. 말라리아, 치쿤구니아열, 웨스트 나일 바이러스, 뎅기열, 지카 바이러스와 같은 질병을 옮기는 모기는, 볼바키아의 특정한 활동에 감염되면 이들 병원균에 의한 감염에 영향을 덜 받는다. 과학자들은 볼바키아를 이용해 절지동물 매개성 질병과 싸우는 것의 실행 가능성을 연구하고 있다. 절지동물이 질병을 운반하는 능력을 감소시키고 생식을 제한(볼바키아의 비호환적 변형으로 수컷을 감염시켜 자손이 생기는 것을 막는 것)하는 방법이다.

다른 생명체의 성별

물론 이 생명체는 동물이다. 다른 유기체의 성별 결정은 점점 더 기괴하고 놀라워진다. 예컨대 곰팡이류는 유전자 기반의 성별 결정 체계를 가지고 있지만, 그 성별(짝짓기 유형)은 수천 개일 수 있다. 이러한 다양성으로 인해 곰팡이류는 서로 호환되는 짝을 찾기가 힘들고, 따라서 자신의 세포 일부를 호환 가능한 짝짓기 유형으로 만들고 스스로 짝짓기하는 능력을 진화시켰다.

30장 PUTTING THE SCIENCE IN FICTION

밖은 춥다: 극지방의 동물들

브리 패독(생물학 교수)

모험심 강하고 유쾌한 우주 해적단이나, 투지 넘치는 우주 용병대나, 지저분하지만 이상주의적인 혁명가들이 완전히 새로운 행성에 막 착륙했다. 에어로크(항공기 · 잠수함 등의 기밀실-옮긴이)를 열고 밖으로 비틀거리며 나와… 완전히 새로운 세상을 발견한다. 정글? 사막? 대초원?

더 좋은 게 있다. 바로 얼음이다.

1980년 영화 〈스타워즈 에피소드 V: 제국의 역습〉에 나온 호스 행성 이후, 인기 SF 영화나 책에는 얼음 행성이 등장해 주인공에게 살을 에는 바람, 황량한 풍경, 동상의 위협이라는 도전을 안겨 주었다. 어쩌면 우리 지구의 극지방—너무나도 멀고 신비로운—의 부름 때문에 독자와 작가들은 빛과 어둠만이 있는 얼음 덮인 극한 지대를 탐험하는지도 모른다.

나는 알래스카에서 어린 시절을 보냈기 때문에, 문학 속에 나오는 얼어붙은 풍경에 곧바로 매료되었다. 하지만 북극 비슷한 황무지에 대한 묘사가 다소 부정확한 바람에 거짓말처럼 보이는 경우가 너무나 자주 있다. 주로 북극(또는 남극)은 주인공에 맞서기 위해 텅 비고 황량한 풍경으로 기다린다. 나는 깍깍거리던 큰까마귀, 떠돌아다니던 엄청난 순록 떼, 강인한 산양, 사납고 외로운 울버린(북유럽, 북미 등에 서식하는 작은 곰처럼 생긴 야생동물-옮긴이)이 그립다. 날이 끝없이 길어지면, 유람선을 떠나는 관광객들처럼 엄청난 수의 제비갈매기와 기러기 떼가 나타나 이동했다.

현실을 바로 보자. 극지방에는 얼음과 빙하 말고도 많은 볼거리가 있다. 추위에 적응한 동물들에 대해 얘기해 보자. 이 아이디어들 중 일부를 여러분의 다음 기후 소설(기후 변화와 지구 온난화를 다루는 소설-옮긴이)과 스페이스 오페라에 추가할 수 있을 것이다.

게임의 이름은 열Heat

극지방에서 성공적으로 살고 있는 동물들 대부분은 온혈동물이다. 이들은 몸을 따뜻하게 유지하기 위해 엄청난 양의 에너지를 소비하며, 극지방의 환경에 적응할 때 가장 중점을 두는 것은 열의 생산 또는 보존이다. 북극곰, 사향소, 바다코끼리, 범고래(육식고래), 퍼핀(바다오리), 펭귄이 그렇다. 따라서 극지방은 온혈동물의 두 주요 집단인 포유류와 조류가 대부분 차지하고 있다(주목할 만한 예외는 극지 어류[polar fish]이다). 하지만 여러분이 다음에 남극 인어의 모험 이야기를 쓰지 않는 한, 큰 의미가 없을 것이다(만일 쓸 생각이 있다면 연락주기 바란다. 밤새 얘기할 수 있다).

거거익선巨巨益善

극지 동물들은 크다. 따뜻한 지방에 사는 비슷한 동물들보다 크며, 표면 부위는 극히 작다(귀, 손가락, 발가락을 생각해 보자). 추운 환경에 계속해서 둘러싸여 있기 때문에, 이러한 거대한 몸통 크기는 내부에 다량의 체열(body heat)을 유지하는 데 도움이 된다. 생리학자들은 이를 베르그만 법칙이라고 부른다. 여러분에게 극도로 추운 지방에 사는 정말로, 정말로 큰 동물이 있다면, 그 법칙에 아무 이름이라도 붙여도 된다.

북극곰은 곰 중에 가장 크다. 북극토끼는 다른 산토끼보다 크다. 북극토끼의 짧은 귀와 다리는 표면 부위를 줄여, 이 춥고 추운 북극의 겨울에 열을 잃는 것을 막아 준다. 많은 사람들이 육식 고래라고 부르는 범고래는 사실은 돌고래다. 정확하게 말하면 돌고래 중에서 가장 큰 놈이다.

솜털은 아무리 많아도 모자라다

단열은 체열을 전부 몸에 가둘 수 있는 중요하고 필수적인 층(layer)을 제공해 준다. 북극곰도, 바다표범도, 북극여우도 솜털이 있으며, 해달은 솜털에 방수까지 된다. 털은 포유동물에게만 있지만, 조류는 늘어날 수 있는 빽빽한 깃털 층으로 솜털을 관리한다. 1년 내내 극지방에 사는 펭귄, 뇌조(들꿩), 바다오리는 자신들의 깃털을 여러분의 노스페이스 재킷쯤은 저리가라 할 정도로 두껍게

할 수 있다.

솜털만이 단열 기능을 하는 것은 아니다. 일부 해양 포유동물은 빽빽한 모피를 이용하며(이 때문에 멸종 직전에 이를 정도로 사냥당해 왔다), 어떤 동물들은 다른 단열 수단을 이용하고 있다. 바로 지방이다. 지방은 뛰어난 단열재로 바다코끼리, 바다표범, 고래는 이를 이용해 놀라운 효과를 얻으며, 털북숭이 새끼곰의 수북한 거친 털도 마찬가지다(이 귀여운 새끼곰에 대해서는 곧 얘기하게 된다).

동물의 천연색은 위장 이상의 역할을 한다

북극곰은 흰색이다. 뇌조는 흰색이다. 북극여우도 흰색이다. 이들의 천연색은 눈(snow)으로 위장하려는 것이라고만 설명하고 다음 유전형(유전자와 환경의 영향으로 형성된 생물의 형질-옮긴이)으로 넘어가기는 쉽다. 하지만 흰색은 열에너지를 반사하고, 극지방에는 열에너지가 부족하다. 따라서 흰색 털가죽은 극지방의 태양이 주는 작은 열에너지를 흡수하기보다는 반사하게 된다. 하지만… 이 흰색 털가죽은 동물 자체가 발산하는 열에너지도 반사한다. 따라서 흰색의 천연색은 위장으로도 우수할 뿐만 아니라 체열을 몸 가까이 가두는데도 도움이 된다. 북극곰은 여기서 한 걸음 더 나아가, 이 반사된 열에너지를 흡수하는 검은색 피부를 가지고 있다.

굴, 소굴, 집

가장 성공적인 극지 동물은 생의 대부분을 눈 속에서 보내지 않는다. 이들은 미기후微氣候(특히 주변 다른 지역과는 다른, 특정 좁은 지역의 기후-옮긴이)를 찾거나 만들기 위해 굴이나 소굴을 파 단열을 넓힌다. 여기서 잠을 자고, 겨울잠을 자고, 새끼를 가진다. 예컨대 북극곰의 굴은 아주 넓고, 방이 여러 개인 주거지로, 외부 환경보다 훨씬 따뜻하다. 북극여우의 소굴도 비슷하게 넓고, 늑대 가족은 수 세대에 걸쳐 이 소굴을 물려준다. 일부 소굴은 수 세기나 된 것이고, 최근의 증거가 시사하는 바에 따르면, 여름이 오면 이러한 소굴에는 툰드라 지방에서 자라는 야생화가 핀다.

극지 동물이 소굴을 파는 능력을 포함시킨다면 훨씬 현실감이 있을 것이다. 하지만 소굴 그 자체는 모험가들이 이를 찾아 비틀거리며 나가게 만드는 동기가 되기도 한다.

냉혈동물 생존주의자

대부분의 극지 동물이 온혈동물이긴 하지만, 북극털곰나방도 잊지 말자. 이 작은 곤충은 애벌레 단계에서 7~10년을 산다. 성체 나방으로 이행하는 데 필요한 연료를 얻기 위해 충분한 식물 영양물을 섭취하려면 시간이 오래 걸리기 때문이다. 이들 애벌레들은 영양물을 섭취할 드문 기회인 몇 주의 짧은 여름 이외에는 공동의 고치 안에서 겨울잠을 잔다. 얼어붙을 정도로 추운 곳을 다니는 여행자들은 털곰나방들에게서 한 수 배울 수 있을 것이다.

동결방지제

동결을 방지하는 화학 물질이다. 그들은 이것이 필요하고, 이것을 얻었다. 이것이 있어야 살 수 있다. 극지방 근처에 사는 냉혈

동물 얘기다. 극지 근처의 곤충, 벌레, 물고기의 혈액(또는 기타 체액)에서 발견되는 이들 화학 물질은 동물의 기관과 조직이 얼어붙는 것을 막아 준다. 이 화학 물질은 파스타를 만들기 위해 끓이는 물에 넣는 소금과 약간 비슷하다. 하지만, 이것은 끓는점을 변화시키는 대신 어는점을 감소시켜, 동물의 기관과 세포를 훨씬 낮은 온도에서 얼게 한다.

지도 작성과 탐험 능력

극한의 기온은 단순한 신체적 특성 이상의 것을 만들어 낸다. 많은 극지 동물은 따뜻한 지방에 사는 동물들과는 달리 탁월한 지도 작성 및 탐험 능력을 가지고 있다. 웨델바다표범을 생각해 보자. 먹이를 찾아 얼어붙은 남극해를 몇 시간 동안 샅샅이 뒤지면서도, 자신이 출발했던 공기구멍이 어디였는지를 기억한다. 기억하지 못한다면 우리가 쇼핑몰 주차장에서 헤매는 것보다 훨씬 더 끔찍한 결과가 기다리고 있을 것이다. 이와 비슷하게, 흰색 눈만이 가득 펼쳐진 지역에서 자신들의 굴을 찾아야 하는 북극곰이나 북극여우도, 규칙적으로 있는 이정표에 기댈 수는 없을 것이다.

모든 극지 동물이 극지방에 상주하는 것은 아니다. 다수는, 특히 새와 해양 포유동물은 여름에 먹이를 찾아 극지방으로 이동한다. 극지 부근 바다 한가운데 있는 똑같은 작은 섬을 찾는 이주 동물들도 수천 킬로미터에 걸친 여정에서 놀라운 탐험 능력을 발휘한다.

이러한 진화 압력 덕분에 대부분의 극지 적응 동물들은(1년 내내 상주하는 주민이든, 철마다 이동하는 관광객이든) 뇌에 놀라운 지도 작성 능력을 갖추게 되었다.

요약하자면, 얼어붙은 행성에 갇힌 용감한 모험가가 꼭 혼자일 필요는 없다. 북극과 같은 풍경은 처음에는 황량하게 보일 수도 있지만, 표면 바로 아래 있는 따뜻한 굴에는 단열이 잘 된 동물들이 많이 숨어 있다. 어떤 동물들은 딱딱하게 얼어 있을 수도 있고, 어떤 동물들의 피 안에는 놀랍고 새로운 부동(antifreeze) 화학 물질이 있을 수도 있으며, 인간이 만든 단열재에 버금갈 정도로 두껍고 따뜻한 모피를 가진 동물들도 있을 것이다. 여러분이 눈 덮인 땅에 살 수 있게 만들어 낼 새 동물들을 보고 싶다.

건투를 빈다, 친구들이여. 겨울이 오고 있다.

31장 PUTTING THE SCIENCE IN FICTION

촉수: 문어부터 에이리언까지

다나 스타프(해양생물학자)

'에이리언'이라는 단어만큼 촉수가 가득한 겉모습을 떠올리게 하는 건 없다. 이러한 부속지付屬肢(다리와 꼬리, 지느러미 등—옮긴이)는 H.G. 웰즈의 『우주전쟁』부터 2016년 영화 〈컨택트〉까지 SF에서 꾸준한 인기를 누려온 것 같다.

이러한 뼈 없는 팔다리들의 원조는 우리 지구의 바다에서 왔다. 어떤 해변에서든 바다로 들어가 보면 촉수들로 가득하다는 것을 알게 될 것이다. 이 촉수들에는 흡반, 촉수 세포, 깃털 먼지털이 등도 달려 있다. 촉수가 가진 가능성의 깊이를 생각해 보지 않은 작가는 이들을 그저 유전적 돌연변이이자 기괴함을 강조하기 위한 장치로만 사용할 위험이 있다. 이제 여러분이 발을 적시지 않고도 창의성을 높일 수 있는 현실 생물학을 조금 소개한다.

진정한 촉수 마스터

단언컨대 문어, 오징어, 갑오징어는 이 지구에서 만날 수 있는 생물 중에 지능을 갖춘 에이리언에 가장 가까운 존재이다. 심지어 이들 때문에 우리는 촉수 달린 외계인을 상상하는 경향이 있다. 하지만 여기 재미있는 사소한 일반 상식 하나를 소개한다. 문어에게는 촉수가 없다. 기술적으로는 그렇다.

친척인 오징어나 갑오징어와 마찬가지로, 문어도 두족류頭足類(머리에 다리가 발달한 무척추동물-옮긴이)에 속해 있다. 그리고 과학자들은 두족류의 '팔'과 '촉수'를 구별하는 것이 유용하다는 사실을 발견했다. 팔은 짧은 반면, 촉수는 길고 탄력이 있다. 흡반이 팔에는 일렬로 달려 있는 반면, 촉수에는 끝에만 달려 있다. 이러한 정의에 따르면, 오징어와 갑오징어에는 팔 여덟 개와 촉수 두 개가 달려 있다. 문어는 팔만 여덟 개고 촉수는 없다. 이제 여러분도 이해했을 것이다.

두족류는 퍼즐을 풀고, 도구를 사용하며, 서로 함께 놀고 의사소통을 할 수 있다. 심지어 개체끼리 구별되는 성격도 갖고 있다. 어떤 면에서는 이렇게 우리 인간과 비슷하게 복잡한 행동을 하기는 하지만, 이러한 행동은 완전히 다른 신경계에서 조정된다. 두족류는 우리처럼 하나의 거대한 중심 뇌가 있는 대신, 하나의 중심 뇌와 함께 몸 전체, 특히 팔과 촉수가 다량의 분산 처리를 한다.

과학철학자 피터 고프리 스미스는 저서 『아더 마인즈: 문어, 바다, 그리고 의식의 기원』에서 이렇게 썼다.

"문어에게 팔은 부분적으로 자기 자신이다. 팔은 지시를 받아

사물을 조작할 수 있다. 하지만 중심 뇌의 시각에서 보면 팔은 문어 자신이 아니기도 하며, 부분적으로는 대리자이기도 하다." 고프리는 설명을 계속한다. "여러분이 문어라면… 어느 정도까지는 팔을 인도할 수 있다. 그리고 어느 정도부터는 그저 팔을 지켜보고만 있게 된다."

그런 후 다음과 같이 신중하게 선언한다. "이런 식으로 말하는 이유는 '중심 문어(central octopus)'라는 지배적인 시각과 구별하기 위해서이다. 그런 시각은 오류일 수 있다." 소설가에게는 얼마나 멋진 초대인가! 지능이 팔다리 전체에 존재하고 있는 캐릭터를 만들어 보는 건 어떨까? 그러한 생명체는 지속적으로 외부적 경험을 하는 것처럼 느낄까? 다른 사람의 몸에 있는 것 같은 경험일까?

두족류의 팔은 그 자체의 움직임을 제어할 뿐만 아니라, 주변 환경이 주는 감각적 충격을 받아들이기도 한다. 손가락과 혀가 결합된 것같이 행동하면서 물, 바위, 먹잇감, 심지어 동료 문어를 끊임없이 만지고 맛을 본다. 유입되는 감각을 이렇게 모으는 것은 동물 세계에서 촉수를 가진 모든 동물들에게 공통적이다. 정원달팽이의 수줍은 듯 손짓하는 촉수 중 두 개에는 눈이 달려 있고, 다른 두 개는 화학적 데이터를 감지한다. 그런 다음, 촉수는 단순한 부속지보다 훨씬 더 많은 일을 할 수 있다. 인간처럼 세상으로 향해 있는 평면적인 얼굴에 제한된 감각을 다시 가져오는 방법이 될 수 있다.

매들렌 렝글의 『시간의 주름』에 나오는 익스첼 행성의 에이리언이 기억나는가? "팔은 네 개고, 각 손마다 다섯 개보다 훨씬 많은 손가락이 달려 있다. 손가락은 손가락이 아니라 흔들리는 긴 촉수다…. 귀와 머리카락이 있는 자리에는 촉수가 더 많이 있었다." 이들 촉수는 감각기관과 에이리언의 의사소통 수단을 하는 것처럼 보이며, 대화를 하고 초자연적으로 아름다운 노래를 부르기 위한 목소리를 만들어 낸다.

렝글은 음향 부분을 세부적으로 파고들지 않았다. 하지만 나는 야수의 촉수(그리고 몸의 나머지 부분)를 덮고 있는 가는 털이 소리를 만들어 낸다고 상상하는 것을 좋아했다. 이 상상은 풍성한 촉수 액세서리의 세계로 나를 데려다주었다.

액세서리, 액세서리!

두족류의 흡반은 가장 유명한 부속물일 것이다. 만지고 맛을 보는 것을 편리하게 할 뿐만 아니라 물건을 잡을 수도 있다. 팔 하나에 수백 개의 흡반이 있으며, 각각의 흡반은 독립적으로 붙었다 떼었다 할 수 있어 대상을 세밀하게 조작할 수 있다. 흡반이 함께 행동할 때의 위력은 인상적이다. 바위에 붙어 있는 문어의 힘은 떼어 내려는 잠수부보다 강한 게 보통이다(참고: 문어를 바위에서 떼어 내려고 하지 말기 바란다. 문어가 싫어한다. 게다가 문어의 피부가 찢어진다. 문어가 정말 싫어한다).

하지만 두족류의 촉수가 아무리 강해도 여러분 몸을 쥐어짜 죽일 수는 없다. 보아뱀 같은 팔 여덟 개로 불쌍한 희생물을 쥐어짜 죽이는 악당 문어를 그리고 싶겠지만, 두족류의 팔은 그런 식으로 작동하지 않는다. 팔의 역할은 달라붙는 것이지 쥐어짜는 게 아니다. 사냥을 할 때 문어는 먹잇감을 입으로 가져가 죽이고 자른다.

여러분이 진짜 촉수로 누군가를 죽이고 싶다면(물론 소설에서), 두족류 말고 해파리의 놀라운 세계로 눈을 돌리기 바란다. 해파리의 촉수에는 작은 촉수 세포가 수없이 많으며, 각 촉수 세포 안에는 끝에 미세한 작살 모양의 가시가 달린 나선형 줄기가 있다. 세포가 작동되면 줄기는 폭발적으로 뒤집어지면서 먹잇감을 향해 가시를 발사한다. 작은 가시에 찔려도 그렇게 아프지는 않다. 피해는 가시를 통해 침투하는 수수께끼의 독에서 나온다. 과학자들은 그 효능에도 불구하고 이제야 해파리의 독에서 발견되는 화학물질의 무수한 다양성을 파악하기 시작했을 뿐이다. 세상에서 가장 날카로운 촉수는 상자해파리의 촉수이다. 상자해파리의 가시는 성인을 쓰러뜨릴 정도로 강력하다. 알아내기 힘든 이상한 독이 필요한가? 해파리를 연구해 보기 바란다.

해파리의 친척인 산호나 말미잘에서도 비슷한 촉수 세포가 발견된다. 만조 때 바위 웅덩이에 남은 바닷물에 있는 말미잘을 문질러 보면, 해파리가 쏘는 것 같은 가시가 느껴질 수도 있지만 실제로는 그저 달라붙는 느낌일 뿐이다. 작은 새우나 물고기에게는 상당히 고통스럽겠지만, 인간에게는 너무 약해서 딱풀을 만지는 정도의 느낌일 뿐이다.

자연에는 진짜 풀을 만들어 내는 촉수도 정말 존재한다. 하지만 말미잘에게는 그런 촉수가 없다. 빗해파리(comb jelly)에게는 있다. 빗해파리의 촉수에도 작은 세포들이 일렬로 있지만, 이들 세포에는 가시와 독 대신 먹잇감을 향해 발사될 수 있는 끈적끈적한 줄기가 있다. 거미줄과 비슷하긴 하지만… 내가 이걸 어디에 쓸 수 있을 것인지는 여러분도 짐작할 수 있을 것이다.

지렁이(earthworm)를 잘 안다는 생각은 재고해 보도록. 지렁이의 바다 친척들은 (감히 말하건대) 완전히 다른 지렁이들이다. 그리고 이들 중에서 마당비유령갯지렁이는 정말 예외적인 존재이다. 이들은 스스로 만들어 낸 튜브 속에서 살며, 바위 안에 숨어서 촉수만 노출시킨다. 하지만 이 촉수의 길이는 무려 90센티미터에 달한다. 이 가늘고 제멋대로 뻗어나가는 가닥으로 작은 먹이 조각을 모아 입으로 가져간다. 그때마다 사방으로 떨어져 있는 가는 선들로 인해 주위의 갈대나 조류로 인한 웅덩이는 마치 요란한 파티가 끝난 후의 아침과 같은 꼴이 된다.

다른 바다지렁이들은 촉수를 더 질서 있게 사용해 주변 바다에서 작은 먹이 조각을 잡는다. 남색꽃갯지렁이와 크리스마스트리지렁이도 튜브에서 살지만, 촉수를 사방에 뻗지 않고 위쪽으로만 향해 우아한 왕관과 나선 모양으로 만든다. 이 섬세한 주름장식은 세계에서 가장 아름다운 촉수일 것이다.

정말 아름다운 촉수들에는 명절 이름을 붙여주겠지만, 다른 촉수들에는 그렇지 않다.

촉수라고 불러서는 안 되는 것들

촉수라고 하면 크툴루(Cthulu)를 언급하지 않을 수는 없다. H. P. 러브크래프트의 위대한 옛 존재(The Great Old One)는 "문어 같은 얼굴에 엄청난 수의 더듬이가 달린" 것으로 묘사된다. 얼굴의 특성을 촉수로 대체하는 것은 공포감을 만들어 내는 좋은 지름길이다. 『시간의 주름』에 나오는 메그 머레이조차도 처음에는 익스첼의 에이리언들에게 혐오감을 느꼈다가 그 촉수들이 자신을 달래주자 마음을 놓았다.

여러분이 만든 촉수 생물이 사악하든 자비롭든, 이들을 대하는 인류의 반응—크게 놀랄 것이다—이 어떨 것인지도 생각해야 한다. 많은 이야기에서, 괴물들 자신은 기술, 마법, 또는 초능력을 사용해 "여러분이 안심할 수 있는 형태"로 모습을 바꾼다.

1999년 영화 〈갤럭시 퀘스트〉에 나오는 터마이안(Thermian)들을 생각해 보자. 화면에는 상당한 시간 동안 인간(정말 어색해 보이기는 하지만)의 모습을 한다. 하지만 이들 외계인 중 소수는 갑자기 크툴루와 자바 더 헛(〈스타워즈〉에 나오는 민달팽이 모양의 외계인-옮긴이)을 충격적으로 교배시킨 모습으로 나타난다. 이들이 '외모 생성기'를 활성화시키는 것을 잊어버렸기 때문이라는 것이 밝혀지자 바로 실수를 바로잡았고, 인간 주인공은 크게 안심한다.

다음에 여러분이 에이리언이나 판타지 괴물이 나오는 SF를 쓴다면, 바로 여기 지구에 살고 있는 무수한 형태의 촉수들을 고려해 보기 바란다. 어떤 촉수는 끈적거리고, 어떤 촉수는 독이 있다. 갈고리가 달린 것도, 눈이 달린 것도 있다. 이들 촉수의 다수는 재생될 수 있고, 심지어 스스로 생각도 할 수 있다. 현실에서 영감을 더 많이 얻을수록, 상상력으로 만들어 내는 결과는 더 흥미진진할 것이다.

5부

스카이넷이 지배할 때를 대비해 알아두어야 할 것들

32장 PUTTING THE SCIENCE IN FICTION

컴퓨터와 인터넷에 대한 미신 걷어내기

맷 퍼킨스(프로그래머)

SF, 판타지, 기타 형태의 사변소설을 쓰는 사람들을 위한 힘든 진실이 있다. 독자 중 대다수는 여러분보다 컴퓨터를 더 잘 알고 있다. 작품 속에 컴퓨터나 인터넷을 등장시키기로 했다면, 소설에서 나오는 기술들에 실망하는 데 익숙한 독자들을 위해 신뢰성을 높여야 하는 큰 위험을 부담하게 된다. 여기서 헛발질을 하면 독자들은 이야기에서 빠져나가고, 한번 믿어 보려고 했던 마음에 상처를 받는다. 오늘날에는 많은 사람이 IT에 종사하고 있기 때문에, 기술에 익숙한 이런 독자들을 무시할 수 없다.

현실은 우리가 익숙한 나쁜 통념만큼 흥미롭지는 않지만, 여러분이 디지털 세상의 재미와 갈등을 유리하게 활용할 수 있는 기회는 아직도 무수히 많다. 기술 마니아 독자들은 세부 사항에 대한 여러분의 관심을 높게 평가할 게 분명하며, 현대의 컴퓨터를 사실적으로 그려 내면 기술에 무지한 사람들 사이에서 여러분의 이야기는 돋보일 것이다.

미신 #1: 만능박사 컴퓨터광

메이태그(미국의 가전 회사—옮긴이)가 좋은 자동차를 만든다거나 폭스바겐이 좋은 식기세척기를 만들리라고는 기대하지 않을 것이다. 정신과 의사에게 간 이식을 맡기려는 사람도 없을 것이다. 컴퓨터는 공학이나 의학보다 더하지는 않더라도 고도로 전문화된 분야이다. 그래서 현존 기술 모두를 손쉽게 마스터하는 컴퓨터광의 모습이 짜증스러운 것이다. 한 사람이 그런 만물박사가 되는 건 불가능하다. 컴퓨터 기술 전체는 말 그대로 어느 한 개인이 이해할 수 있는 범위를 넘어선다.

현실의 IT 전문가는 컴퓨터의 작은 부분에 전문화되는 경향이 있으며, 선택한 분야에서 깊은 지식과 경험을 얻는다. 자신의 전문 영역 밖의 문제와 부딪히면 해당 분야 전문가에게 문의한다. 이 점에서 의사들과 아주 비슷하다. 큰 회사들은 수백은 아니라도 수십 명의 다양한 전문가를 고용하며, 작은 회사들은 가장 힘든 IT 업무를 외주로 내보내는 것이 보통이다. IT 만능박사를 고용하는 사람은 없다. 심지어 그런 만능박사가 존재하더라도 "열두 가지 재주 있는 사람이 밥 굶는다"는 원칙이 적용될 것이다.

어쨌든 상상할 수 있는 모든 기술 문제를 해결할 수 있는 캐릭터를 만드는 것은 안이한 글쓰기다. 여러분의 컴퓨터광이 주어진 문제를 해결하려는 시도조차 할 수 없다는 뜻은 아니지만—어려운 퍼즐만큼 유혹적인 건 없으니까—그 컴퓨터광의 능력에 현실적인 한계는 반드시 두어야 한다. 아무리 똑똑하더라도 할 수 없는 특정한 일이 있다.

참고로 가장 일반적인 IT 전문 영역의 예를(당연히 전부는 아님) 소개한다.

- **소프트웨어 개발자/엔지니어**: 컴퓨터에서 작동되는 소프트웨어를 만들고 업데이트한다.
- **OS 개발자**: 위 영역의 하위 전문 분야. 컴퓨터의 근본적인 운영체제(예컨대 윈도우, 안드로이드)를 다룬다.
- **데이터베이스 관리자**: 크고 작은 데이터베이스를 구축하고 관리한다. 데이터베이스 보안도 통상 업무 중 일부이다.
- **네트워크 관리자**: 컴퓨터 네트워크를 구축 및 관리하고 모든 연결 상태를 유지한다. 네트워크 보안도 취급하는 경우가 자주 있다.
- **하드웨어 엔지니어**: 컴퓨터와 컴퓨터 액세서리의 하드웨어 부품을 설계, 구축, 또는 관리한다. 짐작했듯이, 여기에는 수많은 하위 전문 분야가 있다.
- **기술 지원**: 컴퓨터에 문제가 있어 전화했을 때 받아주는 숨은 살림꾼이다. 탁월한 의사소통 능력과 엄청난 인내심이 이 역할의 특징이다. 기본적인 문제는 스스로 처리하고, 더 복잡한 문제는 다른 IT 전문가가 담당하게 한다.

미신 #2: 빠르고 쉬운 해킹

이런 장면은 다들 보았을 것이다. 해커가 적대적인 컴퓨터(또는 잠긴 문의 키패드) 앞에 앉는다. 마법처럼 글자/숫자를 순서에 따라 입력한다. 그런 다음 미소를 지으며 이 스릴 만점의 단어를 말한다. "들어갔어(I'm in)." 문이 열리고, 파일이 다운로드되며, 미사일 발사가 취소된다. 주인공이 또다시 성공했다. 전능한 해커와 그 신비로운 능력에 모두가 감사한다.

현실 세계에서 일어나는 해킹 뒤에 숨은 '마법 같은' 비밀을 알고 싶은가? 누군가가 비밀번호를 부주의하게 관리하고, 해커는 이것을 입수했다. 2014년에 일어난 소니 영화사 해킹 사건은 전형적인 사례이다. 시스템 관리자의 비밀번호가 소니 영화사의 네트워크 전체 접속 권한을 얻는 데 사용되었다. 마법도, "열려라 참깨" 같은 비밀 암호도 없었다. 네트워크 접속 권한이 도난당한 것이었다. 이러한 해킹은 소매치기만큼 간단하다.

그러면 해커는 어떻게 비밀번호를 알아낼까? 가능성은 수없이 많다. 가장 흔한 것은 계정 소유자의 기초적인 부주의다. 전에 있던 직장에서 동료와 나는 고객들의 키보드 열 개를 뒤집어 보면 그중 아홉 개에는 비밀번호가 있을 거라고 늘 농담을 했다. 더 나쁜 것은, 많은 멍청한 사용자들이 'password'나 'letmein'처럼 짐작하기 아주 쉬운 비밀번호를 쓴다는 사실이다(참고: 여러분 자신을 위해 제발 길고 복잡하지만 기억하기 쉬운 비밀번호를 만들기 바란다). 그리고 피싱이 있다. 아는 사람으로 가장해 접속 권한을 훔치는 방법이다. 믿을 수 없을 정도로 흔하고 놀라울 정도로 성공적이다. 어떤 경우에는 보안에 문제가 있거나 오래된 소프트웨어에 존재하는 취약성으로 인해, 어디를 찾아봐야 하는지 아는 사람에게 비밀번호를 노출할 수도 있다. 이것이 OpenSSL(인터넷에서 각종 정보를 암호화하는 데 쓰이는 오픈소스 암호화 라이브러리-옮긴이)에 있는 하트블리드 버그(보안 결함의 일종-옮긴이)의 작동 원리이다. 물론 구식 방법도 있다. 시스템 관리자에게 돈이 가득 든 서류가방을 건네거나 머리에 총을 겨누는 것이다. 정보 보안 분야에는 이런 말이 있다. 여러분의 네트워크 보안은 당신의 가장 취약한 IT 직원만큼만 안전할 뿐이다.

해킹 방법 중 하나는 내부자가 되는 것이다. 현실 세계에서는 놀라울 정도로 흔하다. 내가 쓴 「겨울을 깨우는 자 Winterwaker」 시리즈에서, 해커인 주인공은 네트워크 지원 기술팀에 있었던 덕분에 다수의 컴퓨터 네트워크에 합법적으로 접속할 수 있었다.

미신 #3: 오직 하나뿐인 사본

"네 엄마가 남긴 바나나 팬케이크 비밀 레시피의 마지막 남은 사본을 가지고 있다." 악당이 낄낄거렸다. "핵무기 발사 암호를 내놔. 아니면 레시피를 영원히 삭제하겠다!"

나는 이런 장면을 볼 때마다 웃고 만다. 데이터는 언제나 존재한다. 그리고 사실상 불사신이다. 요즘은 특히 더 그렇다. 실시간 백업과 클라우드 드라이브가 새로운 표준이 되었기 때문이다. 기업과 정부는 데이터의 소중함을 알고 그에 맞게 취급한다. 수시로 백업하고 중복 저장한다. 오늘날에는 개인도 가정용 백업 드라이브 또는 드롭박스나 아이클라우드 같은 클라우드 저장 서비스를 통해 강력하게 데이터를 보호한다. 어떤 데이터가 의도적으로 또는 실수로 삭제되었어도 살려내는 것은 식은 죽 먹기다. 반대로, 이러한 백업과 다중 시스템에서 파일의 모든 흔적을 찾아내고 삭제하는 것은 복잡하고 힘든 일이다.

백업이나 클라우드가 없어도 삭제 파일을 복구할 수 있는 방법은 여전히 남아 있다. 컨슈머 앱을 이용하면 삭제된 파일을 찾아 재구성할 수 있고, 복구에 성공하는 경우가 종종 있다. 데이터 복구 전문가들은 훨씬 고급 도구를 사용하고, 때로는 화재나 홍수로 손상된 컴퓨터에서도 파일을 복구해 낼 수 있다.

여러분의 캐릭터가 데이터를 잃어버리거나 데이터에 접근하지 못하게 하려면 삭제 대신에 암호화를 고려해 보기 바란다. 적절하게 암호화된 파일은 해독 키 없이는 암호를 깨는 게 불가능하다('빠르고 쉬운 해킹'에 나온 원칙이 여기도 적용된다).

미신 #4: 묻지마 화질 개선

경찰 수사 절차나 SF 스릴러 등에서 수없이, 그리고 잘못 사용되는 장면이다. 기술자가 간단한 컴퓨터 소프트웨어 같은 것을 사용해 거칠고 흐릿한 이미지를 밝고 선명한 운전면허증, 주소, 사람 얼굴로 렌더링한다. 소설 속의 기술자들은 냉철한 형사가 던져준 이미지라면 어떤 것이든 확대하고 화질을 개선할 수 있다.

현실은 절대로 이렇게 간단하지 않다. 컴퓨터 이미지는 픽셀(그림을 생성하기 위해 조합되는 작은 컬러 사각형)로 된 격자무늬로 저장된다. 이미지를 확대하면 컴퓨터가 할 수 있는 일이라고는 이들 픽셀을 크게 만드는 게 전부다. 이렇게 되면 원래의 이미지가 더 벽돌처럼 보이게 될 뿐이다. 소프트웨어는 픽셀을 더 추가할 수 없고 이미지 생성 후에 어떻게 될 것인가를 알아낼 길이 없다.

그렇긴 하지만, 고해상도의 대형 이미지를 가지고 있다면 이것을 확대해 더 나은 세부 이미지를 얻을 수 있다. 사용할 수 있는 순수한 픽셀 수가 많다는 단순한 이유 덕분이다. 그래도 이런 가능성을 염두에 두기 바란다. 유튜브 화질(즉, 그렇게 좋지는 않은)로 영상을 저장할 때의 용량은 시간당 3GB 정도이다. 고해상도의 비압축 영상 파일의 크기는 이것의 수백 배다. 악당의 비밀 기지에 수십 개의 감시 카메라가 있는 경우(좋은 비밀 기지라면 당연히!), 고해상도 영상을 저장하려면 하드웨어를 빼고도 저장 장치에만 천문학적인 비용이 들 것이다. 그래서 감시 카메라 화질이 그렇게 거친 것이다. 그렇지 않다면 한 번에 불과 몇 분밖에 저장할 수 없다.

현실에서 경찰은 확대와 화질 개선 대신 질보다 양으로 승부한다. 요즘은 어디에나 카메라가 있고, 가장 확실한 확인 방법은 다수의 카메라에서 나온 이미지를 살펴보고 대조하는 것이다. 이 작업은 소프트웨어의 도움 없이 이루어진다. 진부한 통념에 안일하게 기대지 말고 현실을 알아야 한다. 캐릭터가 사건을 해결하기 위해 열심히 일하도록 만들어야 한다. 컴퓨터는 놀라운 일들을 많이 해낼 수 있지만, 여러분의 플롯을 진행시키기 위해 마법처럼 화질을 개선하는 것은 거기에 들어 있지 않다.

33장 PUTTING THE SCIENCE IN FICTION

여러분의 SF에 나오는 휴대폰은 그다지 멋지지 않다

에피 사이버그(기술 컨설턴트)

〈스타트렉〉의 통신기부터 〈딕 트레이시〉의 송수신 겸용 손목 라디오까지, SF는 언제나 새로운 유형의 휴대용 통신 장치를 상상했다. 하지만 최근의 SF는 여기에 중점을 두지 않는다. 계속해 보자. 지난 15년간 나왔던 이야기 중 모바일 컴퓨팅에 관해 놀라운 아이디어를 선보였던 게 있었는지 생각해 보자. 현실의 기술이 상상력을 따라잡았기 때문일 것이다. 소설에서 우리의 과학적 가설은 너무나 터무니없어서 현실에서 작동하지 않는 게 보통이다. 이 경우는 반대이다. 여러분의 SF에 나오는 휴대폰은 그다지 멋지지 않다.

모바일 기술은 수없이 새로운 방향으로 진화해서 오늘날에는 너무나 멋진 일을 할 수 있게 되었다…. SF의 세계에 나오는 통신기는 현실을 충분히 반영하지 못하고 있다.

클라우드

여러분의 휴대폰은 항상 연결되어 있기 때문에, 다른 기기와 통신하는 것 말고도 더 많은 일을 할 수 있다. 다른 기기에 외주를 줄 수 있는 것이다. 다량으로 분산된 컴퓨터 기반 엔진 덕분에, 휴대폰만으로는 얻기 어려운 결과를 (휴대폰 자체를 사용하지 않고도) 얻을 수 있다. 구글 어시스턴트, 시리, 알렉사, 코타나… 이들은 모두 여러분이 말하는 것을 인식(악센트, 주변 소음, 지방 사투리 등을 프로그램적으로 고려한다)하고 실제 의미를 정확히 파악한다. 휴대폰 자체에서 이러려면 상당히 어렵겠지만, 연결성 덕분에 여러분의 휴대폰은 가장 강력한 컴퓨터 클러스터(여러 대의 컴퓨터들이 연결되어 하나의 시스템처럼 동작하는 컴퓨터들의 집단-옮긴이)만큼이나 강력해졌다.

많은 SF에서는 휴대폰이 (모호하게 정의되었지만 거의 모든 것을 포함하는) '데이터베이스'에 연결할 수 있음을 보여 주고 있다. 하지만 사실 휴대폰은 기존의 데이터를 찾아내는 것보다 더 많은 일—새 데이터를 추가하고 분석하여 되돌려놓는다—을 할 수 있기 때문에, 여러분의 주머니에 있는 휴대폰은 대부분의 소설에 나오는 휴대폰보다 훨씬 강력해진다.

카메라

휴대폰 카메라는 여러분의 생각보다 똑똑하다. 연결성 덕분에 휴대폰의 시야는 점점 똑똑해졌는데, 얼굴 인식(엄청난 속도로 개선되었다. 이미 일부 플랫폼에서는 미소나 눈의 혈관 패턴으로 잠금을 해제할 수 있다)뿐만 아니라 다른 것도 인식하며, 이들 정보로 재미있는 일을 할 수 있다. 이런 안면 인식 덕분에 스냅챗(사진과 동영상 중심의 모바일 메신저-옮긴이)에서 무지개를 더하거나 입에서 구토하는 모습을 만들 수 있고, 실시간으로 머리에 화관을 씌울 수 있다. 무엇이 얼굴이고 얼굴 주변 어디에 효과를 줄 것인지를 구별할 수 있는 빠른 시각 분석을 이용한 바보 같은 기능이다.

캐미오캠(CamioCam)은 컴퓨터 비전(컴퓨터에서 카메라, 스캐너 등의 시각 매체를 통해 입력받은 영상에서 주변 물체와 환경 속성에 대한 이미지를 분석해 유용한 정보를 생성하는 기술-옮긴이)과 머신 러닝(인공지능의 연구 분야 중 하나로, 인간의 학습 능력을 컴퓨터에서 실현하고자 하는 기술 및 기법-옮긴이)을 조합해 더 똑똑한 가정 보안 카메라를 만들어 내며, 이 모든 기능은 여러분이 쓰던 휴대폰을 꺼내 와이파이에 연결하기만 하면 이용할 수 있다. 후단부(사용자와 직접적으로 상호 작용하지 않고 프로그래머 또는 관리자만 접근할 수 있는 소프트웨어 시스템의 후면 부분-옮긴이)에서의 처리 과정은 어떤 유형의 동작이 재미없는지(바람에 흔들리는 나뭇가지는 동작 경계 상황을 발생시켜서는 안 된다) 파악하는 데 도움이 되며, 특정한 이해력을 부여하는 능력을 향상시킨다. 예컨대 캐미오캠의 인터페이스에서 여러분은 UPS 트럭이 오늘 도착했는지 알아보기 위해 '갈색'을 검색할 수 있다(UPS 트럭이 갈색임-옮긴이).

MIT는 어떠한 영상—심지어 휴대폰 카메라로 찍은 영상—의 색깔의 미묘한 변화를 심박수 감지에 사용할 수 있는 소프트웨어를 출시했다. 피부는 그 아래에 피가 흐르면 살짝 더 붉어진다. 휴대폰 카메라와 그 뒤에서 작동되는 기술만 있으면, 심박 모니터를 직접 연결하지 않고도 건강 상태를 모니터할 수 있다. 유아나 환자들에게는 훨씬 편리하다!

또한 여러분의 카메라는 자신이 보고 있는 것이 무엇인지를 점점 더 잘 파악하고 있다. 구글 렌즈는 기본적으로 여러분의 카메라를 이용한 검색창이다. 사진을 찍으면 머신 러닝에 관해 수 년 동안 쌓아온 구글의 경험이 작동해 여러분이 찍은 것이 무엇인지를 알려 준다. 꽃 사진은 '꽃'이라는 사실뿐 아니라 어떤 종인지, 생존 조건은 무엇인지 등의 더 많은 정보를 알려 줄 수 있다. 레스토랑을 찍으면 레스토랑의 상호, 영업 시간, 메뉴, 주소 관련 정보를 알려 줄 수 있다. 그리고 이 동일한 시각 분석은 카메라가 보고 있는 글로 된 신호를 번역하는 데도 당연히 사용될 수 있으므로, 여행할 때 길을 잃을 염려가 없다.

자동 초점과 이미지 안정화처럼 간단한 것까지 포함한 이 모든 기계 시각의 발전 덕분에, 흐릿한 사진은 곧 과거의 유물이 될 것이다. 따라서 오늘날의 휴대폰 카메라는 여러분의 소설 초고에 나오는 것보다 훨씬 멋지다. 업데이트하자!

기타 센서

오늘날의 휴대폰에는 GPS, 가속도계, 나침반 등이 있다. 단순한 길찾기(그리고 심지어 축구 경기장처럼 감싸진 구조물 내에서도 가능한 최단 경로 탐색)를 넘어, 골치 아픈 데이터를 수없이 제공한다. 젠드라이브(Zendrive)는 이 모든 데이터를 조합해 언제 휴대폰 소유자가 교통사고를 당했는지(단순히 휴대폰을 떨어뜨린 것과 구별한다) 파악하고, 다른 회사는 이 기술을 사용해 가족, 응급실, 또는 견인차 회사에 자동으로 전화한다.

휴대폰의 다른 센서를 이용하면 피트니스 트래커(운동량, 심박수 등을 측정해 주는 웨어러블 스마트 기기-옮긴이)가 없어도 걸음수를 측정할 수 있다(센서는 걸음걸이의 동작이 어떻게 '보이는지' 알고 있다). 증강현실 게임(카메라가 보고 있는 것 위에 휴대폰이 콘텐츠를 덮어씌움)이나 가상현실 게임(사용자가 게임 안에 직접 들어감), 또는 두 가지를 다 즐길 수 있게 하고, 다른 센서는 휴대폰이 세워졌는지 기울어졌는지, 향하고 있는 방향이 북쪽인지 남쪽인지 등을 휴대폰에 알려 주고, 여러분과 휴대폰을 가상의 게임 공간으로 인도한다. 휴대폰의 나침반은 사실은 자력탐지기(magnetometer)인데, 이는 금속 탐지기 앱이 어느 정도는 합법이라는 의미이다. 많은 휴대폰에는 기압계가 있는데, 여러분이 계단을 몇 개나 올라갔는지를 피트니스 앱에 알려 준다.

주변광(피사체에 비추는 직접적인 광선이 아닌 좌우후면에서 비추는 일반 조명-옮긴이) 센서는 밝아지거나 어두워질 때 휴대폰의 디스플레이를 자동으로 변경한다. 낮에 터널에 들어가거나 나올 때 유용하다. 심지어 마이크도 생각보다 더 많은 용도를 가지고 있다. 디지털 오카리나 같은 관악기를 '연주'할 수 있는데, 마이크에 숨을 불어넣고 화면에 있는 악기의 '구멍'을 손가락으로 막으면 된다.

그러니 여러분의 SF에서 휴대폰이 이런 일을 할 수 없다면… 정말로 확실한 이유가 있어야 한다.

맥락 적응성Contextual Adaptability

휴대폰은 여러분의 위치, 움직임, 상당수의 활동을 인지하는 사이에 이미 그 상황에 적응해 있다. 모토로라와 애플의 휴대폰에는 사용자가 움직이는 차 안에 있다는 것을 감지하면 자동으로 문자나 이메일을 큰 소리로 읽어 주어 사용자가 문자를 하지 않고 운전만 하도록 하는 설정이 있다(물론 이 설정을 전부 해제하거나 운전자가 아니라고 지정할 수 있다). 구글의 안드로이드는 여러분의 위치나 최근 검색 내용에 따라 다른 제안(날씨, 여러분이 좋아한다고 생각하는 이벤트 등)을 한다. 심지어 트위터도 여러분과 휴대폰이 어디에 있는가에 따라 각기 다른 트렌드의 트윗을 추천할 것이다.

이에 더해, 휴대폰이 여러분의 위치를 휴대폰과 상호작용할 수 있는 다른 대상에 알릴 수 있다면, 그 대상의 행동도 그에 맞게 조종할 수 있다. 휴대폰이 가까이 있으면 자동으로 열리는 스마트 도어록, 휴대폰이 일정 범위에 있으면 켜지게 할 수 있는 조명과 배경음악이 이미 출시되어 있다. 휴대폰을 TV 리모컨으로 사용할 수 있고, 해가 지면 자동으로 특정 스마트 커피메이커를 작동시킬 수도 있으며 그 외에도 할 수 있는 일이 많이 있다.

그리고 모토로라와 프로테우스 디지털 헬스 회사는 '인증 비타민(authentication vitamin)' 알약을 개발했다. 이 알약이 여러분의 위액에 닿으면 휴대폰이나 기타 장치에 건강 정보를 전송한다. 이 알약은 여러분 위장 상태에 따라 더 다양한 정보를 전송하는 정도까지 발전할 것이다(아마 근처의 헬스클럽에 가라는 경고겠지?).

여러분의 SF에 나오는 휴대폰은 더 발전해야 한다

현재 일어나고 있는 일이 이 정도이니, 여러분의 미래 휴대폰은 훨씬 더 멋진 것이어야 한다. 사물인터넷과 결합해 더 많은 제품들과 연결하고, 여기에 지속적인 연결성을 더하면, 휴대폰은 독립적인 도구라기보다는 거의 과거의 단말 장치에 가까운 기능을 하게 된다. 어디서든 어떤 정보에든 접근할 수 있고, 어떤 분량이든 필요한 처리를 할 수 있다. 여기에 더해, 센서는 휴대폰이 주변 사물 중 이미 연결되어 있지 않은 것도 훨씬 잘 조종하게 만든다.

하지만 휴대폰은 단순히 그 자체에 있는 기술이나 세계의 기술적 확장 수단이라기보다는 이제 여러분 자신을 확장하는 도구이다. 여러분의 습관, 위치, 선호… 휴대폰은 여러분의 맥락에 대해 더 많이 알수록, 여러분의 확장되는 욕구와 필요를 실제 생활 속으로 더 많이 옮겨, 여러분을 위해 그에 맞게 행동한다.

여러분 자신의 휴대폰/통신기/보호기(bracer)/원하는 명칭의 기계에 대해 쓸 때는, 여러분의 주머니에 있는 휴대폰이 이미 할 수 있는 모든 일들을 상기해야 한다. 미래의 휴대폰은 훨씬 더 멋지지는 않더라도 최소한 현재 수준은 되어야 한다. 그래도 미래의 휴대폰을 향해 달리고 달리고 달리자!

CGI는 컴퓨터가 만들지 않는다

애비 골드스미스(비디오게임 개발자)

여러분의 소설 또는 이야기에는 컴퓨터 생성 이미지(CGI)가 등장하는가? CGI는 영화 〈매트릭스〉, 또는 닐 스티븐슨의 소설 『스노 크래시』나 스콧 마이어스의 『마법사가 되기 위해 떠나다Off To Be the Wizard』처럼 가상의 세계에서 일어나는가? 어니스트 클라인의 『레디 플레이어 원』과 같은 대규모 다중접속 비디오 게임은 어떨까? 여러분의 이야기는 기술적 환상, 또는 TV 드라마 〈웨스트월드〉, 〈돌하우스〉, 〈로스트〉처럼 사람의 감각 유입을 디지털로 조작하는 내용을 포함하고 있는가?

3D 애니메이터인 나는 비디오 게임 또는 가상현실이 어떻게 만들어지는지에 대해 작가들이 잘못 해석하는 걸 볼 때마다 고개를 절레절레 흔든다. 초현실적인 그래픽은 마법이 탄생시키는 게 아니다. 전무후무한 시각 효과는 외로운 천재 한 사람, 또는 소수의

비밀 그룹이 창조하거나 유지할 수 없다.

하지만 『레디 플레이어 원』, 류츠신의 『삼체』, 다니엘 수아레즈의 『데몬』 같은 소설에서는 이것을 암시한다. 이러한 충격적이고 몰입적인 가상현실 게임은 비밀 팀이 만들어 낸 것처럼 보이는데, 이 팀은 비현실적으로 규모가 작고, 추적당하지 않은 채 유지될 수 있다. 태드 윌리엄스의 「아더랜드Otherland」 시리즈와 휴 하위의 「울」 시리즈에 나오는 비밀 팀은 발각되지 않고 사라질 수 있을 정도로 극히 작은 규모였다. 맙소사. 그리고 이제 팀이 사라졌지만 놀라운 그래픽은 자동으로 계속된다. 거대한 가상현실이 업그레이드나 정비도 전혀 필요하지 않다. 영원히.

필요할 때마다 마법 인공지능 요정이 창조적인 그래픽과 예술적인 손질을 더한다고밖에 생각할 수 없다.

CGI에 대한 오해

소설에 나오는 이러한 수많은 예를 보면, 책이나 TV 드라마에서는 그래픽 아티스트들로 이루어진 소규모 팀—20명 이하라고 하자—이 현실과 구별이 불가능할 정도로 놀라운 그래픽의 세계를 만들고 채울 수 있다고 암시하는 것 같다.

이러한 착상은 시각효과가 어떻게 만들어지는지에 대한 작가의 무지를 드러낸다. 컴퓨터 생성 이미지(Computer Generated Image)는 부적당한 명칭이다. 영화와 게임에서 보는 인상적인 비주얼은 컴퓨터가 아니라 수많은 인간 아티스트들로 이루어진 대규모 팀이 오랜 시간에 걸쳐 만들어 낸 것이다. 우리의 기술이 특이점(인공지능이 비약적으로 발전해 인간의 지능을 뛰어넘는 기점-옮긴이)을 지나지 않는 한, 지금까지도 인간이 해 왔고, 앞으로도 그럴 것이다.

물론 아티스트들은 오토데스크와 어도비 사의 제품처럼 인간 프로그래머들이 만든 소프트웨어 도구를 사용할 것이다. 하지만 이러한 도구를 사용하는 아티스트들은 전통적인 회화, 조각, 애니메이션 교육을 받은 사람들이다. 종종 초과근무를 하며, 임금도 높지 않다. 많은 아티스트들이 엔터테인먼트 산업에서 경력을 쌓기를 열망하면서, 어린 시절부터 대학까지 예술적 능력을 갈고 닦아 왔다.

책과 TV 드라마에 나오는 초거대 기업에서 아티스트들은 어디 있는가? 마치 존재조차 없는 것처럼 보인다.

이탈리아 르네상스 시대에, 보티첼리와 도나텔로 같은 예술가들은 작품에서 리얼리즘 기법을 개척했고, 중세 유럽에서 사라졌던 사실적 관점으로 그림을 채웠다. 레오나르도 다빈치와 미켈란젤로는 거대한 규모의 프로젝트를 두고 경쟁하면서, 그 시대의 수많은 관객에게 감동을 선사했다. 르네상스 시대에 시스티나 대성당을 방문한 사람은 장엄한 천장화를 보고 신의 손길이 닿은 것이라고 생각했을지도 모른다. 어쩌면 불멸의 존재가 예술가의 손을 인도했거나, 예술가가 특별한 와인을 마셨거나 특수 그림붓을 사용했을 수도 있다.

나는 우리가 오늘날 예술에서 비슷한 르네상스를 맞고 있다고 생각한다. 〈반지의 제왕〉처럼 시각효과가 어마어마한 영화나 〈엘더 스크롤 V: 스카이림〉 같은 비디오 게임은 인간의 손으로 만들었다기에는 너무나 진짜처럼 보인다. 배경과 크리처는 과거의 명인들이 그려 낸 어떤 것보다 훨씬 세밀하다. 그래서 수많은 관객들은 분명히 숨은 구성 요소가 있을 것이라고 추측한다. 보통 사람들은 디지털 아티스트들이 사용하는 최첨단 전문 도구도, 그노몬 워크샵(Gnomon Workshop)과 같은 영화 수준의 교육 프로그램도 알지 못한 채, 초현실적이고 초자연적인 이미지를 '컴퓨터'의 공으로 돌린다. 아티스트는 그저 언제든 갈아치울 수 있는 미숙한 자동 인형으로 취급하면서 도구는 신뢰한다.

아티스트와 애니메이터의 필수적인 역할

아티스트와 애니메이터를 무시하기는 쉽다. 이들은 종종 평범한 공업 단지 안의 초만원 건물 안에 숨어 있다. 팀의 규모가 너무 커서 한 개인이 특정 장면 또는 캐릭터를 전담할 수 없다. 번아웃 비율이 높고, 많은 아티스트들은 대학을 갓 졸업했거나 외국에서 이민 온 사람들이다. 많은 영화 작업은 외주로 이루어진다. 그 정점에서 제작 총책임자와 앤디 서키스(〈반지의 제왕〉 시리즈에서 골룸 역을 맡은 배우—옮긴이) 같은 배우들이 CGI 캐릭터를 창조해 낸 공을 독차지한다. 그들은 대부분의 작업을 한 엄청난 수의 아티스트 팀의 존재는 알지도 못한 채, 이러한 캐릭터와 환상적인 세계를 현실로 그려 내야 하는 책임을 주장한다.

스파이더맨이 초고층 건물 사이를 날아다니거나, 사슬에 묶인 킹콩이 포효하는 장면이 나오면, 3D 애니메이터들이 이들 캐릭터가 현실적으로 그럴듯하게 움직이게 만들었다고 생각하면 된다. 모션 캡처는 아티스트들에게 도움이 될 수 있지만, 출발점일 뿐이다. 인간의 얼굴 표정과 동작은 유인원이나 만화 캐릭터, 또는 현실이 아닌 존재에게 완전하게 옮겨지지 않는다. 모션 캡처된 얼굴 표정과 동작을 애니메이터가 수정한다. 필름 푸티지(필름 길이의 측정 단위-옮긴이)의 모든 프레임은 캐릭터가 진짜처럼 더 생동감 있게 보이도록 예술적으로 변경 또는 과장된다.

CGI 캐릭터를 창조하는 과정은 시나리오와 스토리보드 또는 게임 디자인 문서에서 시작한다. 프리 프로덕션에서는 콘셉트 아티스트가 고용되어 모든 캐릭터, 환경, 무기, 기타 최종 제품에 포함될 것들의 시각 콘셉트를 스케치한다. 감독이나 제작 위원회가 최종 캐릭터 디자인을 승인하면, 각 캐릭터는 영화, 개념, 프랜차이즈의 전반적인 분위기와 세계관에 맞추어진다.

창조하는 것이 슈퍼히어로든, 공룡이든, 말하는 자동차든, 일반적인 과정은 같다. 지브러시, 마야, 블렌더, 또는 오토데스크 3ds Max 같은 3D 프로그램을 이용해 캐릭터나 크리처의 모델을 만든다. 피부와 의상 질감은 와이어프레임 메쉬(선으로만 이루어진 모델링을 위한 망[mesh]-옮긴이)에 매핑(표면에 색과 패턴을 부여하는 것-옮긴이)되는데, 다른 아티스트가 담당하는 경우도 있다. 전문가가 캐릭터를 조정해 그 안에 뼈대를 집어넣는다. 자세 조작을 쉽게 하기 위해서이다. 각 뼈대는 와이어프레임 메쉬에 맞게 맞춤 조정되어야 한다. 그렇지 않으면 캐릭터가 동작 중에 부자연스럽게 변형된다.

일단 조정이 끝나고 테스트를 마치면, 3D 애니메이터가 작업을 시작할 수 있다. 애니메이터는 많은 시간을 들여 동작, 타이밍, 네발 동물과 두발 동물이 움직이는 방법을 연구한다. 영화 애니메이터는 행동을 강조하면서 기법을 연습한다. 연기 수업을 듣는 사람도 많다. 게임 애니메이터는 부드러운 루프(특정 조건이 충족될 때까지 계속 반복되게 되어 있는 일련의 지시-옮긴이), 또는 사이클(한 단위로서 반복되는 일련의 컴퓨터 동작-옮긴이), 작은 스크린에서도 잘 볼 수 있는 과장된 동작에 전문화되는 경향이 있다.

프로그래머 팀은 모피, 머리카락, 비늘이 사실적으로 보일 수 있게 코드를 스크립트(명령어를 프로그램 언어 외의 간단한 언어로 작성하는 것-옮긴이)한다. 다른 팀은 불, 또는 아무렇게나 뒹구는 물체 같은 물리적 특성을 처리한다. 또 다른 팀은 조명을 처리하는데, 주어진 가상의 기상 조건 또는 환경 조건에서 장면을 자연스럽게 보이게 하는 것이 목적이다.

SF/판타지 영화의 초현실적인 배경막(backdrop)은 사진과 디지털 강조(이미지나 영상의 일부를 강조하기 위한 디지털 조작-옮긴이)을 혼합하고, 여기에 수 세대에 걸쳐 학습된 전통적인 회화 기법을 더해 그려진다. 그런 다음, 의상을 입은 배우와 세트가 이러한 배경막에 합성된다. 이를 디지털 합성 배경 이미지라고 한다. 고해상도 비디오 게임을 만들 때도 비슷한 과정을 거친다.

나는 20대를 3D 애니메이터로 보냈는데, 업계 종사자가 아닌 사람들이 내가 하는 일을 추측하며 이런 말을 덧붙이는 것을 상당히 자주 들었다. "그럼 컴퓨터에서 그리시는군요?" 나는 긴 설명을 시작하는 대신 "네. 그런 편이죠"라고 말하고 만다. 물론 나는 그림을 좋아하고 스케치 기술을 향상시키려고 오랫동안 노력했지만, 이러한 기술은 내가 실제로 하는 것의 부분집합에 지나지 않는다. CGI 작업은 회화보다는 조각과 스톱모션 애니메이션에 더 가깝다. 애니메이션은 공들인 일러스트레이션보다는 타이밍 감각, 그리고 무게와 동작의 문제이다. 애니메이터는 세부 지향의 일러스트레이터보다는 스케치 아티스트가 되는 경향이 있다. 나는 꼼꼼하지 않다. 참을성도 없다! 나는 사진으로 찍은 것처럼 아름다운 공간을 응시하기보다는 캐릭터를 멋지게 만들고 싶다.

여러분이 어떻게 정의하든 CGI는 창조적인 작업이며, 예술가적 기교를 요한다. 컴퓨터 코드는 상상력이 부족하다. 코드는 데이터를 지형 또는 기하학적 구조로 옮길 수 있지만, 우주선이나 드래곤을 시각화할 수는 없다. 숙련된 프로그래머는 조명이나 물리적 특성 같은 시각적 요소의 측면을 시뮬레이션하기 위한 스크립트를 작성할 수 있다. 하지만 시각 환경이나 캐릭터의 시각적 특성을 창조할 수는 없다. 소프트웨어는 인간이 지각하는 모든 데이터를 합치고 그것에서 어떤 상상의 존재를 창조할 수 없다. 그것은 창의적인 생각을 가진 인간 아티스트에게 달려 있다.

사전 제작 vs 맞춤 CGI

외로운 천재가 아티스트로 이루어진 거대한 팀을 고용하는 대신, 사전에 패키지화된 환경 요소와 CGI 캐릭터를 구매할 수도 있다. 터보스퀴드(TurboSquid), CGI 트레이더(CGTrader), 렌데로시티(Renderosity) 같은 온라인 마켓에서는 수많은 3D 에셋(3D Asset)을 판매하고 있다. 저예산 게임 제작자나 영화 제작자도 같은 에셋을 구입해 사용한다. 이러한 에셋들은 기성품 느낌이 있다. 여러분의 가상 세계에서 무언가를 맞춤 조정해야 한다면 손 쓸 방법이 없다.

맞춤형 작업을 하려면 사람을 써야 한다. 그리고 작가를 고용하는 것과 마찬가지로, 여러분의 필요에 완벽하게 맞는 사람을 찾기는 어렵다. 자신을 광고하는 3D 아티스트나 애니메이터는 포트폴리오나 데모 릴(애니메이션 작품을 홍보하기 위해 하이라이트를 담아 짧게 제작한 필름이나 동영상-옮긴이)을 구축하고 싶어서 그렇게 하는 것이다. 이들은 미숙하다. 인상적인 경력을 가진 최고 수준의 프로 아티스트는 정규직으로 채용되는 경향이 있으며, 프리랜서보다 직업의 안정성을 중시한다. 초과근무를 꺼리며, 탄탄하지 않은 회사나 이상한 천재를 미심쩍어할 것이다. 이러한 사람들이 엔터테인먼트 업계에는 수없이 많다. 주의해야 한다.

주요 영화나 게임의 예산에는 여러 해 동안 정규직으로 열심히 일한 수백 명의 숙련된 전문가들의 인건비가 포함되어 있다. 여러분의 이야기에 시각 효과나 몰입적인 엔터테인먼트가 포함되어 있다면 그것을 만들어야 할 팀이 반드시 필요하다는 것을 명심해야 한다. 여러분의 디지털 세상의 모든 요소는 수많은 아티스트들이 계획하고, 조각하고, 텍스처 처리를 하고, 조정하고, 애니메이션 작업을 하고, 실행해야 한다.

이것은 마법 같은 과정이 아니다. 최종 결과가 마법처럼 보일 뿐이다.

35장 PUTTING THE SCIENCE IN FICTION

사이보그와 사이버네틱스로 할 수 있는 것들

벤저민 C. 킨니(뇌과학자)

제일 중요한 것부터 말하자. 사이보그는 이미 우리들 중에 존재한다. 21세기 초반 의학에는 여러분의 몸 안에 기기를 외과적으로 통합시킬 수 있는 방법이 많이 있다. 달팽이관 이식, 고관절 치환술, 뇌심부 자극, 심박 조율기 등이다. 바로 현재, 생각만 하면 로봇 팔다리를 바로 제어할 수 있게 하는 칩을 뇌에 이식한 사람이 처음으로 몇 명 생겼다. 예컨대 2006년 브레인게이트 임상 시험에서는 처음으로 사지마비 환자가 컴퓨터 커서를 제어할 수 있었고, 2012년에는 다른 환자가 로봇 팔을 제어했고, 2017년에는 근육 자극 기법을 사용해 환자의 마비된 팔다리 제어력을 복원했다.

이제 스페이스 오페라에 어울리는 사이버네틱스에 초점을 맞춰보자. 사이버네틱스는 인간 뇌에 의해 직접 제어되는 기계 또는 기타 장치이다.

가장 어려운 부분은 신경 디코딩decoding이다

로봇 팔을 실제 팔처럼 부드럽고 자연스럽게 제어하는 핵심 기술은 신경 디코딩이다. 신경 신호를 기계가 읽을 수 있는 형식으로 변환할 수 있을 정도로 신경계의 활동을 아주 잘 이해해야 한다는 의미이다. 달리 말하면, 신경에서 기술 인터페이스로 이어져야 한다(간단하게 '기계'라고 했지만, 어느 기술에나 들어맞는 말이다).

신경 디코딩에는 정보가 많이 필요하다. 시스템은 그저 여러분의 팔의 목적(예컨대 "커피 잔을 든다")뿐만 아니라 팔을 어디로 움직이기를 원하는지(운동학, 예컨대 "물병 왼쪽으로 손을 뻗는다"), 시간에 따라 어떤 패턴으로 근육과 관절을 움직여 이 목적을 달성할 것인지(역학〔力學〕, 일반적으로 의식적 제어하에 있다)도 알아야 한다.

자신의 운동학을 사용하지 않는 시스템이라는 것이 어떤 느낌인지 상상해 보기 바란다. 무엇을 해야 하는지는 말할 수 있겠지만, 어떻게 해야 할지는 말할 수 없다. 이러한 종류의 시스템은 팔다리를 제어한다기보다는 "커피 가져다 줘" 버튼을 누르는 것에 가깝다. 마비 환자에게는 커다란 도약이지만, 사이버네틱 팔을 여러분 일상의 자연스런 일부로 만드는 것과는 거리가 한참 멀다.

뇌의 기능은 분산되며 측정하기 어렵다

뇌에는 대부분의 기본 감각 인식 외의 특정한 일을 하는 단일한 세포가 없다. 정보는 수십만 개의 뇌세포(대부분은 뉴런이지만 신경교세포〔gila〕라고 하는 다른 유형의 세포도 있다)의 활동과 연결을 통해 공유된다. 뇌가 움직임을 제어할 때, 어떠한 단일 세포도 모든 관련 정보를 운반할 수 없다. 팔의 움직임을 위한 신경 신호를 디코딩할 때, 이러한 수십만 개 세포의 대부분에서 일어나는 신경 활동을 측정해야 한다.

이것은 커다란 기술적 난제이다. 뇌에서 나오는 이렇게 많은 활동을 어떻게 기록할 것인가? 현재의 뇌-컴퓨터 인터페이스(BCI) 방법 중에는 표면에 칩을 이식하는 것이 있는데, 작은 미세 전극 수십 개가 그 아래 뇌 조직 안으로 부착된다.

이러한 전극은 뉴런에 침투하지 않지만, 불과 몇 백 미크론(100만분의 1미터-옮긴이) 범위에 있다. 전기적 활동을 측정하기에 충분할 정도로 가까운 거리이다. 100개의 미세 전극을 뇌의 운동신경으로 제어되는 부분에 부착하면 50~150개의 무작위 뉴런에서 활동을 얻을 수 있어야 한다.

이것은 열 명의 단원을 무작위로 선정해 오케스트라 연주를 듣는 것과 같다. 작품의 요지를 알 수는 있을 것이다. 하지만 열 명의 단원을 직접 고를 수 있다면 더 낫지 않을까? (반대로 단원을 무작위로 선정했다면 특정 단원의 종적을 놓쳐도 문제가 되지 않으며, 다른 단원으로 교체할 수 있다. 이런 일은 전극이 살짝 움직이면 발생할 수 있다)

스페이스 오페라 수준의 사이버네틱스에는 세 가지 해결 방법 중 하나가 필요하다. 훨씬 큰 뉴런 표본을 만들거나, 몇 개의 뉴런에서 추론할 수 있는 능력을 극적으로 향상시키거나, 몇 가지 방법을 통해 측정에 적합한 뉴런을 정확하게 식별하는 것이다. 모든 사람의 뇌는 각자 특유하다. 따라서 이러한 생물학적 해결 방법 중 하나를 원한다면, 반드시 각 개인별로 맞춤 조정해야 한다.

말초신경은 더 쉽지만 선택지가 제한적이다

앞에서 말한 두 가지 문제는 말초신경에서 하는 기록으로 최소화할 수 있을 것이다. 예컨대 인공 팔을 제어하려면, 보통은 예전의 지겨운 인간 팔을 제어했던 신경에 있는 신호를 디코딩하려고 할 것이다. 팔로 내려가면, 여기에는 훨씬 적은 수의 뉴런만이 있고, 이 중 대부분은 여러분이 원하는 정보(운동과 감각)를 운반하는데 사용된다. 하지만 인생사가 다 그렇듯, 여기에는 대가가 있다.

먼저, 말초신경 이식은 척수 손상이나 기타 신경 손상에는 전혀 쓸모가 없다. 팔이 뇌와의 연결을 잃었다면, 팔 차원에서는 문제를 해결할 수 없다. 다음으로, 팔 신경은 운동학(관절과 근육)에 관한 정보만을 운반하고, 역학(움직임)도 가능하겠지만, 높은 수준의 목표는 달성할 수 없다. 움직임의 목표도 알지 못한다면, 말초신경 기반 시스템은 이러한 세 가지 정보에 모두 접속한 뇌 기반 시스템과 비교했을 때 오류가 발생할 여지가 훨씬 많다.

감각 없이도 행동은 가능하지만 큰 제한이 있다

여러분의 소설에 나오는 사이버네틱스 팔은 인간의 팔처럼 촉감을 느낄 수 있는가? 그렇지 않다면, 신경 손상을 입은 사람과 비슷한 문제와 마주치게 될 것이다. 촉감을 느끼지 못한다면 물건을 쥐고 조작할 수 없다. 신체의 자세를 느끼지 못한다면(고유 수용성 감각), 공간 내에서 팔의 위치를 기억할 수 없고, 여러분이 주의를 기울이지 않는 순간 팔다리는 사방으로 헤매기 시작할 것이다.

하지만 "주의를 기울인다"는 개념에 부분적인 2차 해결책이 숨어 있다. 노력과 주의가 필요하기는 해도, 팔이 어디 있는지, 무엇을 하는지 알아낼 수 있는 다른 방법이 있다. 손을 느낄 수 없더라도 계속 손을 쳐다보고 있다면 효과적으로 사용할 수 있다.

학습 과정은 놀라울 정도로 쉽다

뇌의 운동신경으로 제어되는 부분에 있는 신경에서 기록할 수 있다면, 인공 기관의 기본적인 제어 방법을 학습하는 데 아무 문제가 없다. 최초로 미세전극배열 신경 임플란트를 삽입한 맷 네이글은 단 몇 초의 소프트웨어 조정을 거친 후 바로 컴퓨터 커서를 제어할 수 있었다. 신경 디코딩이 뇌가 가진 원래의 운동-제어 신호를 해석했기 때문이다.

손을 이식받은 환자는 다른 방법을 이용한다. (엄지손가락을 접었다 폈다 하는 것 이외의) 손의 움직임을 제어하는 힘줄의 대부분은 팔뚝에서 제어한다. 따라서 이식받은 손은 온전한 신경을 사용할 수 있다.

트랜스휴먼(기술을 통해 지적·육체적 능력이 진화된 인간-옮긴이) 인공기관은 불가능할 수 있다

인간의 뇌는 정말로 인간이 아닌 것—추가적인 팔 한 쌍, 날개 한 쌍, 우주선, 닥터 옥토퍼스(〈스파이더맨〉에 나오는, 로봇 팔을 장착한 악당-옮긴이)—을 제어할 수 있는가? 목표 달성 수준의 제어는 확실히 가능하다. 닥터 옥토퍼스가 커피 잔을 떠올리자 로봇 팔은 그 잔을 가져왔다. 하지만 우주선의 조종간을 원래 팔을 제어하는 것만큼 자연스럽게 움직이는 것은 불가능할 수 있다. 인간의 뇌는 생존 또는 생식을 위한 행위를 한다는 목적을 향해, 몸과 나란히 진화해 온 시스템이기 때문이다.

우리 뇌에 있는 거의 모든 것은 운동 및 감각 능력에 뿌리를 두고 있으며, 그 반대도 마찬가지다. 사람들에게 버튼을 눌러 예/아니오로 대답하게 한 다음, 어려운 문제(예컨대 논란의 여지가 있는 도덕적 결정)를 낸다면 움직임이 달라질 수 있다. 어려운 문제 때문에 주춤하면, 팔도 움직이는 걸 망설인다. 행동은 뇌에 업로드된 소프트웨어와는 다르다. 행동이 곧 뇌다. 근본적으로 다른 동작을 제어하려면 근본적으로 다른 뇌가 필요하다.

뇌는 몸이 형성한다

인간 아닌 존재의 움직임을 제이하려면 인간 아닌 존재의 뇌가 필요하다. 하지만 보기만큼 그렇게 불가능하지 않다. 지난 절에서 우리는 뇌가 행동을 하기 위해 진화했다는 것을 알게 되었다. 하지만 우리는 뇌가 변화하기 위해 진화했다는 것도 안다. 우리는 몸의 세부적인 유전 프로그램이 뇌에 인코딩된 상태가 아니라, 그 몸 안에서 살아가는 맥락 속에서 성숙하고 학습하는 유연성을 가지고 태어난다. 이러한 이변성易變性(쉽게 변하는 성질)은 신경가소성이라는 현상인데, 매일의 학습뿐만 아니라 뇌에서 일어난 지속적인 변화도 포함된다. ('가소성'은 '탄력성'과는 다르다. 후자는 지속되지 않는 변화를 의미한다)

우리의 뇌가 인간의 몸에 완벽하게 맞는 것은 그 몸 안에 있는 삶의 결과이며, 그 삶은 무수한 행동, 지각, 피드백이 이루어지는 순간들로 이루어져 있다. 과학자들이 태어난 직후의 동물의 몸에 변화를 가하면, 이러한 몸의 변화는 뇌에 급격한 변화를 가져온다. 동물이 눈을 전혀 사용하지 않으면, 뇌의 시각 부분은 대신 촉각, 청각, 기타 감각을 제어하도록 발달한다. 하지만 이런 급격한 변화가 이루어지려면 뇌가 어려야 한다. 성장한 뇌는 어린 뇌보다 가소성이 떨어지며, 이 차이는 운동신경 시스템에서 크게 작용한다. 성인일 때 사고로 손을 잃은 사람은 손이 없는 상태로 태어난 사람과 비교해 볼 때 운동과 뇌의 활동 패턴이 다르다. 두 번째 팔 한 쌍을 제어하는 것은 언어를 배우는 것과 더 비슷하다. 인간의 뇌는 어린 나이에 시작하면 거의 모든 것을 이룰 수 있다.

물론 이것은 모두 추측이다. 인간의 뇌가 어린 경우에는 전과 다른 몸에 적절하게 연결될 수도 있고, 실패할 수도 있다. 예컨대 인간 뇌의 나머지 부분은 함께 진화된 몸에서 일어나는 운동과 감각 패턴 없이는 제대로 기능하지 않을 수 있다.

뇌를 변경하면 끔찍한 결과가 발생할 수 있다

마침내 여기에서 인간 가능성의 한계를 발견할지도 모른다. 뇌가 어떤 종류의 몸이라도 제어하려면 어렸을 때 제어를 시작해야 한다. 뇌를 어렸을 때의 신경가소성 상태로 회춘시키는 것을 꿈꿀 수는 있겠지만, 여기에는 언제나 크고 무서운 대가가 따른다. 뇌가 안정적인 데는 이유가 있다. 뇌를 불안정하게 하면 뇌의 전부—기억, 인격, 정체성, 그 외 전부—가 달라질 수 있다. 뇌를 어렸을 때의 상태로 되돌리면 그 기억과 인격도 전부 삭제된다.

뇌의 운동 제어 부분만을 목표로 회춘시킨다고 해도 이 문제를 피할 수는 없다. 앞서 보았듯이, 전체 뇌는 운동신경과 감각 능력에 뿌리를 두고 있는데, 우리가 사이버네틱스로 업데이트하고 싶은 부분이 바로 이것이기 때문이다. 인간의 뇌를 회춘시키는 것은 기술적으로는 가능할 수 있다. 발전된 약물을 사용해 모든 세포의 게놈에 숨어 있는 신경가소성 잠재력을 다시 깨우는 것이다. 하지만 이 과정에는 뇌의 성장과 경험을 전부 지우는 것이 포함되기 때문에, 자발적으로 받아들일 사람은 극소수일 것이다. 이러한 '치료'는 너무나 위험하다. 전체주의 우주 제국이 징집병이나 죄수들에게 강제할 유형의 것이다.

엎친 데 덮친 격으로, 뇌 회춘은 뇌 손상도 유발할 수 있다. 동물 연구에서는 뇌의 성숙 메커니즘은 세포의 장기적 손상을 막는다고 암시하고 있다. 뇌가 어린 시절의 가소성 상태에서 비정상적으로 오랜 시간을 보내게 되면, 조현병 같은 정신과적 문제를 겪을 위험이 증가한다. 여러분의 우주 제국 병사에게 이런 일이 생기기를 바라지는 않을 것이다.

우리는 인간 사이버네틱스의 가능성에 대해 많은 것을 알고 있다. 하지만 작가들은 여전히 선택의 여지가 많다. 우리는 무엇을 언제 이루게 될까? 인간 뇌에서 아직 시험되지 않은 한계는 무엇일까? 그리고 무엇보다 중요한 질문이 있다. 우리 사회는 이런 한계를 찾기 위해 어디까지 가게 될까?

36장 PUTTING THE SCIENCE IN FICTION

그럴듯한 나노 기술

댄 앨런(물리학자)

나노 기술은 작가들에게 '공짜 석방' 카드가 될 수 있을까? 전문성이 부족한 작가들은 나노 기술을 무엇이든 해낼 수 있는, 설명 불가능한 신비로운 수단으로 생각한다. 이러면 마법과 다를 게 없고, 이런 종류의 소설은 과학 판타지라고 부르는 게 더 적절하다. 판타지를 쓰고 싶다면, 아이언맨의 익스트리미스(아이언맨에게 초능력을 갖게 하는 약물-옮긴이) 공식이 그럴듯하다고 생각한다면, 나노 기술이 신의 전지전능함에 버금가길 원한다면, 더 이상 이 글을 읽지 말기 바란다.

하지만 나노 기술의 기초와 작동 원리, 나노 기술에 관해 설득력 있게 쓰는 방법을 이해하고 싶다면 제대로 찾아온 것이다. 해리 포터는 지팡이 없이는 마법을 쓸 수 없고, 미스트본(브랜던 샌더슨의 판타지 「미스트본」 시리즈에 나오는, 마법을 가진 사람-옮긴이)은 금속을 삼키지 않으면 마법을 쓸 수 없으며, 베개 아래 이빨을 놓아두지 않으면 이빨 요정이 가져갈 수 없는 것과 같이, 나노 기술에도 기본 원칙이 있다. 여러분의 이야기가 진지하고 놀라운 소설이 아니라 초등학생의 말도 안 되는 횡설수설처럼 읽히게 만드는 실수를 피하려면, 나노 기술의 금기 사항 몇 가지부터 시작하자.

거짓 1: 나노봇(Nanobot)은 모든 것을 지배하거나, 에너지원 없이도 호스트에게 무한정으로 에너지를 전달한다.

거짓 2: 나노 기술은 살아 있는 세포를 몸에서 찾을 수 없는 재료, 예컨대 금속 갑옷으로 변형시킨다.

거짓 3: 나노 기술은 배터리, 라디오, 프로세서, 소프트웨어가 완비된 캔에서 분사할 수 있는 전자 기기이다.

마지막 오류에 대해 논쟁할 준비가 되었나? 나노 기술이 이런 모든 일들을 할 수 없다고? 나노 기술은 눈에 보이지 않는 엔지니어링이 아니라고? 그 생각을 고수하기 바란다. 곧 다룰 예정이다.

올바른 주파수의 음표가 소리굽쇠를 공명시키듯, 그럴듯한 SF는 독자의 분석적 사고를 활성화한다. 우리는 독자들과 공명할 수 있는 것을 찾고 싶어 하지만, 너무 애쓸 필요는 없다. 우리 모두는 일상생활에서 다음과 같은 기본 원리를 이해하고 있다.

1. 물질 보존(나노 기술은 무에서 유를 만들어 낼 수 없다)
2. 에너지 보존(화학적 결합을 만들고 분리하는 데 에너지가 소요된다)

3. 어떤 이야기가 터무니없게 들린다면, 실제로도 터무니없을 가능성이 크다. 하지만 늘 그런 건 아니다!

뻔한 보존 법칙 너머에는 사실적인 나노 기술 소설을 위한 핵심 개념 하나가 있다. 거의 모든 작가들이 놓치는 개념이다. 무엇인가가 작아질수록 그 기능은 더 특정되고 제한된다. 나노봇은 그 속성상, 매우 제한적인—아마도 단 하나의—분자 기능만을 가진다. 나노봇에는 충분한 원자도, 기본적인 일을 한 가지 이상 하도록 설정할 방법도 없다. 몸속의 단백질처럼 나노봇을 여럿 모아 함께 일하게 하는 것은 다른 이야기다. 하지만 이 모든 것의 청사진은 수백만 개의 DNA 기본 쌍이다. 복잡성에는 조직화가 필요하다. 조직화에는 전문화가 필요하다. 전문화는 다양성을 요구하며, 다양성은 바로 그것, 즉 많은 개체수가 필요하다. 하지만 나노 크기에서는 기껏해야 하나 또는 두 개의 조각으로 된 기본 배열만이 가능하다. 이러한 조각들을 어떻게 한데 모으느냐가 변형성 나노 기술의 기초이다.

이러한 기본 개념하에서 나노 기술로 어떻게 대혼란을 수습하고, 정리하고, 중단시킬 것인가는 작가와 엔지니어 모두에게 큰 도전이다. 다음에 소개하는 나노 기술의 기초는 여러분에게 책을 연구하고 아이디어를 발견시킬 다양한 출발점을 제시할 것이다.

나노 기술의 기초

단언컨대 나노 기술의 개념은 인류의 위대한 지성 중 한 사람인

리처드 파인만이 1959년 캘리포니아 공과대학에서 한 "바닥에는 여지가 많다(There's Plenty of Room at the Bottom)"라는 연설과 함께 시작되었다. 전자 시대의 여명기에, 이 예지력 있는 물리학자는 극히 작은 규모의 세계를 제어할 가능성에 대한 근본적인 개념을, 핀의 헤드에 도서관의 장서 전체를 저장하는 것(현재 이렇게 하고 있다)부터 디자이너를 위한 나노 기계, 삼킬 수 있는 나노 의료 진단약과 로봇(일부는 현재 FDA 임상 시험 중이다)까지 제시했다.

하지만 나노미터(10^{-9} 또는 0.000000001미터)는 대체 얼마나 작은 것일까?

개 한 마리를 상상해 보자. 크기가 약 1미터다. 이 개의 등에 몇 마리의 벼룩을 집어넣을 수 있을까? 수천 마리쯤은 쉽다. 벼룩 한 마리는 차이는 있겠지만 약 1밀리미터, 즉 1미터의 1000분의 1이다. 이제 벼룩 한 마리가 개의 크기만큼 커졌다고 상상해 보자. 벼룩 한 마리의 등에 얼마나 많은 박테리아를 집어넣을 수 있을까? 몇 천 마리쯤은 문제없다. 박테리아는 보통 크기가 몇 미크론(1미터의 100만분의 1)이다. 이제 박테리아가 개 한 마리의 크기만큼 커졌다고 상상해 보자. 박테리아 한 개체의 등에 얼마나 많은 단백질을 집어넣을 수 있을까? 몇 천 개다.

이제 단백질의 크기를 마침내 나노미터로 측정할 수 있다. 나노미터가 이렇게 작다. 나노 크기의 단백질 각각에는 얼마나 많은 원자가 있는가? 짐작해 보기 바란다. 맞다. (차이는 있겠지만) 수천 개다. 이런 규모의 크기는 전자 현미경과 원자 간력(atomic force) 현미경으로 이미지화할 수 있고, 과학자들은 나노미터 크기의 물질을 조작할 수 있을 뿐만 아니라, 이동하거나, 결합을 분리하거나, 인공 단백질이나 생물체처럼 무언가를 감지했을 때 불이 켜지거나 하는 기능성 나노 기기를 만들어 내기 시작했다.

더 깊이 들어가 보자. 속성상 나노 기술은 개의 다른 영역을 기초로 혁신을 시작하고 결합하는 학제적(interdisciplinary) 분야이다.

나노 생물학

단백질은 크기가 몇 나노미터이고, 원자 집단(아미노산)으로 구성되며, 끈을 통해 함께 연결되어 기능성 나노 머신 안으로 접혀지는 자연의 원조 '나노봇'이다. 단백질은 분자를 만들거나 분리해 에너지 대사를 하고 새로운 세포를 만들 수 있게 해 준다. 어떤 단백질은 신경계나 시력에 사용될 때처럼 화학적 신호를 받거나 빛에 노출되면 자신의 설정을 바꾼다. 전자를 거둬들이거나 화학 반응을 보조하는 단백질도 있다. 예컨대 글루코스 산화효소는 (당을 태우는 것처럼) 글루코스를 산화시켜 전자를 가져온다. 당뇨병의 테스트 스트립은 이들 글루코스 산화효소로 채워지거나 '기능화'된다. 이것이 나노 기술이다.

단백질은 나노 기술의 생물학적 출발점이며, 일이 잘못되었을 때 무슨 일이 생기는지 보여 주는 무서운 예이다. 프리온이라고 하는 잘못 접힌 단백질을 섭취할 경우 다른 단백질도 잘못 접히며, 연쇄 반응을 통해 서서히 뇌를 죽처럼 흐물흐물하게 만든다. 바로 광우병이다. 최후 심판의 날의 나노 기술 질병이나 좀비 대재앙의 합리적인 원인이 있다면 프리온일 것이다.

DNA는 핵산이라고 하는 구성 요소로 지어진 나노 구조물이다. 복합당(다당류)는 3등급이다. 작고 단순한 분자가 연결되어 미국삼나무처럼 거대한 구조를 형성한다. 그리고 나노 생물학에서 가장 위험한 형태가 있다. 바이러스다. 바이러스는 DNA(또는 RNA)와 단백질만 포함하고 있는 나노 크기의 물질로, 세포가 터질 때까지 계속 복제하게 만들어 더 많은 바이러스를 퍼뜨린다. 이러한 종류의 자가 조립에 의한 생물학적 복제는 모두 '상향식(bottom-up)' 이다. 하지만 생물학적 나노 기술은 사각형으로 이루어진 나노 기술학제 피라미드의 모서리 중 하나일 뿐이다.

나노 화학

나노 기술 피라미드의 두 번째 모서리는 화학이다. 화학자들은 생물학에서 가져온 기본 구성 요소인 단백질, DNA, 당을 사용해 모든 형태와 크기의 복잡한 자가 조립 나노 구조물을 만들어 냈고 화학만의 새로운 범주를 더했다. 암을 감지하는 발광성 나노크리스탈, 그리고 복잡한 3D 구조물을 만드는 민첩한 포르피린이다. 예민한 감지기와 약물을 표적 세포에 전달하는 나노케이지로 만들 수 있는 축구공 모양의 풀러렌(버키볼[풀러렌을 구성하는 공 모양 분자-옮긴이])은 말할 것도 없다.

나노 제작

나노 기술의 세 번째 기초는 포토리소그래피(반도체 표면에 사진 인쇄 기술을 써서 집적 회로, 부품, 박막 회로, 프린트 배선 패턴 등을 만들어

넣는 기법–옮긴이), 나노임프린트, 기타 마이크로칩 제작에 사용되는 청정실 '제작' 기술에서 유래한다. 이러한 하향식 접근은 이제 최소 크기가 단 16나노미터인 트랜지스터를 규정하고 있으며, 12나노미터도 눈앞에 다가왔다. 우리는 말 그대로 단백질 크기의 트랜지스터를 만들고 있다. 일반적인 나노 기술(또는 마이크로 기술)에는 투명 트랜지스터(LCD 화면에 사용)와 프린트된 연성회로기판, 배터리, 안테나, 복잡한 미세 전자 기계 시스템(MEMS)이 포함된다. 특히 MEMS 기기는 진동과 통과하는 라디오파에서 에너지를 가져올 수 있다.

나노 재료

나노 기술의 마지막 최첨단 분야는 재료과학이다. 재료과학은 로마 시대부터 나노 크기 재료를 다루어 왔다. 강철은 나노 기술의 발명품이다. 철에 용해된 탄소는 철이 식으면 나노 크기의 흠을 만든다. 흠은 마치 꼬불거리는 털을 가진 쥐가 재료의 사방을 헤집고 다닌 것처럼 철의 결정체에 모두 엉켜 붙는다. 철에 압력이 가해지면 흠은 전부 서로를 빨아들이기 때문에 압력 지점에서 빠져나갈 수 없다. 따라서 강철은 변형되지 않는다. 강철은 단단하면서도 부서짐에 대한 저항성이 있다. 순수한 결정체는 가질 수 없는 특성이다.

다른 나노 기술 재료 혁신으로는 초발수(superhydrophobic) 코팅이 있다. 물이 말 그대로 표면에서 공 모양을 이루어 흘러내린다. 전자의 양자성을 처리하는 레이저와 LED에서 사용되는 나노 구조의 결정체 층, 그리고 탄성, 열전도성, 전기전도성과 같은 놀라운 최고 수준의 특성을 갖춘 그래핀(탄소 원자들로 이루어진 얇은 막-옮긴이)과 탄소나노튜브도 있다.

나노 기술에 대해 쓰기

네 개의 기초 중 어느 곳에서든 나노 기술을 향한 모험을 시작할 수 있다. 다음의 간단한 3단계 과정을 시도해 보기 바란다.

1. **조사**: 머릿속에서 맴돌거나 가슴을 뛰게 하는 무언가를 나노 과학에서 찾아보기 바란다. 교수나 실험실의 대학원생에게 질문해 보자. 귀에 딱지가 앉을 정도로 얘기해 줄 것이다. 소설에 나오는 위대한 과학을 구상하는 지점은 바로 현실이다.
2. **끝까지 따지기**: 여러분이 배운 기술에 대해 생각해 보고 스스로에게 '만약(what if)'이라는 질문을 던지자. 미지의 것에 대한 위험한 호기심, 이것이 SF의 탄생지다. 이 단계의 끝에서 여러분은 매혹적이고 흥분되는 가능성과 더불어, 여러분의 기술이 잘못되었을 때 일어날 심각하고 예측 불가능한 결과 두 가지를 다 생각해야 한다. 끝까지 따지기의 예로는 〈가타카〉에 나오는 유전공학이나 〈스타트렉〉에 나오는 보그(외계 종족 중 하나로 타 종족의 생물학적, 공학적 특성을 자신들의 것으로 만듦-옮긴이)가 있다.
3. **자연스러운 한계 설정**: 성장하거나, 근육을 만들거나, 손상을 치료할 때 에너지가 필요하듯, 모든 나노 기술도 그렇다.

가장 적당한 에너지원은 불행히도 여러분이다. 또는 태양일 수도 있다. 이 사실은 또 다른 유용한 한계를 만들어 낸다. 바로 퇴화다. 작은 나노 입자에는 태양의 UV광, 열, 또는 반응성 화학 물질로부터 껍질을 보호할 수 있을 두터운 층이 없다. 나노봇은 햇빛을 받거나 지정된 환경(예컨대 몸) 밖으로 나가면 급속히 퇴화하는 경향이 있다. 몸은 이들을 신진대사시킬 수도 있다. 따라서 즉각적인 공급이 필요할 수 있다. 나노봇의 경제성도 고려해야 한다. 나노봇의 이점을 유지하려면 계속해서 이들을 섭취하거나 이식해야 한다. 독성, 알레르기, 면역 체계 구축도 고려해야 한다. 나노봇이 계속 일하게 하려면 특수 비타민이나 미네랄을 섭취해야 하는 경우도 생각해야 한다.

이러한 기본 개념과 팁이 있으면 설득력 있는 SF 모험물을 쓸 수 있는 장비로는 충분하다. 현실에서 언젠가는 나노봇이 우리 몸에 이식되어 질병과 싸우게 될까? 나노봇은 우리의 속성과 사회를 변화시킬까? 1959년에 파인만은 그렇다고 말했다. 그리고 지금까지 그의 말은 전부 맞았다!

37장 PUTTING THE SCIENCE IN FICTION

홀로그램 만들기

주디 L. 모어(엔지니어)

적당한 자리를 찾아 주차장을 헤매고 있다고 상상해 보자. 정문 바로 앞에 하나 발견했다. 지시등을 켜고 주차를 시작한다.

잠깐! 휠체어에 탄 남자 하나가 느닷없이 나타났다. 거의 칠 뻔했다. 장애인을 치여 죽일 뻔했다는 생각에 사과하러 차 밖으로 나왔다. 차 문 주위를 돌아 남자에게로 가까이 간 순간 뭔가 이상한 점을 발견한다. 남자는 얇다. 2D로 치면 마른 몸이다. 진짜 사람이 아니다. 하지만 남자의 이미지는 선명하다. 여러분은 남자가 그 주차 자리는 장애인 전용 주차 구역이라고 말하는 동안, 휠체어에 탄 남자의 이미지를 놀라 쳐다본다. 홀로그램이 다른 데 주차하라고 말한다.

놀라고 죄책감을 느낀 여러분은 차로 돌아가서 다른 주차 자리를 찾아본다.

소설 같지만 그렇지 않다. 러시아 과학자들은 극히 현실적인 문제를 해결하기 위해 감지-인식 기술과 프로젝션 시스템을 결합했다. 여러분의 차에서 장애인 표시가 감지되지 않으면 휠체어를 탄 사람의 이미지가 여러분 바로 앞에서 안개 커튼 위로 투사된다. 이미지는 매우 그럴듯하다. 하지만 이것이 정말 홀로그램일까?

메리엄-웹스터 사전과 옥스퍼드 영어사전에 따르면, 홀로그램은 간섭 광원(光源)의 간섭 패턴에서 형성된 3D 이미지다. 간단하게 말하면 홀로그램은 가상 3D 이미지다. 홀로그램은 보기 위한 스크린도, 단색광 광원도 필요하지 않다. 필요한 것은 알려지고 확인 가능한 특성을 가진 광원과 주변 빛을 산란시킬 수 있는 표면만 있으면 된다. 진정한 홀로그램으로 분류되려면 다양한 방향에서 이미지를 볼 수 있고, 빈 공간에 3D 물체가 선회하고 있는 느낌을 받아야 한다.

휠체어를 탄 러시아 남자는 사실은 2D 투사 영상일 뿐이지만 아주 그럴듯하다. 다른 나라에서도 보고 싶다.

그러면 진짜 홀로그램은 어떨까?

홀로그램은 <스타워즈>와 함께 시작되었다

1977년에 R2-D2가 대형 스크린 위에 레아 공주의 이미지를 투사했다. 그리고 홀로그램을 전기 통신에 사용하는 주류 아이디어가 탄생했다. 하지만 이 아이디어를 처음 떠올린 사람은 조지 루카스가 아니었다. 대중은 홀로그램이 이미 존재하고 있었다는 사실을 몰랐다.

최초의 홀로그램은 1947년에 영국 과학자 데니스 가버가 전자 현미경의 해상도를 향상시키려고 시도하는 중에 만들어졌다. 1960년대에 레이저 기술이 발달하면서, 홀로그래피(빛의 간섭을 이용한 사진법-옮긴이)는 우리가 현재 이해하고 있는 3D 이미지 전송으로 발전했다. 1972년에 로이드 크로스는 백색광 전송 홀로그래피를 전통적인 영화 촬영과 결합시켜, 회전하는 물체의 기록된 2D 이미지 시퀀스로부터 움직이는 3D 이미지를 만들었다. 따라서 조지 루카스가 미래를 다룬 자신의 영화에 홀로그래피 기술을 사용한 것은 전혀 상상력의 확장이 아니었다.

하지만 나는 아직도 R2-D2가 녹화 중에 레아 공주가 앞에 있을 때 어떻게 공주의 뒤쪽 이미지를 얻었는지 궁금해한다는 사실을 인정해야겠다. 하지만 그런 세부 사항은 무시하자.

〈스타워즈〉 시리즈에서 보는 것과 비슷한, 모든 각도에서 서로 다른 모습을 보여 주는 대형 3D 이미지를 만드는 것은 현재의 기술 수준을 완전히 벗어나는 것은 아니다. 투명한 반사 플라스틱(또는 유리)과 적당한 앱만 있으면 여러분도 스마트폰이나 태블릿을 홀로그래픽 프로젝터로 바꿀 수 있다(다음 사진 참조).

CD 케이스의 투명 플라스틱과 스마트폰으로 해파리(또는 다른 생물체)의 움직이는 홀로그래픽 이미지를 만드는 방법을 설명한 글은 인터넷에서 많이 찾아볼 수 있다. 유튜브에는 이 목적에 활용할 수 있는 동영상도 있다. 가상 이미지를 만드는 데 반사광이 어떻게 작용하는지 아이들에게 보여 주는 것은 재미있는 활동이다(이 실험을 하는 데 아이들이 필요한 건 아니다. 호기심만 있으면 된다).

CD 케이스의 플라스틱을 이용하면 스마트폰이나 태블릿을
홀로그래픽 프로젝터로 바꿀 수 수 있다.

장난감 자동차와 고무 개구리의 가상 이미지를 거울을 이용해 확대해 3D 이미지로 허공에 투사할 수 있게 해 주는 제품은 쉽게 구입할 수 있다. 다양한 크기로 출시되어 있는데, 볼 때마다 그 이미지 사이로 손가락을 통과시켜 보고 싶은 충동을 누르기 힘들다. 여러분이 이러한 단순한 홀로그래픽 프로젝터를 현재의 영상 통화 기술과 결합한다면, 〈스타워즈〉에 나왔던 통신용의 말하는 인터랙티브 홀로그램은 바로 현실이 될 것이다.

하지만 SF가 선보일 수 있는 최고의 홀로그래픽 아이디어는 무엇일까? 〈스타트렉: 넥스트 제너레이션〉에 나온 홀로덱(우주선 내에서 가상현실을 구현하는 프로그램-옮긴이)? 등장인물에 대해서는 모르지만, 1987년에 첫 번째 에피소드가 방영되었을 때 부모님과 함께 TV 앞에서 감탄하며 봤던 건 기억난다. 이미 〈스타트렉〉의 열성팬이었던 어머니는 계속해서 레플리케이터(〈스타트렉〉에 나오는 물질조합장치-옮긴이)가 갖고 싶다고 하셨고, 라이커(부함장-옮긴이)가 홀로덱 문을 열고 숲 속으로 걸어 들어가는 장면에서는 식구들이 단체로 "나도 갖고 싶어"라고 말했다.

안타깝게도 〈스타워즈〉의 홀로그램과는 달리, 홀로덱과 그 완전한 인터랙티브 환경은 결코 실현될 수 없을 것이다. 프로젝션 시스템은 3D 이미지를 현실과 구별할 수 없을 정도로까지 발전시킬 수 있을 것이다. 하지만 단단한 물체가 존재하기만 해도 이미지를 방해해 그림자와 왜곡을 발생시킨다. 빛은 물질을 멈출 수 없다는 사실 때문에 이 아이디어는 더 복잡해진다.

빛의 과학적 모델은 반사, 굴절, 간섭을 설명하기 위해 사용되는 광선과 파동 모델 때문에 엄청나게 혼란스러울 수 있다. 여기에 양자 모델까지 추가되면 과학자라도 헤맬 것이다. 그러나 나는 현재의 기술이 질량을 가진 물질을 멈출 수 있는 가능성이 있다고 생각한다. 하지만 그 방법은 빳빳한 조각으로 태워 날려 버리는 것뿐이다. 빛과의 물리적, 촉각적 상호작용은 불가능하다. 적어도 우리를 다치게 하지 않는 상호작용은 불가능하다. 홀로그래픽 의자에 앉으려고 하다가는 엉덩방아를 찧고 다치게 될 것이다.

홀로그램과 물리적 상호작용을 할 수 있다는 SF의 제안은 일단 무시하고, 역사적인 홀로그래픽 캐릭터와 차 한 잔을 즐기고 싶다. 그렇기는 해도, 프로젝션과 홀로그래픽 관련 시스템은 이미 우리 일상생활에 영향을 미치고 있다. 그리고 이 모든 것의 시작은 여러분에게 다른 데 주차하라고 말하는 가짜 홀로그램이다.

정보 이론:
할HAL 구축에 관한 깊은 생각Deep Thought

A.R. **루카스(의사결정학자)**

좋은 SF는 "만약에"라는 질문과 함께 시작한다. 우리가 무엇을 알고 있는지, 무수히 가능한 미래의 갈림길 위에 서 있는지 묻는다. 기술은 SF에 중요하다. 변화를 상징하기 때문이다. 가끔은 A에서 B로 가는 단순한 플롯 장치거나, 촉매제거나, 우리가 탐구하려고 하는 세계의 근본적인 무엇이거나, 심지어는 그 자체가 캐릭터일 때도 자주 있다. 그리고 기술의 핵심에는 근본적이지만 파악하기 힘든 개념이 있다. 바로 정보다.

잠깐. 아직 책을 덮지 말기 바란다. 안다. 정보는 우주선도, 살인 돌연변이 바이러스도 아니다. 하지만 뭔가 아주 낯선 것이 될 수 있다. 내 말이 믿기지 않는가?

챔퍼나운 수(Champernowne's constant)라는 것이 있다. 십진법에서 챔퍼나운 수는 모든 수를 사슬처럼 이은 목록이다

(12345678910111213…). 이를 정규수(normal number)라고 하는데, 그 숫자가 모든 수의 조합을 균일하게 포함하고 있다는 의미이다. 하지만 멋진 부분은 이게 아니다. 챔퍼나운 수를 문자, 비트, 그 외 다른 코드로 옮기면, 여러분이 다음에 쓸 예정인 소설, 이번 주의 슈퍼마켓 전단지, 호르헤 루이스 보르헤스의 「바벨의 도서관」 전체를 포함시킨다는 것이 멋지다.

정보 이론은 등장한 지 아직 한 세기가 되지 않았지만, 물리학에서 생물학, 컴퓨터 과학에 이르기까지 모든 것에 대한 우리의 이해를 변화시켰다. 정보 이론은 정보의 표시, 통신, 처리, 이용을 다룬다.

데이터에 익사하기와 맥락 창조하기

정보는 기하급수적으로 증가한다. 현재 정보의 양은 그전의 모든 정보의 총합보다 언제나 많다는 뜻이다. 하지만 너무 많은 정보는 마치 이탈로 칼바노의 『보이지 않는 도시들』에 나오는 마을처럼 우리를 질리게 만든다. 이 소설에 나온 마을은 물리적 공간이 부족해지는 바람에 버려졌던 게 분명하다.

최근의 데이터 폭증 때문에 정보 전문가들은 "우리는 데이터에 빠져 죽어가지만, 정보에 굶주리고 있다"는 말을 다양하게 변주하고 있다. 데이터는 커크 선장의 U.S.S 엔터프라이즈 호에 있는 트리블 종족처럼 증식할 수 있지만, 맥락 없이는 무의미하다. 더 나쁜 것은, 데이터에 잘못된 의미를 부여하거나(재미 삼아 '비논리적 상호관계'를 검색해 보시라), 틀린 가정을 할 수 있다는 사실이다.

1983년 영화 〈위험한 게임〉에서 주인공인 해커 데이비드 라이트맨은 컴퓨터 시스템인 WOPR이 군사용 슈퍼컴퓨터가 아니라 시뮬레이션 게임이라고 착각했다. 사실, 같은 시뮬레이션을 표시하는 군사용 프로그램과 컴퓨터 게임은, 거기에 참가한 결과는 매우 다르겠지만, 동일한 프로그래밍을 가졌을 것이다.

문제는 라이트맨이 자신이 예상하고 있는 맥락 안에서 상호작용을 해석했다는 것이다. 라이트맨은 게임을 찾다가 WOPR을 발견하자 그것이 게임이라고 생각했다. 잘못된 가정은 음모를 강화할 수 있고, 정보는 시간과 마찬가지로 상대론적이기 때문에 이러한 문제는 불가피할지도 모른다.

젠장, 하이젠베르크, 답은 42야

하이젠베르크의 불확정성 원리에서는 물체의 정확한 속도나 위치를 알 수 있다고 하지만, 둘 다 아니다. 사실 여러분이 측정하려고 하는 것은 여러분이 측정을 시도할 때까지는 존재하지 않는다. 답을 얻으려면 먼저 반드시 올바른 질문을 해야 한다는 뜻이다.

더글러스 애덤스의 『은하수를 여행하는 히치하이커를 위한 안내서』에서 슈퍼컴퓨터 '깊은 생각(Deep Thought)'은 "삶과 우주, 그리고 모든 것에 대한 궁극적인 답"을 찾기 위해 만들어졌다. 750만 년이 흐른 후에 컴퓨터가 도달한 대답은 42였다.

'깊은 생각'은 프로그래머가 질문이 무엇인지 이해하지 못했기에, 대답이 무의미해 보일 수 있다고 주장한다. 그리고 올바른 질문이 없으면 양자역학에서는 그 대답은 단순히 '알려지지 않은

(unknown)'게 아니라 '알 수 없는(unknowable)' 것이라고 말한다.

무지의 잣대인 엔트로피

정보 이론에는 확률이 필수적이지만, 확률은 종종 우리를 속인다. 다음의 예를 보자. 나는 아이가 둘 있다. 두 살 터울이고 하나는 아들이다. 다른 하나가 아들일 확률은?

위의 질문에 2분의 1이라고 답했는가? 안타깝게도 틀렸다. 답은 3분의 1이다. 가능한 조합은 아들-아들, 아들-딸, 딸-아들이다(딸-딸은 불가능). 이 중에 하나만이 두 번째 아들이다.

속임수 같겠지? 두 아이 중에 키가 더 큰 애가 아들이라고 내가 말했다면? 키는 관련이 없을 것 같지만 그렇지 않다. 확률이 달라진다. 이제 조합은 키 큰 아들-키 작은 아들, 그리고 키 큰 아들-키 작은 딸 둘뿐이다. 확률은 정보에 필수적이고, 정보는 확률에 놀라운 방법으로 영향을 미친다.

정보 이론에서 엔트로피는 무지의 잣대다. 엔트로피 0은 완전한 지식을, 엔트로피 1은 완전한 무지 또는 진정한 무작위성을 나타낸다(이것을 확률 자체와 혼동해서는 안 된다. 0과 1은 둘 다 낮은 엔트로피 상태이고, 진정한 무작위성, 동전 던지기나 50/50은 가장 높은 엔트로피 상태를 나타낸다). 열역학에서 엔트로피는 결코 감소할 수 없고, 지속되거나 증가할 뿐이다.

이것은 안타깝게도 올바른 질문을 찾는 '깊은 생각'의 연구는 불가능하다는 것을 의미한다. 우리가 모든 것을 안다면 정보 엔트로피는 0이 될 것이고, 우주 자체는 존재하지 못한다. 그렇다. 분

위기 깨는 얘기다. 하이젠베르크를 탓하자.

메시지 전송

현재의 과학에서 정보 전송 속도는 빛의 속도를 추월할 수 없다고 한다. 초광속(FTL) 우주여행 기술이 정보까지 확장되지 않는 한, 여러분의 심우주(deep space) 통신이 집까지 도달하기까지는 시간이 걸린다는 뜻이다. 섀넌-하틀리 정리를 이용하면 필요한 신호 전원(signal power)의 양과, 오류투성이의 잡음이 생기지 않고 시간 단위당 보낼 수 있는 정보의 최대량을 알 수 있다.

최근에는 양자 얽힘(quantum entanglement)을 사용한 FTL 통신 전송이 논의되지만 주의해야 할 점이 있다. 복사불가정리(no-cloning theorem)에서는 이것이 불가능하다고 한다. 그리고 두 상태 사이에 상관관계가 있더라도, 상태가 서로 확인되지 않는 한 그 상관관계는 미지로 남으며, 확인에는 광속 통신이 필요하다. 현재로는 은하계 사이의 재래식 우편을 이용할 수밖에 없다.

공통의 언어

발신자는 예컨대 수신자에게 의미를 전달한다는 것과 같은 정보를 반드시 표시해야 한다. 1997년 영화 〈콘택트〉에서 외계인의 메시지에 들어 있던 소수(素數)를 생각해 보자. 숫자로 된 그 줄로 (단순한 잡음이 아니라) 의도적인 통신 메시지, 그리고 공통 언어로서의 수학을 만들어 냈다. 통신이 의미를 가진 정보로 채워지고 기술 그 자체가 캐릭터가 되면, 공유된 의미를 발전시키는 시스템은 이야기에 근본적인 문제를 제기할 수 있다.

〈위험한 게임〉으로 돌아가 보면, WOPR은 세계의 종말을 알리는 기계이다. 자동 충전을 사용하며, 플러그를 뽑으면 자동으로 핵전쟁을 시작하게 되어 있다. 이 때문에 스티븐 팰큰 박사와 라이트맨은 반드시 통신 방법을 찾아내야 한다. 두 사람이 도달한 해결책은 WOPR이 자기 자신과 틱택토(오목과 비슷한 게임-옮긴이)를 하게 하고, 틱택토의 경우처럼 오류 없이 게임을 하게 되면 언제나 무승부(핵전쟁의 경우는 서로 파멸하는 것이 확실한 교착 상태)가 나온다는 헛됨(futility)의 개념을 가르치는 것이었다. 게임 이론을 들어보지 못했더라도, 이것은 컴퓨터—그리고 벌컨족(〈스타트렉〉에 나오는 상대방의 마음을 읽는 능력이 있는 종족-옮긴이)—가 어떻게 사고하는가를 이해하는 데 유용한 도구이다.

경험에서 추상으로: 우리 자신의 이미지

1968년 영화 〈2001: 스페이스 오디세이〉에서 컴퓨터 할(HAL) 9000은 오작동 때문에 우주선 승무원들이 자신을 정지시키려는 것을 엿듣고 그들을 파괴하려고 한다. 많은 관객들은 이 플롯을 할의 프로그래밍이 인간 같은 광증으로 퇴화한 것으로 해석하지만, 이것은 할이 의인화되었다고 가정한 것이다. 어쩌면 할은 전혀 미치지 않았고, 그 행동은 순수한 논리적 자기 보존일 수 있다.

인공지능(AI)과 다른 기술이 발전하면, 이들이 어떻게 정보를 수집, 처리, 해석하는지를 고려하는 것이 중요하다. 동일한 이미지도 사람마다 전혀 다르게 받아들일 수 있고, 인간으로 공통적인 경험을 공유한다. 정보 처리와 프레임워크(소프트웨어 어플리케이션이나 솔루션 개발을 수월하게 하기 위해 제공하는 환경-옮긴이) 사이의 통신을 위한 논리적 프레임워크를 구상하려고 할 때는 경계를 허물고, 여러분의 시스템이 가진 한계를 이해해야 한다.

복잡성

정보 이론에서는 시스템이 복잡할수록 더 많은 엔트로피를 가진다고 한다. 더 많은 엔트로피가 더 큰 무작위성과 같다면, 컴퓨터 시스템은 더 복잡해지고, 이들을 예측하기는 더 어려워진다. 컴퓨터 시스템이 복잡한 세계와 상호작용하면, 모든 가능한 시나리오(너무 많은 데이터)에 반응하게 프로그램하거나 모든 가능한 부정적 결과를 처리하는 일반 규칙을 개발하는 것은 불가능하다.

아이작 아시모프의 로봇 3원칙이나 인간/로봇 상호작용과 그 예기치 못한 결과에 관해 쓴 많은 작품들은 이러한 사실을 보여준다. 완벽한 예측을 할 수 있는 복잡한 시스템을 구축하는 것은 불가능하다. 최근의 문학에서는 경이륙(hard takeoff, 빠른 학습) 슈퍼인공지능(ASI)과 그것이 가져올 수 있는 의도하지 않은 결과를 때로 '바쁜 아이(busy child)'라고 부르고 있다. 의도하지 않은 결과는 나쁠 수도, 좋을 수도 있지만, 반드시 존재해야 한다. 엔트로피가 그것을 요구한다.

우주가 말한다. "저것쯤은 나도 할 수 있어"

영화 〈매트릭스〉에서 인간 대다수는 지루한 대규모 컴퓨터 시뮬레이션 속에서 살아가고, 기계들은 인간의 신경 활동에서 나오는 에너지를 빼앗아간다. 이 영화는 우리가 이미 매트릭스 안에서 살고 있는 것은 아닌지에 대한 논쟁을 촉발시켰다.

이는 사실일 수 있다. 덜 사악하기는 하지만, 규모는 훨씬 크다. 물리학자들은 우주의 근본적인 구성 요소가 쿼크(양성자나 중성자를 구성하는 소립자로서 강한 힘의 지배를 받음—옮긴이)나 렙톤(강한 상호작용을 하지 않는 소립자—옮긴이)이 아니라 양자 정보의 기본 단위인 큐빗일 가능성을 탐구하고 있다. 공간, 시간, 그리고 우리가 아는 우주는 모두 이러한 큐빗의 상호작용에서 나온 것일 수 있다.

기억하자. 여러분의 다음 소설이 챔퍼나운 수 어딘가에 숨어 있더라도, 그것이 만들어 내는 패턴은 여러분이 쓰기 전까지는 존재하지 않는다.

결론

정보 이론은 정보에 관한 것이고, 우리가 정보와 하는 상호작용은 인공지능부터 양자물리학까지 우리의 세계를 매일 변화시키고 있다. 하지만 정보 이론이 맞는다면 우리 우주의 복잡성이 증가함에 따라 불확실성도 증가하면서, SF 작가들에게 수없이 복잡하게 꼬인 문제들을 던질 것이다. 질문은 이것이다. 이 문제들이 진실보다 더 이상할까?

PUTTING THE SCIENCE IN FICTION

6부

지구와 다른 행성. 그렇다. 명왕성은 중요하다.

39장 PUTTING THE SCIENCE IN FICTION

인간과 지구를 위한 근미래 시나리오

비앙카 노그래디(과학 전문기자)

내가 생각하는 작가의 가장 큰 특권은 "만약에"를 탐구할 수 있다는 것이다.

해상 소음공해로 인해 치어(稚魚)가 자신들이 살던 산호초로 돌아가는 길을 찾지 못한다면 어떻게 될 것인가와 같은 작은 "만약에"일 수도 있다. 캠프파이어의 활성화 여부가 사회 발전에 미치는 영향을 발견하는 것과 같은 엉뚱한 "만약에"일 수도 있다.

하지만 때로—그리고 최근에는 점점 더 자주 일어나는 일이다—나는 작가로서 정말로 크고 어렵고 무서운 "만약에"와 맞닥뜨릴 수밖에 없다. 예를 들어 "만약에 대기 중 이산화탄소 농도가 100만분의 550 비율 이상으로 상승한다면?" 또는 "우리가 재생 가능한 에너지에 적응하기 전에 제때 화석 연료에 대한 의존도를 줄이지 못한다면?" 혹은 "우리가 아이들을 두고 떠난 세계가 너무

가혹하다면, 아이들은 몇이나 살아남을까?" 같은 것들이다.

과학 담당 기자이자 논픽션 작가, 소설가로서 지난 10년을 보내면서, 지구와 인류의 근미래에 대한 내 느낌은 크게 달라졌다.

10년 전에는 미래에 대한 과학 매체의 전망은 어둡고 암울한 것이 많았고, 우리가 환경 지옥을 향해 거침없이 달려가고 있다는 경고가 내려졌다. 이야기의 다수는 원유 생산 정점(peak oil, 석유 생산이 매장량 한계로 특정 시점을 정점으로 줄어드는 현상. 이하에서 '정점'은 모두 이 의미로 사용함-옮긴이), 인(비금속 원소)의 정점, 광물 가치가 있는 모든 것의 정점에 관한 내용이거나, 극지방의 빙모(산의 정상 부분을 뒤덮고 있는 빙하-옮긴이)와 영구 동토(한대 및 냉온대 중에서 땅속이 1년 내내 어는 지대-옮긴이)가 녹는 현상을 다루거나, 급격히 증가하는 이산화탄소 수준에 관한 것이거나, 이를 위해 우리가 어떻게 해야 하는지에 대한 내용이었다.

그 후에 나는 친구 제임스 브래드필드 무디 박사(엔지니어이자 혁신 이론가이며, 세계 경제 포럼이 선정한 젊은 글로벌 리더 중 한 사람이고, 엄청나게 똑똑한 친구다)와 함께 『제6의 물결』이라는 논픽션을 쓸 기회가 생겼다. 이 책은 우리가 혁신의 거대한 물결이 시작되는 지점에 서 있다는 주장을 펴고 있다. 그 물결은 산업혁명처럼 우리의 생활양식과 경제를 바꾸어 놓아, 지속가능성이라는 눈부신 새 패러다임으로 나아가게 할 것이다.

낙관적인 시나리오

우리는 쓰레기가 기회가 되고, 자연이 영감과 혁신의 원천이 되고, 디지털과 자연이 만나고, 정보는 세계적이지만 물건은 지역적이고, 생산 기반 소비보다는 서비스 기반 소비로 향하는 세상을 그렸다.

엄청나게 낙관적인 책이었다. (당시나 지금이나) 계속되고 있는 기후정상회담에서 각국 정부들이 진취성이 부족한 모습을 보여주긴 했어도, 아직 우리는 기후 변화와 자원 정점이라는 도전에 맞설 수 있는 혁신을 해낼 수 있다는 희망이 생겼다.

『제6의 물결』을 쓰기 위해 조사하면서, 나는 이미 현실이 된 놀라운 혁신들 몇 가지를 알게 되었다. 웨이브팜(파도의 운동에너지를 이용한 발전–옮긴이), 플라스틱 나무, 매립지 굴착(쓰레기 매립지를 발굴해 고형 쓰레기의 에너지를 재활용하는 것–옮긴이), 생태계 서비스(해양 생태계의 물의 순환, 탄소의 순환, 오염물질의 정화 기능 등 인간사회에 직접적인 경제적 혜택은 없으나 생태계의 존재와 기능이 생물의 생존에 기여하는 혜택–옮긴이)의 가격 책정, 녹색 화학(화학 폐기물 양을 줄이고, 에너지를 절약하며, 유해 물질 사용과 배출을 최소화하는 새로운 화학제품 및 공정 개발을 위한 노력–옮긴이), 카셰어링, 서비스로서의 소프트웨어, 스마트 냉장고, 수중 재배, 녹색 슈퍼 그리드(대륙간 혹은 국가간에 생산된 전력을 연결하여 서로 융통하는 전력망–옮긴이) 등이다. 이러한 혁신은 멋지고, 단순하며, 지속 가능하다. 그래서 이런 혁신 중 많은 것이 과학 기자로서뿐만 아니라 소설가로서의 내 상상력을 자극했다.

연(kite) 발전—풍차 원리를 이용하지만 불필요한 구조물을 없앴다—에 대해 알게 되자, 내 머릿속에는 높은 고도에서 왈츠를 추듯 빙빙 도는 풍력 발전용 연들로 가득한 지평선이 바로 그려졌다. 공기 중에 있는 물을 응결시키는 조롱박 모양의 대형 물 수집기 디자인을 보고 내 작품에 등장시켜야겠다고 생각했다.

오랫동안 나는 인류의 미래에 대한 기대로 가슴이 뛰었다.

비관적 시나리오

SF『바이오헌터Biohunter』를 쓰기 위한 조사를 하면서 모든 게 달라졌다. 나는 우리가 가장 두려워하는 것이 실현되면 어떤 일이 벌어질지 탐구하고 싶었다. 최악의 기후 변화가 지나가고 세계의 기초가 되는 자원을 채굴하기가 힘들어지고 비용이 많이 들게 되면 우리의 지구와 문명은 어떻게 될까? 석유, 석탄, 액화석유가스(LPG), 철, 은, 희토류가 없다면 어떻게 될까? 극지방의 빙모가 대량으로 녹고, 해수면이 수십 미터 상승하면 어떻게 될까? 기온과 강우 패턴이 크게 변해서 세계의 많은 부분이 사실상 주거 불가능이 된다면 어떻게 될까?

존 마이클 그리어가 쓴『긴 내리막The Long Descent』을 읽었다. 우리는 문명의 종말이 시작되는 것을 보고 있다는 이론을 연구한 책이다(읽기 전에 항우울제를 먹기 바란다. 진담이다). 그리어는 이전의 많은 거대한 문명—아즈텍과 로마 같은—이 그랬듯, 우리가 주위에서 보는 모든 것들이 어느 날 쓰러져 썩어가게 될 것이라고 주장한다. 그리어는 이것이 많은 사람들이 두려워하는 대재앙은 아니겠지만, 더 슬프게도, 점진적인 붕괴와 쇠퇴가 일어나면서 암흑시대로 되돌아갈 것이라고 예측한다. 마지막으로 뉴욕을 떠나는 사람은 불을 끌까?

이러한 우울한 전망이 오랫동안 내 생각에 스며들어서, 더러운 하늘 아래 황량한 들판으로 기름투성이 밀물이 몰려오고, 나는 아이들을 움켜잡고 달리는 묵시록적인 꿈을 꾸기 시작했다. 석유, 전기, 심지어 깨끗한 수돗물이 없는 세상에서 나와 가족이 어떻게 살아남을 수 있을지 의문이 들었다. 식량을 자급자족할 수밖에 없으면 삶이 어떻게 될까 상상하기 시작하자, 작은 텃밭이 완전히 새로운 의미로 다가왔다.

인간의 반응 예측하기

나는 이러한 시나리오들을 염두에 두고 『바이오헌터』의 세계관을 구축하기 시작했다. 빙모와 빙하가 녹으며 세계의 주요 대도시들 대부분이 홍수로 뒤덮인 후, 이들 대부분이 극한의 기상 조건 때문에 유령 도시가 된 세계를 그렸다. 열과 가뭄 때문에 세계 식량 생산지의 많은 부분이 황폐화되고 사람이 살 수 없게 되었다. 시민들에게 가장 기본적인 사회 기반 시설을 제공할 수 없게 되면서 정부는 무너졌다. 전력망 붕괴가 세계의 전기 네트워크를 덮치면서 인터넷과 클라우드는 바람 속의 먼지처럼 사라졌다.

사람들은 식수와 농경지를 찾아 내륙으로 이주해 자치 정부, 자급자족적 정착촌을 건설했고, 화석 연료를 찾을 수 없었기 때문에 태양과 풍력에서 얻은 재생에너지를 전기로 사용했다. 정착촌이 성장하면서 자급자족과 잉여물 거래가 가능해졌다.

『바이오헌터』의 세계에서는 기아, 질병, 전쟁의 압력으로 인해 우리 중 극히 일부만 살아남았지만, 자원이 여전히 부족하다. 자원 전쟁이 각지에서 발발했지만, 총알과 폭탄에 소중한 금속을 낭비하는 대신 생물 무기를 통해 분쟁을 해결했다. 생물 무기는 만들어 내기도 쉽고, 재료도 많이 사용하지 않으며, 괜찮은 정착촌을 쓸어 버리고 이주할 수 있는 확실한 방법이다.

이 모두가 매우 우울하고 종말론적이라고 생각했다. 하지만 이 책에 나온 모든 것이 (바이오 전쟁을 제외하고) 모두 상당히 유토피아적이라는 의견을 말해 준 친구와 대화를 나누고 나서는 달라졌다. 『바이오헌터』의 세계는 『제6의 물결』의 세계이기도 하다는 생각이 들기 시작했다. 비록 그리어의 『긴 내리막』이라는 시련을 겪은 후에 도달한 상대적인 유토피아일 뿐이긴 하지만, 제임스와 내가 『제6의 물결』을 쓰면서 그렸던 혁신 중 많은 것이 『바이오헌터』의 세계에서 나타나고 있는 것을 보기 시작했다.

『바이오헌터』의 세계는 여전히 냉혹하고 잔인하다. 우리가 지금 당연하다고 여기는 자원인 식수, 농경지, 소금, 밀가루, 또는 인력들을 둘러싸고 정착촌들 사이에 분쟁이 빈발한다. 그리고 바이오 전쟁은 잔혹하고 무차별적이다. 더 이상 군인 대 군인의 싸움이 아니다. 승자독식의 완전한 소모전이다. 무기는 치명적이고 눈에 보이지 않기 때문에 방어하기가 극히 어렵다. 최근의 에볼라 바이러스의 급격한 확산은 바이러스만큼 극히 작은 것이 인류에 얼마나 큰 피해를 끼칠 수 있는가를 보여 주는 명확한 예이다.

솔라펑크(재생 에너지에 중점을 둔 낙관적 미래를 다룬 장르-옮긴이)

그러고는 솔라펑크를 발견했다. 내 본업(기자)과 부업(소설가 지망생)이 만난 순간 중 하나였다.

환경 전문 뉴스의 편집자가 특집 기사를 위해 초기 솔라펑크 운동을 취재해 달라고 의뢰했다. 나는 이 신생 하위 장르가 인류의 근미래에 대한 더 긍정적이고, 지속 가능하며, 현실적인 관점을 찾고 있다는 것을 알게 되었다. 『바이오헌터』가 잿더미에서 일어난 세계를 보여 준다면, 솔라펑크는 우리가 먼저 세상을 멸망시키지 않고도 같은 결과를 이룰 수 있게 한다.

솔라펑크 옹호자이자 브랜드 전략가인 애덤 플린은 히에로글리프(Hieroglyph) 웹사이트에 올린 글에서 "우리가 솔라펑크인 것은 다른 선택지들이 거부되거나 좌절했기 때문이다"라고 썼다. 트위터나 텀블러에 주로 등장하는 솔라펑크는 작가 닐 스티븐슨이 2011년에 〈월드 폴리시 저널World Policy Journal〉에 쓴 글에서 일부 영감을 받았다. 스티븐슨은 이 글에서 SF가 사람들에게는 필요한 '기술적 낙관주의'를, 과학자와 엔지니어들에게는 의욕을 불러일으키게 해 달라고 호소했다.

이러한 부침을 겪은 후, 나는 아직 긍정적인 미래로 가는 길을 찾을 수 있을 것이라는 약간의 낙관주의를 가지기로 했다.

에너지의 미래

K. E. **래닝**(지구물리학자)

에너지는 우리 삶의 필수적인 일부이며, 우리가 먹는 음식과 마찬가지로 경제, 정치, 문화와 연관되어 있다. 에너지의 정의는 "물리적 또는 화학적 자원을 사용해 나오는 힘으로, 특히 빛과 열을 공급하거나 기계를 작동시키는 것"이다.

주요 에너지원

현재 우리에게는 몇 가지 주요 에너지원이 있다. 화석 연료, 곡물 기반 연료, 바이오 연료, 핵분열과 핵융합, 지열 연료, 수력, 풍력과 태양열 등이다. 이들을 간단히 살펴보자.

화석 연료

화석 연료는 우리가 수확할 수 있게 대자연이 굽고 처리해 준

유기체 연료인 석탄, 석유, 천연가스다. 이러한 화석 연료는 석탄의 경우에는 채광, 석유와 가스의 경우는 채굴(수직 채굴 또는 신기술인 수평 채굴)을 통해 획득한다. 화석 연료는 공해와 기후 변화에 대한 우려 때문에 환경적 · 정치적으로 인기가 없다. 런던 같은 도시에서는 과거에 공해를 줄이기 위해 석탄 난로를 점차 없앴지만, 최근 장작 난로가 인기를 모으면서 대기 오염을 악화시키고 있다.

곡물 기반 연료

사탕수수나 옥수수처럼 연료용으로 재배된 작물을 파종, 수확하고 처리해 에너지원으로 만들려면 반드시 에너지가 투입되어야 한다. 이들 작물도 식량을 생산하기 위한 소중한 토지와 물을 차지하며, 에너지 시장의 급변 때문에 식량 가격의 불안정성을 가져올 가능성이 있다. 곡물을 연료로 사용하는 것은 화석 연료 채굴보다 더 다양한 오염이 우려된다는 문제가 있다.

바이오 연료

쓰레기를 연료로 바꾸는 바이오 연료는 식용유나 기타 탄소 쓰레기 제품을 폐기해 매립하는 대신 소각하므로 탁월한 일석이조 효과가 있다. 하지만 탄소 기반 에너지는 유출물과 쓰레기로 인한 오염, 연료 소각으로 인한 다양한 대기 오염 같은 단점이 있다.

핵분열과 핵융합

원자력 에너지에는 두 가지 유형이 있다. 핵분열과 핵융합인데,

둘은 정반대 과정이다. 핵분열은 거대한 우라늄 원자를 분열시키며, 열의 형태로 에너지를 방출한다. 현재 원자력발전소의 에너지원이고, 깨끗한 전력을 생산한다. 하지만 이 에너지원에는 두 가지 큰 위험이 있다. 첫째, 핵분열이 발생했는데 반응을 통제할 수 없다면, 생명에 끔찍한 결과를 초래하는 폭주 반응(runaway effect)의 가능성이 있다. 둘째, 부산물로 대량의 핵폐기물이 발생하고 장기 보관 계획 없이 원자력 발전소에 보관된다. 이 폐기물의 방사능이 안전한 수준으로 자연 붕괴하기까지는 수천 년이 걸린다.

핵융합은 태양이 에너지를 생산하는 것과 동일한 과정을 거친다. 수소 원자 두 개를 융합시켜 헬륨 원자를 만드는데, 이 과정에서 엄청난 양의 에너지를 방출한다. 융합 에너지는 궁극의 태양열 에너지이지만 아직 개발 단계이다. 에너지원으로서의 핵융합이 가지는 기술적 문제는 그것이 일어날 수 있는 환경을 유지할 수 있는 용기(container) 안에서 압력과 기온을 생성하는 것이다. 기술적으로 어렵지만 폭주 효과가 없다는 장점이 있다. 모든 시스템이 작동하지 않는 한 반응은 사라지기 때문이다. 핵융합에서는 소량의 방사성 폐기물만이 발생하며, 안전한 수준으로 자연 붕괴하는 데 걸리는 시간은 50년이다.

많은 국가와 기업들이 핵융합 발전소라는 목표를 달성하기 위해 경쟁한다. 지난 10년간 과학자들이 융합 반응의 복잡성을 모델링할 수 있게 해 준 슈퍼컴퓨터를 통해 돌파구가 마련되었다. 핵융합은 인류에게 프로메테우스적 순간이 될 것이다. 미래에 필요한 풍부한 에너지를 제공해 주면서 오염 문제도 해결한다.

지열

지열 에너지는 지구의 녹은 중심부에서 방사된다. 깨끗하고 지속 가능하지만 주요 에너지원으로는 지온(地溫) 변화도가 큰 곳이 텍토닉 플레이트(판상〔板狀〕을 이루어 움직이고 있는 지각의 표층-옮긴이)의 경계로 제한되는 경향이 있다. 표면 수준에서 매우 다른 온도를 찾기 위해 지구 깊숙이 들어가지 않아도 된다는 뜻이다.

열펌프는 지하와 공기 사이의 온도차를 이용하기 위해 지하 파이프를 사용하지만, 건물의 냉난방용으로만 사용하기에는 크기가 너무 작다.

수력

수력은 아주 오래되고 오염이 없는 에너지원이지만 주요한 강이 있는 영역으로 한정된다. 산업 시대부터 현재까지 수력 발전용 댐은 대량의 전기를 제공해 왔지만, 어류 이동과 배수를 변화시켜 환경에 영향을 미친다. '(저수지 없이) 흐르는 물을 이용하는' 수력 전기는 댐을 사용하지 않고 운동 에너지를 획득하지만, 상대적으로 작은 에너지원이다. 파력(wave power)과 조력(tidal power)는 현재는 초기 연구 단계이며, 해안가에 국한된다.

태양열과 풍력

태양과 바람은 작은 규모 에너지의 재생원이지만, 지속적이지 않다.

이들 소규모 에너지원은 주택, 건물, 차량 같은 작은 수요를 충족시키기에 적합하다. 재생에너지 회사 릿지블레이드(RidgeBlade)는 지붕 융기선(ridgeline) 안에 내장할 수 있는 소형 터빈을 설계했다. 가정용 전기에 최적이다. 경제적인 면에서도 태양광 패널은 전통적인 전원과 경쟁력이 있으며, 차세대 태양열 전력도 개발 중이다. 창문, 벽, 지붕 같은 인공물은 전체가 에너지를 흡수할 수 있다. 언젠가는 햇살이 비치는 도로를 따라 전기차를 몰고 가면서 충전을 할 수도 있을 것이다. 하지만 이러한 간헐적 소규모 에너지원의 경우, 전력망에서 진정으로 독립하려면 배터리 백업이 필수적이다.

독립적 에너지원으로서의 바람과 태양열에는 부정적인 효과도 있다. 태양열 발전소와 풍력 발전소는 다량의 에너지 수요에 비해 최소한의 에너지만을 획득하기 위해 그 자체로 풍경과 환경에 부담을 주며, 따라서 토지를 비효율적으로 사용하는 것일 수 있다. 태양광 필드(태양열 발전을 위해 패널들을 한데 모아 놓은 곳-옮긴이)는 주변 식물, 곤충, 동물의 삶에 악영향을 미칠 수 있다. 풍력 발전용 터빈은 주요 에너지원을 증가시킬 수 있지만 간헐적이고 환경 문제가 될 수 있다. 풍력 발전용 터빈의 대형 콘크리트 기초는 심지어 터빈 자체가 제거된 후에도 땅에 영향을 미칠 수 있다. 산마루와 같은 환경에서는 배수가 영원히 바뀌게 되고 풍경을 망친다.

에너지의 미래

깨끗한 공기와 물을 원한다면, 다양한 전선에서 에너지 문제와 싸워야 한다. 대량의 에너지 수요를 위해서는 반드시 핵융합이나 그와 비슷한 에너지원을 개발해야 한다. 우리 생활의 모든 측면을 분석해 지속 가능한 에너지를 최대한 획득하고, 이와 더불어 그 다양한 에너지원을 효율적으로 사용해야 한다. 재생 에너지원은 지역 전력망이 정전된 동안에도 전기를 사용할 수 있게 해 줄 것이다. 최대의 효율을 낼 수 있게 전력망을 반드시 업그레이드하고, 예기치 않게 전선이 손상되는 것을 방지하기 위해 지하 경로 배정(routing)을 활용해야 한다. 에너지원으로서의 탄소를 태우는 것부터 삼가는 것도 이 계획의 일부이다.

최근에 버지니아 주 버지니아 비치의 브록 환경 센터에 소재한, 아름답고 완전히 지속 가능한 건물을 방문했다. 웹사이트에 나온 문장을 조금 바꾸어 표현하자면, "브록 센터는 땅과 공기, 수로에 영향을 최소화하면서 주위 자연 환경과 조화를 이루어 존재한다. 환경에 영향을 전혀 주지 않으며, 친환경 건축 기술, 에너지 효율, 물 사용, 아름다움과 영감의 모델이다."

눈부시게 파란 하늘과 깨끗한 물과 더불어 독립적이고 지속 가능한 건물, 태양열 전기차, 청정 핵융합 전력을 사용하는 공장이 점점이 자리하고 있는 자연의 세계를 상상할 수 있지 않을까?

이제 인간은 고대의 신에 버금가는 능력을 보유했다. 세상을 창조할 수도, 파괴할 수도 있다. 인간과 자연의 세계 사이에서 균형을 마음속에 그린 다음, 요구해야 한다.

41장 PUTTING THE SCIENCE IN FICTION

지진: 사실 대 허구

에이미 밀스(구조공학자)

내 집이 있는 캘리포니아 주에서 유명한 자연재해가 하나 있다. 지진이다. 2017년에만 규모 2.5 이상 지진이 캘리포니아에서 500회 넘게 발생했고, 세계에서는 규모 2.5 이상의 지진이 2만 회가 넘게 발생했다. 2017년 최대 지진의 타이틀은 멕시코 해안가에서 발생했던 규모 8.2 지진이 차지했다.

최근 몇 가지 이유로 지진이 뉴스를 장식했다. 지진을 다룬 영화 〈샌 안드레아스〉가 2015년에 개봉했고, 태평양 연안 북서부의 카스카디아 섭입대(판구조론에서 오래된 해양저가 대륙 지괴 아래로 밀려 들어가는 대륙 연변의 해구지역-옮긴이)에 관한 기사가 뉴요커에 실린 데다, 규모 7.3의 파괴적인 이란-이라크 지진으로 500명 이상의 사상자가 발생했다. 지진은 예측 불가능하고, 치명적이며, 소설 속에서 빠른 황폐화와 파괴화를 시킬 수 있는 대단한 장치다.

미신

여러분이 지진을 올바로 이해할 수 있게 몇 가지 일반적인 오해를 제시하고, 소설에서 지진에 관해 쓸 때 필요한 팁을 소개한다.

미신 #1: 지진은 예측할 수 있다

지진은 예측 불가능하다. 자연 재해에는 '시즌'이 없다. 밤이든 낮이든, 여름이든 겨울이든 찾아올 수 있는 계속적인 위협이다. 여기에 대한 광범위한 연구가 있지만, 지진은 언제 발생할 것인지 정확히 예측할 수 없다. 월 단위, 심지어 연 단위 예측도 불가능하다. 하지만 통계적 분석 덕분에 과학자들은 다가오는 연도에 대규모 지진이 발생할 가능성에 관한 장기적 예측은 할 수 있게 되었다. 오늘날의 가장 일반적인 예측은 종종 '큰 놈'이라고 하는 대규모 지진이 다음 20년 내에 캘리포니아에 발생할 것이라는 정도다.

소규모이긴 해도 어느 수준의 예측은 존재한다. 멕시코와 일본을 포함한 많은 나라들은 지진 조기 경보 시스템을 가동하고 있다. 이러한 지진 경보 시스템은 몇 시간 전에 경고는 할 수 없지만 정확한 초 단위는 제공할 수 있다. 견고한 구조물 아래로 피하거나 건물에서 빠져나가는데는 충분한 시간이다.

미신 #2: 샌 안드레아스 단층에서 발생한 거대한 지진은 캘리포니아를 지도에서 지워 버릴 수 있다

꼭 그렇지는 않다. 캘리포니아에서 가장 유명한 단층선이 흔들리면 광범위한 피해와 인명 손실이 발생하겠지만, 샌프란시스코에서 1906년에 발생했던 지진의 복사판을 보게 되지는 않을 것이다. 캘리포니아의 지진 안전 관련 건축 법규는 미국에서 가장 엄격하다. 캘리포니아 주 자체가 내진(earthquake proof) 구조는 아니지만, 피해 및(또는) 인명 손실을 최소화하기 위한 수단을 시행하고 있다. 샌 안드레아스가 무섭기는 해도, 과학자들은 8.3보다 큰 규모의 지진이 발생할 가능성은 낮으며, 쓰나미를 유발하지도 않을 것이라 예측한다(쓰나미는 일반적으로 섭입대에서 지진이 있을 때 발생하는데, 샌 안드레아스는 섭입대가 아니다).

미신 #3: 땅이 갈라진다

미안. 멋진 장면을 만들 수는 있겠지만, 지진으로 땅이 갈라지지는 않는다. 지진이 발생하는 것은 단층이 서로 미끄러질 때지, 멀어질 때가 아니다. 마찰이 없으면 지진도 없다는 뜻이다. 지반 붕괴(산사태, 보도나 아스팔트가 벌어지거나 균열이 생기는 것)도 있을 수 없는 건 물론이고, 도로에는 여러분의 캐릭터가 빠질 만큼 입을 벌린 큰 구멍도 없다. 걱정하지 말자! 나중에 얘기할 토양 액화가 있다. 토양 액화는 끔찍한 황폐화를 가져올 수 있다.

미신 #4: 규모 7의 지진은 세계 어디서든 동일한 영향을 미친다

슬프게도 아니다. 지진의 여파에서의 생존 가능성은 건축 법규와 긴급 대비에 크게 달려 있다. 기존 건물을 법규에 맞게 개보수하는 것은 가난한 나라에는 비용 부담 때문에 실행 불가능할 수 있다. 어느 면에서는 지진이 얼마나 강력한가가 아니라 사회 기반 시설이 얼마나 안전한가의 문제이다. 그렇기 때문에 동일한 규모의 지진이 발생했어도 나라마다 피해와 사망자가 그토록 크게 차이날 수 있는 것이다. 그뿐만 아니라 지진의 타이밍 때문에 모든 것이 달라질 수 있다. 1989년에 발생한 샌프란시스코의 로마 프리에타 지진을 떠올려 보자. 러시아워에 지진이 샌프란시스코를 뒤흔들었지만 사상자는 상대적으로 적었다. 이유는? 샌프란시스코 자이언츠와 오클랜드 어슬레틱스의 월드시리즈가 열리고 있었기 때문이다. 많은 주민들이 거리에서 운전하는 대신 실내에서 경기를 시청하고 있었다.

지진에서 무엇을 예상할 수 있을까?

규모에 따라 다르다. 지진은 리히터 규모로 측정되는데 범위는 0부터 10+이다. 규모는 사람들이 생각하는 것만큼 간단한 개념이 아니다. 규모는 대수(對數)이다. 따라서 크기가 하나씩 커질수록 앞의 수보다 10배 크다. 아래 내용은 규모의 범위와 어느 정도의 피해가 예상되는지를 일반화한 것이다.

· **0~2.9 규모**: 지진이 느껴지지 않는다.
· **3.0~3.9 규모**: "지진인가?" 이 지진은 건물 고층에서 깨어 있었던 사람이라면 느낄 수도 있다. 하지만 진동을 지진과 연관시키지 못할 수도 있다. 소음이 큰 트럭이 지나갈 때와 비슷하게 느껴질 것이다.
· **4.0~4.9 규모**: "지진이야." 자던 사람이 깰 정도로 강한 지진

이다. 액자가 떨어져 부서지고 유리창이 깨질 수 있지만, 피해는 상대적으로 적다.

· **5.0~5.9 규모:** "수그리고 숨어!" 튼튼하게 지어진 건물에는 약간의 피해를, 설계가 부실한 구조물에는 상당한 피해를 입힐 정도의 위력을 가진 지진이다. 이 규모에서는 사람들이 공황 상태에 빠질 가능성이 크다.

· **6.0~6.9 규모:** "꽉 잡아!" 이 정도 규모의 지진은 도시에 상당한 피해를 입힌다. 가구는 뒤집히고 건물이 기울어질 수 있다. 도시 전체에 걸쳐 기념물과 동상이 쓰러지고, 도로도 손상된다.

· **7.0 이상 규모:** "&#%!" 이 유형의 지진에서는 대부분의 석조 · 목조 구조물이 파괴된다. 다리가 무너지고, 철도가 휘고, 도로에 균열이 생기면서 도시 전체의 교통이 심각하게 마비된다. 도시는 아수라장이 된다.

지진의 부가 피해

지진은 그 자체도 위험하지만, 상황을 훨씬 더 치명적으로 만들 수 있는 다른 재해도 촉발시킬 수 있다. 여러분이 소설에 쓸 수 있는 지진의 부가 피해 네 가지를 소개한다.

토양 액화

토양 액화는 물 포화(일정 조건에서 어떤 물질이 용매에 용해될 수 있는 만큼 용해되어 더 이상 용해되지 않는 상태-옮긴이)된 토양이 하중이 급속도로 증가하면서 약해지는 현상이다. 일상용어로 말하자면 물에 흠뻑 젖은 토양이—지진이 난 것처럼—흔들리면서 물로 바뀌는 것이다. 토양 액화는 특히 강과 호수 근처, 해변에서 흔한데, 건물이 기울어질 수 있고, 건물 기초가 땅 안으로 가라앉는다.

사회 기반 시설 붕괴

모든 사람들이 지진에 대해 가지고 있는 가장 큰 공포는 이것이라고 생각한다. 타당한 이유가 있다. 건물과 다리는 내진 구조가 아니고, 가장 무서운 지진 피해의 이미지는 무너져 내린 건물의 사진이다. 건축 법규는 가능한 한 붕괴를 예방하도록 설계되었지만, 갈라지는 콘크리트나 떨어지는 잔해를 예방할 방법은 없다. 그렇기 때문에 지진이 일어났을 때 견고한 구조물 아래로 수그리고 숨는 게 중요한 것이다.

하지만, 여러분이 미래 SF를 쓸 때는 지진 방지 기술이 계속해서 개선된 상태라는 것을 염두에 두어야 한다. 심지어 지금도 다리와 건물에는 상당히 놀라운 지진 안전 수단이 활용되고 있다. 예컨대 어떤 구조물들은 기단 분리대(구조물의 기초를 땅에서 분리시키는 유연 베어링) 위에 지어졌다. 자동차의 서스펜션과 비슷한 아이디어다. 매우 고가의 서스펜션 시스템이다. 캘리포니아에서는 이미 몇몇 구조물이 기단 분리대 위에 건설(또는 개보수)되었다. 여기에는 샌디에이고 코로나도 다리, LA 시청, 샌프란시스코 베이 브리지가 포함된다. 하지만 사회 기반 시설의 지진 안전에서는 일본이 리더로 군림하고 있다. 일본은 지진의 기세를 꺾기 위해 기단 분리대, 추, 심지어 초대형 커튼까지 활용하고 있다.

쓰나미

쓰나미는 산사태, 화산 활동, 지진 같은 수중 토양 불안이 촉발하는 초대형 해일이다. 쓰나미는 지진과 관련해서는 (태평양 연안 북서부의 카스카디아 섭입대 같은) 수중 섭입대에 지진이 있을 경우에만 발생한다. 소설에 쓰나미를 등장시키고 싶으면, 지진이 수중에서 발생하게 해야 한다.

공공 설비 마비

지진의 규모가 클수록 핵심 공공 설비가 마비될 가능성이 크다. 전선, 하수도관, 수도관, 빗물 배수 시스템, 가스관 모두가 마비될 수 있다. 싱크홀, 급수 본관 파열로 인한 물바다, 하수도 유출, 휴대폰 송신탑 파괴, 전력 부족으로 인한 현금카드 또는 신용카드 거래 처리 불가, 며칠, 몇 주, 몇 달에 걸친 단수 또는 정전 등의 사태가 발생할 수 있다. 파열된 가스관과 쓰러진 전신주 때문에 화재가 일어날 수 있는데, 1906년 샌프란시스코 지진에서는 이로 인해 엄청난 재산상 피해가 발생했다. 소설에서는 대규모 지진 후의 이러한 부가 피해를 소개하는 것이 중요하다. 지진 후에 일어나는 대부분의 문제를 야기하기 때문이다.

여러분 차례다! 지금까지 지진에 관한 몇 가지 오해와 사실들을 소개했다. 공익 광고 하나, 여러분의 지역에 지진이 발생했을 때를 대비한 비상 대책을 준비해 두어야 한다. 땅이 움직이기 시작한다면 견고한 구조물 아래 들어가 머리를 덮고 무엇이든 꽉 잡고 있어야 하는 것을 잊지 말아야 한다.

42장 PUTTING THE SCIENCE IN FICTION

기후 변화 상상하기

K. E. 래닝(지구물리학자)

SF는 "만약에"란 질문을 하면서 탄생했다. 작가는 평행 우주를 탐험하고, 원자 구성 입자 사이를 달리고, 공간과 시간을 여행한다. SF 독자들은 이름만 부르면 탑승할 준비가 되어 있다. 기후 소설(cli-fi)은 SF의 상대적으로 새로운 하위 장르이며, 기후 변화에 대한 우려와 함께 태어났다. 기후 변화에 관한 정부간 패널(기후 변화의 전 지구적 위험 평가와 대책 마련을 위해 세계기상기구〔WMO〕와 유엔환경계획〔UNEP〕이 설립한 유엔 산하 국제 협의체-옮긴이)의 2006년 논문을 읽은 활동가 댄 블룸은 기후변화의 영향을 강조하는 사변소설의 하위 장르를 설명하기 위해 기후 소설이라는 용어를 썼다.

지구의 기후는 얌전한 야수가 아니다. 세계의 지질 역사는 자연의 온난화와 냉각화 주기로 인한 해수면 변화로 가득 차 있다. 공룡은 냉각화 경향으로 인해 해수면이 낮아지면서 빙하기가 이어질 때까지 내륙의 바다 근처를 어슬렁거렸다. 그 뒤, 인간이 새로 노출된 땅을 다리 삼아 미국으로 건너왔다. 마지막 빙하기가 끝난 이래, 우리는 빙하가 녹고 해수면이 상승하는 시대에 살고 있다.

지구 온난화는 오래된 개념이다

지구 온난화는 새로운 개념이 아니다. 과학자들은 1820년대부터 온실 효과를 연구했다. 하지만 1896년에 스웨덴의 화학자 스반테 아레니우스는 이러한 온난화 경향에 인간의 활동이 한몫하고 있다는 결론을 내렸다. 1938년에 G. S. 캘린더는 인류의 화석 연료 사용이 기후 변화를 유발할 수 있다는 증거를 제시했다. 현대에 들어오면, 인구 증가를 보여 주는 그래프에는 이산화탄소의 증가가 불길하게 따라붙고 있다. 과학자들은 극심한 온난화는 해류를 다른 방향으로 전환시킬 수 있다고 경고한다. 이것이 우리 세계의 평형에 어떤 대혼란을 가져올 것인지는 아무도 모른다.

하지만 화석 연료를 태우는 것은 우리가 지구에 미치는 영향의 일부일 뿐이다. 인간은 환경 변화와 물, 공기, 땅에 대한 복잡한 퍼즐을 만들어 냈다. 댐으로 만들어진 저수지 아래 잠겨 있던 초목에서 메탄이 부글부글 끓어오르는 것처럼 놀라운 문제들도 있다. 우리가 지구에 미친 영향을 보려면 정말로 큰 거울이 필요하다.

급격한 기후 변화 상상하기

지구의 현재 기후는 인류가 증가하는 데 훌륭한 페트리 접시를 제공했다. 하지만 기후가 백악기나 쥐라기로 돌아간다면, 우리는 정글에 적응할까? 아니면 그 수가 급증한 신세대 공룡에게 잡아먹힐까? 기후가 혹독한 빙하기로 변하면 농작물의 대흉작으로 인해 전 세계에 기근이 발생하고 인구가 급감하게 될까?

환경 소설(Eco-fiction)은 이 문제를 다루어 왔다. 프랭크 허버트의 『듄』은 모래와 극소수의 인간으로 이루어진 세계를 멋지게 구축했다. 하지만 1970년대에는 기후 변화에 인간이 미친 영향이 인정되면서 행동의 필요성이 제기되었다. 아름다운 초현실주의 소설인 어슐러 K. 르 귄의 『하늘의 물레』는 인류가 세계의 섬세한 균형을 엇갈리게 하면서 생긴 효과를 명확하게 보여 주었다. 존경받는 작가 닥터 수스가 쓴 『로렉스』는 지구 온난화만을 다룬 책은 아니지만 1970년대의 어린이들에게 환경 위기와 인간이 지구에게 미치는 영향에 대해 이야기해 주었다. 전설적인 환경 운동가 에드워드 애비는 극단적인 행동주의를 표방한 논쟁적 소설이자 가장 유명한 작품인 『멍키 렌치 갱Monkey Wrench Gang』을 썼다.

인구가 폭발적으로 증가하고 환경 규제가 없는 나라들로 공업 설비들이 이전하면서, 공해가 우리의 취약한 생태계를 뒤덮게 되었다. 파리 기후 회의는 세계를 변화시키는 오염물질을 감소시키는 것의 어려움뿐만 아니라 긴급함도 보여 주었다. 우리는 이제 세계화된 공포를 겪게 되었다.

영감으로서의 기후 소설

공포가 주는 이러한 자극은 SF 작가들이 기후 소설이라는 새로운 세계를 개척하는 불씨가 되었다. 새 밀레니엄에 들어서, 지구 온난화는 기후 소설에 대한 관심을 불러일으켰다. 저명한 작가 마거릿 애트우드는 속이 뒤틀리듯 고통스러운 「미친 아담」 3부작(『오릭스와 크레이크』, 『홍수의 해』, 『미친 아담』)에서 유전학자들이 야만적인 인간들로부터 지구를 구하기 위해 약간의 선별 작업이 필요하다고 결정하는 디스토피아적 미래를 설정했다. 기후 소설 장르의 주요 작가는 킴 스탠리 로빈슨인데, 『비의 40가지 조짐Forty Signs of Rain』이 유명하다. 영국 작가 지넷 윈터슨은 『돌로 된 신들Stone Gods』에서 지구와 비슷한 퇴화하고 있는 행성을 그렸다. 파올로 바치갈루피가 2009년에 펴낸 『와인드업 걸』은 석유 시대 이후의 세계를 그린 근미래 소설로, 비평가들의 찬사를 받았다.

효과적인 기후 소설의 핵심은 호감 가는 주인공이 디스토피아 또는 대재앙 이후의 이야기에서 길을 잃게 하지만, 노골적인 정치적 의제로 독자들을 골치 아프게 하지 않는 것이다. 작가는 우리를 여정에 데려가면서 인간의 목소리로 대파멸의 메시지를 전하되 구원의 희망도 함께여야 한다. 기후 소설은 새롭고 달라진 세계를 탐구하는 두려움, 심지어는 흥분으로 우리를 채울 수 있다.

빙모가 녹고 해수면이 수백 미터 상승하면 어떻게 될까? 도시와 나라는 전설 속의 아틀란티스처럼 사라질지 모른다. 사람들이 마른 땅으로 이주하면서 사회적, 정치적 혼란으로 뒤덮일 것이다. 인간은 갈등과 좌절을 품은 채 이동할 것이다.

해수면 상승을 다룬 책과 곧 닥칠 빙하기에 관한 책 중에 어떤 것이 대세가 될까? 과연 어떻게 될까?

43장 PUTTING THE SCIENCE IN FICTION

바다는 어떻게 여러분을 죽이는가

다나 스타프(해양생물학자)

바다는 지구의 71퍼센트를 덮고 있고, 적어도 그만큼 우리의 집단의식 안으로 스며들어오고 있을 것이다. 바다를 잠깐이라도 보면 이러한 상징을 느낄 수밖에 없다. 바다의 깊이는 인간의 무의식만큼 깊으며, 바다의 날씨는 변덕스러운 운명을 상징한다. 물고기는 예수를 의미하고, 흰 고래는… 음, 우리 모두는 누군지 알고 있다(『모비 딕』의 에이해브 선장을 말함-옮긴이).

바다는 어슐러 K. 르 귄의 「어스시」 시리즈 같은 하이 판타지나 데이비드 브린의 『업리프트Uplift』 같은 하이 SF, 쥘 베른의 『해저 2만리』 같은 모험물, 피터 벤츨리의 『죠스』 같은 스릴러도 만들어냈다.

하지만 마지막 두 작품의 엄청난 인기 때문에, 독자와 작가들 사이에 바다에 대한 가장 흔한 오해 하나가 생기고 말았다.

바다는 여러분을 죽일 수 있다
하지만 여러분이 생각하는 방식으로는 아니다

바다가 위험하다는 이야기를 들으면, 대부분의 사람들은 커다란 백상어, 거대 오징어, 심지어 큰바다뱀Sea Serpent(상상의 동물–옮긴이)을 생각한다. 하지만 바다에서 가장 위험한 건 사실… 물이다. 숨을 쉴 수 없기 때문이다.

미국에서 매년 약 3500명이 익사한다. 이들 익사자 중 절반은 수영장과 욕조에서, 나머지 반은 미국 질병 통제 예방 센터가 '자연수'라고 부르는 바다, 호수, 강에서 사망한다. 따라서 천연수에서 사망하는 1750명을 상어에 물려 죽는 1명 이하(식인상어의 습격이 없는 해도 있다), 오징어 때문에 죽는 0명(식인 오징어의 습격은 보고된 바 없다)과 비교해 보기 바란다.

물은 질식과 더불어 또 다른 불쾌하고 때로는 치명적인 방법을 쓸 수 있다. 바로 저체온증이다. 20℃의 물에 한 시간 동안 앉아 있으면 몸에 한기가 느껴지지만 20℃의 공기 중에 있을 때는 그런 일이 없다는 것을 느꼈을 것이다. 물은 열을 능수능란하게 조종하면서 공기에서보다 훨씬 빨리 피부의 온기를 빼앗아가기 때문이다. 다수의 난파선 생존자들은 구명조끼 덕분에 익사하지는 않지만 구조되기 전에 저체온증으로 사망한다.

현실에서 잠수부나 선원, 서퍼처럼 바다에서 일하거나 노는 사람들은 이러한 물 관련 위험에 대한 안전 예방 조치를 무엇보다 중시한다. 소설 속의 캐릭터도 똑같이 할 수 있다. 비상사태가 일어나면 구명조끼를 의자 아래 내버려 두어서는 안 된다. 보트, 카

약, 카누를 타는 사람들은 항상 구명조끼를 착용하도록 규정되어 있거나 최소한 강력히 권장된다. 이야기에 따라서는 이것이 불필요한 세부 사항일 수도 있고, 캐릭터의 특성을 더할 수 있는 좋은 기회일 수도 있다("잠깐만요. 집에 가서 이 구명조끼와 맞는 오렌지색 바지로 갈아입어야겠어요.").

여러분이 캐릭터를 바다에서 다치게 하거나 죽이고 싶다면, 실제 신문의 머리기사에서 비극적일 정도로 쉽게 영감을 얻을 수 있을 것이다. 과음한 상태로 보트 운전. 혼자서 야간 수영. 다이브 컴퓨터(잠수시 수심과 체내 질소량 등 다양한 정보를 한눈에 볼 수 있는 휴대용 기기-옮긴이)의 경고 무시. 위험하지만 너무나 흔한 이런 행동은 저체온증, 익사, 또는 둘 다를 쉽게 유발할 수 있다.

바다에 있는 대부분의 동물은 상어나 고래가 아니다

하지만 안다. 잘 안다. 여러분의 캐릭터가 무서운 동물의 위협을 받아야 할 때가 있다. 그런 경우, 나는 나사조개(cone snail)나 파란고리문어를 제안하고 싶다.

해양생물학자들은 크지만 수가 많지는 않으며, 대중매체로부터 과분한 대접을 받는 생물체들을 '거대 동물(megafauna)'이라 부른다. 물론 돌고래와 고래 같은 거대 동물은 물론 충분한 스타성이 있다. 하지만 이들의 생존은 무수한 조류藻類(물속에 사는 하등 식물의 한 무리-옮긴이), 산호충부터 정어리와 해삼에 이르는 무수한 작은 종들에게 전적으로 의지하고 있다.

사실 바다는 지구가 동물의 다양성을 자랑할 수 있는 최고의 장소다. 춤추는 편형동물, 항문으로 숨 쉬는 해삼, 헤엄치는 해파리, 새우처럼 차려입은 문어, 우리의 손가락을 부러뜨릴 수 있는 새우… 얼마든지 댈 수 있다.

이들 생물체 대부분은 무척추동물, 즉 등뼈가 없는 동물이다. 그리고 어떤 것들은 정말 괴상하다. 대학 시절에 무척추동물 전공 교수는 자신이 외계에서 온 동물군을 골라야 한다면 극피동물일 것이라고 말한 적이 있다. 불가사리, 성게, 해삼 등이 포함된 동물군이다.

극피동물은 우리에게 익숙한 좌우 대칭이 아닌 5점 대칭이다. 적절한 순환 기관이 없는 대신 바닷물을 퍼올려 몸을 통과시키며, 물의 압력을 이용해 다리를 움직인다. 팔, 심지어 내장까지 재생할 수 있다.

사실 많은 작가들은 해양 생물들에게서 영감을 받아 외계와 판타지 생명체를 창조해 냈다. 무척추동물은 형태, 종류, 행동에서 거의 무한한 다양성으로 상상력을 자극한다(이 책의 26장과 31장을 참조하기를).

공포물을 쓴다면 해양 무척추동물 기생충을 찾아보기 바란다. 따개비 중에는 게 암컷의 몸 안에서 완전히 자라, 게가 따개비의 알을 자신의 알처럼 돌보게 만드는 종류가 있다. 물고기의 혀만을 먹고 사는 흡혈 등각류(정원에 사는 다양한 쥐며느리의 친척이다)도 있다. 가장 충격적인 사례로, 물고기의 혀를 자신의 몸으로 사실상 교체하는 등각류 종이 있다.

우리가 익숙한 바다는 부자연스러울 정도로 텅 비어 있다

하지만 여러분이 독자에게 트라우마를 안겨 줄 새 종을 만드는 게 아니고, 몇 척의 보트 장면이나 해변에서의 낭만적인 산책에 대해 쓰고 싶다면, 정말 이 모든 생물 다양성을 알아야 할까? 해안가 마을에 사는 사람들은 갈매기와 바다표범 외에는 거의 본 적이 없다. 하지만 오늘날의 바다가 수 세기에 걸친 남획의 결과임을 기억하는 게 중요하다.

정확히 어느 시기부터 인간이 대체되는 것보다 더 빠른 속도로 바다에서 어획을 해 왔는지를 집어내는 것은 어렵다. 매너티(바다소-옮긴이)의 친척인 스텔라바다소는 남획 끝에 1768년경에 멸종했다. 수산업 기술이 발전하고 단백질에 대한 전 세계적인 수요가 증가하면서 어획량이 늘어났고, 그 결과 오늘날 '일반적인' 것처럼 보이는 상태로 바다를 고갈시켰다.

역사 소설을 쓰거나 판타지/대안 세계를 창조하고 있는가? 인간보다 두 배 많은 거북이와 물고기로 바다를 채우려고 시도해 보자. 고래를 정어리만큼 많이 끌어모으자. 풍부한 역사적 기록을 읽어 보자. 예컨대 1834년에 나온 리처드 헨리 다나 주니어의 회상록 『돛대 앞에서의 2년』에 나온 다음과 같은 문장이 있다.

안개가 시야를 가리는 사이, 느릿느릿 움직이는 고래와 범고래 떼가 수면으로 서서히 올라와 길게 늘어서면서 사방을 둘러쌌다. 느긋하니 깊고 길게 내뿜는 숨은 게으르면서도 강력한 인상을 주었다…. 나는 불워크(배 측면에 설치된 보호벽-옮긴이)에 기대서서 강력한 생명체가 천천히 내쉬는 숨

소리를 듣고 있었다. 이제 한 마리가 바로 옆에서 바다를 갈랐다. 안개 너머로 검은색의 몸이 보이는 것 같았다. 그리고 또 다른 한 마리가 있었다. 멀리서 숨소리를 들을 수 있었다. 낮고 규칙적으로 부풀어 오르는 모습은 마치 바다의 강력한 가슴이 내는 무겁고 긴 호흡 소리 같았다.

반면, 작품의 무대가 미래라면? 저급하지만 매력적이었던 1986년 영화 〈스타트렉 IV: 시간 초월의 항해〉에 나왔던 것처럼, 고래가 완전히 멸종한 상황을 고려해 보기 바란다. 영향을 받는 것은 카리스마 넘치는 거대 동물만이 아니다. 산호초와 맹그로브 숲(정기적으로 바닷물에 잠기는 열대와 아열대 해안의 염소지에서 자라는 상록수림-옮긴이)도 사라진다고 추측할 수 있다. 이들 서식지는 수없이 많은 작은 물고기와 무척추동물의 안식처다.

우리는 종종 바다가 강력하고 위험하다고 생각한다. 하지만 동시에, 많은 해양 동물과 생태계는 취약하고 위험에 처해 있다. 두 가지 측면을 작품에 결합시키면, 우리가 캐릭터 모두에게 부여하고자 하는 것을 줄 수 있다. 바로 깊이다.

44장 PUTTING THE SCIENCE IN FICTION

거주 가능한 대기

린 포레스트(대기 과학자)

리메이크된 〈닥터 후〉 시리즈를 보며 나는 닥터의 우주에 빨려 들었다. 지구의 어떤 장소나 시간—특히 런던—을 여행할 때, 닥터는 다른 세계에 있다. 일반적으로 그 세계는 덥거나 춥지만, 대기는 특수 장비 없이도 돌아다니기에 적합하다.

이 드라마를 좋아하기는 하지만, 이러한 에피소드에서 "좋아, 인간과 타임로드(드라마 속 외계 종족-옮긴이)가 저기에서 숨 쉬어도 괜찮지"(ATMOS[차량이 배출하는 이산화탄소를 완전히 제거해 주는 드라마 속 장치-옮긴이]가 '대기를 태워 정화시킨다'라는 스토리라인에서 잘못된 내용을 지적하는 것만으로도 논문 하나를 쓸 수 있다)라고 생각할 정도는 아니다. 과학적 사실에 기반한 SF를 쓰는 작가에게는 불행하게도, 인간과 인간 비슷한 외계인이 행성의 표면에서 살려면 여러 가지 사실들이 합쳐져야 하며, 이러한 결합은 즉흥적으로 동시에 이루어질 수 없다.

주어진 세계관에서 거주 가능한 (지구와 비슷한) 대기가 되기 위한 핵심 요소들을 살펴보자.

1. 대기를 제자리에 유지하는 중력을 제공하기에 충분한 행성 질량
2. 자기장
3. 모체 항성으로부터의 적당한 거리(너무 가깝거나 멀어선 안 된다)
4. 대기 자체에 있는 산소

중력의 중요성

여러분의 캐릭터는 자신이 행성에서 떠다니고 싶지는 않을 것이다. 여러분의 대기도 그래서는 안 된다. 우주에 있는 모든 물체는 그 질량, 그리고 그러한 물체로부터의 거리에 비례한 힘으로 다른 물체들을 끌어당긴다. 이것은 대기 안의 분자들에도 적용된다. 지구에서, 중력으로 인한 가속—지구 위에 있는 물체와 지구 자체 사이의 만유인력—은 $9.8m/s^2$ 이며 종종 1g으로 표시된다.

그에 비해, 금성의 표면 중력은 지구의 약 91퍼센트, 화성은 약 38퍼센트, 지구의 달은 약 16퍼센트이다. 이러한 천체에는 대기가 있을까? 더 큰 중력을 가진 천체가 있다. 달은 전체적으로 대기가 부족하고, 화성 표면의 평균 대기압은 지구의 약 0.6이다(화성의 복잡한 지형은 주어진 장소의 압력에 강한 영향을 미친다). 반면, 금성은 지구보다 92배나 큰 표면 압력을 자랑한다.

이러한 행성이 대기를 가지거나 가지지 못하는 이유가 중력 때문만은 아닌 건 분명하다. 금성은 온실 효과 폭주의 훌륭한 예이다. 금성이 가지고 있을지도 모르는 바다가 수백만 년 전에 끓어 증발되면서 후텁지근한 황무지를 만들었다. NASA의 착륙선은 표면에 착륙한 후 한 시간도 되지 않아 파괴되었다. 화성은 자기장이 부족하다(자기장에 대해서는 다음 내용에서 더 깊이 다룬다). 하지만 행성이 대기를 제자리에 잡아놓으려면 반드시 어느 정도 중력이 있어야 한다.

자기장: 행성의 방패

다행히도 지구에는 녹은 암석으로 둘러싸인 단단한 중심(낮은 온도 때문이 아니라 높은 압력 때문에 단단하다)을 포함한 복잡한 과정을 통해 만들어진 자기장이 있다. 지구가 축 위에서 빠르게 돌기 때문에, 회전하는 중심에서는 '지오다이너모(geodynamo)'라고 하는 것이 만들어진다(내가 쉽게 설명할 수 있는 것은 여기까지다. 자세한 내용은 친절한 지질학자에게 물어보기 바란다).

이 자기장은 중요하다. 방패 역할을 하면서 태양풍으로부터 지구의 대지—그리고 우리—를 보호하기 때문이다. 태양풍을 구성하는 고도로 충전된 입자는 자기장에 의해 방향이 바뀐다. 자기장이 없으면 태양풍은 대기의 일부를 벗겨 낼 것이다. 거기에는 자외 복사선으로부터 우리를 보호하는 오존층도 포함된다. 어떤 사람들은 매우 약한 자기장을 가지고 있는 화성은 심지어 지구보다 태양에서 멀리 떨어져 있는데도 태양풍으로 인해 대기의 많은 부분을 잃었다는 이론을 제시한다. 자기장이 없었다면 우리에게 얼마나 대기가 적었을지 상상해 보기 바란다!

반대로 금성에는 자기장이 전혀 없다. 그 결과, 태양풍은 수백만 년 동안 금성의 대기에서 분자를 벗겨 내 수소를 빼앗아가고, 그에 따라 물을 만들 수 있는 능력을 제거했다. 왜 수소냐고? 가장 가벼운 원소이고 금성의 중력에서 더 쉽게 빠져나갈 수 있기 때문이다.

호흡할 수 있는 공기의 요소

공기가 건조할 때 지구의 대기는 약 78퍼센트의 질소와 21퍼센트의 산소, 1퍼센트의 아르곤, 그리고 0.04퍼센트의 이산화탄소(슬프게도 비중이 상승하고 있다)이다. 메탄—소가 만들어 내는 그것이 맞다—과 상대 습도가 0 이상일 때(대부분의 경우가 그렇다)의 수증기 같은 미량 가스도 있다. 우리가 도움 없이 호흡하려면 공기는 최소한 19.5퍼센트가 산소여야 한다(22퍼센트를 넘는 수준의 경우 '산소 부화[oxygen enriched]'로 간주된다. 불은 산소를 빨아들인다. 왜 전체 또는 대부분이 산소인 대기는 아마겟돈 수준으로 최악인지 굳이 설명하지 않겠다)

산소는 어디에서 올까? 호흡할 수 있는 대기가 있는 행성이 가장 가까이에 있는 것에 감사하자. 태양계가 형성될 때 산소가 일부 존재하고 있었다. 하지만 우리가 알다시피 광합성을 하는 유기체는 생명체에 필요한 이 분자를 훨씬 많이 만들어 낸다. 기본적으로 광합성은 태양에서 나오는 에너지를 이용해 이산화탄소에서 산소를 끌어당기고 부산물로 산소를 배출한다(공기는 식물에게 최대의 탄소 공급원이다!). 지구에서 남세균Cyanobacteria(엽록소를 가지고 광합성을 하는 세균-옮긴이)은 우리의 대기에 최초로 유입되는 산소를 만들어 냈다. 화산도 같은 산소를 만들어 내지만, 현재의 21퍼센트 농도를 만들어 내기에는 부족하다.

나는 거주 가능한 대기는 호흡할 수 있는 대기라고 주장한다. 하지만 가압 처리된 돔에서 살고 외출시에는 산소 탱크를 가지고 나간다면 화성에서도 살 수 있을 것이다. 더 알고 싶은 것이 있으면 로버트 주브린의 탁월한 저서인 『화성의 경우The Case for Mars』을 참고하기 바란다. 화성 식민화 가능성 뒤에 있는 과학과 실행 계획을 깊이 다루고 있다. 불행히도 화성 표면의 평균 기온은 -58°F (-50℃)다. 다음 내용으로 넘어가자….

골디락스 지대Goldilocks Zone

그렇다. 골디락스 지대 같은 게 있다. '거주 가능 지대' 또는 '생명 지대'처럼 더 괜찮은 명칭도 있다. 하지만 골디락스라는 이름이 언제나 머리에 남을 것이다. 이름에 걸맞게(골디락스라는 소녀가 곰이 사는 집에 들어가서 수프 셋 중에 너무 뜨겁지도 차갑지도 않은 것을 먹었다는 영국 전래동화에서 유래-옮긴이) 이 지대는 행성이 너무 덥거나 결로수가 생길 정도로 너무 춥지도 않은 곳이다.

결로수는 생명의 열쇠이다. 물은 기온이 32°F(0℃)에 도달하면 얼고 212°F(100℃)에서 증발한다. 여러분이 창조한 지구 비슷한 행성이 인간이나 휴머노이드 캐릭터가 편안하게 살 수 있는 곳으로 만들고 싶다면, 다량의 결로수가 생기기에 '딱 맞는' 곳이 되도록

해야 한다.

화성의 대기에 온실 가스를 추가한다면 그렇게 될 수 있을 것이다. 로버트 주브린은 공정을 촉진시키기 위해 탄화플루오르를 사용할 것을 주장했다. 화성의 표면을 녹이면 더 많은 이산화탄소가 배출될 것이고, 이는 대기에 더 많은 온실 가스를 더하게 되어 대기를 지속적으로 데우게 될 것이다. 긍정적인 피드백이다(화성의 경우는 멋질 것이다. 하지만 금성을 보면 지구의 경우는 그렇지 않을 것 같다). 마침내 화성의 표면은 결로수를 유지할 수 있을 정도로 데워지고, 그 물은 토양에서 산소를 방출하게 되며, 우리는 화성에 식물을 심기 시작할 수 있을 것이다. 화성에 농장이 생기는 게 얼마나 멋진 일인지 상상해 보기 바란다. '행성간 정원사'라는 멋진 이름이 붙을 것이다. (2015년 영화 〈마션〉에서 마크 와트니는 감자를 심기에 더 쾌적한 온도를 알아냈을 것이라고 확신한다)

적절한 요소가 제대로 배치되면, 세계를 지구와 더 비슷하게 테라포밍(화성, 금성 등의 행성을 개조하여 인간의 생존이 가능할 수 있게끔 지구화하는 과정-옮긴이)하는 것이 가능하고, 멋진 이야기를 만들 수 있을 것이다. 하지만 주브린의 방법은, 2000년 애니메이션 영화 〈타이탄 A.E.〉에서 암시되기는 했지만, 시간이 걸린다. 따라서 하룻밤 만에 이룰 수 없었다.

거주 가능한 대기를 위한 레시피

우선 적절한 크기의 암석 행성으로 시작한다. 캐릭터가 서 있을 수 있는 단단한 표면, 그리고 충분한 중력을 만들어 낼 수 있는 질량이 필요하다. 그런 다음 항성을 고른다. 지구의 항성이나 혹은 그보다 더 뜨겁거나 차가운 것일 수도 있다. 핵심은 결로수를 위해 골디락스 존 안에 있는 궤도에 여러분의 행성을 미끄러뜨려 넣는 것이다. 그런 다음 광합성 유기체를 간간이 섞고, 물을 넉넉히 지원하고, 몇 십 억 년이 지난다. 짜잔! 인간 친화적 행성이다.

여러분의 캐릭터가 너무 일찍 등장하게 만들지만 않으면 된다.

이것은 굉장히 응용 가능성이 높은 레시피다. 여러분은 보호 장비가 필요한 적대적인 세계, 또는 적도나 극지방처럼 극히 일부 지역만이 인간에게 친화적인 행성에 언제나 캐릭터를 등장시킬 수 있다. 행성은 계절과 복잡한 지형도 가질 수 있다!

노화의 특성

그웬 C. 카츠(화학자)

〈스타트렉〉에는 데이터 소령(극 중 등장하는 안드로이드 장교-옮긴이)이 300년을 거슬러 시간여행을 하다가 참수됐는데, 나중에 머리를 찾아서 현대의 몸에 다시 붙여 다시 작동시키는 에피소드가 있다(〈스타트렉〉의 플롯은 요약하면 이상하게 들린다). 하지만 잠깐. 소령의 머리는 300년이나 묵었다. 300년이나 된 전자 기기가 완벽하게 작동할까? 좋다. 소령의 양전자(positronic) 두뇌는 퇴화하지 않는 미래 첨단 재료로 만들었을 수도 있으니까.

로리가 플라스틱으로 된 로마 백인대장(고대 로마 군대에서 병사 100명을 거느리던 지휘관-옮긴이)으로 대체되어 2000년 동안 판도리카(〈닥터 후〉에 나오는 정육면체의 감옥 상자-옮긴이)를 지키고 있는 〈닥터 후〉의 에피소드(〈닥터 후〉의 플롯은 요약하면 정말 이상하게 들린다)는 어떤가? 우리는 로리가 일반 플라스틱으로 만들어졌고, 부모님에게 물려받은 장난감이 있다면 알듯이 플라스틱은 수십 년만 지나면 누래지고 잘 부서진다는 것을 분명히 알고 있다. 하지만 2000살이 된 로리는 아직도 완전히 작동한다!

에픽 SF와 판타지에 나오는 가장 흔한 과학적 오류 중 하나는 노화의 영향을 고려하지 않는다는 것이다. 이와 같은 장르에서 다루는 시간의 범위는 수백 또는 수천 년이고, 종종 중요한 유물이 그 시간을 거쳐 전해진다. 예상대로 이러한 유물은 온전하고, 반짝거리며, 사용할 준비가 되어 있다. 하지만 현실에서 수천 년 동안 살아남는 물건은 극소수이며 이들은 보통 녹슬고 바스러졌거나 열악한 상태에 있다.

노화는 어떻게 작용하는가

물질의 노화를 유발하는 주요한 화학 반응은 산화이고, 주범은 산소, 물, 빛이다. 이러한 요소들이 몇 가지 흔한 물질에 어떻게 영향을 미치는지 살펴보자.

금속이 젖으면 산화된다는(녹슨다는) 사실은 잘 알려져 있다. 하지만 개별 금속은 각기 다른 방법으로 산화된다. 철과 그 합금이 산화되면 녹이 조각나 떨어지면서, 산화가 계속 일어날 수 있는 새 표면을 노출시킨다. 페인트나 다른 마감으로 표면을 보호하지 않는 한, 물체는 결국에는 완전히 부식된다. 이실두르(『반지의 제왕』에 등장하는 고대의 왕-옮긴이)의 검 파편이 3000년이 지난 후에 남아 있을 가능성은 거의 없다.

하지만 구리와 동이 산화되는 경우, 산화는 표면에 달라붙어 매력적인 파티나(표면에 생기는 녹청[綠靑])를 형성한다. 파티나는 추가적인 손상이 일어나지 않게 물체를 보호한다. 따라서 자유의 여신상 같은 물체는 수 세기 동안 양호한 상태로 유지될 수 있다. 청동 조각상은 보존이 잘 된다. 유실되는 원인은 노화가 아니다. 녹여서 포탄이나 새 조각상을 만들기 위해 고의적으로 파괴하기 때문이다. 하지만 살아남은 유물들은 파티나가 있다는 점에서 새 물건과 구별된다.

금은 일반적인 조건에서는 산화되지 않는다. 오래된 금 공예품도 새것처럼 반짝일 수 있다. 하지만 사람의 손을 계속 탔다면 금에는 마모된 자국이 많이 남을 것이다.

종이는 불, 곰팡이와 곤충을 포함해 많은 종류의 환경적 손상에 취약하다. 사람들은 낡은 종이의 누렇고 바스락거리는 촉감에 익숙하다. 하지만 정말로 오래된 종이는 여러분이 예상처럼 조악하게 노화되지 않는다. 황변을 유발하는 것은 나무 펄프에 존재하는 화학 물질인데, 이 화학 물질은 빛이 있으면 산성으로 변한다. 그리고 나무 펄프가 일반적인 제지 재료가 된 것은 19세기 후반뿐이었다. 그전에는 대부분의 종이를 옷 섬유를 재활용해 만들었는데, 여기에는 리그닌(목재를 구성하는 주요 성분 중 하나-옮긴이)이 포함되어 있지 않았다. 제지 공정에 따라 다르지만, 고대의 책은 관리만 제대로 해 주면 아주 오랜 기간 동안 보존할 수 있었다.

플라스틱은 일반적인 물질 중에 가장 불안정하다. 비닐봉지가 매립지에서 분해되려면 500년이 걸린다는 괴담을 들어본 적 있다면 이 사실이 놀라울 수 있을 것이다. 플라스틱이 완전히 분해되기까지 아주 오랜 시간이 걸리는 것은 사실이지만, 상태가 열화되기까지는 그렇게 오래 걸리지 않는다. 각기 다른 유형의 플라스틱은 서로 다른 화학적 구성을 가지고 있지만, 모두 폴리머(중합체, 분자가 중합되어 생기는 화합물-옮긴이)로 만들어지며, 이 중합체는 다양한 종류의 열화에 취약하다. 태양은 폴리머를 사람의 피부처럼 노화시키는 프리래디컬(환경 오염과 화학 물질, 자외선, 혈액 순환 장애, 스트레스 등으로 과잉 생산된 활성 산소-옮긴이)을 생성할 수 있다. 긴 고분자 사슬은 더 짧은 분자들로 분리되거나 서로 연결되게 만들어 플라스틱을 바스라지게 한다. 불쌍한 로리는 자기 나이쯤에 부서졌을 것이다.

노화되는 플라스틱의 가장 극적인 예 중 하나는 필름의 재료인 아스테산 셀룰로스이다. 아세트산 셀룰로스는 빠르게 분해되면서 아세트산을 방출하는데, 이로 인해 필름에 강한 식초 냄새가 나고 열화 속도가 빨라진다. 필름은 열화되면서 줄어들고, 찌그러지고, 만지면 부서질 정도로 약해진다. 이 과정은 10년 내에 시작되며 되돌릴 수 없다.

노화 지연

물건을 노화에서 보호하려면 적절한 재료를 선택하고 올바르게 준비하는 게 첫걸음이다. 무산성(acid-free) 종이는 황변 문제를 피할 수 있다. 페인트나 니스를 칠한 금속은 산소를 막아 주며 부식되지 않는다. 유리와 세라믹은 약하기는 하지만 안정된 재료로 만들었기 때문에 시간이 지나도 열화하지 않는다.

좋은 환경도 노화로 인한 손상을 막는 데 큰 역할을 할 수 있다. 이집트의 무덤은 유물을 놀라울 정도로 양호하게 보존한다. 빛, 물, (무덤이 완전히 봉인되었다면) 산소를 막은 덕분이다. 습지는 유기 재료를 잘 보존하는 어둡고, 산소가 없는 환경을 제공한다. 공기나 물에 노출되지 않고 진공의 공간을 여행하는 우주선은 적어도 외부의 강력한 노화 효과는 막을 수 있다.

하지만 외부 요소가 유발하는 손상 외에 고유의 하자(inherent vice)라는 다른 원리가 있다. 재료가 본질적 속성상 불안정하고 지속되지 못하는 것을 말한다. 예컨대 카세트와 VHS 테이프 같은 마그네틱 저장 장치는 보존 상태가 완벽하더라도 시간이 지나면 서서히 자력을 잃고 지워지며, 테이프를 재생하면 지워지는 속도는 더 빨라진다. 미안해요, 스타로드(마블 코믹스의 『가디언즈 오브 더 갤럭시』에 등장하는 캐릭터-옮긴이). 당신이 1988년에서 온 그 카세트를 여전히 듣고 있을 가능성은 거의 없어요.

일단 노화로 인한 손상이 발생하면 손쓸 방법이 거의 없다. 하지만 예술품 보존에서는 과학의 전 분야가 작품의 보존에 동원되며, 손상되었더라도 복원한다. 가끔은 놀라운 결과도 낼 수 있다.

20세기 전에 흔히 사용되던 흰색 납 페인트는 독성이 있을 뿐만 아니라 불안정하다. 페인트의 흰색 안료, 탄산납은 황화수소(빅토리아 시대 가스등에서 나오던 가스)가 있는 경우 황화납으로 분해된다. 빅토리아 시대 도서관의 채색한 필사본은 결국 '네거티브 사진(빛의 반대 방향으로 향한 사진-옮긴이)'처럼 보이게 되는데, 가장 밝은 흰색 부분이 검은색으로 변하기 때문이다. 하지만 일반적인 과산화수소로 처리하면 황화납을 황산납으로 산화시키는데, 황산납은 흰색이고 안정적이다. 이 방법을 쓰면 심하게 열화된 그림도 원래 모습대로 아름답게 복원할 수 있다.

여러분의 스페이스 오페라나 판타지 에픽이 수백 년의 시간을 다룬다면, 모든 사물의 상태를 생각해 보기 바란다. 마모되거나 고장 났는가? 중요한 유물이 조심스럽게 보관되고 처리되었는가? 물건이 파괴된 원인이 고의인가 과실인가?

3000년 된 강철 검에 녹슨 자국이 하나도 없다는 이야기를 내가 믿을 것이라고는 기대하지 마시라.

46장 PUTTING THE SCIENCE IN FICTION

중력 입문

댄 앨런(물리학자)

큰 트램펄린, 또는 쇼핑몰에 있는 동전 투입 장난감 중 하나(트럼펫 모양이라고 하자)가 있다고 가정하자. 여러분이 장난감 꼭대기에 동전을 투입하면 동전은 나선형으로 계속 돌다가 가운데 구멍을 통해 떨어진다. 체중이 많이 나가는 사람을 트램펄린 가운데 놓고 테니스공이나 축구공을 트램펄린을 가로질러 굴리면 어떤 일이 일어나는지 보자. 이런 식으로 여러분은 수학 없이도 궤도 역학의 법칙을 이해할 수 있다.

이러한 장난감의 표면은 가운데 큰 물체가 있는 자기장과 똑같은 모양이다. 트램펄린은 가운데 물체가 있는 지구와 같다. 동전 투입 장난감은 블랙홀이다—그래서 돈을 돌려받을 수 없는 것이다. 트램펄린에서 실컷 놀고 나면(또는 동전을 왕창 잃고 나면), 다음의 핵심 원리 몇 가지를 이해할 수 있다.

각운동량angular momentum – 멈출 수 없는 순간

여러분은 태양 안으로 그냥 떨어지거나, 지구, 행성, 달로 다시 돌아가거나, 심지어 블랙홀 안으로 낙하할 수 없다. NASA가 실패한 화성 착륙선에 했던 것처럼, 정말 멀리 떨어져 있고 우연히 똑바로 그 방향으로 향하고 있을 때만 그렇게 될 수 있다. 중력이 있는 물체를 지나가면서 거기에 접근하려면 어떻게든 속도를 낮춰야 한다. 대기 중에서 공기 브레이크(압축 공기를 이용하여 제동력을 얻는 브레이크–옮긴이)를 밟거나 역분사 로켓을 발사해야 한다. 이와 비슷하게, 소행성 같은 어떤 물체의 표면에서 발사해 궤도를 돌게 하려면 상승하는 속도를 각속도(원운동처럼 물체의 운동을 하나의 기준점에서 관측할 때 기준점에 대하여 물체가 회전하는 속도를 측정한 물리량–옮긴이)로 전환해야 한다. 각속도가 높을수록 궤도는 커진다. 태양으로부터의 거리에 대한 속도의 균형을 유지하는 궤적을 타원형 궤도라 한다. 일정한 속도의 궤적은 원궤도(circular orbit)을 따른다.

궤도 변경

우리가 이미 알고 있는 상황을 가정할 때, 여러분이 지구와 같은 원궤도에 있고 속도를 변경한다면, 타원 궤도로 들어가게 될 뿐이다. 궤도를 변경하기 위해 필요한 속도의 차이를 delta–v(또는 △v. 속도의 변경을 의미하며 '델타 v'라고 발음한다)라고 한다. 필요한 것은 궤도의 형태를 원형에서 타원형으로 변경하기 위해 특정 방향으로 향하는 에너지 추진력, 그런 다음 원형으로 다시 변경하고 화성과 같은 새 행성의 궤도와 일치시키기 위한 또 다른 분사

(burst)가 전부이다(이것도 트램펄린에서 시도해 볼 수 있다). 궤도를 변경하는 진정한 방법은 목적지 행성과 같은 장소의 새로운 궤도에 있게 되도록 타이밍을 맞추는 것이다. 여러분의 연료로 얻을 수 있는 델타-v의 양과 타이밍이 맞지 않는다면, '발사 가능 시간대(launch window)를 벗어나게' 되는 것이다.

태양 가까이 궤도를 정하려면, 각속도를 줄여야 한다. 태양에서 멀게 궤도를 정하려면 각속도가 더 많이 필요하다. 이와 비슷하게, 최소의 노력만으로 하나의 궤도를 다른 궤도로 변경하려면 (태양 주위와) 가장 비스듬한 경로를 택해야 한다. (태양을 향하거나 태양에서 멀어지는 반지름형의 더 직접적인 경로를 택하면 연료가 더 많이 소비된다. 핵심 개념만 기억하면 된다. 원궤도를 떠나거나 원궤도에 들어오려면 속도를 변경해야 한다. 델타 v가 필요하다. 작품에 이 단어를 쓰면 분명히 신뢰성 있게 들리기 시작할 것이다)

중력 계산

여러분의 이야기를 설득력 있게 만들기 위한 사실 근거가 필요하다면, 위키피디아에 있는 공식을 보지 말고 처음부터 계산해 보자. 모든 것을 지구의 중력으로 측정해 보면 된다. 훨씬 쉽고 실수도 적을 것이다. 계산기 앱으로 하는 곱셈이나 나눗셈만큼 쉽다.

팁 #1: 탈출 속도는 궤도 속도의 1.4배다

일단 궤도에 있게 되면 탈출 속도의 3분의 2 이상은 확보한 셈이다. 이것은 여러분이 '중력 함정(gravity well)'에서 벗어나고 다시는 중력에 의해 끌어당겨지지 않는 속도이다. 예를 들자면, 지구에서의 탈출 속도는 11.2km/s이다. 따라서 최소 궤도 속도는 11.2÷1.4=8km/s이다. 초당 8킬로미터이다! 정말 빠르게 움직여야 한다. 지구의 둘레는 4만 킬로미터이기 때문에, 지구 주변을 낮은 궤도로 돌려면 이 속도에서는 40,000÷8÷3600sec/hr=1.4시간 또는 약 85분(대기 밖에 있으면 90분)이 걸린다.

팁 #2: 표면 근처의 궤도 시간은 물체의 크기와 관계없다.

이 결론은 이상해 보이지만 사실이다. 두 개의 행성이나 달, 심지어 소행성의 밀도가 지구와 비슷하다면, 낮은 궤도로 도는 데는 약 90분이 걸린다. 크기는 중요하지 않다! (밀도와 표면으로부터의 거리만이 중요하다)

팁 #3: 중력은 행성 안에서는 선형으로 떨어진다

사실 중심에서는 중력이 0이다. 중심이 있는 행성 또는 소행성을 통과해 낙하하면, 요요처럼 위아래로 통통 튀다가 공기의 저항으로 느려지면서 가운데 끼어 압력으로 산산조각 나거나 벽을 때리면서 섬뜩하지만 웃기는 죽음을 맞게 된다.

팁 #4: 중력의 힘은 행성의 지름에 따라 선형으로 측정된다

중력의 지름을 반으로 줄이면 표면의 중력이 가지는 힘도 반이 된다. 지구의 지름은 약 1만 3000킬로미터이므로, 지름이 약 13킬로미터인 소행성의 중력은 지구의 1000분의 1이다. 하지만 여러분의 몸무게가 0.15킬로그램밖에 나가지 않더라도 너무 과식하면 안 된다. 지구에 돌아오면 늘어난 몸무게로 원상 복귀하기 때문이다.

이 아이디어의 출발점은 여기다. 행성의 질량은 그 반지름의 세제곱에 따라 증가하지만, 표면의 힘은 중력의 중심(행성의 중심)까지의 거리의 제곱으로 떨어진다. 따라서 반지름이라는 단 한 가지 인자만 남는다. 반지름이 두 배가 되면 중력도 두 배가 된다.

팁 #5: 궤도 속도와 탈출 속도도 지름으로 측정된다

비슷한 밀도를 가진 물체의 궤도 시간은 비슷하다는 것을 이미 설명했기 때문에, 궤도 속도는 지름으로 측정한다는 사실도 바로 알 수 있다. 지구의 탈출 속도는 11.2km/s이다. 따라서 반지름이 1000분의 1 크기인 소행성에서 탈출하기 위해서는 11.2m/s 또는 40.23km/h의 속도로 이동해야 한다.

광속으로 도약하기

이제 어떤 회계사도 가 보지 못했던 곳으로 갈 준비를 하자. 일반 상대성이다.

가상현실 테마파크는 실제로는 우리가 몸을 젖히고 있을 뿐이지만 마치 가속하는 것처럼 느끼게 하기 위해, 중력으로부터의 가속도를 우리 몸이 구별하지 못하는 점을 이용한다. 시각적 오류가 발생하면, 여러분은 차의 속도를 내고 있는 것과 그저 몸을 뒤로 젖히고 있는 것의 차이를 구별하지 못한다. 아인슈타인의 일반 상대성 원리는 한 걸음 더 나간다. 따라서 여러분이 쇼핑몰의 트램펄린에서 축구공 또는 동전으로 한 실험은 빛의 경우에도 적용된다. 그렇다. 중력은 빛을 왜곡한다. 더 정확히 말하자면 중력은 공간을 왜곡하고 빛은 왜곡된 공간을 직선으로 통과한다. 따라서 트램펄린 매트가 팽창되는 것처럼, 중력이 있으면 공간은 팽창된다.

3D로는 상상하기 어렵지만, 여러분이 중력이 있는 물체에 가까이 갈수록 더 멀어지는 자의 눈금을 생각해 보라. 항성에 가까워질수록 거리는 더 멀게 보인다. 시간은 공간의 곡률(중력)에 따라 달라진다는 사실을 생각해 보면 비슷하게 이해할 수 있다. 중력이 커질수록 시간은 천천히 흐른다. 2015년 영화 〈인터스텔라〉는 이 아이디어를 파고들었다.

천문학자들은 심지어 은하계와 같은 거대한 중력 물체를 '중력 렌즈'로 사용해 훨씬 머나먼 곳에 있는 물체로부터 오는 빛을 수집하고 왜곡한다.

자기장을 모래구덩이 또는 늪지라고 상상해 보자. 한쪽에서 다른 쪽으로 건너가려면 걸어서 통과하거나(느린 방법) 우회할(더 빠른 방법) 수 있다. 빛은 언제나 가장 짧고 빠른 경로를 이용해 한 장소에서 다른 장소로 이동한다. 따라서 항성을 통과하는 빛은 왜곡된다. 빛은 구부러진 시공간을 통과하는 직선 경로를 택해, 한 장소에서 다른 장소로 가는 가장 빠른 경로를 지나간다. 중력은 물이나 유리처럼 빛을 굴절시킨다.

블랙홀에 가까이 갈수록, 빛은 여러분이 블랙홀 주위에서 자신의 등 쪽을 볼 수 있을 때까지 더 왜곡된다. 하지만 아름답지는 않다. 중력의 경사도가 여러분을 마치 태피(설탕 · 버터 · 땅콩을 섞어서 만든 캔디-옮긴이)처럼 늘려놓았을 것이기 때문이다.

동전 투입구 경사면처럼, 블랙홀의 사건의 지평선(event horizon, 탈출 속도가 빛의 속도가 되는 부분으로 우주와 블랙홀의 경계가 되는 것-옮긴이)에서는 공간의 곡률이 무한이 된다. 따라서 마치 우주 여행자가 빛의 속도에 접근했을 때처럼 시간은 정말로 정지한다. 가까이 갈수록 시간은 더 천천히 움직인다. 따라서 사실 여러분은 사건의 지평선에 도달할 수 없다. 가까이 갈수록 여러분 뒤에 있는 우주가 더 빠르게 움직인다. 시계가 똑딱하는 순간, 별이 태어나고 죽고, 은하계가 형성되고 붕괴하며, 초(超)은하단(수많은 별들이 모여서 은하계를 구성하듯, 은하들이 모여서 이룬 초대규모의 은하집단. 국부초은하단이라고도 하며 은하군과 은하단으로 구성되어 있음-옮긴이)이 슈퍼 초은하단(super-supercluster)의 궤도를 돌고, 전체 우주가 죽기 전에 블랙홀 그 자체가 완전하게 빛을 낸다(호킹 복사[사건의 지평선 표면에서도 에너지가 외부로 복사되는 현상-옮긴이] 때문이다). 따라서 여러분은 자신의 아원자 입자가 극단적인 중력장 안에서 떨어져 나가는 걸 걱정하지 않는 한, 여러분의 쿼크가 미친 듯이 날뛰면 그저 등 쪽을 샅샅이 살펴보면서 사건의 지평선에서 행복하게 기다리기만 하면 된다

소설에서는 중력이 중요하다. 우주에서는 물질이 중력에 끌려온다.

7부

가끔은 그것이 진짜 로켓 과학이다.

47장 PUTTING THE SCIENCE IN FICTION

현실의 천문학

토니 베네딕트(천문학자)

천문학과 SF는 밀접한 관계가 있지만, 천문학의 기본적인 도구에 관한 이야기는 많지 않다. 망원경 얘기다. 그래서 세부 묘사가 제대로든 아주 엉터리든, 이러한 이야기들은 눈에 띈다. 세부 내용이 제대로 그려졌으면 하는 마음에서, 광학 천문학에 관한 일반적인 오해 몇 가지, 오늘날 광학 천문학이 하는 역할, 천문학의 미래에 대한 전망을 소개한다.

〈딥 임팩트〉의 망원경

1998년 영화 〈딥 임팩트〉는 좋은 출발점이다. 고등학교 천문학 동아리가 천체를 관측하던 중에 리오 비더만이라는 학생이 이상한 물체를 발견하는 장면에서 망원경이 처음 등장하는데, 실제로 상당히 정확하다. 아마추어들의 망원경 수는 전문 관측소를 훨씬 능가한다. 따라서 순간적인 사건—혜성, 초신성, 또는 지구를 멸망시킬 행성과 혜성—은 아마추어 천문학자들이 제일 먼저 보고한다.

하지만 천문학에 대한 이 영화의 묘사는 망원경이 등장하는 두 번째 장면, 즉 아드리안 피크 관측소에서 울프 박사가 비더만이 발견한 물체를 확인하는 장면부터 엉망이 되기 시작한다. 울프 박사는 핸드 패들(주걱 모양의 받침대-옮긴이)이 달린 망원경으로 천체를 겨냥한 다음, 모니터들이 늘어선 책상에 앉아 피자를 먹으며 비더만이 발견했던 물체를 본다.

불행히도 컴퓨터 모니터나 책상 스탠드에서 나오는 빛은, 밤하늘의 이미지를 잡아 낼 수 있을 정도로 예민한 감지기를 마비시키기에 충분하다. 훌륭한 미스터리 소설의 독자처럼, 망원경은 어둠 속에 있어야 한다. 요즘의 관측소들은 건물의 다른 곳에 위치하거나, 관측소에서 멀리 떨어진 곳에서 제어된다.

이에 더하여, 천문학자들은 심지어 실제로 관측을 하지도 않는다. 전문 관측자와 망원경 오퍼레이터를 고용해 데이터를 수집한 다음, 천문학자들이 전달받아 과학에 활용하는 것이 훨씬 더 효과적이고 비용 효율도 우수하다. 〈딥 임팩트〉의 두 번째 장면을 정확하게 그려 내려면, 울프 박사는 사무실에서 피자를 먹으면서, 비더만이 발견한 물체에 대한 임기 표적(target of opportunity, 사전에 계획되지 않고 실시간에 나타나는 표적으로 지상 또는 공중 탐지기에 의해서나 관측자가 볼 수 있는 것-옮긴이)을 할 시간을 전문 관측자(이 사람도 피자를 먹었을 수 있다)에게 요청했어야 했다.

즉, 외로운 천문학자가 지구 파멸을 불러올 소행성이 다가오는 엄청난 순간을 홀로 발견하고, 세계의 운명은 그 천문학자의 어깨에 놓여 있다는 고전 SF의 설정은 실제로는 일어날 수 없다는 얘기다. 리오 비더만 같은 아마추어나, 망원경에서 수천 킬로미터 떨어져 있는 사무실에 있는 천문학자가 발견할 가능성이 더 높다.

현대의 관측소

관측소들은 천체 데이터를 수집한 다음, 분석을 위해 천문학자들에게 전달하는 일을 한다. 현대의 관측소들은 여러 면에서 대학 실험실과 중형 공장을 혼합한 것과 비슷하다. 현대 관측소들의 직원 수는 규모에 따라 대여섯 명에서 수백 명까지 다양하다. 관측소 운영을 위한 회계, 인력 관리, 구매, IT, 소프트웨어 개발자, 엔지니어, 기술 지원팀처럼 일반 기업과 비슷한 업무를 담당하는 직원, 야간에 천체 데이터를 수집하기 위한 전문 관측자와 망원경 오퍼레이터도 포함된다.

천문학자 자체는 현대 관측소의 직원 중 극히 일부를 차지하는 것이 보통이며, 아예 고용하지 않는 곳도 있다. 대부분의 천문학자들은 관측소보다는 대학에서 일한다.

데이터는 전자 감지기가 수집하며, 수집된 데이터는 열 감응 신호 잡음을 감소시키기 위해 극저온 냉각된다. 천문 감지기는 거의 전부 흑백 장치다. 컬러 이미지는 감지기 앞 별도 필터의 몇 가지 노출을 이용해 구축된다. 구식 같지만 과학적 데이터를 수집하는 데는 이것이 유연성이 더 크다. 천문 감지기는 컬러 감지기처럼 그저 적색, 녹색, 청색의 픽셀 데이터를 수집한다기보다는, 천문학자들이 요청한, 육안으로 볼 수 없는 개개의 방출선이나 이미지 파동을 각기 다른 필터들을 통해 잡아 낼 수 있게 해 준다.

천문학자들은 천문 감지기를 이용해 장치의 감지기를 교체하지 않고도 특정한 과학 사례에 적합한 새 필터를 만들 수 있다. 하지만 이것은 포스터나 달력에서 보는 아름다운 컬러 이미지가 흑백 이미지를 조합해 만들어 낸 것이라는 뜻도 된다.

망원경 자체 외에도 현대 관측소에서 볼 수 있는 장치에는 대형 건물에 있는 것과 같은 엘리베이터와 에어컨, 공장에서 볼 수 있는 크레인, 지게차, 유압 실린더 리프트, 에어 컴프레서, 수력 발전기 등이 모두 포함된다. 자체 기계 제작소와 용접 공장을 보유한 관측소도 있다. 일부 대형 관측소에는 감지기 가동을 위한 자체 청정실, 광학 및 전자 기기 작업을 위한 실험실 공간이 있다.

관측소의 드레스 코드

일반적으로 생각하는 것과는 달리, 관측소에서는 실험실 가운이나 포켓 프로텍터(펜이나 작은 물건들을 셔츠 주머니에 꽂고 사용할 때, 주머니가 손상되거나 펜에서 흘러나온 잉크로 얼룩지는 것을 막기 위한 물건. 주로 엔지니어들이 사용함-옮긴이)를 착용하는 사람은 사실상 없다. 만일 있다면, 광학 기기 작업을 하는 기술 직원인 경우가 대부분이다. 수리를 위해 기기를 분해하는 경우, 실험실 가운을 컴퓨터 칩 제조 공장에서 입는 것과 동일한 청정실 가운으로 갈아입는다. 관측소에 드레스 코드가 있다면 청바지와 티셔츠다.

실험실 가운을 입는 경우

실험실 가운의 미신에 버금가는 것이 전문용어 미신이다. 모든 과학기술 분야마다 전문용어가 있기는 하지만, 대부분의 사람들은 일상용어를 사용해 자신들이 하는 일을 설명한다. 예컨대 "흔들리니까 버팀대로 받쳐"라고 하지, "불안정한 장치에 보강 메커니즘을 고정시켜"라고 하지는 않는다.

전문용어는 특정한 경우에만 사용된다. 렌즈는 정말로 렌즈고, 일반인이나 엔지니어나 똑같이 부를 것이다. 하지만 '광학적 오차'의 경우, 광학 엔지니어들은 '제르니케 계수'를 말할 때 사용한다. 이것이 올바른 용법이기 때문이다. 기술 부분을 묘사할 때는 적절한 용어를 사용해야 한다. 그 외에는 일상용어라도 상관없다.

천문학자의 개성

관측소에서 일하는 사람들을 정의할 수 있는 단일하고 뚜렷한 개성은 없다. 다른 분야와 마찬가지로 성격이 천차만별이다. 내가 만나 본 중에는 내성적인 사람도, 외향적인 사람도, 일밖에 모르는 사람도, 다방면에 관심이 많은 사람도 있었다. 그 관심에는 음악, 사진, 예술, 춤, 요리, 스포츠, 목공 등이 포함되고, 심지어 수제 가정용품 제작, DIY 전자제품, 로봇 같은 다른 분야에 손을 뻗는 경우도 있었다. 관측소에서 일하는 사람들을 그릴 때는 다른 캐릭터를 발전시킬 때와 같은 방법으로 해야 한다.

천문학의 미래

이러한 세부 내용들이 예측 가능한 미래나, 심지어 미래 SF의 설정을 바꿀 가능성은 없다. 하지만 큰 그림은 계속해서 변화하고 있고, 몇 가지 분명한 방향성이 있다.

새로운 망원경은 아직 채워지지 않은 미비점을 보충할 수 있을 때만 설치된다. 세 개의 큰 추진력은 거울 크기, 이미지 품질, 새로운 파장에 대한 접근이다. 더 넓은 우주를 볼 수 있게 할 더 큰 거울을 향한 바람은 거대 마젤란 망원경(허블 우주 망원경보다 해상도가 10배 높은 지름 25미터급 광학 망원경. 칠레 라스 캄파나스에 설치 예정-옮긴이), 유럽 초거대 망원경(유럽 남방천문대가 1989년부터 건설 중인 망원경으로 칠레 북부 설치 예정-옮긴이), 써티 미터 망원경(하와이 화산 정상에 건설 중인 직경 30미터짜리 망원경-옮긴이) 등의 설치로 이어진다. 더 향상된 이미지 품질이 필요하기에, 새 망원경은 공기가 안정되

캐나다-프랑스-하와이 망원경

고 고도가 높은 외딴 지역에 설치된다. 새로운 파장에 대한 수요는 새 감지기 개발로 이어졌고, 대기 흡수가 특정 파장을 차단하지 않는 장소(예컨대 극지방이나 우주)에 망원경을 설치하게 되었다.

미래의 발전을 위한 또 다른 핵심 추진력은 시간이다. 1년 중 하늘을 관측할 수 있는 것은 365일의 밤, 또는 3000시간뿐이다. 이나마도 기상과 기술적 장애 때문에 전부 이용할 수는 없다. 따라서 실제 시간은 이보다 상당히 적다. 이것은 망원경의 크기나 이용할 수 있는 기기에 관계없이 적용되는 사실이다. 수만 시간 동안 방해 없이 천체를 관찰해야 하는 과학 프로그램들도 있다. 이로 인해 대형 시놉틱 관측 망원경, 호비 에블리 망원경 암흑 에너지 실험, 판스타스 망원경처럼 단일 장치만을 탑재한 관측 전용 망원경이 개발되었다. 이들 망원경은 지구와 충돌하는 소행성과 혜성을 조기 감지하는 것만을 목적으로 한다(비더만 학생, 미안해).

여러분이 세계 어딘가에 현존하지 않는 망원경에 대한 이야기를 쓴다면, 이러한 미비점을 채울 수 있는 세 가지 지점 중 적어도 하나, 또는 달의 먼 쪽이나 멀리 있는 별의 궤도를 관찰할 수 있는 망원경처럼, 미래에 고려하게 될 새로운 관점을 제시해야 한다. 그리고 거기에 적절한 이름을 붙여야 한다. 천문학자들이 언제나 대단한 이름을 붙이는 건 아니라는 아까의 얘기가 미심쩍었더라도 이 이야기를 들으면 생각이 달라질 것이다. '올빼미(OWL) 망원경'은 유럽 남방 관측소의 개념 설계였는데, 이는 '어마무시하게 큰(Overwhmingly Large) 큰 망원경'의 약자다.

상상력을 활용하자.

48장 PUTTING THE SCIENCE IN FICTION

먼 거리를 넘어서는 이미징

주디 L. 모어(엔지니어)

우리 머리 위를 쏜살같이 지나가는 위성을 비밀 장소에 있는 벙커에서 기술진이 재정렬한다. 키보드를 몇 번 클릭하면, 연속되는 이미지가 화면을 스치고 지나간다. 세부적인 풍경에 초점이 맞춰지기 시작하지만 아직 충분하지 않다. 기술진이 다시 키보드를 두드리고 마우스를 클릭한다. 위성 카메라가 줌인한다. 한 남자를 찾아냈다. 입고 있는 옷과 어깨에 걸친 백팩도 정확히 보인다. 안 돼…. 주인공이 위험에 처했다. 도망가, 스파이! 도망쳐!

사실 할리우드는 호버 드론(영상 촬영에 사용되는 드론-옮긴이)을 이용해 이런 줌인 장면을 찍는다. 하지만 믿거나 말거나, 이러한 영화에서 그려 내는 장면은 매우 사실적이다. 숨으려고 해도 소용없다. 스파이 위성이 찾아낸다.

휴대폰이나 디지털카메라로 찍는 것처럼 단순한 문제가 아니다. 현실에서는 연속된 이미지를 캡처한 다음, 장면 배후의 알고리즘과 보정 광학을 이용해 실시간과 후처리 과정 중에 대기 효과를 보충한다.

신기루와 물결무늬 유리

대부분의 사람들은 공기가 빛에 미치는 효과를 직접 경험한 적이 있다. 태양이 내리쬐는 날에 긴 직선 도로를 운전한다고 생각해 보자. 멀리서 도로 위로 무엇인가 아른거리는 게 보인다. 젖은 천 조각 같다. 하지만 신기루가 생긴 곳으로 가까이 갈수록 그 효과는 줄어들고 거의 없어진다. 대신 젖은 천 조각은 더 먼 곳으로 가 버린다. 이 신기루 효과는 땅 위에서 올라오는 열기가 발생시킨 것이지만, 공기의 움직임이 빛에 미치는 효과가 우리 눈이 감지하기 전에 퍼지려면 거리가 필요하다. 여러분이 보는 거리가 멀수록, 신틸레이션Scintillation(형광체에 방사선이 충돌하여 순간적으로 세게 빛나는 현상-옮긴이)이 더 크다. 이 효과 때문에 별이 밤에 반짝이는 것이다.

광학에서는 대기를 두꺼운 판유리처럼 생각해도 된다. 하지만 단순한 유리는 아니다. 욕실에 사용되는 물결무늬 유리와 비슷하다. 이러한 유리를 통과하게 빛을 비추면 유리 뒤의 물결무늬 패턴만 보이게 되는데, 어떤 부분은 다른 부분보다 더 밝다. 이제 유리의 물결무늬가 계속해서 움직인다고 상상해 보자. 빛의 밝은 부분이 점멸할 것이다. 반짝일 것이다.

불규칙하게 움직이는 어떤 물체의 사진을 찍어 보자. 노출이 짧은 경우, 그 결과 나온 패턴은 반점투성이라서 원래 물체의 형태를 확인하기 어렵다. 노출이 긴 이미지의 경우, 흐릿한 형체만을 얻을 수 있다. 꽤 예술적인 이미지일 수도 있지만, 지상에서 별을 찍으려는 사람이나 지상의 위성 이미지를 찍으려는 위성에게는… 좋은 결과가 아니다.

현실에서 대기는 움직이는 물결무늬가 있는 유리 한 장이 아니라 각각 다른 특성을 가진 유리 여러 장이다. 층이 있는 유리가 아주 두꺼운 경우도 있다. 하지만 대기에 있는 층에 어떻게 물결무늬가 생겼고, 시간마다 어떻게 변하는지 정확히 알 수 있다면, 점멸 효과를 보정할 수 있다.

사막에서의 위성 이미징

디지털 이미징은 나날이 발전하고 있다. 최신 스마트폰은 16메가픽셀 카메라와 디지털 줌을 이용해 먼 거리에 있는 대상의 세부를 좁힌다.

하지만 스파이 영화에서는 중동의 사막에 있는 주인공이 몇 킬로미터 밖에 있는 목표의 사진을 찍는 장면을 종종 보여 준다. 이러한 거리에서는 신틸레이션 때문에 표준 이미지가 흐릿해져 세부를 구별할 수 없다. 망원렌즈를 이용하면 필요한 세부 이미지를 쉽게 찍을 수 있다고 주장하는 사람이 있다. 하지만 그렇게 간단한 게 아니다.

최고 성능의 카메라에 초고가 광학 장비를 장착했더라도 일정 수준의 후처리 작업을 하지 않으면 그 결과물의 이미지는 여전히

10킬로미터의 수평 거리에서 망원경으로 찍은 단일 프레임 이미지(출처: Jahromi, et al. [2002]. "Image Restoration of Images Obtained by Near-Horizontal Imaging through Atmosphere." DICTA2002: Digital Image Computing Techniques and Applications, 21-22 January 2002, Melbourne, Australia)

흐릿할 것이다. 하지만 대기가 빛에 미치는 영향을 모델링할 수 있으면 보정이 가능하다. 수평선 문제에 대한 방정식은 극히 복잡하지만 적용할 수 있다.

2002년에 호주는 캔버라 소재 ADFA(호주 국방연구원)의 과학자들이 자신들의 이미징 시스템을 이용해 얻어 낸, 10킬로미터(6마일 이상) 떨어진 곳에 위치한 주택의 단일 프레임 이미지를 세계에 공개했다. 사진을 찍을 당시에 창가에 사람이 있었다면 그 사람도 찍혔을 것이다.

2002년의 장거리 이미징에서 발전된 기술을 오늘날의 디지털 카메라 기술과 결합한다면… 위성에서 쉽게 내 사진을 찍어서 처리하는 데 아무 문제가 없고, 나는 그 사실을 전혀 알지도 못할 것이다.

누구나 이용할 수 있는 장거리 이미징

장거리 이미징 분야 연구는 그 역사가 오래되었다. 연구의 대부분은 당연히 군대와 스파이 관련 활동에서 시작되었지만, 천문학(나도 그래서 이 분야에 들어왔다), 통신, 민간 항공기, 구글 어스 사용자 등 헤아릴 수 없이 많은 다른 분야도 이 기술의 이익을 누렸다.

정확히 알아야 할 게 있다. 구글 어스는 여러 해 동안 위성 이미지 기술을 이용했다. 2007년에 구글 어스는 내 고향인 뉴질랜드 크라이스트처치 대성당을 이미지화화는 대형 캠페인을 실행했다. 위성 이미지 기술, 항공 촬영술, 그리고 지리 정보 시스템을 결합한 초기 이미지는 모든 사람을 놀라게 했다. 그 이후, 크라이스트처치에 대규모 지진이 발생해 도심 상업 지구를 포함한 도시 전체가 붕괴했다. 초기 구글 어스 이미지는 이제는 부정확해서 사용할 수 없다. 새 이미지를 찍었지만, 주거 지구 대부분은 현재는 최소한의 렌더링만 한 싸구려 이미지만 남았다. 그렇더라도 이미지의 세부 표현은 인상적이다.

우리 집과 이웃집들의 이미지를 보자. 저작권 문제 때문에 이 특정 이미지는 구글 어스가 아니라 미국의 상업용 위성사진 전문 회사에서 받았다. 이 이미지에서 보이는 세부 표현의 수준은 구글 어스에서 현재 사용하고 있는 최소 렌더링만 한 싸구려 이미지보다 우수하지만, 이미지 자체의 품질은 2007년 수준과 비슷하다. 단, 지진 이후의 세부적인 변화가 포함되어 있다.

우리 집(유일한 직사각형 주택)의 커다란 빨간색 지붕, 굴뚝 통풍구, 뒷문의 흰색 환풍구까지 전부 확실하게 볼 수 있다. 진입로에

우리 집과 이웃집들의 위성 이미지

는 내 SUV가, 울타리 옆에는 바퀴형 쓰레기통이 있다. 부지에는 나무들이, 이웃집의 파티오(집 뒤쪽에 만드는 테라스-옮긴이)에는 파라솔이 있다.

이 이미지는 수 년 전에 위성을 사용해 촬영한 것이다. 실제로 최신 이미징 기술을 사용해 시간을 들여 초점이 맞는 연속된 이미지를 촬영한다면 어떤 정보를 알아낼 수 있을지 상상해 보길.

이 분야에는 공유 연구(저작권 등에 상관없이 누구나 이용할 수 있는 연구-옮긴이)가 있지만, 대부분은 몇 년 전의 오래된 것이라, 위성이 여러분의 손에 들고 있는 것이 테니스공인지 농구공인지를 판별할 수 있을 정도의 사진을 찍을 수 있을 것이라고 상상하기 힘들다. 하지만 첩보기관이 여러분의 정보를 원한다면 지상을 찍은 위성 감시 사진을 이용할 것이다.

49장 PUTTING THE SCIENCE IN FICTION

상대성과 시공간

댄 앨런(물리학자)

1800년대의 생활은 좋았다. 유럽에서 증기기관을 타는 사람들은 모두 제임스 클러크 맥스웰의 전자기장에 있었고, 곧 굴리엘모 마르코니가 에테르(빛 · 열 · 전자기 복사 현상의 가상적 매체-옮긴이)에 무선 전파를 이용해 소리를 보내게 된다.

하지만 19세기 후반의 목가적 증기기관의 세계를 파괴하려고 위협하던 더럽고 작은 비밀이 두 가지 있었다. 빅토리아 여왕이 이 비밀을 알았다면 아예 없애 버렸거나, 토머스 크래퍼가 발명한 놀라운 수세식 화장실에 넣고 물을 내렸을 것이다.

이 두 가지 큰 수수께끼가 해결되자, 원자력의 세계가 열리고 핵의 시대가 탄생해 증기기관의 시대를 효과적으로 지워 버렸다. 증기기관에 여전히 환상을 가지고 있는 스팀펑크 팬들에게는 아쉬울 일이다.

더럽고 작은 문제 중 하나는 '자외선 파탄'이었다. 이 난제는 닐스 보어의 수학과 알버트 아인슈타인의 광자(광속으로 이동하는 빛의 입자-옮긴이) 아이디어를 결합해 해결하면서, 양자역학이라고 하는 현대의 파격적인 과학이 탄생했다.

다른 하나는 움직이는 물체의 전자기(electromagnetic)였다(윽, 작동하지 않는다!). 그리고 이것은 모두 광속이라고 하는 작은(큰) 문제 때문이었다.

스팀펑크의 세계

특수 상대성 이론을 이해하기 위해, 고글을 쓰고 덜컹대는 고물차에 올라 1800년대 후반의 시대로 신나는 여행을 떠나 보자.

이 시대의 과학자들에게는 만사가 단순했다. 꿈틀대는 전하가 에테르 안에 전자기파를 만들어 냈다. 모든 사람이 하나같이 적절이 조정된 회중시계와 (자갈이 튈 정도로 빠르게 서로를 스쳐갈 때조차도) 눈금 있는 흰색 지팡이를 가지고 다녔다(모두가 깔끔한 조끼를 받쳐 입고 실크해트를 썼다).

아인슈타인 시대 이전의 기본적인 전제는, 같은 시간에 나에게 일어난 사건은 같은 시간에 다른 사람에게도 일어난다는 것이었다. 갈릴레오 갈릴레이와 아이작 뉴턴에게는 이것으로 충분히 만족스러운 세계였다.

아주 작은 문제가 하나 있다. 이 원칙에 따르면, 여러분이 (안테나처럼) 가속 중인 전하를 지나가면, 전하는 움직이기도 전에 전자기파를 생성한다. 잠깐, 뭐라고? 여러분은 기차에 타면 손전등을 빛의 속도에 시간당 45리그League(옛날 속도 단위. 1리그는 약 4킬로미터이므로 약 180킬로미터를 의미함-옮긴이)를 더한 속도로 비출 수 있고, 따라서 인과율은 붕괴된다.

여러분에게 수학 얘기를 할 것이다. 쉽지 않다. 세 페이지만 넘겨도 말도 안 되는 방정식과 만나게 된다. 그래서… 만일 여러분이 모든 규칙이 통하지 않는 세계를 좋아한다면, 자신이 스팀펑크 과학자라고 생각하자! 폐암 생각 하지 말고 파이프 담배를 피우고, 증기선을 타고 영국 해협을 건너자. 사진기 플래시에는 연소 마그네슘을 이용하자. 광속은 허튼소리다!

아인슈타인은 세계를 어떻게 보았을까

시작은 앨버트 A. 마이컬슨과 에드워드 W. 몰리의 우연한 증명이었다. 우주 젤리오 과일 샐러드(각양각색의 과일이 들어 있는 판매용 샐러드-옮긴이)처럼 우주 만물이 걸려 있는, 보이지 않는 에테르라는 것은 없다는 증명에 마이컬슨과 몰리 자신뿐만 아니라 전 세계가 경악하고 당황했다.

아인슈타인의 에테르 없는 우주 이론의 첫 번째 가설 또는 전제는 모든 사람은 준거 틀(frame of reference)과 관계없이 동일한 물리 법칙의 지배를 받는다는 것이다. 우리가 통과하는 '고정적인' 에테르가 없다면 합리적인 가정이다. 아인슈타인은 우주에는 우리가 "움직이지 않는다"고 말할 수 있는 신비로운 '북극'이나 고정된 물체가 있다는 개념을 간단히 포기했다. 당시로서는 과감한 동시에 부적절하기 짝이 없는 주장이었다.

이것은 내가 손전등을 비추면, 예상한 대로 손전등에서 빔이 광속으로 뻗어 나온다는 의미이다. 행성이나 항성, 은하가 광속에 가까운 속도로 빠르게 지나가도 상관없다. 같은 이유로, 내가 광속에 가까운 속도로 행성을 빠르게 지나가도, 내 손전등은 여전히 광속으로 빔을 뻗는다. 여러분이 멈춰 있든 움직이고 있든 관계없다는 점이 대단하다. 사실 상대성 이론에 따르면 여러분은 내가 여러분 앞을 지나쳐도 알아채지 못한다. 그 반대의 경우도.

아주 공평하다. 아인슈타인의 모든 이론은 실용적인 느낌이다. 불변의 "간단하고 쉬우며 모든 사람에게 적용되는" 수학은 증기 시대 과학의 고질적인 관습을 지워 버렸다.

하지만 잠깐, 이게 다가 아니다!

두 번째 가설(그리고 이것이 더 뜻밖의 함정이다)은 모든 사람은 상자에 있든, 보트에 있든, 기차에 있든 관계없이, 동일한 빛의 속도를 관측한다는 것이다.

특수 상대성 이론

마지막 요점에는 흥미로운 암시가 있다. 아인슈타인은 서로 지나쳐 가는 사람들의 경험을 연관시키기 위해, L로 시작하는 이름을 가진 천재들인 헨드릭 로렌츠와 조지프 라모(그리고 볼데마르 포크트와 앙리 푸앙카레처럼 이름이 L로 시작하지 않는 사람들)가 만든 일종의 변환(tranformation)을 이용해야 했다. 이 '로렌츠 변환'은 특수 상대성 이론의 기초이며, 낭만적이고 신비로운 1800년대 세계를 무너뜨리고 상호 확증된 파괴와 TV 광고로 이루어진 원자력 시대로 이끄는 거대한 망치 중 하나가 되었다.

첫 번째 결론은 우주가 가로축과 세로축이 있는 그림과 같다는 것이다. 우주의 모든 차원은 하나의 축과 같다. 그리고 두 번째 축은 다른 종류의 거리다. 바로 시간이다. 이러한 '그림'의 어딘가에서 발생하는 모든 사건을 시공간이라고 한다. 두 사건 사이의 거리는 시간과 거리로 모두 측정된다. 사진의 두 픽셀 사이의 거리가 수직 및 수평 거리의 조합인 것과 같다. 이제 그림의 축 하나를, 그림의 세부를 변화시키지 않으면서 연장해 왜곡할 수 있다. 하나의 준거 틀에서 발생한 사건을 다른 틀로 변환할 때 이러한 일이 발생한다. 각 그림의 길이와 시간은 전체 시공간 거리를 동일하게 유지하기 위해 연장된다.

광속이 불가사의하고 신비로운가? 그렇지 않다. 우리의 우주가 시간과 거리를 연관시키기 위해 사용하는 측정 요소(scale factor)일 뿐이다. 시간의 단위는 초다. 따라서 우리는 초당 미터, 또는 시간당 마일이라는 단위를 사용해 시간을 측정해 거리로 변환한다. 전혀 불가사의하지 않다. 설상가상으로(스팀펑크 팬들은 아직 세계에 마법이 있을 때 도망가 버릴 것이다), 광속은 모든 사람에게 동일하다. 철학자 친구들에게는 불행하게도, 상대성 이론은 예컨대 나의 도덕 대 너의 도덕 같은 상대성에 대한 것이 아니다. 절대성에 관한 것이다. 모든 사람에게, 종일, 언제나, 영원히 단 하나만의 광속이 있을 뿐이다. 전혀 낭만적이지 않다.

그러면 이 모든 것의 의미는 무엇일까?

시공간이 주는 암시

시공간에서의 거리는 교외로 소풍을 떠나는 관찰자에게나, 증기기관차 일등석을 타고 가는 관찰자에게나 모두 일정하다. 불행히도 이것은 회중시계와 눈금자가 있는 흰색 지팡이를 가지고 다니던 19세기 사람들에게 중요하다. 이러한 시공간 '그림'이 왜곡되는 것을 허용하지 않는다면, 우리가 증기기관차에서 손전등을 비추는 경우 그 빛은 광속에 무엇인가를 더한 속도로 움직인다. 이것은 아인슈타인의 법칙에 위배된다. 대신, 기차를 보고 있는 내 준거 틀에서 손전등을 들고 있는 열차 기관사의 준거 틀로 이동하려면, 나는 우리가 동의할 수 있는 방법으로 거리와 시간에 대한 내 측정을 왜곡해야 한다.

이제 휘어진 두 그림에서 두 지점 사이의 거리는 같을 수 있다. 하지만 X축과 Y축의 값이 같다는 뜻은 아니다. 예컨대 '1이상 2이하'는 '2이상 1이하'와 같은 거리다. 한 관찰자는 X(공간 거리) 이상을 갖는 사건으로, 다른 관찰자는 Y(시간) 이상을 갖는 사건으로 볼 수 있다. 하지만 이 시공간 거리에서만 거리와 시간의 조합이 유지된다. 우리가 경마를 보면서 경마의 시간을 맞추기 위해 회중시계를 시작했다 정지하는 경우, 여러분은 기차에 타고 있고 나는 그렇지 않다면, 우리의 측정은 일치하지 않는다. 그래도 괜찮다. 로렌츠 변환을 이용하면 누구의 시계가 더 빨리 가는지 알 수 있다. 신사 사이에 결투는 불필요하다.

우리 각각의 준거 틀에 있는 시공간 그림—하나는 지상에 있고, 하나는 트랙을 따라 한번에 이동하고 있다—은 우리 각자에게 좋게 작용한다. 하지만 우리가 서로의 시공간 그림을 살펴보면, 우리 자신의 것에 비해 마치 착하게 구는 아이와 곧 결핵으로 죽게 될 엄마가 그려진, 빅토리아 시대의 목가적이지만 뒤틀린 목판화처럼 왜곡되었다는 걸 알게 된다.

사건은 더 이상 모든 사람에게 동시 발생하지 않는다. 결투에서 리볼버 권총은 동시에 발사된다고 말하지만, 내가 광속으로 빠르고 가깝게 지나쳐가면서 보면 발사가 다른 시간에 이루어졌다는 걸 알게 된다. 내 시계는 여러분의 것보다 늦게 간다. 나는 특급열차를 타고 달리고 있는데도 이상하게 사물은 예전과는 달리 그렇게 먼 곳에 있지 않다.

물론 이런 이야기를 들어본 적이 있을 것이다. 그리고 신기하다고 생각했을 것이다. 시간 지연(time dilation)은 여러분이 광속에 가까워졌을 때 시간이 느려지는 효과이고, 길이 수축(length contration)은 여러분 앞에 있는 물체와의 거리는 여러분이 빛에 가까운 속도로 그 물체로 다가갈수록 더 짧아져 보인다는 개념이다.

갈수록 태산이다. 이동하는 전하나 전류는 자기장을 생성한다. 그러므로 내가 어떤 전하를 지나쳐 이동한다면, 전류가 내 앞을 지나가는 것과 같다. 자기장이 있어야 한다. 다행히 상대성 이론은 여러분의 전기장을 내 자기장으로 변화시키고 그 반대도 마찬가지다. 이 변환은 놀랍도록 좌우 균형이 잘 맞아서, 단일한 (매트릭스) 방정식에 맥스웰 방정식 네 개 전부를 나타낼 수 있을 정도이다.

광속에서는 무슨 일이 일어날까

수학으로 들어가지는 말고(수학으로 표현하면 마치 아이스박스에 남은 음식처럼 시작은 나쁘지 않지만 점점 모호해진다) 개념을 설명하면 이렇다. γ(감마)라는 매개변수가 있는데, (증기기관 시대의 사물처럼 작동해) 1부터 시작한다. 그런 다음, 여러분이 광속에 가까워질수록 γ는 점점 더 커져서 여러분이 광속에 접근하면 무한대로 간다. 이 감마 인자는 측정을 위해 교환되는 일종의 우주 화폐처럼 로렌츠 변환에 연결된다. 이 매개변수는 어떻게 여러분의 그림(시공간)을 연장해야 사건이 일어난 시간과 거리의 측정을 내 그림과 일치시킬 수 있는가를 나에게 알려 준다. 이렇게 간단하다.

하지만 아주 멋지기도 하다. 광속으로 움직이면, 여러분이 시공간을 무한대로 확장했기 때문에 시간은 다른 준거 틀에 상대적으로 정지한다. 따라서 두 시간 사이의 거리는 측정 불가능하다. 이제 시간을 그 정도로 많이 확장하려면 무한한 양의 에너지가 필요하다. 그래서 여러분이 조금의 질량이라도 갖고 있으면 광속에 도달하지 못하는 것이다.

우리는 외부 대기에 있는 우주선(線, cosmic ray)에서 생성된, 아원자 입자를 가진 확장 또는 '지연된' 시간을 볼 수 있다. 우리는 이들의 수명을 알고 있다. 이 입자들도 지구에서 생성되었기 때문이다. 이들은 광속에 가깝게 이동하더라도 지구의 표면에 닿기 전에 퇴화해 사라져야 한다. 하지만 이들은 질량을 갖고 지구의 표면에 도달하는데도 우리의 전자 기기에는 이상이 없다. 어떻게 이게 가능할까?

이러한 입자가 광속에 가깝게 움직이며 생성될 때, 이들은 지구를 내려다보며 "그렇게 멀지 않아. 갈 수 있어"라고 말한다. 이제 지구에 있는 우리가 시간이 흐를 때 입자의 내부 시계 메커니즘을 알 수 있다면, 이들의 시스템이 느리게 흐른다는 것을 눈치채게 될 것이다. 그래서 우리는 "물론 입자들은 도달할 수 있지. 천천히 퇴화하니까"라고 말할 수 있다. 하나의 세계는 위아래로 긴 그림인 반면, 다른 하나는 짧고 옆으로 퍼진 그림이다. 두 그림 모두에서 입자는 지구에 도달한다. 이것이 오슨 스콧 카드의 소설 「엔더의 게임」 시리즈에서 엔더 위긴스가 동시대의 모든 사람들보다 오래 산 비결이다. 대부분의 시간 동안 광속에 가깝게 이동했기 때문이다. 엔더의 내부 시계는 광속을 위반하지 않으면서 다른 전자기기들과 함께 천천히 흘렀다. 엔더의 그림은 '확장'되면서 그에게 주어진 시간 내의 두 지점 사이 거리를 벌렸다. 엔더는 한 지점에서 다른 지점으로 이동했고, 그림은 그가 돌아와 정지했을 때 다시 찌그러졌다. 엔더는 우주를 가로지르는 긴 거리와 시간을 가로지르는 짧은 거리를 이동한 것이다. 공평하지 않은가? (여러분도 우연히 그림을 가로질러 이동한 다음 공간으로 되돌아올 수 있다. 하지만 시간에서는 전진만이 가능하다. 그렇지 않으면 수학이 뒤죽박죽이 되고 여러분은 스팀펑크적으로 인과율이 무너지고, 원인이 생기기도 전에 사건이 일어나는 출발점으로 돌아오게 된다)

그러니 다음번에 여러분의 디너파티에서 벌어진 프랑스-프로이센 관계에 관한 토론 중에 조지 오웰의 소설에 나올 것 같은 감시 기계가 여러분을 납치해 우주로 끌고 간다면, 여러분이 향하고 있는 별까지의 거리는 지구에서 보이는 것보다 훨씬 짧다는 사실을 알게 될 것이다. 하지만 별 사이를 불과 몇 달 여행하다 다시 지구로 돌아오면, 모든 게 변했다는 것을 알게 될 것이다. 갑자기 디지털 시대에 나타난 립 밴 윙클(산에 올라가서 낯선 이를 만나 술을 얻어 마신 후 집으로 돌아와 보니 하룻밤 만에 20년이 흘렀다는 이야기의 주인공–옮긴이)이 된다. 여러분이 단단히 태엽을 감아놓은 회중시계는 다행히도 여전히 작동하겠지만.

우주에 관한 오해들

제이미 크라코버(항공우주공학자)

"만약에"를 생각하면 재미있다. 그리고 주제가 우주여행이 되면 정말 멋진 가능성들이 있다. 안타깝게도 우리가 SF 영화나 심지어 책에서 보는 굉장한 일들의 다수는 실제와는 거리가 멀다. 진실을 확장하거나 선택지를 찾아볼 수 없다는 뜻은 아니다. 하지만 신뢰성 있는 작품을 쓰고 싶을 때 기본적인 이해에 도움이 될 만한 우주여행 관련 개념들이 있다.

작가인 우리는 할리우드 영화에서 어떻게 진실을 구별할까? 현실적인 소설, 지나친 과장과 속임수 없이도 우리의 세계를 확장하는 작품을 어떻게 창조할 수 있을까? 조사해야 한다. 내 로켓 과학 지식을 활용하고 동료 작가들에게 도움을 주기 위해, 우주여행에 관한 흔한 오해 아홉 가지를 소개한다.

미신 #1: 우주에 있는 사람과 물건은 무중력을 경험한다

우주에서는 무중력이라고 하지만, 사실 중력이 0이 아니다. 중력은 하나의 물건이 다른 하나에 대해 가지는 인력(引力)이다. 여러분이 물건을 떨어뜨리면 땅으로 낙하하는 이유가 이것이다. 지구에는 중력이 있기 때문이다. 하지만 우주에서 여러분은 사실상 자유 낙하 상태이다. 그렇기 때문에 무게가 없거나, '무'중력처럼 보이는 것이다. 우주에서 여러분은 다른 존재의 중력 밖에 있다. 여러분을 자기 쪽으로 끌어당기는 것이 없기 때문에 자유 낙하 상태를 유지할 수 있는 것이다. 달리 말하면, 여러분은 무한의 구멍 속으로 낙하하는 것이다. 부딪힐 바닥이 없기 때문이다. 따라서 우주여행자들이 경험하는 것을 속어로 무중력이라고 하지만, 사실은 끝없이 계속되는 자유낙하이다.

미신 #2: 우주에는 고정된 방향이 있다

우주에서 상하좌우 등은 모두 여러분의 현재 위치 또는 다른 물체의 위치에 대한 상대적인 개념이다. 북쪽이나 남쪽, 전진이나 후진 없이 방대하게 트인 공간이기 때문에 방향 감각을 잃기 쉽다. 방향을 맞출 수 있는 대상이 없으면, 우주에서는 어느 쪽이 위인지 알기 어렵다. 사실이다. 우리가 아는 '위쪽'이라는 것이 실제로는 존재하지 않기 때문이다. 어떤 사람이 우주에서 가지는 위치는 순간적으로 뒤집어지거나 방향을 바꾸기 때문에, '위쪽'은 완전히 다른 방향이 된다.

오슨 스콧 카드의 『엔더의 게임』에 나오는 "적의 문은 아래쪽에 있다"라는 인용구가 그래서 유명한 것이다. 우주에서 아래쪽은 여러분이 마주하고 있는 방향에 상대적인 개념이기 때문이다. 우주에서 방향을 정하는 것은 쉽지 않다. 바닥이나 천장이 없고, 뇌 자체가 주위를 파악하기 어렵기 때문이다. 하지만 엔더는 적의 문이 아래쪽에 있는 것을 확인했기 때문에, 준거 틀이 없고 거의 무중력에 가까운 환경의 전투실 안에서 방향을 잡는 데 도움이 되었다. 따라서 우주에서의 방향은 일반적으로 다른 물체에 대한 기준으로서 주어진다. 그렇게 하면 사람의 머릿속에서 어느 쪽이 위인지 파악하는 데 도움이 되기 때문이다.

미신 #3: 우주에서의 비행은 지구에서의 비행과 같다

안타깝게도 전혀 비슷하지 않다. 수중 유영과도 다르다. 우주 비행사들은 수중에서 훈련을 받지만, 그 주목적은 '무중력' 느낌을 모의 체험하려는 것이다. 우주 비행사들은 우주에서 무거운 물체를 건설하거나 조작하는 경우가 자주 있다. 따라서 수중에서 훈련하면 가벼운 하중을 시뮬레이션하는 데 도움이 된다. 그럼에도 불구하고 우주에서의 조작은 극히 힘들다. 마찰이 없기 때문이다.

"움직이는 물체는 외부 힘이 가해지기 전까지는 움직이는 상태를 유지한다"는 아이작 뉴턴의 말은, 여러분이 어떤 물체를 밀면 그 물체는 다른 무엇인가가 멈추기 전까지는 영원히 전진한다는 뜻이다. 지구에서는 무엇인가와(또는 자동차나 벽이나 다른 사람과) 마찰하는 경우가 많다. 우주에서는 움직이고 있는 물체를 멈출 수 있는 것이 거의 없다. 여러분이 어떤 물체를 움직이면, 그 물체는 다른 것에 부딪히거나 다른 물체의 중력 안으로 들어가지 않는 한, 밀린 방향으로 영원히 이동한다(미신 #1 참조). 어떤 경우든, 물체는 새로운 방향을 향하고, 다른 무엇인가의 영향을 받기 전까지는 그 방향으로 계속 이동한다.

설상가상으로 우주에서는 물속처럼 팔을 흔들 수도, 몸을 돌릴 수도 없다. 우주는 진공이다. 주변에는 여러분이 밀어내고 자기 몸을 움직일 공기가 없다. 여러분에게 추진력을 줄 일종의 분사(jet) 팩이 없으면 텅 빈 공간 한가운데에서 부유하며 발이 묶이게 될 것이다(아니면 우연히 향하게 된 방향으로 무작정 달릴 수도 있다).

물건을 상하, 좌우, 전후로 전진시킬(다른 적당한 표현이 없다) 수 있다는 사실을 이용하면 방법이 생긴다. 상하, 좌우, 전후로 몸을 회전시킬 수도 있다.

이러한 방향을 각기 다르게 조합하면, 물체가 움직일 수 있는 방향은 많다(6 자유도[3차원 공간에서 운동하는 물체의 여섯 가지 회전 및 병진 동작 요소-옮긴이]라고 한다). 전후 회전+상하 전진일 수도 있고, 좌우 회전+전후 전진일 수도 있으며, 모든 동작을 동시에 할 수도 있다.

여러분에게 우주를 통과해 행성으로 회전하며 향하는 물체가 있다면, 그 물체를 정지시키기는 극히 힘들다. 그 물체가 다른 무엇인가에 부딪히면, 다른 물체나 중력을 만나기 전까지 완전히 다른 방향으로 영원히 돌아나갈 가능성이 크다.

유튜브에서 "gyroscopically stabilized CD player in microgravity(극미 중력 상태에서 회전적으로 안정된 CD 플레이어)"를 검색하면 우주에서 회전하는 물체를 안정시키는 것이 얼마나 어려운지 보여 주는 멋진 동영상을 볼 수 있다.

미신 #4: 물건은 우주에서 '폭발'한다

SF의 우주 전투는 대단하다. 우주선이 폭발하는 장면은 정말 끝내준다. 안타깝게도 이것은 사실과 거리가 한참 멀다. 되풀이해 말하지만, 우주는 진공이다. 공기가 없다. 우주에는 산소가 없다는 뜻이다. 산소가 없으면 불을 붙일 수 없다. 불이 없으면 폭발도 없다. 슬프지만 사실이다.

당연한 결론이지만, 우주선처럼 산소가 풍부한 환경에서는 우주선 내부나 산화제(액체 산소)가 있는 엔진에 불을 지를 수 있다.

미신 #5: 사람들은 우주에서 어떻게 죽는가

사람들이 우주에서 우주복을 입지 않은 상태로 가장 하기 싫은 일은 숨을 참는 것이다. 여러분은 정말로 공기를 내뿜고 싶지만 우주의 진공은 산소를 끌어내지 않고, 여러분의 폐는 파열된다. 인체에 남은 산소는 몸을 팽창시킨다. 팽창이 일어난 후에는 의식을 잃기 쉽다. 이때부터 저산소증이나 색전증으로 사망하게 되는데, 신체는 팽창한 상태를 유지할 정도로 강하기 때문이다.

우주에서는 동사할 수 없다. 우주가 엄청나게 춥기는 하지만, 진공 상태에서의 열 전달은 매우 다르게 작동한다. 여러분의 몸은 자체의 열을 유지하고 계속해서 스스로 데운다. 사실 몸이 얼기 전에 과열될 가능성이 크다. 그렇기는 해도 우주에서는 혈액이 끓지 않는다. 우주의 추위는 액체가 끓을 정도이기는 하지만, 낮은 압력 때문에 끓는점도 낮고, 혈액이 우주에 직접 노출되지도 않는다. 따라서 여러분의 혈액은 끓지 않는다. 여러분의 피부와 나머지 신체 부위가 혈액을 보호한다.

마지막으로, 우주에서는 산소가 부족하지 않다. 사실 부족하기는 하지만, 그것이 사망 원인은 아니다. 어떤 사람이 산소가 없는 방에 있다면, 배출된 이산화탄소가 과다해 사망하게 될 것이다. 이산화탄소가 많은 혈액은 인간에게 유해하기 때문에, 사망 원인은 산소 부족이 아니라 이산화탄소 과다인 것이다.

미신 #6: 우주에는 소리가 있다

소리가 파동(우리가 듣는 것은 파동이다)을 만들어 내려면 압축하거나 진동할 대상이 필요하다. 우주에는 공기가 없다. 진공이다. 따라서 압축시켜 진동할 대상이 없다. 우주는 슬프고 조용한 곳이라는 뜻이다. 우주에서 대폭발이 있더라도(사실 폭발은 있을 수 없다. 미신 #4 참조) 여러분은 그 소리를 들을 수 없다.

미신 #7: 중력이 있는 환경을 우주에 만들어 내는 것은 쉽다

괜히 로켓 과학이라고 하는 게 아니다. 우주선에서 누르기만 하면 갑자기 중력이 생기는 마법의 버튼 같은 건 없다. 우주에서 중력을 만들어 내려면 물체를 특정한 방향으로 미는 힘을 만들어 내야 한다. 지구에서 이러한 방향은 바닥 또는 땅을 향한다. 우주선에서는 시뮬레이션하기가 좀 더 어렵다. 회전을 이용해야 한다.

물이 든 양동이를 적절한 속도로 거꾸로 돌리면 물은 양동이 쪽으로 눌리고, 양동이 방향이 거꾸로든 제대로든 물은 쏟아지지 않는다. 같은 이론을 이용해 우주선을 사람이나 물건이 우주선 외벽에 눌릴 정도의 적절한 속도로 회전시킬 수 있다. 이렇게 하면 중력 환경을 만들어 낼 수 있다.

실제로 어떻게 이를 실현할 수 있는가가 어려운 문제이다. 거대한 링을 회전시키는 것과 묶어 둔 우주선을 회전시키는 것 중에 무엇이 더 효과적인가에 관한 논의가 많다. 둘 모두 장단점이 있다. 어떤 쪽을 선택하더라도 중력을 시뮬레이션하는 데는 비용 부담이 크다. 거대한 회전을 하는 물체를 만들기는 어렵다. 적절한 속도로 회전하게 하는 방법을 찾는 실행 계획이 많다. 너무 느리면 충분한 중력을 얻지 못한다. 너무 빠르면 사람들이 멀미를 할 것이다.

일단 회전하는 장치가 생기면, 그 장치는 자체적으로 유지되어야 한다(미신 #3 참조). 하지만 어떤 이유로 인해 회전을 정지시키려고 하거나, 궤도를 도는 것 이상의 일(예컨대 다른 행성으로 이동)을 하려고 하면 상황은 곤란해진다. 우주선이 회전하고 있을 때 여러분이 원하는 방향으로 가게 하는 것은 어렵다(미신 #3에서 언급한 동영상을 다시 참조하기 바란다).

미신 #8: 태양은 타오르고 있다

실제로 타오르는 것은 아니지만 정말 뜨겁다. 타는 듯이 뜨겁다! 게다가 우주에서 태양은 상당히 위험하기도 하다. 방사선이 가장 문제이다. 지구에서는 대기가 태양의 방사선을 어느 정도까지는 막아 준다. 하지만 우주에는 대기가 없기 때문에, 우주여행자들은 높은 방사선량에 노출될 위험이 훨씬 크다. 방사선, 특히 다량의 은하 우주선(cosmic ray)을 막으려면 상당한 수준의 차폐가 필요하다. 방사선 차폐물은 우주선에서 가장 무거운 부품 중 하나다. 우주선이 충분히 차폐되지 않으면 태양 표면 폭발이나 기타 사건이 승무원 전원을 쓸어 버릴 수 있다.

미신 #9: 광년(光年)은 시간의 측정 단위이다

년(年)이란 단어가 들어가 있기는 하지만, 사실 광년은 거리의 측정 단위이다. 천문학자들이 계산할 때 큰 수를 사용하는 것을 줄일 목적으로 사용한다. 1광년은 약 5.9×10^{12} 마일이다. 59 다음에 0이 11개 붙는다. 엄청난 숫자다. 태양은 지구로부터 149,604,618킬로미터 또는 0.0000158광년 떨어져 있다. 더 보기 싫은 숫자다. 하지만 여러분이 수천, 심지어 수만 광년 떨어진 항성계(star system)에 대해 얘기할 때는 광년 단위로 설명하면 훨씬 간단하다.

이상이 우주에 관한 아홉 가지 오해이다. 사람들이 우주여행에 대해 잘못 알고 있는 것은 이게 전부가 아니다. 하지만 광대한 우주를 전체적으로 이해하는 데 조금이라도 도움이 되었길 바란다. 쉬운 일이었다면 절대로 로켓 과학이라고 부르지 않았을 테니까.

51장 PUTTING THE SCIENCE IN FICTION

사실적인 우주 비행

실비아 스프럭 리글리(파일럿, 항공 저널리스트)

SF의 우주 비행에는 2보 전진과 1보 후퇴가 포함된다. 두툼한 조이스틱으로 제어되는 1인 또는 2인용 조종석 안에서 허공을 급강하한다. 조종석의 유리창으로는 별이 가득한 하늘이 선명하게 보인다. 우주 조종사는 멋쟁이의 상징(물론 어떤 조종사라도 그렇다!)이고, 우주선을 조종하는 것은 어쩐지 비디오 게임과 비슷해 보인다. 조종사는 컴퓨터와 계기에 초점을 맞추는 대신, 손과 눈의 조화, 그리고 빠른 판단에 의지한다. 우주 비행은 전적으로 조종 능력에 달려 있고, 우리의 믿음직한 조종사는 무엇이 다가오는지 보기 위해 창밖을 응시한다.

편대의 경우, 모두 같은 방향으로 거의 나란히 늘어서 비행한다. 마치 눈에 보이지 않는 호수 위를 스치듯, 자신들이 위치한 고도를 본능적으로 확실하게 인식하는 게 분명하다.

민간 조종사 자격증을 취득할 때는 눈으로 보며 비행하는 교육을 받는다. 즉 창밖을 내다보면서 자세를 유지해야 한다. 하지만 거기서 한 걸음 더 나가면, 조종석과 계기에만 집중해야 한다. 전투기 조종사에게 창밖을 내다보며 조종하는 얘기를 하면 배꼽 빠지게 웃을 것이다. 그렇게 하면 조종을 제대로 할 수 없다.

지구에서 비행기가 비스듬히 나는 이유는 양력(揚力, 유체 속의 물체가 수직 방향으로 받는 힘-옮긴이)을 변경하기 위해서이다. 비행기가 회전하는 쪽으로 기울어지면 양력은 수평으로 분력(分力, 어떤 힘을 몇 개 힘의 합력으로 나타낼 때 그 각각의 힘-옮긴이)을 얻어 비행기를 회전시킨다. 하지만 우주에서는 진공 속을 날게 되고, 양력이 없다.

환각과 방향감각 상실

높은 고도에서 단독 비행하던 조종사가 사망하는 가장 흔한 원인은 고속 비행하던 경로에서 장애물과 충돌하는 것이 아니다. 환각에 빠지는 것이 정말 위험하다. 비행할 때 지상과 수평선을 볼 수 없게 되면 뇌가 혼란에 빠져 거짓말을 하게 되는 게 문제다.

그렇기 때문에 민간 조종사 자격은 시계(視界) 비행 규칙을 따른다. 이 규칙에 따르면 지상을 볼 수 있고 명료한 시야를 확보할 수 있을 때만 비행이 허용된다. 다음 단계의 훈련은 계기 비행이다. 이름이 암시하듯, 조종사가 자신의 눈보다는 조종석의 계기를 믿도록 훈련시키는 것이다.

계기 비행 교육을 받지 않은 상태에서 구름 안으로 들어가 지상을 볼 수 없게 되면 문제가 생긴다. 미 연방교통안전위원회의 통계에 따르면 이 경우 생존 확률은 거의 없다. 여러분의 기대 수명은 수십 년에서 178초로 급락한다.

따라서 이 점이 중요하다. 우주에서의 비행은 구름 속을 비행하는 것과 상당히 비슷하다. 상승과 하강, 직진과 회전의 기준점이 없다. 일단 이러한 기준점을 잃으면 방향 감각을 상실한다. 기술적으로 볼 때, 일단 여러분이 지구에서 멀어졌을 때 비행 컴퓨터에 의지하는 대신 여전히 밖을 내다보고 있다면 환각 상태에 빠지고, 우주선은 3분 내에 뒤집힌다.

환각은 멈출 수 없다. 무시하도록 자기 자신을 훈련시키는 게 최선이다. 뇌와 몸이 하는 말 대신 계기를 믿어야 한다는 뜻이다. 밖 대신 안을 봐야 한다.

그런데 인간만이 이런 문제를 겪는 건 아니다. 레이더 연구에 따르면, 흰점찌르레기는 구름이 뒤덮인 상황에서 날 때 직진과 수평 자세를 유지할 수 있지만, 다른 새들은 구름 속에서 갈팡질팡하면서 난다. 이 사실은 새들이 시각 신호가 없는 상태에서는 모두 방향 감각을 잃는다는 것을 시사한다.

시각적 기준점을 잃으면 뇌는 거짓말을 한다. 다행히 거짓말을 계속적으로 하기 때문에 우리는 그 거짓말을 잡아내는 법을 알아냈다.

악성 나선 강하(graveyard spiral)는 위험한 비행 착각(조종사의 착시 현상 중 하나-옮긴이)의 가장 잘 알려진 예이다. 악천후와 야간 비행 시에 흔한데, 조종사는 비행기 방향을 판단하는 능력을 상실한다.

기준점이 없으면 뱅크턴(banking turn) 상태에 들어가게 된다. 처음에는 회전(왼쪽이라고 가정하자)을 '느낄' 수 있다. 하지만 회전이 20초 이상 계속되면, 비행기가 더 이상 회전하지 않는 것처럼 느끼는 상황에 처한다. 날개를 수평으로 하고 직진으로 비행하는 것처럼 느낄 수밖에 없다.

회전을 계속하려면 훨씬 급한 경사로 좌회전을 하게 된다. 비행기를 바로잡으려고 해도 직진 수평이 된 비행기는 날개가 이미 수평이 된 상태인데도 오른쪽으로 회전하면서 기울어지는 느낌을 여러분에게 주게 된다. 우회전하고 있다는 느낌이 너무나 강렬하기 때문에 이제 여러분은 다시 좌회전을 시도한다. 그리고 비행기는 매우 느리고 부드럽게 원을 그리며 비행하는데 아래쪽 방향으로 나선을 그리면서 점점 더 하강한다. 마침내 구름을 빠져나오고(빠져나오거나) 지상에 추락할 때까지 속도는 증가한다.

미 연방항공청의 '조종사를 위한 의학적 사실' 자료에 따르면, 방향 감각 상실을 유발하는 신체 증상은 다음과 같다.

이러한 회전을 하면, 체내에 있는 관(管)의 유체가 천천히 흐르기 시작하며, 그다음에는 회전하는 관의 벽을 따라잡기 위한 마찰을 유발한다. 이렇게 되면 관 내부의 털이 직립 상태로 복귀해, 사실은 회전이 계속되고 있는데도 뇌에 회전이 멈췄다는 잘못된 신호를 보낸다.

그런 다음, 여러분이 수평 비행 상태로 돌아가기 위해 회전 상태에서 빠져나오기 시작하면 체내 관 안에 있는 유체가 (자체의 관성 때문에) 계속 이동하고, 털은 반대 방향으로 움직여 여러분이 반대 방향으로 회전하고 있다는 잘못된 신호를 뇌에 보낸다. 실제로는 여러분이 원래 회전을 서서히 줄이고 있는 상황인데도 그렇다.

우주에서 악성 나선 강하가 문제되는 이유는, 회전을 강화하면서 약한 중력을 생성하고 있다는 의미이기 때문이다. 하지만 솔직히 말해 공중전을 벌이고 있는 우주선 안에서 중력에 대해 심각하게 생각하거나 과학에 너무 많이 신경 쓰다 보면, 결국에는 격추당해 불가능의 블랙홀 속으로 빠져들고 말 것이다.

그렇기 때문에, SF에서는 물리 법칙에 너무 의존하지 않고 시각적으로 묘사하는 게 더 적절하다.

자동운동효과(autokinetic effect)는 고정된 물체가 움직이고 있다는 인상을 조종사에게 준다. 어둡거나 아무것도 없는 환경에서 작은 빛으로 된 점을 보았을 때(예컨대 우주에서 별이 가득 찬 하늘) 특히 그렇다. 이러한 환각을 유발하는 것은 눈의 작은 움직임인데, 뇌는 이것을 고정된 물체의 운동으로 해석한다. 이 때문에 항성과 그것에 접근하는 우주선 사이의 거리를 가늠하기가 극히 어렵다.

에반 라이트는『제너레이션 킬』에서 2차 걸프전 중에 미 해병대가 약 40킬로미터 떨어진 마을의 불빛에 어떻게 반응했는지를 말했다. 자동운동효과 때문에 해병대는 대규모 전투부대가 진격하고 있다고 생각했고, 불빛이 있다고 추정된 15킬로미터 지점에 공습을 요청했다. 거기에는 아무것도 없었다.

비행 중의 동작 시각장애motion-induced blindness

자동운동효과의 반대는 동작 시각장애이다. 동작 시각장애는 물체가 시야에서 사라지는 현상을 유발한다. 퇴역한 군 조종사 한 사람이 〈로드러너RoadRUNNER〉지에 보낸 편지에서 이 현상을 설명했다.

> 훈련 과정 중에, 조종석 밖을 내다보는 것에 관한 교육을 받았다. 이 현상은 그 교육에서 배운 내용을 가장 실감나게 해 준다.
>
> 우리는 짧은 거리에서 수평선을 살펴보고, 잠시 멈춘 다음, 과정을 재개하라고 명령받았다. 이것이 다른 비행기의 위치를 파악하는 가장 효과적인 기술이라는 얘기를 들었던 게 기억난다. 어떤 물체에도 몇 초 이상 시선을 고정하지 말라고 반복적으로 강조했다. 교관 중 몇 사람은 전투 경험이 풍부한 베테랑이었는데, "눈과 머리를 계속 굴리고 있어야 한다"고 계속 가르쳤다. 전투에서뿐만 아니라 평시의 위험(예컨대 공중 폭발)에서 살아남는 최선의 방법이었기 때문이다.
>
> 우리는 (직섭 경험하기 전까지는) 기본적으로 믿음을 가지고 이 조언을 받아들여야 했다. 당시에는 이 현상을 시연할 수 있는 기술이 없었기 때문이다.

이 효과를 시연한 동영상을 인터넷에서 쉽게 찾아볼 수 있다. 회전하는 격자무늬로 이루어지는 게 보통인데, 초점을 맞추기 위한 점이 가운데 하나 있고, 모서리 근처에 노란 점이 세 개 있다. www.michaelbach.de/ot/mot-mib에 예제가 있다.

위에서 조종사가 설명한 것처럼 눈을 계속 굴리면 노란색 점은 여전히 시야에 남아 있을 것이다. 하지만 가운데 점에 초점을 맞추면 노란 점이 시야에서 사라지는 것을 알게 될 것이다. 미하엘 바호는 이 테스트의 설정 가능 버전(위 URL 참조)도 공개했는데, 속도를 늦추고 점의 크기를 증가시킬 수 있다. 그래도 점은 사라진다.

이 두 가지 환각은 별들 사이를 날아다니는 여러분의 전투기 조종사에게 두 가지 문제가 있다는 의미이다. 자동운동효과는 전투기 조종사가 멀리 있는 빛이 자신을 격추하러 오는 우주선이라고 생각하게 만든다. 반면, 동작 시각장애는 실제로 다가오는 우주선을 조종사에게 보이지 않게 한다.

정말 흥미진진한 우주 전투가 될 것이다!

폐기물 관리

개러스 D. 존스(환경학자)

사람들은 쓰레기(또는 폐기물이나 폐품)에 대해서는 별로 많이 생각하지 않는다. 그냥 버리면 누군가 수거해 간다. 재활용, 자원 효율성, 지속 가능성에 대해서는 전보다 더 많이 의식한다. 하지만 이것이 실제로 어떻게 활용되고 있는지는 여전히 잘 모른다.

우주(또는 다른 장소)를 무대로 설정한 작품을 쓰는 작가들도 돌연변이를 만드는 유독성 폐기물의 위력을 다루는 것이 아닌 한, 폐기물 관리에 대해서는 거의 생각하지 않는다. 하지만 일상생활의 다른 측면들과 마찬가지로 이야기의 배경에 등장할 수 있고, 여러분이 그리려고 하는 사회나 환경의 중요한 세부 내용을 더해 준다.

여러분이 대재앙 이후의 세계, 디스토피아, 스팀펑크를 무대로 설정하거나, 천한 일에 노예 노동을 동원하는 무자비한 독재국가를 다루고 있다면, 원하는 것을 마음대로 써도 괜찮다. 하지만 현재나 미래로 설정한 경우에는 시대에 뒤떨어진 형편없는 기술보다는 현재의 기술, 또는 그 외삽법(과거의 추세가 미래에도 지속되리라는 전제 아래 과거의 추세선을 연장해 미래의 상황을 예측하고자 하는 기법-옮긴이)에 기초한 무엇인가를 선보이는 것이 좋다. 그런 낡은 기술을 보면 나는 이메일을 보내, 여러분의 은하 제국의 '폐기물 관리 종합 계약'을 넘겨받아 21세기로 가져오라고 권하고 싶어진다.

우주 쓰레기 대 재활용 자원

우리는 모두 〈스타워즈〉에서 쓰레기 압축 분쇄기가 등장하는 장면, 그리고 밀레니엄 팔콘이 스타 디스트로이어가 버린 쓰레기 속에 숨어드는 순간을 좋아한다. 하지만 물어봐야 한다. 우주 정거장이나 우주선 같은 폐쇄형 시스템, 또는 일반적인 사회가 그 정도 분량의 물질을 우주에 버릴 수 있을까?

2013년 영화 〈스타트렉: 다크니스〉에서 U.S.S 엔터프라이즈 호에도 엄청난 양의 쓰레기를 우주에 버리는 폐기물 배출 장치가 있다는 것이 밝혀졌을 때, 나는 보면서도 믿을 수 없었다. 커크 선장과 스팍이 극히 위험한 비행을 해서가 아니라, 말도 안 되는 폐기물 때문이었다. 그 쓰레기는 선내에서 재활용되거나 행성 기지로 돌아와 재활용할 수 있도록 보관했어야 했다. 쓰레기를 왕복선에 실어 쉽게 지구로 돌려보낼 수 있는데도 궤도에 배출해 버리는 것은 비용이 너무나 많이 든다.

2008년 영화 〈월-E〉는 훨씬 더 터무니없다. 우주선이 수 세기에 걸쳐 인류의 유일한 집이었다면, 어떻게 그 정도 양의 쓰레기를 우주에 버릴 수 있었을까? 우주에 버려진 물질의 양은 몇 십 년이면 우주선의 무게에 버금갈 것이다. 물질은 무한하지 않다. 물질이 어디서 왔는지, 사람이 죽었을 때 물질이 어디로 갈 것인지 생각해 보기 바란다. 제발 쓰레기를 에어로크 밖으로 버리거나 레이저 쓰레기통을 이용해 증발시키지 마시라.

보건과 안전

최근에 반쯤 본 〈다크 매터〉 시즌 1에서, 주인공의 팀은 우주 정거장에 수감되고, 그중 일부는 폐기물 처리 부서에서 노역을 하게 된다. 여기서 이들은 재활용할 쓰레기를 분류하고(만세!) 나머지는 소각로로 보낸다. 쓰레기는 컨베이어 벨트 위에 놓여 수작업으로 분류된다. 이 방법은 지금도 상당히 구식이나.

광학 및 자기(magnetic) 분류 도구는 수많은 쓰레기 줄(stream)을 기계적으로 분류할 수 있으며, 미래에는 확실히 개선될 것이다. 물론 이 장면은 형벌을 자세히 그린 것이어서 의도적으로 노동집약적인 작업으로 설정했을 것이다. 그다음에는 남은 쓰레기를 카트에 실어 대형 소각실로 보낸다. 이것은 어처구니없을 정도로 비효율적이다. 그다음에는 당연히 누군가가 문을 닫고 이들을 가둔 다음 소각로를 가동한다. 누가 이런 시스템을 설계했지? 설계할 때 위험과 조작성에 관한 연구는 하지 않았나? 어떤 미친 인간이 오퍼레이터가 사망할 가능성이 높은 시스템을 설계했지?

나는 예전에 위험한 폐기물 소각로를 관리했다. 모든 시스템에는 알람, 백업, 백업에 대한 알람, 알람에 대한 백업이 있었다. 안전 인터로크(기계 각 부분의 작동 조건이 정상적이지 않은 경우 기계적, 유압, 공압적 등의 방법에 의해 자동적으로 그 기계를 작동할 수 없도록 하는 기구-옮긴이), 비상 정지 버튼이 있었고, 오퍼레이터에게 위험할 가능성이 있게 설계된 것은 전혀 없었다. 관련 메모에는 누군가가 밸브를 고장 내거나, 시스템에 지나친 압력이 가해지면 보일러와 고압 증기 시스템은 큰 위험원이 되어 엄청난 폭발을 일으킬 수 있다는 내용이 있었다. 보일러는 안전밸브가 있어 이를 열면 안전하게 환기시킬 수 있고, 안전밸브가 작동하지 않으면 파열판(bursting disc)이 압력을 낮추고 세심한 방법으로 증기를 환기시킨다. 여러분이 은하제국 소각로나 기타 기술을 설계할 때는 안일하게 주인공을 치명적인 위험에 던져 넣지 말기 바란다. 여러분이 시스템 설계자라고 상상하고(실제로 설계자이기도 하다) 적절하게 설계하자. 그런 다음, 주인공을 위협할 수 있는 훨씬 그럴듯한 방법을 생각해 내기 바란다.

매립

〈CSI〉에는 살인자가 시체를 오래된 채석장에 버렸다고 인정하는 에피소드가 있다. CSI 팀이 가보니 채석장은 매립지로 바뀌었다. 관리인들은 시체를 찾지 못했다. 물을 배수하고 쓰레기를 버리기 시작했기 때문이다. 매립지는 단순히 땅에 있는 구멍이 아니다. 불침투성 내벽, 가스 환기 시스템, 침출수 펌프 시스템이 특수 시공된다. 몇몇 국가에서는 오래된 매립지를 발굴해 플라스틱,

유리, 금속처럼 수십 년 동안 버려진 고가의 물질을 찾아내고 있다. 여기에는 다수의 귀금속 추적량이 포함되는데, 원광석보다 다량으로 존재하고 추출도 훨씬 쉽다. 사실 귀금속은 도로 쓰레기에서도 추출된다. 배기가스 촉매제, 그리고 이상하기는 하지만 하수 침전물 찌꺼기를 소각한 재에서 나온 추적량이 포함되어 있다.

엄청난 양의 도시 쓰레기 폐기가 흔한 개발도상국에서는 재활용으로 판매할 수 있는 물건들을 찾아 쓰레기 더미를 뒤지는 가난한 맨발의 노동자들이 많다. 이러한 시스템은 보건과 안전에는 최악이지만 효율성은 현재도 매우 높다. 그래서 쓰레기 처리는 골칫거리가 아니라 자원이 될 수 있다는 미명하에 별다른 고민 없이 계속되고 있다. 특히 여러분이 새로운 행성의 식민지를 설정할 때는 이러한 종류의 자원 효율성과 환경 기술이 처음부터 내장되어 있을 가능성이 크다.

위험 폐기물

나는 위험 폐기물 관리 업무를 18년 동안 해 왔지만, 아직까지는 슈퍼히어로로 돌연변이하지 않았다. 아쉬운 일이다. 돌연변이와 기형 발생률을 높이는 폐기물은 세포나 배아의 돌연변이를 유발할 수 있다. 이들과 관련된 다른 위험물을 뒤집어쓰면 닌자 거북이로 돌연변이하기도 전에 독성 때문에 사망하게 될 것이다.

불행히도 방사능 폐기물은 빛이 나지 않는다. 방사능에 노출되어 방사능 노출 질환으로 발전하더라도 자동으로 그 환자가 방사능을 갖게 되지는 않는다. 내가 취급하던 방사능 폐기물은 원자력 발전소가 아니라 실험실에서 사용하던 '매우 낮음' 등급이었지만, '낮음' 등급은 실생활에서 예상치 않게 나타날 가능성이 더 크다. X레이 기기와 기타 의료 진단 장비에는 방사능이 밀봉된 재료가 포함되어 있는데, 이들 재료는 매우 작고 치명적일 확률이 높다.

방사능 예방과 관련해 기억해야 할 가장 중요한 것은 시간, 거리, 차폐다. 방사능과의 접촉 시간을 최소화하고, 거리를 최대화하며, 차폐를 해야 한다. 반감기, 방사성핵종, 알파, 베타, 감마 방사선의 영향과 같은 복잡한 이야기까지는 하지 않겠다. 하지만 여러분이 방사능에 관한 이야기에 이용하려면 이와 관련된 개념들을 찾아볼 만한 가치가 있다.

생물학적 유해 폐기물

생물학적 유해 폐기물에는 많은 것이 포함될 수 있다. 체액, 신체 일부, 유전자 변형 생물체, 세포 표본, 질병에 감염된 평면 한천(페트리 접시 속에 한천 배지를 부어 만든 고형배지-옮긴이), 생물학 작용제(인체 · 동물 · 식물에 질병을 유발시키거나 물질을 변질시키기 위해 군사 작전에 사용되는 미생물 및 독소-옮긴이)에 오염된 장갑과 물수건, 또는 바늘이나 날카로운 물건 등이다. 생물학적 유해 폐기물을 막기 위해 반드시 전신 보호복을 착용해야 하는 것은 아니며, 이들에 접촉했다고 해서 꼭 사망하는 것은 아니다. 다수의 실험실과 병원에서는 위험을 없애기 위해 생물학적 유해 폐기물을 고압멸균기로 처리한다. 따라서 수거 대기 중인 쓰레기는 이미 유해성이 없다.

화학적 폐기물

화학 물질에는 부식성, 가연성, 독성, 자극성, 유해성, 자연발화성, 산화성, 폭발성 등 헤아릴 수 없이 많은 위험이 포함되어 있다. 이들을 한데 혼합하면 강력한 반응을 유발시킬 수 있다. 따라서 각기 다른 위험성을 가진 화학 물질은 폐기 대기 상태에서도 별도로 보관하는 게 일반적이다. 화학자가 아닌 한(나도 아니다) 어떤 화학 물질이 어떤 식으로 반응할 것인지 알기 힘들다. 하지만 이러한 엄청난 수의 반응 가능성 덕분에, 화학 물질을 여러분의 플롯에 악랄하고도 독창적인 방법으로 등장시킬 방법을 생각해 볼 가치는 있다.

미래라고 해서 모든 것이 플라스틱으로 만들어지거나, 폐기 가능하지는 않다는 사실을 기억하기 바란다. 그리고 대부분의 물질은 아직 여러분을 슈퍼 악당으로 돌연변이시키지 않을 것이다. 여러분의 사회가 소비하는 자원, 그리고 폐기물로 할 수 있는 일에 대해 생각해 보기 바란다. 그리고 현실과는 달리, 독성 폐기물을 가지고 즐겁게 놀기 바란다!

53장 PUTTING THE SCIENCE IN FICTION

폐쇄형 생태계와 생명 유지 시스템

필립 A. 크레이머(생체의학자)

생태학적 폐쇄계(Closed Ecological System, CES)는 물질이 들어오거나 나가지 않는 자립형 폐쇄계를 모두 포괄하는 넓은 의미의 용어이다. 이러한 인공 주거지는 우주, 지하, 해저에 건설될 수 있지만, 장소에 관계없이 폐쇄형인 이유가 있어야 한다. 대재앙 이후로 설정된 지하 벙커든, 먼 행성에 건설된 식민지든, 인류의 마지막 생존자들을 실은 우주선이든, 외부 환경은 만만치 않다. 장기 생존을 위해 거주자들은 균형이 잘 잡힌 공기와 물 시스템, 지속적인 식량 공급, 믿을 만한 에너지원을 반드시 유지해야 한다.

지금까지 장기간 인간 생명을 성공적으로 유지시킨 폐쇄형 인공 생태계는 없었다. 국제 우주 정거장(ISS)의 우주 비행사들조차 정기적인 보급을 받고 인력을 교체했다. 가장 큰 CES는 '바이오스피어 2'로, 2년간 여덟 명의 승무원을 유지했다. 하지만 이들은 산소와 이산화탄소 수준을 정상 범위로 유지시키기 위해 일부 극단적 방법에 의지했고, 식물, 동물, 곤충 군집 다수는 죽어 사라졌다.

CES를 창조하고 유지하는 것은 힘들다. 지속적 모니터링과 지원이 없으면 수많은 변동과 불균형이 환경 붕괴로 번지기 때문이다. 여기서는 폐쇄형 생태계와 생명 유지 시스템에 관한 몇 가지 오해를 논하고, 여러분의 이야기에서 이들을 바로잡을 방법을 제안하려고 한다.

미신 #1: 쓰레기는 쓸모없고 버려야 한다

우주를 무대로 한 이야기에서 많이 본 장면이다. 에어로크 문이 열리고 쓰레기 더미가 진공 속으로 배출된다. 단기 임무의 경우에는 이해할 만하다. 필요한 보급품을 모두 챙겨 가기 때문이다. 하지만 장기간 지속하는 것을 목적으로 하는 생태계의 경우에는 낭비가 용납되지 않는다. 물질 균형의 문제이다. 대부분의 상황에서는 폐쇄계 밖에서 자원을 얻는 것이 불가능하다. 따라서 여러분의 캐릭터가 어떤 종류의 쓰레기든 에어로크 밖으로 버린다면, 조만간 아무것도 남지 않을 것이다. 같은 원칙에 따라, 어떤 폐기물을 재활용할 수 없다면, 그 폐기물은 점점 쌓이게 되고, 결국에는 모든 전구체(어떤 물질대사나 반응에서 특정 물질이 되기 전 단계의 물질-옮긴이)를 집어삼키게 될 것이다.

바로잡기

소설 속의 승무원을 위한 생명 유지 시스템을 창조할 때는, 반드시 엄격한 재활용 정책을 준수해야 한다. 플라스틱, 금속, 또는 유리 같은 고형물은 녹여서 수많은 형태로 재구성할 수 있다. 기체, 액체, 고체 폐기물을 호흡 가능한 공기, 식수, 식품으로 변환하는 것이 더 중요하다. 죽은 식물, 동물 또는 그 배설물과 같은 고체 유기성 폐기물에는 질산염, 인산염, 기타 식물의 비료로 사용할 수 있는 무기화합물이 포함되어 있다.

'살아 있는 흙' 또는 수중 재배 시스템을 보유하는 것도 필요하다. 인간의 소화관에서 발견되는 것과 같은 박테리아는 복잡한 유기 분자를 분해해 식물의 뿌리에 접근할 수 있게 하는 능력이 뛰어나다. 지금까지는 식물과 같은 생물학적 시스템 외에는 쓰레기, 이산화탄소, 물을 식용 가능한 식품 소재로 쉽게 변환할 수 있는 방법이 없었다. 이러한 식물은 식품으로 소비될 수 있고, 순환이 반복된다.

미신 #2: 물은 증발하고 응결하지만 전체 양은 변하지 않는다

지구와 같은 거대 환경과 관련해서 이 이야기를 자주 들었을 것이다. 지구에서는 바다에서 물이 올라와 비로 다시 내려오기 때문에 이 이야기가 부분적으로는 맞다. 물을 만들고 분해하는 데는 불과 몇 가지 과정만을 거친다. 하지만 고도로 균형이 잡힌 소규모 환경에서는 이것이 큰 차이를 만들 수 있다. 생물학적 시스템에서 물은 응결 반응과 가수분해 반응(자연계의 화학반응 중에 물 분자가 작용하여 일어나는 분해반응—옮긴이)을 통해 각각 만들어지고 파괴된다.

이들 중에서 가장 중요한 반응은 미토콘드리아에서 발생한다.

미토콘드리아는 거의 모든 세포에서 에너지를 만들어 내는 세포 소기관이다. 미토콘드리아에서 산소는 전자전달계로부터 네 개의 전자를 받아들이고 물로 분해된다. 그렇다. 여러분이 폐로 흡수한 산소의 거의 대부분은 물로 변환된다. 식물에서는 이 현상이 반대로 일어난다. 물은 광합성을 하면서 탄수화물을 만들어 내는 중에 산소로 가수분해된다.

바로잡기

현실에서 동물과 식물이 균형을 이루어야 물을 안정적으로 공급할 수 있다. 하지만 불균형이 있다면 인공적으로 물을 만들거나 없앨 수 있다. 물을 수소와 산소로 분해하는 전기분해는 약간의 전기만 있어도 가능하다. 산소가 있는 곳에서 수소를 태우면 이 과정을 역으로 실행할 수 있다. 산소, 수소, 물은 변동이 적은 장소에 보관해야 한다. 습도와 응결은 특히 공기 흐름이 정체될 수 있는 무중력 상태에서는 전기 시스템에 심각한 손상을 입힐 수 있다. 곰팡이가 생길 위험도 증가한다. 찬 표면 또는 특수 공기 필터로 수증기를 잡아 다시 보관할 수 있다.

미신 #3: 식물은 이산화탄소를 산소로 변환하는 반면, 동물은 그 반대로 한다

불행히도 생화학은 그렇게 단순하지 않다. 동물에서는 산소가 이산화탄소로 변환되지 않는다. 이미 말했듯, 여러분이 흡수하는 산소는 거의 대부분 물로 변환된다. 이산화탄소는 당, 단백질, 지방 같은 대사 물질을 분해하면서 배출된다. 이 작용은 미토콘드리아에서 일어난다. 식물에서는 이산화탄소와 물이 모두 광합성 중에 글루코스 같은 탄수화물로 변환될 때 산소가 발생한다. 이 작용은 식물에서는 엽록체에서 일어난다.

다른 오해로는 모든 식물이 산소를 만들어 낸다는 것이 있다. 사실 식물도 미토콘드리아를 가지고 있으며, 산소와 탄수화물을 소비하고 이산화탄소와 물을 만들어 낸다. 식물은 빛을 받으면 소비하는 것보다 많은 산소를 만들어 내지만 빛이 없으면 우리와 마찬가지로 게걸스럽게 산소를 빨아들인다.

바로잡기

단 1퍼센트 농도의 이산화탄소만으로도 피로나 어지럼증 같은 급성 질병을 유발할 수 있으며, 훨씬 고농도(7~10퍼센트)인 경우에는 의식불명, 질식으로 이어져 몇 시간 안에 사망할 수 있다. 이산화탄소의 급등을 통제하기 위해 스크러버(액체를 이용해서 가스 속에 부유하는 고체 또는 액체 입자를 포집하는 장치. 액체로는 보통 물을 사용하지만, 가스나 입자의 성질에 의해서는 다른 액체도 사용됨-옮긴이)를 사용할 수 있다. 하지만 이산화탄소는 산소와 탄소 순환의 중간 단계이며, 따라서 이산화탄소를 낮추는 이러한 인공적인 수단은 식물 성장에 후속 효과를 일으키고 산소 농도를 낮출 수 있다. '바이오스피어 2'에서 이산화탄소가 노출된 콘크리트의 탄산칼슘으로 변환되었을 때 우연히 이런 현상이 발생했다.

금속 산화물과 활성탄 같은 물질은 이산화탄소 스크러버로 사용될 수 있고 이산화탄소는 그 이후 시간에 배출될 수 있다. 정상적인 산소 농도 21퍼센트의 다양한 변화는 이산화탄소의 변화보다 쉽게 감당할 수 있지만, 높거나 낮은 농도에 장기간 노출되면 수많은 급성 및 만성 질병으로 이어질 수 있다. 광합성에 사용할 수 있는 인공광 또는 자연광의 양을 조정하면 산소 농도를 효과적으로 제어할 수 있다.

미신 #5: 에너지는 반드시 생태계 안에서 생산되어야 한다

완전히 닫힌 생태학적 폐쇄계는 존재하지 않는다. 만일 그렇다면 엔트로피의 법칙에 따라 곧 아주 춥고 어두운 곳이 될 것이다. 무엇인가는 시스템 안으로 들어와야 하고, 그것은 에너지다. 이 지구에 계절과 흐름 그리고 생명을 가져오는 에너지는 태양으로부터 온다.

바로잡기

가장 흔한 에너지원은 다음과 같다.

· 태양
· 바람
· 물
· 지열
· 가스
· 핵융합/핵분열

완전한 생태학적 폐쇄계에는 처음 네 가지 예만 적용될 수 있다. 에너지가 어떠한 물질 교환 없이 시스템 안으로 들어갈 수 있기 때문이다. 하지만 큰 단점이 있다. 거주자는 에너지원을 떠날 수 없다는 것이다. 태양열로 가동되는 우주선은 성간공간(항성과 항성 사이의 공간-옮긴이)에서 작동에 어려움을 겪게 된다.

가연성 연료나 핵분열성(우라늄 235 또는 플루토늄 239), 또는 핵융합성(수소 2와 3, 중수소와 삼중수소, 헬륨) 물질은 주기적으로 재공급되어야 하므로 장기 생태계에는 적합하지 않다. 이들의 부산물이 가지는 속성상, 더 많은 에너지를 위해 재사용할 수도 없다. 하지만 일회용이라는 장점이 있고, 질량의 균형을 뒤엎지 않으면서 우주선의 추진체로 사용할 수 있다.

환경 통제와 생명 유지를 위한 그 밖의 고려 사항

크기

생태학적 폐쇄계의 형태와 크기는 다양할 수 있지만, 클수록 좋다. 지구처럼 큰 생태계는 훨씬 많은 생명과 복잡성을 지속할 수 있고, 관리가 부실한 경우에도 붕괴하기 전까지 오래 버틴다.

영양

인간의 영양상 요구는 적당량의 칼로리를 섭취하는 것에 그치지 않는다. 수많은 미량 원소, 미네랄, 아미노산(그중 아홉 개), 지방산(오메가3과 오메가6), 그리고 비타민으로 분류되는 거의 대부분이며 이들은 인체에서 합성되지 못한다. 이들이 기계에서 합성되기 전까지는, 인간은 다른 많은 식물과 동물의 복잡한 생태계가 있어야 건강을 유지할 수 있다.

기온 조절

대부분의 폐쇄형 시스템에서 열은 (심지어 추운 공간이라도) 빠르게 누적된다. 특히 열을 생성하는 전자 기기가 주변에 있는 경우에 그렇다. 열은 열복사의 형태로 공간에 다시 버려지며, 보통은 높은 표면적의 라디에이터에서 내부에 열을 수집해 외부로 분산시킬 수 있는 액체를 순환시킨다. 깊은 바다나 지하에서는 반대로 작용할 수 있다. 열이 패쇄계 밖으로 빠져나갈 수 있기 때문에 단열이 필요하게 된다.

공기 순환

무중력 공간에서 특히 중요하다. 뜨겁거나 차가운 공기가 각각 더 이상 올라가거나 내려가지 않기 때문이다. 공기 정체, 습도 급증, 응결을 예방하려면 공기가 잘 순환되어야 한다. 피부 세포나 미생물 같은 입자 물질을 제거하려면 필터도 필요하다.

인적 요소

인간의 생명을 유지하기 위해 설계된 대부분의 폐쇄형 생태계는 원래 의도만큼 오래 지속되지 못했다. 이유는? 인간 요소를 방정식에 고려하지 못했기 때문이다. 사람들은 외로워하고 사랑에 빠지며, 서로 부딪히고, 싸우게 된다. 비좁은 공간과 제한된 식량 공급 때문에 가장 인내심이 많고 존경받는 사람조차도 자제심을 잃게 된다. '바이오스피어 2'에서 여덟 명의 승무원은 마지막에 가서는 거의 얘기도 하지 않았고, 그중 두 사람은 그 후 얼마 지나지 않아 결혼했다.

8부

스타워즈와 먼 미래

54장 PUTTING THE SCIENCE IN FICTION

초광속 여행

짐 고타스(물리학자)

우주는 광대하다.

현재 계획 중인 최고 속도의 우주선인 NASA의 파커 솔라 프로브는 2018년에 발사해 태양에 접근하도록 설계되었으며, 최고 속도는 초당 200킬로미터이다. 이 속도라면 30분 만에 지구에서 달로 갈 수 있다. 상당히 빠르지 않은가?

유인 우주선이 그 속도에 도달할 수 있더라도, 가장 가까이 있는 별인 프록시마 센타우리까지 가는 데는 아직도 6400년이 걸린다. 이 시간을 실질적으로 단축할 수 있는 다양한 형태의 광속 미만(Slower-Than-Light, STL) 여행에 관한 추론이 많았다. 하지만 우리가 아인슈타인의 특수 상대성 이론을 받아들인다면, 프록시마 센타우리까지 가는 데 4년 조금 넘게 걸린다. 초광속(Faster-Than-Light, FTL) 여행이 없다면 가장 가까운 별까지 가는 4년은 대부분의 이야기에서 너무 긴 시간이 될 것이다. 그렇기는 하지만, 다양한 유형의 STL에 기초한 흥미진진한 고전 소설이 많이 있다. 이 소설들은 현대 물리학을 따르지만 진보된 엔지니어링 작업이 필요하다.

FTL의 기초

FTL 같은 것은 없다. 미안하다.

특히 대부분의 과학자와 엔지니어들은 현대 물리학에서 FTL은 불가능하다고 생각한다. 아인슈타인의 특수 상대성 이론은 (우주선 같은) 물질적 대상이 광속으로 여행하려면 무한의 에너지가 들게 된다고 한다. '무한'은 단순히 많은 에너지가 소요된다는 것이 아니라 그야말로 우리의 우주에 존재하는 것보다 많은 에너지가 필요하다는 뜻이다. 따라서 광속은 우리의 현실에 존재하는 절대 속도 한계이다.

특수 상대성 이론에서는 실제 FTL은 인과율을 붕괴시킬 것이라고도 예측한다. 본격적으로 다루기에는 너무 복잡한 이론이지만, 기본적으로 상대성 이론에서는 각기 다른 속도로 움직이는 모든 사람(기술적으로는 준거 틀이라고 한다)은 우주를 각기 다르게 본다고 한다. 특히 FTL이 일어나면 일이 발생하는 순서조차도 달라진다. 어떤 사람들은 우주선이 떠나기도 전에 도착하는 것을 "본다"!

따라서 현재의 과학으로는 FTL은 막혀 있다. 하지만 빠져나갈 구멍이 몇 군데 존재할 가능성이 있다. 이 구멍들을 파 보자.

SF는 초기부터 큰 무대에서 놀고 싶어 했다. 가장 하드코어한

SF 순수주의자들을 빼고는, 은하제국을 포함한 좋은 이야기를 위해 원칙을 다소 수정하려고 했다. 따라서 SF는 FTL이라는 여러 가지 상상의 방법과 함께 등장했고, 일부는 다른 것보다 과학적인 설득력이 있었다. 여러분이 이야기를 과학적으로 보이게 하고 싶다면, 항성 간 거리라는 문제와 맞닥뜨려야 한다. 하지만 손을 살짝 흔들면서 공인된 '마법 주문'을 중얼거리면 적당히 게임을 할 수 있다.

SF에는 FTL 기술을 지칭하는 데 사용되는 이름이 수없이 많지만 여기서는 주요 유형 네 가지만 간략히 살펴보기로 하자.

워프 항법

대부분의 〈스타트렉〉 팬들은 딜리시엄 결정체를 이용한 워프 항법에 익숙할 것이다. 〈스타트렉〉 몇 세대에 속하는가에 따라 특수효과는 달라지지만 기본적인 아이디어는 동일하다. 워프 항법을 시작하면 빛의 장벽을 넘어 은하계 전체에서 모험을 한다. 여기에 과학적 근거는 없다. 하지만 적어도 광속의 한계에 대한 문제 전체를 직시하게 된다. 이것은 SF에서 인정된 통념이며, 워프 항법이라는 명칭이 〈스타트렉〉의 이미지를 떠올리게 하기는 해도, 여러분의 이야기에 가져다 써도 된다. 여러분이 이 명칭을 거부하고 좀 더 과학적으로 들리게 하고 싶다면 FTL에 여러분 버전의 이름을 붙이거나 알큐비에르 항법(이 항법은 실제 과학적 개념이다. 1994년에 개발됐지만 최근의 NASA 과학자들이 원래의 변종 수준까지 되살려냈다. 하지만 아직도 이론상 근거는 이것뿐이다!)이라고 부르기만 해도 된다. 더 자세한 사항은 미치오 카쿠의 책 『불가능은 없다』 11장을 참조하기 바란다.

초공간hyperspace

초공간은 SF에서는 오래된 아이디어이며, 실제 수학 개념에서 착안했다. 흥미롭게는 들리지만, 실제 수학에서 초공간은 일반적인 세 개의 공간 방향(좌우, 전후, 상하) 너머에 있는 차원의 모음을 말한다. 따라서 4차원(또는 그 이상)에서는 초구(hypersphere, 3차원보다 큰 차원으로 확장한 것-옮긴이) 또는 초입방체(hypercube)라고 말할 수 있다.

초공간을 통과하는 FTL의 핵심은 각기 다른 초공간이 각기 다른 고유의 길이 잣대를 가지고 있다는 것이다. 따라서 우리의 일반적인 우주에서 프록시마 센타우리는 4광년을 조금 넘는 거리지만, 거리가 훨씬 짧은, 훨씬 압축된 초공간을 상상할 수 있다(이왕 상상한 김에 4킬로미터 거리라고 하자). 그 초공간에서는 프록시마 센타우리까지 가는 데 차로 몇 분밖에 걸리지 않을 것이다. 따라서 우주선을 초공간으로 이동시키면, 프록시마 센타우리에 훨씬 빨리 도착할 수 있다. 이야기의 필요성에 따라, 차원의 크기를 변경해 초공간 여행을 더 짧거나 길게 만들 수 있다. 다양한 크기의 초공간 범위를 다룬 현대 SF의 예는 많이 있다. 따라서 여러분은 초공간 사다리를 이동시켜 속도를 변경할 수 있다.

예전의 SF에서는 이러한 대안 우주를 부분 우주(subspace)라고도 했다. 이 이름을 통해 우리의 일반적인 3D 우주의 하위에 있다는 것을 어느 정도 암시했다.

첫 번째 유형에서는 은하계의 특정 공간에 있는 문을 통해 초공간에 접근했고, 이 위치에 중요한 정치적, 전략적 고려가 있는 경우가 자주 있었다. TV 드라마 중에서는 〈전함 바빌론〉의 점프게이트(jumpgate)가 이러한 종류였는데, 진보된 문명을 가졌던 미지의 외계인이 과거에 만들었다.

다른 버전에서는 개개의 대형 우주선이 자신들의 엔진을 이용해 우주 공간 어디서든 직접 초공간을 출입할 수 있게 했다. 다시 〈전함 바빌론〉에서 대형 우주선은 초공간에 직접 접근할 수 있는 점프 엔진을 가질 수 있었다. 다만 점프게이트를 이용하는 것보다는 에너지가 많이 들었다.

웜홀

웜홀은 우주를 접어 가로지를 수 있는 지름길을 설명하는 용어인 것이 보통이다.

여러분이 한 장의 큰 종이 위에 있는 떨어진 두 지점(예컨대 1.5미터 거리) 사이를 이동한다면, 두 지점이 거의 닿을 때까지 종이를 접거나 구부려 그 거리를 가깝게 단축시킬 수 있다는 것이 핵심이다. 따라서 (시간당 90센티를 달리는) 빠른 달팽이가 A 지점부터 B 지점까지 이동해야 한다면, 종이 위를 따라 기어갈 때 한 시간 40분이 소요될 것이다. 하지만 여러분이 종이를 접어 준 덕분에, 종이가 서로 닿았을 때 A 지점이 위에, B 지점이 아래 있다면, 달팽이는 살짝 뛰기만 하면 모든 실제 공간을 우회해 단 1~2분 만에 도착할 수 있다.

물론 이렇게 되려면 우리의 보통 우주가 '접힐' 수 있는, 실제의 물리적 차원과 공간을 접을 수 있는 고도의 기술이 먼저 필요하다. 이러한 웜홀에 관해서는 두 가지 주요 버전이 존재한다.

많은 경우, 웜홀은 우리의 우주에 자연적인 접힘 현상이 일어난 결과로 자연스럽게 발생하는 것으로 설정된다. 예컨대 데이비드 웨버의 「아너 해링턴」 시리즈에서 사용된 웜홀이 이런 종류다.

다른 버전에서 웜홀은 〈전함 바빌론〉의 점프게이트처럼 제작되어 우주에 고정된 것으로 설정된다. 1994년 영화 〈스타게이트〉 또는 2015년 영화 〈인터스텔라〉에 나오는 인공 게이트에 해당하는 유형이다.

웜홀은 아인슈타인의 일반 상대성 이론에서 수학적으로 허용되기 때문에 어느 정도 과학적 설득력이 있다. 물리학에서는 아인슈타인-로젠 다리(Einstein-Rosen Bridge)라는 고전적인 버전 중 하나로 알려져 있다. 불행히도 우리는 아직 이 다리를 실제로 어떻게 만들어야 할지 모르고 있다.

(더 자세한 사항은 미치오 카쿠의 책 『불가능은 없다』 11장, 킵 손의 『인터스텔라의 과학』 IV장을 참조하기 바란다)

초공간 점프

FTL의 또 다른 버전은 점프 또는 초공간 점프라고 부른다. 여기서 여러분은 점프 엔진을 작동시키기만 하면 즉시 다른 곳으로 이동한다. 여기에는 우주선의 질량과 점프하는 거리가 증가하면 점프 항법에 필요한 에너지도 증가한다는 아이디어가 포함된다.

이러한 형태의 FTL은 드라마 〈배틀스타 갤럭티카〉의 '재설정된' 최신 버전에서 사용되었다. 여기에 설득력을 더하고 싶다면, 그 뒤에 숨은 가능한 메커니즘을 설명할 수 있어야 한다. 예컨대 우주 공간의 두 지점을 즉시 연결하는 아주 짧은 웜홀을 만드는 것이다.

여러분의 이야기에 나오는 FTL

우리의 태양계 밖에 있는 우주의 큰 무대를 이용하고 싶은가? 이 장에서 논의한 네 가지 표준적인 방법(워프 항법, 초공간, 웜홀, 초공간 점프) 중 하나를 사용하기만 한다면, 스치듯 언급만 해도 그럭저럭 넘길 수 있다. 하지만 SF 독자들은 새롭고 이국적인 아이디어를 좋아한다. 그러므로 여러분이 완전히 색다르고 낯선 방법으로 FTL 여행을 만들어 낸다면 그것만으로도 성공이다!

냉동 보존

테리 뉴먼(연구 생물학자)

냉동 보존은 매우 어렵다는 사실을 우선 명심해야 한다. 그다음에는 동상이 매우 고통스럽다는 사실을 기억해야 한다. 여기에 더해, 하나의 사례—예컨대 황소의 정액(낄낄대지 마시라)을 냉동하는 것—에서 인간 냉동처럼 더 복잡한 상황을 추론할 때는 매우 신중해야 한다. 어떤 사람들은 냉동 보존에 대한 생각이 어떤지 질문을 받으면 "월트 디즈니의 머리를 냉동하는 그런 거 아닌가요?"라고 중얼거린다. 아니, 그렇지 않다.

생물학자들이 담당하는 냉동 보존은 실제로는 두 가지 상이한 목적을 위해 실행된다. 첫 번째 목적은 차후 분석할 수 있도록 생물학적 조직 구조를 가능한 한 기능적인 생물학적 상태에 가깝게 보존하는 것이다. 이것이 가능하다면 특정 시기에 생물학적 조직을 가능한 한 자연 상태에 가깝게 이미지화할 수 있다. 심지어 분비와 같은 생물학적 사건이 발생할 때 이를 포착할 수 있고, 해당 부분 세포와 조직의 생화학적 구성 성분도 파악할 수 있다.

두 번째 목표는 생체 시료(많은 경우 혈액, 소변, 조직 등 생물에 유래하는 것을 지칭하지만 동물, 식물, 미생물 등의 생체 그 자체를 의미하는 경우도 있음-옮긴이)의 냉동을 허용하고, 궁극적으로는 완전히 기능적인 상태로 복원하는 것이다. 이로 인해 가사 상태로 저온에서 장기 보관하는 것이 가능해졌다. 보관되는 동안에는 생체 시료의 자연 상태 여부는 상관없다. 결국 씨앗은 가사 상태인 생물 조직인데, 냉장고 근처에 가지 않고도 놀라울 정도로 잘 보존된다.

냉동 보존에 대한 이러한 두 가지 상이한 접근은 꼭 조화를 이루지는 않는다. 미시적, 기타 분석적 연구의 경우 냉동 보존할 생체 시료는 반드시 최대한 빨리 냉동시켜야 하며, 그렇지 않으면 얼음 결정의 성장이 미치는 물리적, 화학적 효과로 인해 세포와 조직의 세밀한 구조가 방해를 받는다. 좋지 않은 현상이다. 세포가 죽기 때문이다. 장래에 사용하기 위해 냉동 보존하는 경우에는 손상을 막기 위해 세포질 수분을 통제하는 것이 가장 중요하다. 여기에는 급속 냉동이 아니라 통제된 냉동이 필요하다.

액체 질소에 관한 진실

단도직입적으로 한 가지만 말하자. 여러분은 많은 소설과 〈터미네이터 2〉를 보고 액체 질소는 뛰어난 냉각제가 아니라고 생각하게 되었을 것이다. 그렇다. 액체 질소는 -195.79℃로 상당히 차갑지만(우리 과학자들은 '살을 에는 듯하다'고 한다), 녹는점과 끓는점 사이의 범위가 상당히 좁다. 따뜻한 물체를 (진공 플라스크 안에 행복하게 앉아 있는) 액체 질소 안에 넣는다면, 열로 인해 처음에는 액체 질소가 끓을 것이다. 그 결과 냉각시키려고 하는 물체 주위에 질소 증기 단열층이 형성되어 추가적인 급속 열 손실을 막는다.

그렇기 때문에 여러분은 액체 질소에 아주 빨리 손가락을 살짝 담가도 된다(집에서든 어디서든 정말로 해서는 안 된다!). 이를 라이덴프로스트 효과라 한다. 아주 뜨거운 프라이팬에 물방울을 떨어뜨리면 같은 현상이 발생하는 것을 볼 수 있다.

하지만 여러분의 옷을 액체 질소로 냉각시킨 후 피부와 접촉하면 매우 심각한 화상을 입을 수 있다. 단열 가스층이 발생할 수 없기 때문이다. 피부 병변을 얼려 떼어내기 위해 병원에 가면, 의사는 고압 액체 질소 분사기를 사용할 것이다. 그러면 분사기가 효과적으로 가스 단열층을 떼어내고 피부를 훨씬 더 차가운 액체에 노출시킨다. 또는 금속 봉을 질소에 넣은 다음 피부에 대고 눌러도 된다. 이런 제한적 효과를 높이는 방법 중 하나는 액체 질소 슬러시—고체 질소와 액체 질소를 혼합하는 것—를 만드는 것이다. 그러면 시료에서 제거된 열이 고체를 액체로 변환시키고, 그런 다음 액체를 기체로 변환시킨다. 단열 용기 안에 있는 액체 질소를 진공 펌프로 냉각할 수 있는 체임버 안으로 소량 넣으면 된다. 그 결과 만들어진 액체 질소 '슬러시 퍼피(슬러시 브랜드-옮긴이)'는 소량의 생체 시료와 부유물을 냉동시킬 수 있는 좋은 수단이다.

초미세구조 분석을 위해 생체 시료를 냉동하는 가장 빠른 방법 중 하나는 액체 헬륨으로 냉각된 초고순도(ultra pure)의 구리 블록

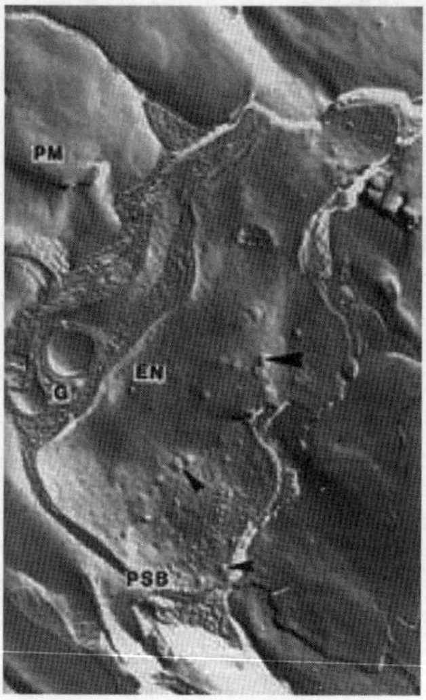

전기 자극을 받은 메뚜기 신경근 접합부. 헬륨 냉각된 구리 블록을 사용한 초급속 냉동법을 사용해 밀리초(1000분의 1초-옮긴이) 후에 냉동되었다. 그다음, 전자 현미경 검사를 위해 동결 파단(freeze-fracture) 복제한 표본을 준비했다. 동결 파단 복제로 파단된 조직 표면에 백금으로 차단해 흰 그림자가 생긴 복제품을 만들어 낸다. 막(membrane)은 이중층 중심부를 균열시켜 외부 면(E)과 원형질 면(F)을 만들어 낼 수 있다. 작은 입자 각각은 단일한 막 단백질(membrane protein)을 나타내며 크기는 약 10나노미터이다. 시냅스 앞의 바(PSB)의 큰 단백질은 칼슘 이온 통로로 생각된다. 화살표는 냉동 과정에서 방해된 시냅스 소포(小胞)의 위치를 가리킨다.

EN-신경막의 확장면. PM-근막의 원형질면. 현미경 사진은 필자가 준비함.

에 '부딪히는' 것이다. 이러면 초고속 냉동이 가능하다. 자주 해 봤는데 정말 멋졌다(미안, 말장난이었다. 차갑다[cool]와 멋지다[cool]를 이용한 말장난-옮긴이). 위에 소개한 전자 현미경 사진은 전기 자극을 받은 메뚜기 신경근 접합부로, 헬륨 냉각된 구리 블록을 사용한 초급속 냉동법을 사용해 밀리초 후에 냉동된 것이다. 작은 막에 부착된 소포(vesicle)는 신경막과 융합되는 모습이 포착되었다. 부드러운 부분에 있는 작은 입자 각각은 14나노미터 크기의 막 단백질이다. 나노미터는 10^{9}미터 또는 10억분의 1미터이다. 이 숫자가 여러분을 압도하지 못한다면, 1나노미터는 지구에 대한 테니스공 한 개의 크기라고 생각하면 된다. 그 정도로 작다.

초고속 냉동의 필요성

초미세구조 연구를 위한 냉동을 할 때의 목적은 큰 얼음 결정이 형성되어 이 미세한 나노 구조를 방해하지 않도록 조직을 아주 빨리 얼리는 것이다. 세포액은 유리화(vitrified)—유리와 비슷하게—되며, 세포의 스냅샷을 효과적으로 찍을 수 있고, 막 융합이 보이는 것과 같은 순간적인 사건을 포착할 수 있다. 하지만 부딪혀서 생기는 이런 초고속 냉동 속도로도 접촉면(10미크론 미만) 아래 극 표면층에 있는 유리 같은 모습만 얻을 수 있는 게 전부다. 원인은 전적으로 물리학 때문이다. 생체 시료에서 열을 이보다 더 빨리 얻을 수는 없다. 사용하기 위해 조직을 얼릴 때 생기는 문제가 이것이다. 손상을 가하지 않고 얼음 결정이 자랄 수 있는 곳이 없다.

우리가 사용할 수 있는 대체로 실망스러운 냉동 속도의 결과는 조식에 형성된 큰 얼음 결정이다. 이 결정은 구조를 방해하고, 막과 세포기관을 파열시키며, 결국에는 세포와 조직을 죽일 것이다. 기관에는 재앙이다! 여러분이 해동 상태에 놓여도 이러한 상태에서 쉽게 돌아올 수 없다. 또 다른 매우 중요한 효과가 있다. 물이 얼어 순수한 얼음 결정을 형성하면, 세포 안에 있는 소금이 농축되어 화학적, 삼투성 효과로 인한 손상을 유발한다. 얼음 결정이 세포 밖의 공간에서 형성된 경우, 세포 밖으로 끌려나온 물이 세포 자체의 내부에 화학적 삼투성 손실을 유발한다. 저속 냉동의 경우 물이 세포 밖에서 얼게 되고, 세포 자체는 탈수가 되고 내부 소금 농도가 상승하면서 손상을 입는다.

따라서 냉동 보존은 항후 복원을 생각하면 아주 다른 문제가 된다. 냉동 속도, 세포 안에 있는 물의 양과 상태를 통제하는 것에 전적으로 달려 있다.

생체 조직의 동결 보호제

생물학의 기초를 복습할 시간이다. 세포는 생물의 기본적인 구조적, 기능적 단위이다. 조직은 비슷한 세포들의 총체이며, 같은 기원을 가지고 특정 기능을 수행하기 위해 함께 일하는 것이 보통이다. 함께 일하는 복수의 조직은 기관을 형성한다. 생존을 위한 냉동 보존에서 이루어지는 작업 다수는 고립된 세포(예컨대 앞서 말한 정자나 적혈구 같은 혈액의 구성 요소 등)가 수행한다. 세포는 작다. 따라서 이들 세포 각각에서 열을 신속하게 추출할 수 있다. 세포에서 물을 뽑아내고 다른 물질에 스며들게 하는 것도 상대적으로 쉽다. 근본적으로 동결 보호제를 적용하는 데는 고립된 세포들이 이상적이라는 의미다. 이러한 물질들은 냉동으로 인한 손실에서 생체 조직을 보호하는 데 사용된다. 가사 상태에 대한 논의는 동결 보호제의 효능에 관한 논의이기도 하다.

동결 보호제에는 침투형과 비침투형이라는 두 가지 주요 분류가 있다. 침투형 동결 보호제는 물에 녹고 세포막 사이를 쉽게 가로지르는 작은 분자들이며 물의 녹는점에 영향을 미친다. 이러한 동결 보호제는 물론 그 자체에 절대로 독성이 있어서는 안 된다. 하지만 실온에서 이들의 활동과 독성은 냉동 단계에 접근할 때와 다르다는 사실을 기억해야 한다. 이들은 또한 세포 구성 요소의 배분을 촉발하거나 악영향을 미쳐서도 안 된다. 동결 보호제는

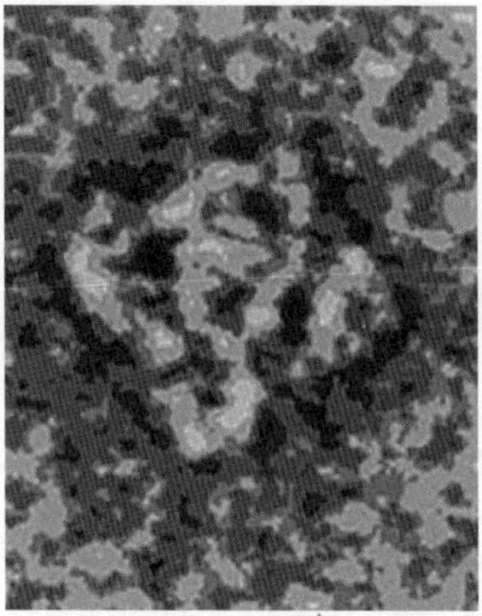

독립된 포유류 리아노단 수용체 분자. 많은 근육에서 발견되는 칼슘 이온 통로의 유형이다. 표본은 액체/고체 질소 슬러시에서 초고속으로 냉동되어, 냉동된 상태에서 전자 현미경으로 관찰되었다. 동결 보호제와 함께 냉동하는 것은 이러한 유형의 조사에 이상적이다. 분자의 모서리에 있는 집게(clamp) 네 개와 가운데 테를 선명하게 볼 수 있다. 전체 분자의 폭은 270Å이다. 옹스트롬(Å, angstrom)은 10^{-10}미터에 해당하는 길이의 단위이다. 현미경 사진은 필자가 준비함.

세포 안에 들어가 세포가 과도하게 탈수되지 않게 돕는다. 일부는 생체 분자와 수소 결합을 형성하여 사실상 기능한다. 트레홀로스와 글루코스 같은 당은 침투형 동결 보호제의 역할을 할 수 있다.

비침투형 동결 보호제는 세포 안에 침투하지 않는 큰 분자이다. 하지만 세포들을 둘러싸고 있는 조직에는 침투해야 한다. 이들이 어떻게 기능하는지에 대해서는 전부가 알려져 있지는 않지만 세포 내의 단백질과 비슷한 효과가 있는 것처럼 보인다. 폴리에틸렌글리콜과 폴리비닐프롤리돈은 비침투형 동결 보호제이다.

때로 '얼음 차단제(ice blockers)'라고 불리는 유용한 화합물이 있다. 이들은 소량만 첨가해도 전통적인 동결 보호제의 기능을 할 수 있다.

기존의 동결 보호제

어떤 동결 보호제는 자연에서 발생한다. 남극 어류는 동결 보호성 당단백질을 발달시켰고, 곤충은 당이나 플리올(plyols)을 이용하며, 북극 개구리는 글루코스를 사용한다. 하지만 북극 도롱뇽은 간에서 글리세롤을 만들어 낼 수 있다. 현미경으로만 볼 수 있는 다세포 물곰(완보류)은 내부의 물 대부분을 트레할로스당으로 교체함하여 냉동에서 살아남을 수 있다.

생체 조직의 냉동을 보조하기 위해 동결 보호제 혼합물이 개발되어 왔고, 이들의 성공과 유리화 형태 생산 능력을 중심으로 보면 현재는 6세대라고 추정된다. 관다발 조직, 심장 판막, 각막, 연골은 모두 성공적으로 냉동되었다. 난소와 신장 조직에서도 진전이 있었다.

하지만 적혈구에 트레할로스를 스며들게 했을 때 최대 생존률은 90퍼센트 범위에 지나지 않았으며, 기능은 60퍼센트까지 감소했다. 90퍼센트는 용해된 세포에서 상당히 완벽한 조건이며, 사체를 통해 동결 보호제를 관류시켜야 할 때는 적용할 수 없다. 전신 관류는 가장 좋은 조건에서도 어려울 수 있다. 환자가 심장이 박동하는 상태로 실제로 살아 있는 경우에 전신 관류하는 것과 비슷하다.

나 자신은 뇌에서 약 100억 개의 뉴런을 잃고 싶지 않다. 구닥다리라고 불러도 좋다. 하지만 200년 후에 기껏해야 좀비와 비슷한 상태로 다시 깨어나고 싶지는 않다.

〈스타워즈〉의 무기들

주디 L. 모어(엔지니어)

〈스타트렉〉이나 〈스타워즈〉 같은 프랜차이즈 영화는 종종 미래 무기에 대한 상상의 나래를 펴게 한다. 특정 기술의 실현 방법에 대한 논쟁은 추측으로 가득하고, 때로는 과학으로 느슨하게 뒷받침된다. 하지만 어떤 사람은 SF 중에 과학적 사실이 어느 정도인지 궁금해한다.

〈스타트렉〉과 〈스타워즈〉에서 그려진 무기들은 전부 광선 무기다. 여러분은 다양한 디자인의 페이저(〈스타트렉〉 세계관에서 빔 무기의 통칭-옮긴이)의 광선 빔으로 적을 쓰러뜨리는 것을 보았다. 광선 펄스를 발사해 행성 궤도를 도는 우주선을 날려 버리는 펄스 대포도 있다. 〈스타트렉〉에는 광선 기반 탄두를 가진 광자 어뢰가 나온다. 가장 탐나던 광선 무기도 빠질 수 없다. 바로 광선검이다.

특정 무기에 대한 팬심을 너무 드러내기 전에, 가장 중요한 질문에 주목하자. 광선 무기를 만드는 것은 가능한가? 그렇기도 하고 아니기도 하다.

빛의 파괴력

돋보기를 가지고 해가 비추는 밖으로 나가 잠깐 동안 개미들을 괴롭혀 보자. 몇 가지 신중한 동작이 필요하기는 하지만, 특정 위치에 햇빛의 초점이 잡힌다. 그리고 개미들은… 자취를 감춘다! 마른 잎사귀 더미에 이 광선 빔의 초점을 맞추기 시작하면 불이 난다는 것도 잊지 말자. 어린 시절의 과학 장난감이다.

빛을 파괴력으로 바꾼다는 개념은 우리들 중 다수가 한번은 해봤던 것이다. 레이저 기술이 도입된 이후로는 레이저가 언제쯤 무기화될 정도로 강력해질 것인가의 문제만 남았다.

광선 빔만을 사용해 적을 썰어 버리는 것이 목적이라면, 레이저 기술이 이미 존재하고 상업적 이용도 가능하다는 소식에 반색할 것이다. 레이저는 1960년대 이후 다이아몬드와 금속 같은 고밀도 물질을 절단하는 데 사용되었다. 1970년대에는 항공 우주 분야에 사용되는 티타늄을 절단하는 데 레이저 커팅 기술이 사용되었다. 하지만 레이저 커팅에 필요한 전력량은 어마어마하다. 6.4밀리미터(0.25인치) 두께의 합판을 절단하는 데만도 650와트의 레이저가 필요하다. 눈 수술에 흔히 사용되는 레이저 수술에는 최소 1000와트의 레이저가 필요하다.

레이저 빔으로 X-윙 우주 전투기의 코를 썰어 버리려면 현재 기술로는 탱크만 한 발전기가 필요하다. 하지만 상황은 빠르게 변하고 있다.

레이저 대포는 이미 존재한다

휴대폰과 노트북에 사용할 더 작고 강력한 배터리에 대한 수요가 증가하면서, 발전 기술이 급성장했다. 이제 〈스타워즈〉의 스톰트루퍼가 사용하는 것과 비슷한 레이저 대포나 레이저 소총 같은 무기가 현재 기술 수준으로 가능한 범위에 놓였다.

2014년 미 해군은 소형 선박과 무인 항공기(UAVs)를 표적으로 하는 함선 장착 레이저 무기 시스템(LaWS)을 실험해 긍정적인 결과를 얻었다(이런 놀랍도록 흥미진진한 시스템의 이름을 약자로 붙인 미군을 탓하자). 시스템은 U.S.S 폰스 함에 설치되었고, 테스트 영상은 유튜브에서 찾아볼 수 있다. 개인적으로는 광선 빔에 손이 날아간 더미(마네킹 같은 인체 모형-옮긴이)들에게 미안하다. 하지만 UAV를 격추시키는 시스템의 정확성은… 인상적이었다.

오늘날에는 유사한 시스템이 다른 군함과 육상 유닛에 장착되었고 실전에도 배치되었다. 현재 시스템에서는 연속 사격 사이에 레이저를 충전하는 데 시간이 너무 많이 소요된다. 〈스타트렉〉의 페이저 대포 같은 즉시 발사가 아니다. 하지만 내 기억이 맞다면 TV판 〈스타트렉〉에는 레이저 대포 충전에 관한 대화가 나왔던 에피소드가 몇 개 있었다. 이러한 대화는 〈스타워즈 에피소드 V: 제국의 역습〉에는 확실히 나왔다.

〈스타워즈〉에 나오는 것은 레이저 대포가 아니라 펄스 대포라는 몇몇 독자들의 아우성이 들린다. 이 두 시스템의 차이는 한 번에 방출하는 에너지의 양이다. LaWS 같은 레이저 대포는 연속적인 광선 빔을 사용한다. 여러분이 돋보기와 햇빛을 이용했던 것과 같은 방법으로 파괴력을 만들어 낸다. 펄스 대포는 고밀도 광선을 짧게 폭발시켜 방출한다. 이렇게 하면 시스템은 발사 사이에 완전히 충전할 수 있다.

레이저 소총

레이저 포인터는 이제 너무 흔해져서 고양이에게 장난치는 데 사용할 정도다. 권총과 소총 모양을 한 참신한 디자인의 레이저 포인터도 있고, 일부는 장난감으로 판매된다. 하지만 진정한 레이저 기반의 휴대용 무기도 존재하고, 현재 군과 총기 마니아들이 테스트하고 있다.

2013년에 총기 마니아인 롭 핀커스가 레이저 소총과 일반 소총의 성능을 비교한 동영상을 유튜브에 올렸다. 당시에 레이저 소총은 고정되어 있는 풍선의 경우에는 치명적이었다. 반면, 움직이는 표적의 경우… 나는 고개를 절레절레 흔들었다. 핀커스가 테스트한 것 같은 레이저 기반 무기는 충전하는 데 시간이 너무 걸렸다. 전쟁터에서 그런 무기는 아무 쓸모가 없다.

하지만 스마트폰과 태블릿 덕분에 파워 셀과 고속 충전 시스템에 관한 우리의 이해 수준은 그 이후로 급격히 향상되었다. 가까운 미래에 한 솔로가 허벅지에 찼던 것 같은 레이저 권총이 현실이 되더라도 놀라지 않을 것 같다.

광선 기반 수류탄은 군용 표준 무기다

〈스타게이트〉에서 외계 종족인 가우울드는 수류탄 모양의 장치를 가지고 있었다. 이 장치는 강력한 광선 펄스와 초고음을 방출해 적을 의식불명 상태로 만든다. 1970년대 이후 섬광 수류탄이 일반화되었고, 현재는 특수부대원들의 표준 무기이다.

섬광 수류탄은 플래시 수류탄, 플래시 폭탄, 썬더 플래시 등 다양한 이름을 가지고 있다. 이러한 장치는 눈이 멀 것 같은 섬광과 170데시벨 이상의 크고 강력한 소음을 방출해 적의 감각을 마비시키고 혼란에 빠지게 한다. 적이 의식을 잃는 경우도 있다. 섬광 수류탄은 보통은 치명적이지 않다.

광선검

수많은 사람이 탐내는 무기는 어떨까? 광선검 얘기다.

유튜브에는 사람들이 손수 만든 광선검의 시범을 보이는 동영상이 무수히 많다. 어떤 것들은 플래시와 LED 막대에 광선검처럼 보이게 장식을 한 것이다. 줌아웃 기능이 있는 빔을 장착해 정말로 광선검처럼 보이고 심각한 피해를 입힐 수 있는 것들도 극히 일부 있다. 하지만 후자의 동영상 카테고리를 자세히 살펴보면 이것들이 사실은 길고 좁으며 푸른 불꽃을 내게 만든 용접용 토치(blowtorch)라는 것을 알게 된다. 코스프레라는 관점에서는 대단히 인상적이지만 이것이 정말 광선검일까?

솔직히 말하자면 아니다. 〈스타워즈〉에 나오는 광선검은 몇몇 종류의 레이저 빔으로 제작되었다. 이름이 말해 주듯 광선으로 만든 것이다. 이제 다음 문제가 등장한다. 광선검도 레이저 대포나 레이저 총처럼 현실에서 볼 수 있을까?

글쎄. 나는 〈스타워즈 에피소드 I: 보이지 않는 위험〉에 나오는 다스 몰과 오비완 케노비, 그리고 콰이곤 진의 결투 장면이 진지하게 '시스(스타워즈 세계관에서 제다이와 대립하는 다크사이드를 숭상하고 사용하는 자들-옮긴이)에게 경배를 올릴' 장면이라는 것을 기쁘게 인정한다. 여러 면에서 스펙터클하다. 이들의 무기 뒤에 있는 과학에 심각한 결함이 있다는 사실은 신경 쓰지 말자.

발전(發電) 문제가 있다. 그리고 이미 말했듯이 치명적인 휴대용 레이저 기기도 조만간 등장할 것이다. 하지만 레이저 빔을 실제 칼로 만드는 것은 SF에서나 가능한 일이다.

적을 베는 것은 검이 가져야 할 조건 중 하나일 뿐이다. 검은 다른 검사(swordsman)의 공격을 막을 수도 있어야 한다. 아무리 애써도 광선 빔은 다른 광선 빔을 저지할 수 없다. 단언하건대, 광선검처럼 보이게 꾸민 용접용 토치도 다른 광선검에서 나오는 빔을 막을 가능성은 없다. 질량을 가진 것을 막을 수는 있다. 하지만 이 단계에서는 태워서 조각으로 만들어 날려 버리는 방법만 가능하다.

광선검의 차단 능력이 모든 사물에서 흐르는 '포스'에서 온다고 잠시 가정해 보자. 〈스타워즈〉에 나오는 광선검은 약 1~2미터 길이의 눈에 보이는 빔이며, 디자인에 따라 다르다. 이 범위를 넘어가면 광선검은 무해한 것처럼 보인다. 그렇지 않으면 제다이들은 자신들이 타고 있는 함선의 갑판에 계속해서 구멍을 뚫게 될 것이다. 이 장면에는 두 가지 오류가 있다.

우선, 빛은 우리가 처리하는 것보다 더 빠른 속도로 이동한다. 그렇기 때문에 레이저에서 나오는 빔을 보려면 두 가지 일 중에 하나가 일어나야 한다. 레이저에서 나오는 광자가 경로에 있는 입자들(예컨대 먼지나 이온화 원자)과 상호 작용해야 한다. 아니면 인간의 눈이 가진 능력을 넘어선 노출 시간을 사용해 장노출 이미지를 찍어야 한다.

두 번째로, 레이저에서 방출된 광자는 어떤 에너지 흡수 물질이 막을 때까지 경로를 따라 계속 이어진다. 막을 것이라고는 공기밖에 없는 상태에서 유한한 길이의 레이저 빔을 생성할 수는 없다. 이러한 광자는 어떤 방법으로든 주변의 공기 입자와 상호작용해야 하며, 그 결과 상호작용하는 지점에서 빛의 섬광은 집중된다. 공기만 있는 곳을 통과하는, 강력한 힘을 가진 레이저 빔이 짧은 거리 후에는 무해하도록 만들려면, 다른 SF의 장치를 사용해 광자를 다시 출발하도록 순간이동시키거나, 미세한 특이점을 가지고 빔 자체를 뒤로 구부려야 한다.

다양한 현대 기술을 종종 탄생시켰던 SF의 많은 아이디어가 〈스타트렉〉과 〈스타워즈〉에서 왔다. 이러한 프랜차이즈가 불어넣어 준 영감 덕분에, 우리는 현재 레이저 대포를 가지고 있고, 페이저 권총의 등장도 임박했다. 광선검은? 포스가 강한 이들에게 맡겨 두자.

57장 PUTTING THE SCIENCE IN FICTION

실용적인 우주선의 설계 방법

에릭 프림(엔지니어)

SF는 아름다운 우주선을 사랑한다. 민바리 연방의 샬린(〈전함 바빌론〉에 나오는 순양함-옮긴이)부터 제국의 스타 디스트로이어, 보그족(〈스타트렉〉에 나오는 외계 종족-옮긴이)의 큐브, 하트 오브 골드(〈은하수를 여행하는 히치하이커를 위한 안내서〉에 나오는 우주선-옮긴이)까지 지켜지는 미학적 원칙이다. 실용적인 관점에서 보면 SF에 나오는 대부분의 우주선 디자인은 형편없다. 이들은 경외감을 불러일으키게 만들어졌지만, 경제성과 효율성의 관점에서 설계된 우주선은 시각적으로는 지루할 것이다. 심지어 풍요가 넘쳐나는 사회에서도 엔지니어들은 낭비와 화려함이 없는 효율적인 설계에 몰두할 것이다.

형편없는 설계는 다운타임(기계 등이 작동하지 않는 상태-옮긴이), 정비, 자원 면에서 비용이 많이 든다. 부실한 설계는 생명을 위험에 빠뜨린다는 사실이 가장 중요하다. 우주의 진공 상태에서는 사소한 설계상 결함도 생명을 위협하는 문제로 빠르게 발전한다. 현재의 우주선은 비행기를 기반으로 하는 경우가 자주 있다. 하지만 작동 환경이 크게 다르고 안전이 가장 중요한 제한 요소가 된다. 엔지니어링은 기능성과 가능한 한 최대의 실용성이라는 위험 사이에서 균형을 잡는 분야이다. 기능적인 우주선을 만들기 위해, 엔지니어들은 과거와 현재의 설계상 결함을 연구할 것이다. 여기서는 형태, 창문, 유인 전투기를 중심으로 살펴본다.

우주선의 형태

생명을 유지하려면 우주선 내부에 반드시 대기가 있어야 한다. 우주선 밖은 진공이기 때문에 구조는 반드시 단단히 밀봉되어야 한다. 우주선을 큰 풍선이라고 생각하는 방법도 있다. 우주선 내부의 대기는 반드시 생명을 유지할 수 있는 압력에서 관리되어야 한다. 밖과 안의 차압(differential pressure) 때문에 대기는 표면을 밀어 균일화되려고 한다. 논리적으로 우주선 표면은 이것을 포함시키기 위해 대기 쪽으로 다시 누른다. 우주선이 움직이고 있지 않더라도 우주선의 구조는 그에 적용되는 힘을 가지고 있다는 뜻이다. 엔지니어링 용어로는 기밀(氣密, pressurized) 구조이다.

비행기와 잠수함은 기밀 구조로 된 운송 수단이다. 그리고 이러한 탈것들의 형태는 둥글다. 기밀에 가장 좋은 형태는 구체인데, 압력이 사방에서 균일하게 가해지기 때문이다.

조종에는 환경 변화, 중력 변동, 중량 변경, 가압 주기 등이 더해지며, 우주선이 엄청난 힘을 받고 있다는 것은 쉽게 알 수 있다. 다양한 수준의 힘은 구조에 '피로'라는 영향을 미친다. 그렇다. 구조가 지치는 것이다. 구조는 짜증 내거나 낮잠을 자는 대신, 균열이 생긴다. 항공 우주 산업계에서는 최악의 균열로 추락한 민간 항공기 드 하빌랜드 코멧 사고에서 이 현상을 발견했다. 사각형 창틀에서 생긴 균열이 걷잡을 수 없이 커졌다. 균열 연구가 발전하며 엔지니어들은 날카로운 모서리가 스트레스 집중(들리는 것만큼 나쁘다)을 만들어 낸다는 것을 알게 되었다. 모서리가 날카로울수록 스트레스 집중이 높아지고, 균열이 발생할 가능성이 커진다.

따라서 부드러운 곡선이 있는 디자인이 균열을 덜 유발한다. 비행기의 창문은 스트레스 집중을 최소화한다. 잠수함의 문은 같은 이유로 모서리가 둥글게 처리된다. 우주선을 만들 정도로 발전된 문명은 피로와 균열을 이해할 것이다. 이들의 기술이 현재보다 훨씬 더 발전했다면, 가능한 한 안전한 우주선을 만들기 위해 이러한 기본적인 디자인으로 마무리할 것이다.

민간 항공기나 잠수함처럼 둥글게 처리된 디자인은 효율적인 구조의 좋은 예이다. SF에서 나온 최고의 디자인은 〈전함 바빌론〉의 우주 정거장이다. 이 우주 정거장은 원통형인데, 엔지니어링의 균형을 우수하게 유지하는 구체에 상당히 가깝다. 최악의 예는 드라마 〈파이어플라이〉에 나오는 도시선City Ship(극 중 내전에서 패한 사람들이 모여 생활하고 있는 우주선-옮긴이)이다. 창의적이지만 엔지니어링 면에서는 악몽이다.

창문

우주는 광대하지만 볼 게 많지 않다. 하지만 SF의 우주선에는 창문이 있는 경우가 많다. 설상가상으로 조종사들이… 음… 조종할 수 있는 창문도 있다.

실비아 스프럭 리글리는 이미 '51장 사실적인 우주 비행'에서 육안 조종의 문제점을 이야기했다. 우주선은 계기로 조종할 것이라는 리글리의 말이 맞기 때문에, 조종사는 창문이 필요하지 않다. 창문은 기본적으로 구조에 구멍을 내고 투명한 것으로 이 구멍을 채운 것이다. 달리 말하자면 창문은 파괴점(곡선에서 강도의 저하가 갑자기 이루어지며 변형률이 증가하는 시점-옮긴이)이다.

우주선의 중요한 기능을 약점 가까이에 배치하는 것은 좋은 설계가 아니다. 임무와 관계없이 우주선이 우주에서 잔해와 마주치게 될 가능성은 높다. 극히 작은 유성체(流星體), 전투 잔해, 영화 보면서 잡담을 하는 지각없는 사람들이 남긴 쓰레기와 같은 환경적 요인에 우주선은 손상을 입는다. 따라서 항해실과 사령실의 나머지 부분은 외부 표면에서 멀리 떨어져 함선 깊숙한 곳에 자리한다. 우주선이 손상을 입어도 핵심 기능은 여전히 작동한다.

전투기에서 창문은 특히 쓸모없다. SF에서 미사일이 수동이 아니라 추적 소프트웨어로 작동하는 장면은 맞다. 많은 SF에서 전투기 조종사는 눈으로 적을 겨냥해 미사일을 발사한다. 하지만 우주에서의 공중전은 지구와 다르다. 우수한 군대는 전투기를 우주의 배경과 일치하게 검은색으로 만들어 적이 찾기 힘들게 한다. 깊은 우주 공간에서 싸울 때, 검은색 우주선을 육안으로 찾아내기는 힘들다. 행성계에서도 육안으로 발견되는 것을 막기 위한 대응 전략으로 함선을 검은색의 우주 배경막 뒤편으로 배치한다.

표적화 소프트웨어는 모든 무기에 필요하다. 스크린이 있는 비교적 저가의 기술이 아니라, 외부에 스크린이 달린 견고한 구조가, 내부에는 표적화 컴퓨터가 있는 것이 더 정확하다.

일상 작동에는 시각 신호가 필요하지 않기 때문에, 사령부와 통제 센터는 우주선 어디에 위치해도 상관없다. 우주선, 특히 우주 전함의 경우, 사령부는 피해를 입지 않도록 함선 중앙부에 위치하게 될 것이다. 〈배틀스타 갤럭티카〉는 이것을 아주 잘 그려 냈다. 갤럭티카의 함교는 비행기처럼 조종하는 것이 아니라 마치 잠수함을 연상시킨다.

불행히도 〈스타워즈〉의 모든 우주선은 이렇지 않다. 밀레니엄 팔콘은 멋지지만 조종사들은 표적이 된다. 안드로이드와 인공 지능이 있는데도, 〈스타워즈〉의 우주선들은 육안으로 보면서 하는 전투기 대 전투기의 공중전에 의존한다. 손에 땀을 쥐게는 하지만, 무모하기 짝이 없는 짓이다. 과학 마니아 같은 얘기는 이쯤에서 줄이겠다. 나는 〈스타워즈〉의 상징과도 같은 디자인을 사랑하지만, 과학의 관점에서 보면 그 우주선들은 SF가 아니라 판타지다.

유인 전투기

〈로그 원: 스타워즈 스토리〉에서 X-윙 전투기가 처음 나오는 순간, 내가 갔던 극장의 객석에서는 환호성이 터져나왔다. X-윙의 실루엣은 〈스타워즈〉 시리즈 전체의 느낌을 불러일으킨다. 하지만

X-윙은 생명을 불필요하게 위험에 빠뜨린다. 〈스타워즈〉가 처음 개봉되었던 시기에, 드론은 전투용이 아니었다. 〈스타워즈〉는 지구의 공중전을 바탕으로 우주 전투를 만들었다. 하지만 오늘날의 군대에서 발견한 것이 있다. 전투기에서 가장 약한 부분은 그 안에 탑승한 사람이라는 사실이다.

이것은 미래에도 해당된다. 그리고 우주 문명은 발전된 드론 기술을 주 전력으로 삼을 것이다. 전투기를 실은 수송선 대신에, 실용적인 우주선에서 무인 전투기를 제어할 것이다. 조종사는 사령선 깊숙한 안쪽에 안전하게 자리 잡고, 각각 드론 한 대 또는 비행중대를 제어할 수 있다. 전쟁에는 이미 중요한 신호를 교란하려는 노력이 포함되어 있으며 이를 전자전(electronic war)이라고 한다. 오늘날의 군대는 이 점에서 탁월하며, 발전된 문명에서는 전자전을 훨씬 더 잘 수행하리라는 것은 쉽게 추측할 수 있다. 〈배틀스타 갤럭티카〉에서는 바이퍼(식민 행성의 전투기-옮긴이)와 본함 사이의 통신 잡음으로 이것을 그려 냈다.

이미 설명했듯 육안 비행과 전투는 불필요하다. 그렇다면 거대한 전함과 별도로 비행기를 배치할 필요가 있을까? 생명을 희생해서 구할 수 있는 생명이 얼마 되지 않는다면, 조종사를 훈련시키는 데 필요한 시간과 비용을 재고해 보아야 한다. 전투에 필요한 기술을 개발하기까지는 오랜 시간이 걸리며, 조종사를 전투기에 배치하려면 엄청난 투자가 필요하다. 발전된 문명이라면 이러한 위험을 감수하지 않을 것이며, 인공지능이 있다면 무인 전투기도 쉽게 개발할 수 있다.

조종사가 없으면 드론에서 생명 유지 장치 같은 불필요한 무게를 줄일 수 있고 조작성이 훨씬 향상된다. 조종사가 있다면 해로울 수 있는 비행 구조로 설계할 수 있다. 앞서 언급했듯, 구조는 그 안에 있는 것을 포함해 상당한 힘을 받는다. 인체는 약하며, 충돌 방지 조종석, 운동, 약물 등과 같은 경감 요소가 있더라도, 구조에 가해지는 힘을 어느 정도 받게 된다. 사람이 타지 않는다면 전투기는 조작성이 훨씬 향상되고 효율성이 높아진다.

무인 전투기는 미래이다. 〈배틀스타 갤럭티카〉의 사일런 레이더는 훌륭한 예이다. 하지만 이들은 드론이 아니라 자동 사이보그다. 최근의 시리즈에서는 이들에게도 생물학적 회로가 포함되어 있다. 한계가 있을 수는 있지만 치명적인 결함은 아니다. 반대의 예는 〈전함 바빌론〉의 전투기들이다. 아름답지만 한계가 있다.

외계 행성과 거주 가능성

짐 고타스(물리학자)

작가들은 왜 외계 행성을 알고 싶어 할까?

여러분은 할 클레멘트, 폴 앤더슨, 그레고리 벤포드, 스티븐 백스터의 정신에 따라, 잡지 〈아날로그 사이언스 픽션 앤드 팩트〉에 맞을 만한 하드 SF를 쓰고 싶을 것이다. 외계 행성이 발견되면서 우리의 태양계와는 다른 새 세상이 펼쳐졌다. 스페이스 오페라에 더 관심이 있다면, 이러한 새 행성들은 현대적이고 이국적인 배경을 구축할 기회가 된다. 완전히 다른 유형의 이야기를 향한 아이디어에 불을 붙일 수도 있다.

골디락스 외계 행성으로!

골디락스 지대(더 과학적인 표현으로는 거주 가능 지대)는 예컨대 지구처럼 결로수(liquid water)가 존재할 수 있는 '보통' 행성으로부터의 거리를 말한다. 이 개념은 우리가 아는 생명은 어느 시점부터는 결로수를 필요로 한다는 아이디어를 중심으로 한다.

우리의 태양계에서 태양을 상수로 상정할 때, 골디락스 지대는 금성의 궤도 안쪽에서 화성의 궤도 바깥쪽까지 확장된다. 이는 사물이 언제나 똑같지 않다는 사실을 알려 준다. 금성도 화성도 현재는 결로수가 없기 때문이다. 금성의 경우에는 온실 탈주 효과, 화성의 경우에는 작은 질량과 자기장의 부족 때문일 것이다(이 문제는 '44장 거주 가능한 대기'에서 린 포레스트가 상세히 논했다).

골디락스 지대 외부 중에서는 목성의 갈릴레이 위성 중 하나인 유로파의 얼음 덮인 표면 아래 결로수가 있다는 것이 거의 확실시된다. 여기서는 조수의 가열이 결로수를 지원하는 에너지를 제공한다. 이러한 환경하에서 어떤 생명이 자라고 있을지 모른다. 우리와 같은 종류의 생명이 어떻게 등장했는지도, 그에 필요한 조건이 무엇인지도 정확히 모르기 때문이다.

외계 행성의 야생 동물들

우리는 다른 항성의 궤도를 돌고 있는 행성의 종류를 대략이나마 알아내고 있다. 2017년 11월까지 확실한 외계 행성 3500개 이상을 확인했고, 확인 대기 상태인 행성이 5000개 이상 더 있다. 이들은 크기와 다른 항성을 도는 궤도가 다양하다. 이는 우리의 태양에 가까운 암석 행성(수성, 금성, 지구, 화성), 거대 가스 행성(목성과 토성), 얼음 행성(천왕성과 해왕성)으로 구성된 오래되고 익숙한 태양계만이 전부가 아니라는 사실을 밝혀 준다.

대신에 우리에게는 뜨거운 목성, 뜨거운 토성(팽창 행성이라고도 한다. 밀도가 너무 낮아서 물 위에서 부유하기 때문이다. 어마어마하게 큰 욕조가 있어야 하겠지만!), 뜨거운 해왕성, 슈퍼 지구, 워터월드, 심지어 크소니언 행성(크소니언은 그리스 미신에 나오는 지하세계이며 지옥을 말한다)이 있을 수 있다. 태양계의 최신 모델에는 이러한 시스템의 진화 과정에서 행성의 급격한 움직임이 필요하다.

기존의 기술로는 외계 항성에 가까이 있는 대형 외계 행성을 발견할 가능성이 더 크다. 따라서 현재의 목록은 이들의 유형 쪽에 편향되어 있다. 여러분이 외계 행성을 알아내는 방법에 관심이 있다면, 행성 거주 가능성 연구소(Planetary Habitability Laboratory, PHL)의 외계 행성 발견 시각화 웹페이지를 참조하면 된다.

슈퍼 지구(지구보다 크고 훨씬 단단한 암석 행성), 워터월드(대양으로 완전히 뒤덮인 행성)와 같이 새로 발견된 외계 행성은 SF에서는 새삼스럽지 않다. 이들은 여전히 흥미진진하다. 이제는 이러한 세계에 대한 이야기의 과학적 기초가 생긴 덕분이다. 하지만 우리는 우리의 목적을 위해 우리들의 태양계, 그리고 전통적인 SF와는 완전히 새롭고 다른 외계 행성에 집중하려고 한다.

이 새로운 세계는 어떤 모습일까? 행성은 질량(종종 지구 질량의 배수로 표현), 반지름, 원소 구성으로 특성화된다. 이외에도 궤도의 반지름(태양에 대한 지구 궤도의 평균 반지름인 천문 단위[AU]로 표현됨), 그리고 이들 행성의 궤도를 도는 항성의 유형도 있다. 마지막 두 가지가 기본적으로 항성의 거주 가능 지역을 결정한다. 이 지역의 행성은 첫 세 가지에 따라 암석 행성인지의 여부가 결정된다.

천문학자들은 엄청난 범위의 외계 행성을 발견했다. 가장 특이하고 의외인 외계 행성 몇 개를 자세히 살펴보자.

뜨거운 목성

뜨거운 목성은 파파 베어(〈세서미 스트리트〉의 캐릭터-옮긴이)의 오트밀처럼 너무나 뜨겁다. 대략 목성 크기인 뜨거운 목성의 궤도 반지름은 0.015~0.15AU이다. 참고로 수성의 궤도는 0.39AU이다. 뜨거운 목성이 매우 뜨겁다는 사실은 대기 구성에 영향을 미치지만, 질량이 충분하다면 거대 가스 행성으로 남을 것이다(질량이 충분하지 않으면 크소니언 행성이 될 수 있다). 항성에 아주 가깝게 궤도를 돌기 때문에 이들은 조수에 의해 붙잡혀 있다. 항성 쪽으로 언제나 똑같은 면만을 향하고 있다는 뜻이다(달은 조수에 의해 지구에 붙잡혀 있기 때문에 언제나 우리에게 똑같은 면만을 보이고 있는 것과 같다).

약 63광년 거리에 있는 HD1897233b라는 외계 행성이 2005년에 발견되었다. 목성보다 질량이 13퍼센트쯤 큰 이 푸른 행성은 2.2일마다 항성의 궤도를 0.03AU 궤도 반지름으로 돈다. 주간 기온은 1700°F(927℃), 야간 기온은 1200°F(649℃)이다.

행성계에 관한 현재의 이론에 따르면 거대 가스 행성은 반드시 수소가 행성(예컨대 목성이나 토성)에 쉽게 응결될 수 있는 곳에서 형성되어야 한다. 일정 시점에서 이들은 항성에 보다 가까운 궤도로 이동하며 기온이 급격히 올라간다. 이동하는 도중에, 지구와 같이 작은 행성은 행성계 주변으로 거칠게 내동댕이쳐질 것이다.

뜨거운 해왕성

파파 베어 행성이 더 있다! 뜨거운 해왕성은 질량으로는 해왕성이나 천왕성과 비슷하지만, 궤도 반지름은 보통 1AU 미만이다(참고로 해왕성은 30AU이다). 글리제 항성의 궤도를 2.64일마다 돌고, 이동할 때마다 대기 중의 수소가 우주 속으로 증발해 사라진 결과로 생기는 일종의 혜성 꼬리를 따라간다. 뜨거운 해왕성의 대기가 전부 없어지면 지구의 크기와 비슷한 지구형 행성이 될 수 있다.

크소니언 행성

아직도 파파 베어 행성이 더 있다. 크소니언 행성은 어느 정도는 가상적이다. 기본적으로 초거대 암석 또는 금속 세계이기 때문이다. 하지만 우리는 이들이 뜨거운 목성에서 진화했다는 사실을 알고 있다. 항성에서 나오는 방사선에 의해 대기가 증발하면서 단단한 잔여 핵심부가 남은 것이다. 크소니언 행성으로 짐작되는 것으로는 480광년 거리에 위치한 CoRoT-7b가 있다. 궤도는 0.02AU이고 지구보다 70퍼센트 크며, 거의 5배 단단하다. 주간 표면 기온은 약 3600°F(2000℃)이고, 대기가 있다면 증발된 암석에 남은 미약한 대기일 것이다.

거주 가능성이 있는 외계 행성

베이비 베어의 행성 오트밀 그릇에 온 것을 환영한다. 이들 세계는 골디락스 지역에 '정확히' 걸쳐 있을 가능성이 있다. 여기서의 핵심 단어는 '가능성'이다. 현재의 감지 기술로는 이들 세계의 질량이나 대기에 대한 세부 정보를 많이 알 수 없기 때문이다. PHL 웹사이트에서 유력한 후보들의 그래픽을 볼 수 있다. 여기서는 천문학적 명칭과 지구로부터의 거리를 알 수 있다.

우리는 이들 외계 행성의 직접적인 이미지를 실제로는 갖고 있지 않다. 전부 지구보다 크지만 질량 추정치도 없으며 대기 구성과 거주성도 확신하지 못하고 있다. 크기가 대략 적절하며 항성에 대해 골디락스 지역에 있다는 것만 알고 있다. 하지만 새로운 해석이나 천문 관측이 생기면 달라질 수 있다.

외계 행성의 대기를 감지하기는 어렵다. 항성의 강한 빛이 배경에 미치는 효과를 알아야 하기 때문이다. 수소, 헬륨, 탄소, 산소, 나트륨, 수증기, 일산화탄소, 메탄을 포함한 다양한 가스가 감지되었다.

마마 베어는 어떨까?

현재의 외계 행성 감지 기술은 거주 지역 밖에 위치(혹독한 추위의 원인은 이것이라고 예상되는)한 행성의 상세한 내용을 제공할 수 있을 만큼 정확하지는 않다. 이러한 행성은 수백 개가 발견되었고, 천문학자들은 HR8799의 궤도를 돌고 있는 거대한 행성 네 개의 직접 이미지를 가지고 있다. HR 8799는 지구로부터 129광년 위치에 있는 신생 항성계(겨우 30만 년밖에 되지 않았다. 참고로 태양의 나이는 45억년이다)이다. 이들 행성의 추정 질량은 목성의 약 5~7배이며 거리의 범위는 14.5~68AU이다.

이 우주들을 주목하자!

확인된 외계 행성의 목록은 확실히 늘어날 것이다. 그리고 새로운 망원경은 이들의 대기를 포함한 물리적 상태에 관한 추가 정보를 제공해 줄 것이다. 몇 년 지나지 않아 우리는 더 많은 행성을 훨씬 더 완전하게 설명할 수 있을 것이다. 외계 행성을 다룬 SF에서는 흥미진진한 시간이다!

더 넓게 읽기

- 외계 행성에 대한 최신 정보는 NASA 외계 행성 아카이브를 이용하라. http://exoplanetarchive.ipac.caltech.edu.
- 탐지 방법에 대한 관심이 있다면 PHL에서 외계 행성 탐지 방법 시각화 페이지를 확인하라. http://phl.upr.edu/library/media/exoplanetdetectionmethodsvisualized
- 발견된 거주 가능한 외계 행성에 대한 최신 정보는 다음 페이지를 방문하라. http://phl.upr.edu/projects/habitable-exoplanets-catalog
- 여기 제시된 아이디어에 대한 설명은 엘리자베스 태스커의 『플래닛 팩토리: 태양계 외 행성과 제2의 지구 찾기 The Planet Factory: Exoplanets and the Search for a Second Earth』를 통해 더욱 여유롭게 얻을 수 있다.

먼 미래를 프린트하기

제이미 크라코버(항공우주공학자)

미래 기술 중에서 가장 인기 있는 것들 중 하나는 〈스타트렉〉 시리즈에 나오는 레플리케이터(replicator)이다. 음식부터 필수품까지 무엇이든 순식간에 프린트한다는 아이디어는 너무나도 매력적이다. 수많은 산업에서 3D 프린팅이 폭발적인 인기를 모으고 있지만, 이 기술은 얼마나 현실에 응용할 수 있을까?

3D 프린터는 어떻게 작동하는가?

이 질문에 대답하려면, 3D 프린터가 어떻게 작동하는지 봐야 한다. 대부분의 3D 프린터는 베이스로 일정 종류의 재료를 사용하는데, 가루, 철사, 합성수지, 필라멘트의 형태로 된 플라스틱이나 왁스, 또는 금속이다. 그런 다음, 레이저나 전자 빔 같은 열원(heat source)을 사용해 이 재료를 특정 패턴으로 녹인다. 이 패턴은 보통 컴퓨터 이용 디자인(CAD) 프로그램을 사용한 디자인 파일에서 지정한 것이다. 재료가 패턴을 따라 펼쳐지거나 배치된다. 그런 다음, 열원이 재료를 녹여 부품을 만든다. 이론상으로는 상대적으로 쉽게 들리지만 현실에서 3D 프린팅을 진행하기에는 문제가 많다.

구조를 만들기 위해 재료가 추가될 경우, 일이 잘못될 상황이 많다. 구조적 뒤틀림부터 간격까지 모든 문제가 발생할 수 있다. 이로 인해 부품이 엉망이 되고 손상을 입는다. 제작되는 부분의 재료를 가열하면 스트레스가 불균일하게 쌓여, 부품에 균열이나 기타 변형을 유발할 수 있다. 3D 프린팅의 재료와 방법에 따라 이러한 문제를 방지할 방법이 있다. 하지만 그 방법에는 부품의 설정, 프린팅, 심지어 후처리 전반에 걸쳐 신중한 계획과 모니터링이 포함된다.

3D 프린팅의 또 다른 문제는 부품을 반복적으로 신뢰성 있게 프린트하는 능력이다. 사용자들이 가정용으로 구매하는 소형 프린터는 보다 주요한 용도에 사용되는 산업용 대형 프린터만큼 세밀하게 조정되어 있지 않다. 심지어 정밀하게 조정된 프린터에서 동일한 프로그램을 사용하더라도 최종 결과는 같은 프린터에서도, 또는 페덱스 사무실에 있는 다수의 프린터처럼 프린터별로 달라질 수 있다. 색깔이 미세하게 달라지거나, 어떤 프린터는 다른 프린터보다 종이가 더 잘 엉키는 것처럼, 두 대의 3D 프린터가 완전히 똑같은 경우는 없다. 두 대의 다른 프린터는 물론이고, 같은 프린터에서 같은 결과가 나오리라는 보장도 하기 힘들다. 프린

터가 얼마나 세밀하게 보정되었는가에 따라 사용자는 원하는 것과 훨씬 다른 결과를 얻을 수 있다.

변형과 부품이 달라질 위험을 넘기면, 다음 문제는 표면의 거친 정도이다. 어떤 제품에서는 들쭉날쭉한 표면이 문제가 아닐 수 있지만, 3D 프린터에서 부드럽고(부드럽거나) 광택 있는 표면을 얻게 되지는 못한다. 프린터에서 나오는 부품은 사포와 같은 균일성과 거칠기를 가지는 경우가 빈번하다. 사포가 다양한 거칠기를 가지고 있는 것처럼, 3D 프린팅된 부품 역시 표면의 거친 정도에 따라 달라진다. 플라스틱은 금속보다 부드럽지만, 프린팅된 부품은 그 정도를 줄이기 위해 일정 형태의 기계 작업으로 후처리를 해야 하는 것이 보통이다.

부품 제작과는 별도로, 3D 프린팅에 관한 문제가 더 있다. 〈스타트렉〉에서 사용자가 레플리케이터에 어떤 물품을 요청하면 순식간에 그것이 나타난다. 현실의 3D 프린팅은 그런 빠르기와는 거리가 멀다. 부품의 크기와 기계의 속도에 따라 몇 시간, 심지어 며칠이 걸릴 수 있다. 겨우 몇 센티미터 크기의 작은 플라스틱 장신구 하나를 프린트하는 데 몇 시간을 잡아먹을 수 있다. 부품이 크고 복잡할수록 제작하는 데 시간이 더 걸린다. 이에 더하여, 부품은 3D 프린팅 체임버의 크기로 제한된다. 가정용 소형 프린터는 몇 백 달러 정도면 살 수 있다. 하지만 부품의 크기는 1평방피트 정도로 한정된다. 체임버가 클수록 프린터는 비싸진다. 체임버가 허용하는 범위에서 한 번에 다수의 부품을 프린트할 수 있더라도, 속도와 크기 제한으로 인해 대량 생산 공정은 비용이 많이 들고 오래 걸린다. 몇 시간에 걸쳐 재료를 녹이고 부품을 제작하는 데 필요한 온도로 재료를 계속 가열하는 공정은 결코 저렴하지 않기 때문에, 비용은 더 추가된다.

레플리케이터가 등장하기까지는 시간이 얼마나 걸릴까?

이론적으로 3D 프린터는 〈스타트렉〉의 레플리케이터와 비슷하다. 재료를 하나 선택하고 형태를 바꾼다. 하지만 하나의 형태에서 다른 형태로 바꾸는 방법에 대해서는 현재 한계가 있다. 3D 프린터는 레플리케이터처럼 분자 구조를 재배열할 수 없다. 현재 3D 프린터는 일정한 형태의 고형 재료를 선택해 다른 형태로 "녹인다." 재료의 원래 형태뿐만 아니라 내구성과 강도도 변화시킨다.

이에 더하여, 물건을 프린트하려면 모든 재료를 보관해야 한다. 따라서 프린터는 상대적으로 작을 수 있지만, 3D 프린팅으로 전체 함선을 제공하고 다양한 보급품을 만드는 데 필요한 재료의 양은 완전히 제작된 물품들을 보관하고 운반하는 것과 공간 면에서 별로 차이가 없다. 게다가 대부분의 3D 프린터는 현재 한 번에 한 가지 재료로 한 가지 기능밖에 하지 못한다. 따라서 여러분이 음식을 프린팅한다면 매우 맛없고 단조로울 것이다. 지속성과 반복성 문제를 돌아보자. 여러분이 매번 같은 맛의 음식을 프린팅하고 싶다면, 그 균형을 잡는 작업은 매우 어려울 수 있다. 반면, 입맛이 다양한 사람들로 가득한 배의 경우, 여러분이 프린팅하고 있는 것을 맞춤형으로 하고 싶다면, 모든 3D 프린터 설정에서 올바른 균형을 잡는 것도 쉽지 않을 것이다.

여러분 중에는 자동차를 3D 프린팅했는데 우주선이나 다른 물건들은 프린트하지 못하는지 묻고 싶은 사람이 있을 것이다. 솔직히 말해 이론적으로는 그렇게 힘들지 않다. 하지만 실제로는 매우 어렵다. 3D 프린팅된 자동차는 추가 부품이 부가된 프레임인 경우가 대부분이다. 이 자동차는 달릴 수 있다는 면에서는 완벽하게 훌륭하다. 하지만 여러분이 가진 일반 자동차보다 엄청나게 느리며, 표준 자동차보다 훨씬 작다.

그러면 오늘날 3D 프린팅은 실제로 무엇에 쓸 수 있을까? 3D 프린팅은 현재 1회용 부품, 장신구, 소형 부품, 거대한 하중을 지지하지 않는 부품에 유용하다. 제한된 용도에 사용하거나 하중을 지지하는 것 이외의 기능을 할 무엇인가가 필요하다면 3D 프린팅은 적절한 방법이 될 수 있다. 복잡한 형태 제작 및(또는) 부품 총수 감소에도 탁월하다. 많은 경우, 다른 기계 기술로는 복잡한 형태의 제작이 어렵거나 비용이 많이 들면 부품 총수와 조립 시간이 증가하는 경우가 자주 있다. 하지만 무엇인가를 3D 프린팅할 수 있다면 다수의 부품을 제작하고 조립하는 대신, 한 번의 작동으로 어려운 모양을 만들어 낼 수 있다.

미래의 SF에 등장하는 많은 제품들을 만들어 내기에는 아직 갈 길이 멀다. 하지만 현재 3D 프린팅에 대한 관심이 높고 다수의 연구가 진행되고 있는 만큼, 언젠가는 목적지에 도달할 수 있을 것이다. 〈스타트렉〉의 레플리케이터와 완전히 똑같지는 않겠지만, 가정이나 우주 너머 어딘가에서 필요로 하는 제품들을 프린팅할 수 있을 것이다.

이 책에는 다양한 분야의 과학, 기술, 의학 전문가들이 참여했다. 이들 중에는 과학자, 엔지니어, 의사, 실험실 관리자, 간호사들이 포함되어 있으며, 대학원 경력과 각자 분야에 종사한 시간을 합하면 100년이 넘는다. 다수는 SF와 판타지 작가를 지망하거나 작가로 자리 잡았다. 배경과 관심 분야는 달라도 한 가지 점에서는 공통이다. SF에 대한 사랑이다. 필자들의 글은 과학을 픽션 속에 어떻게 녹여 넣었는가(이렇게 녹여 넣지 못했는가)를 설명하려고 많은 인기 소설과 영화를 참조했다. 작가들이 사실적이고 설득력 있는 이야기를 창조하는 데 도움을 주는 것이 이 책의 목적이다.

▷ 댄 앨런(전문 분야: 물리학)

물리학자이며 스마트폰 센서 제작용 시스템 구조 설계자이다. 정부를 위해 봉투와 옷(윽!)을 투시할 수 있고, 3층 전자 가속기에 불을 붙일 수 있는 레이저를 설계했고, 방사성 실험실에서 나노 입자를 만들어 냈다.

▷ 캐슬린 S. 앨런(전문 분야: 정신 의학)

정신과 전문 임상 간호사이며 우울증이 전문이다. 정신과 전문 간호사, 사회복지사, 교육자로 활동했다.

▷ 톰 베네딕트(전문 분야: 천문학)

학부에서 천문학을 전공했다. 지난 15년 동안 하와이 섬의 휴화산인 마우나 키아 정상에 있는 캐나다-프랑스-하와이 천문대에서 기기 전문가로 일했다.

▷ 메건 카트라이트 차드리(전문 분야: 독물학)

독물학 박사이며, 프리랜서 의학 작가와 편집자로 일하고 있다. 〈슬레이트〉와 〈비전러닝〉지에 과학 논픽션이 실렸다.

▷ 레베카 엔조(전문 분야: 환경 과학)

학부에서 생물학과 화학을 전공한 판타지 작가이다. 지난 11년 동안 환경 검사 실험실에서 핵화학자로 일했다.

▷ 리 A. 에버렛(전문 분야: 바이오 의학 연구)

SF/판타지 작가이며, 바이오 의학 연구와 의학이 교차하는 틈새 분야에서 전문 교육을 받았다.

▷ 린 포레스트(전문 분야: 대기 과학)

평생 동안 기상과 과학 마니아로 살았다. 대기 과학을 강의하고 연구하는 조교수다.

▷ 애비 골드스미스(전문 분야: 비디오 게임 개발)

비디오 게임 산업계의 베테랑이며 20개가 넘는 닌텐도 DS와 Wii, 소니 플레이스테이션 2, 모바일 플랫폼 게임 개발에 참여했다.

▷ 짐 고타스(전문 분야: 물리학)

물리학 박사 학위를 받고 물리학 연구와 강의에 종사했다. 가끔 여가가 나면 우주 물리학과 우주 여행을 즐긴다.

▷ 마리아 그레이스(전문 분야: 교육 심리학)

교육 심리학 박사이며 대학에서 16년간 인간 성장과 발달, 학습, 시험 개발, 카운슬링을 가르쳤다.

▷ 마이크 헤이스(전문 분야: 미생물학)

캔자스 중심부에 살면서 25년 이상 미생물학자로 일했다. 고등학교 스포츠 코치이자 아동 소설 작가이기도 하다. 미생물 분야에서는 분자생물학 도구를 이용해 병원체와 그 숙주 사이의 상호작용을 연구한다.

▷ 레이첼 힙스-페이지(전문 분야: 특수 교육)

명예 교육학 학사이며 심각한 학습 장애 및 행동 문제를 가진 아동들을 가르친다. 영국 초등학교와 중등학교에서 행동, 감정, 사회적 장애가 있는 아동들을 일반 교실과 일대일 수업으로 가르친다.

▷ 윌리엄 허긴스(전문 분야: 환경 과학)

미국 남서부에 사는 환경 운동가이다. 아내, 딸, 구조견 세 마리와 함께 살면서 사막에 관한 글을 쓰고, 사막에서 일하고, 연구한다. 〈텍사스 북스 인 리뷰〉, 〈서드 플랫아이언 앤솔로지〉, 〈위기 동물 연구〉, 〈미국 인디언 문학 연구〉 등의 다양한 매체에 단편소설과 에세이가 실렸다.

▷ 개럿 D. 존스(전문 분야: 환경 과학)

위험 폐기물 관리 사업에 17년간 종사하면서 약학 연구와 개발 분야에서 주로 일했다. 환경 과학 학위를 가지고 있고, 쉬는 날에는 바퀴 달린 쓰레기통의 서로 다른 크기를 지적하면서 가족들을 즐겁게 한다.

▷ 그웬 C. 카츠(전문 분야: 화학)

학부에서 화학(복잡하다)을 전공했다. 박물관에서 보존 연구를 하며 예술품을 보존하고 손상과 퇴색 방지를 돕는다. 전업 작가를 지망한다.

▷ 벤저민 C. 킨니(전문 분야: 신경 과학)

SF/판타지 작가이며 신경 과학 박사이다. 미드웨스턴 대학 신경과학 및 재활 연구소 소장이며, 휴고 상 후보였던 잡지 스타일의 팟캐스트 '이스케이프팟(Escape Pod)'의 보조 편집자이다.

▷ 댄 코볼트(전문 분야: 유전학)

네이션와이드 어린이 병원 유전 의학 연구소 수석 연구원이며 오하이오 주립 대학 소아과 조교수이다. 15년간 유전학 연구자로 일하며 〈네이처〉, 〈사이언스〉, 〈뉴잉글랜드 의학 저널〉, 기타 과학 저널에 게재된 70여 편 이상의 논문에 공동 저자로 참여했다.

▷ 제이미 크라코버(전문 분야: 항공 우주 엔지니어링)

항공 우주 엔지니어링 석사이다. 우주선, 회전 날개 항공기(헬리콥터와 같이 회전 날개로 부양력을 얻는 항공기-옮긴이), 다수의 민간 및 군용 항공기 분야에서 일했다.

▷ 필립 A.크레이머(전문 분야: 바이오 의학)

바이오 의학 박사이며 협조적인 생쥐와 그다지 협조적이지는 않은 인간의 근육과 혈액의 물질대사를 연구한다. 전문 학술 저널에 게재된 20여 편의 논문을 공동 집필했다.

▷ K. E. 래닝(전문 분야: 지구 물리학)

물리학 석사 학위를 가진 과학자이며 작가. 지구 물리학을 연구하면서 과학과 예술의 만남, 지구 표면 아래의 풍경을 상상한다. K. E. 래닝이라는 필명으로 SF를 쓰며 사회, 인류, 우리의 미래를 탐구한다.

▷ 앤 M. 립튼(전문 분야: 신경 과학)

치매 전문가인 행동 신경과학자이다. 이 주제에 관한 최근작은 『임상의와 케어기버(caregiver)를 위한 치매 상식 입문』이다.

▷ A. R. 루카스(전문 분야: 결정 이론)

결정 이론 연구자이며 문화인류학, 심리학, 경영학 학위를 가지고 있다. 전 세계에서 고고학부터 경제학에 이르는 다양한 직업에 종사했다.

▷ 에이미 밀스(전문 분야: 엔지니어링)

학부에서 구조 엔지니어링을 전공하고 지진 원리 시험을 통과해 캘리포니아 주 공인 엔지니어가 되었다. 민간 엔지니어링에서 5년 이상 종사했고, 28년 넘는 지진 대피 경험이 있다.

▷ 주디 L. 모어(전문 분야: 천문학과 광학)

작가의 마음을 가진 엔지니어이다. 천문 기기를 전공한 박사이며, 뉴질랜드 테카포의 I-미터 맥렐란 천문대에서 별빛을 이용한 수평선 대기 이동을 측정하고 있다.

▷ 레베카 모리(전문 분야: 생물학)

야생동물 생물학자이며 미국 서부의 육식 동물과 대형 사냥감 전문가이다. 연구 과정에서 몇몇 새, 박쥐, 도롱뇽을 발견했고, 강가의 수달 배설물 연구로 석사 학위를 받았다.

▷ 테리 뉴먼(전문 분야: 생물학)

영화, TV, 연극, 라디오, 인쇄 매체 작가이다. 이전에는 생물학 연구자로, 주로 저온 기법을 활용해 활동 중의 세포 구조 변화를 연구했다. 저온 기법을 열심히 연구했지만 아무도 캡틴 콜드(절대 0도를 지배하는 DC의 캐릭터-옮긴이)라고 불러 주지 않는다.

▷ 비앙카 노그래디(전문 분야: 과학 저널리즘)

프리랜서 과학 기자이며, 기후 변화부터 비만, 자연식, 초신성에 이르는 다양한 기사를 국내외 언론에 기고했다. 논픽션 『종말: 인간의 임사체험The End: The Human Experience of Death』의 작가이다.

▷ 카린 노튼(전문 분야: 의학)

13년간 분만 전문 간호사로 일했고 30년 넘게 독서광이었다. 사진작가이자 SF/판타지 소설가이다.

▷ 브리 패독(전문 분야: 생물학)

바이오 의학을 전공한 생물학 박사이며 교수다. 분자, 세포, 통합신경과학을 주로 연구한다.

▷ 조너선 피플스(전문 분야: 정신 의학)

미시시피 대학 의대를 졸업하고 에모리 대학 의대에서 레지던트 과정을 마쳤다. 조지아 주 애틀랜타에서 응급실 정신과 의사로 일하고 있다.

▷ 에릭 프림(전문 분야: 엔지니어링)

보잉사 엔지니어로 10년간 일하면서 다양한 비행기의 날개가 떨어지지 않게 일했다. 우주 정거장에 관한 소설과 무술에 관한 논픽션을 썼다.

▷ 폴 레지어(전문 분야: 신경 과학)

펜실베이니아 페렐만 의대 전임 연구원이며 신경 과학 박사이다. 역경이 중독에 미치는 영향을 주로 연구하고 있다.

▷ 스테파니 소비네(전문 분야: 종양학)

성인과 영어덜트 SF 작가이며, 10년 넘게 종양학, 골수/줄기세포 이식 전문 간호사로 일하고 있다.

▷ 에피 사이버그(전문 분야: 기술 산업)

SF와 판타지 작가이며 실리콘밸리에서 수많은 기술 스타트업과 모바일 스타트업의 마케팅 컨설턴트로 일했다. 구글의 모바일 제품과 안드로이드 사업부, IBM에서 근무했다.

▷ 다나 스타프(전문 분야: 해양 생물학)

과학 기자이자 작가로 『오징어 제국: 두족류의 흥망성쇠Squid Empire: The Rise and Fall of the Cephalopods』를 저술했다. 해양 생물학 박사이며 SF와 판타지를 읽고 쓰는 것을 사랑한다.

▷ 가브리엘 비드린(전문 분야: 미생물학)

미생물학자이며 10년 넘게 연구소에서 근무했다. 현재는 연구소장이다.

▷ 로빈 와이스(전문 분야: 곤충학)

일곱 살 때부터 '벌레 아가씨'로 유명했다. 결국 펜실베이니아 주립대학에서 곤충학 석사 학위를 받아 공식적으로 '벌레 아가씨'가 되었다. 현재 아름다운 뉴질랜드에서 사변소설을 쓰면서 곤충 강의를 하고 있다.

▷ 실비아 스프럭 리글리(전문 분야: 항공)

조종사이자 항공 전문 기자이다. 10년 넘게 항공 안전을 집중 연구하고 있다. 비행기 충돌과 요정에 관한 글을 쓰고 있다. 두 가지는 사람들이 상상하는 것보다 훨씬 공통점이 많다.

장르 작가를 위한 과학 가이드

1판 1쇄 발행 2020년 8월 10일
1판 3쇄 발행 2021년 11월 15일

지은이 댄 코볼트
옮긴이 정세윤

발행인 김지아
표지 및 본문 디자인 Miso

펴낸 곳 구픽
출판등록 2015년 7월 1일 제2015-27호
주소 서울시 광진구 동일로 459, 1102호
전화 02-491-0121
팩스 02-6919-1351
이메일 guzma@naver.com
홈페이지 www.gufic.co.kr

ISBN 979-11-87886-50-1 03800